我从达尔文那里学到的投资知识

[印] 普拉克 · 普拉萨德（Pulak Prasad） 著
彭相珍 译

中国出版集团
中 译 出 版 社

图书在版编目（CIP）数据

我从达尔文那里学到的投资知识 / (印) 普拉克·普拉萨德（Pulak Prasad）著；彭相珍译. -- 北京：中译出版社，2025. 2. -- ISBN 978–7–5001–8111–8

Ⅰ. F830.91

中国国家版本馆 CIP 数据核字第 202426JL89 号

我从达尔文那里学到的投资知识
WO CONG DA'ERWEN NALI XUEDAO DE TOUZI ZHISHI

著　　者：[印] 普拉克·普拉萨德（Pulak Prasad）
译　　者：彭相珍
策划编辑：朱小兰　朱　涵　任　格
责任编辑：朱小兰
文字编辑：朱　涵　苏　畅
营销编辑：任　格　王海宽　魏菲彤　赵　铎　刘炜丽　王希雅
出版发行：中译出版社
地　　址：北京市西城区新街口外大街 28 号 102 号楼 4 层
电　　话：（010）68002494（编辑部）
邮　　编：100088
电子邮箱：book@ctph.com.cn
网　　址：http://www.ctph.com.cn

印　　刷：北京中科印刷有限公司
经　　销：新华书店
规　　格：710 mm × 1000 mm　1/16
印　　张：30.75
字　　数：356 千字
版　　次：2025 年 2 月第 1 版
印　　次：2025 年 2 月第 1 次印刷

ISBN 978–7–5001–8111–8　　　　定价：89.00 元

致爱妻迪帕和爱子安什

重磅推荐

2016年，我发起“新物种实验计划”，用“生物新物种”类比“商业新物种”。1836年达尔文在加拉帕戈斯群岛发现的“达尔文雀”，给了我最初的启发，同样习性的雀鸟因进化方式不同而成为新物种，在数字商业基础设施之上，商业新物种将演化出何种新的性状组合，这值得长时间、有耐心地洞察。

2024年读到的《我从达尔文那里学到的投资知识》，和我对新物种的思考，是一次跨越时空的同频，更带来面对当下商业变化的观念激发。呼啸而来的大模型时代，必然是一次新物种的涌现周期，用进化生物学的基本概念构建理解商业世界的基础框架，提供了珍贵的、来自历史经验的确定性。正如《米沃什辞典》所说：“没有什么科学像生物学一样，如此深刻地影响我们观察世界的方式。”比如：“趋同进化”告诉我们，投资并非面向单个企业，而是要投资经过实践检验的成功企业模板；“间断平衡理论”揭示的逻辑是，生物进化会在长期停滞后突然爆发，短暂出现的生物爆发式进化，才是创造新物种的契机；只要给予足够的时间，有机体的优势性状将会传播至整个种群，所以要坚信“复利”的价值，坚定长期主义信念；然而开篇才是最重要的忠告，“所有生物都会把生存放在第一位”。

每个人都身处全新的新物种进化历程中，生物进化论教给我们“投资”的知识，也教给我们进化成为“新自我”的方法，这本书值得内化为每个人生活的“具体的智慧”。

——吴声

场景实验室创始人

在金融投资领域，洞察力和前瞻性至关重要。普拉克·普拉萨德的《我从达尔文那里学到的投资知识》以其独特的视角，将达尔文的进化论与投资策略巧妙结合，为我们提供了一种全新的思考方式。这本书不仅是对投资理论的深刻解读，也是对适应性在金融领域重要性的一次强调，更是如何在不断变化的市场中生存及繁荣的实践指南。

——周道许

清华大学五道口金融学院金融安全研究中心主任

在复杂的投资世界里，重要的不是“寻找一个最佳目标”，而是专注于执行一套简明而具备可重复性的评估流程。本书就是这样一本“授人以渔”的投资著作，而且写得生动有趣，极具阅读价值。

——秦朔

人文财经观察家、“秦朔朋友圈”发起人、

中国商业文明研究中心发起人

在这个充满变数的市场中，我们每个人都在学习如何成为更好的投资者。而普拉萨德的这本书正是从达尔文的进化论中吸取养分，揭示了投资世界中适者生存的法则。正如我经常强调的，理性投资和风险管理是投资成功的关键。而这本书中所体现出的对风险的极端敏感与价值投资理念，正是帮助投资者在复杂多变的市场中稳健前行的重要策略。书中丰富的投资智慧与达尔文的进化思想有机结合，这对普通投资者来说，是一个宝贵的提醒——在投资的旅途中，我们需要不断学习、适应并进化。我强烈推荐这本书给所有渴望在投资领域中不断进步的朋友。让我们一起学习，一起成长，一起静待“蝉鸣”。

——管清友

如是金融研究院院长、首席经济学家

查理·芒格善于以多学科知识进行投资研究。芒格认为，达尔文的理论，尤其是他关于物种如何通过适应环境生存下来、物种间如何竞争或合作的理论，值得企业借鉴，这些对投资人来说也是需要掌握的基本思维模型。芒格也激赏达尔文的工作方法，认为逆向思考的方法帮助达尔文取得了划时代的伟大成就。《我从达尔文那里学到的投资知识》是对达尔文的进化论应用于投资实践的具体深化。作者不但把达尔文的研究与巴菲特、芒格最核心的价值投资理念相互参照，而且还在书中阐发了自己对达尔文思想运用于投资实践的思考。

——施宏俊

芒格书院创始人

投资人为什么要读一点进化论？不仅仅是因为适者生存。我们希望找到那些能够适应环境的企业，但它们必须有稳健的基础；我们希望找到那些拥有特殊能力的公司；我们需要筛选企业发出的各种信号，提出“不诚实”的信息；我们更需要在短期变化和长期趋势之间做出取舍。在普拉萨德的这本跨界投资书中，我们能看到巴菲特的教诲和卡尼曼的行为学思考。在挖掘企业价值的实战中，生物进化研究带来的思考框架让人耳目一新，有所参照，更是深有启发。

——吴晨

《经济学人·商论》原总编辑、财经作家

达尔文与投资有什么联系？事实上，达尔文自己就是一位厉害的投资人。他在英国铁路崛起时，投资了铁路公司，又在房地产行业起飞前，投资了房地产。

看完这本书你会发现，这一切并非巧合。进化论与投资之间，确实有着非常微妙的联系。

普拉克·普拉萨德揭示了其中的奥秘。假如你从事投资，这本书将成为一件特别的武器。即使你不从事投资，这本书也很值得阅读，因为它回答了一个人人都关心的问题，这就是，怎样在一个复杂系统里取得持续的成功。

——李南南

得到 App《得到头条》主理人

芒格曾强调，生物学知识对理解世界和投资非常重要，而这本书将这一理念发挥到了极致。作者深入浅出地将生物进化论与投资理论相结合，为我们揭示了投资背后的深层逻辑。这本书将带你踏上一段奇妙的投资之旅，让你从生物进化的视角重新审视投资，甚至对人生有更深刻的理解。无论是想提升投资能力，还是想拓宽知识视野，这本书都绝对值得一读。

——携隐 Melody

播客“纵横四海”主理人

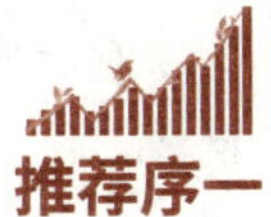

推荐序一

达尔文的投资智慧：在不确定中寻找确定性

生物学理论确实可以用于指导投资。有时候，按照普通的基本面分析方法，可能看不出来什么，但是换成实践进化的视角，我们可能得出全新的认识，发现公司的独特魅力，找到良好的投资机会。

——查理·芒格

1831 年，一封来自植物学导师约翰·亨斯洛的信，悄然落在查尔斯·达尔文的案头。信中提及，“小猎犬号”正招募一位博物学家，与其一同环游世界。尽管旅途耗资不菲，但在舅舅的竭力劝说下，达尔文从身为成功医师与精明投资者的父亲那里，赢得了宝贵的资助。时光流转至近二百年后的今天，另一位精明投资者——普拉克·普拉萨德，同样将达尔文与投资紧密相连。他汇集了自己近三十年的咨询与投资心得，撰写了这部作品。

对于投资，许多人避之唯恐不及，视其为产生荒谬结果的神秘黑箱。股市的跌宕起伏与主动型基金的黯淡表现，似乎更印证了这一印象。初读本书，你可能也会心生疑惑：我为何要聆听一个陌生人的投资心得？解答这个疑问，还得从这位“陌生人”说起。

2007年，普拉萨德告别华平投资，创立那烂陀资本。尽管他行事低调，但那烂陀资本在投资界的表现却格外耀眼。自成立以来，普拉萨德带领团队取得了近20%的年化收益率。那烂陀资本的官方网站，也公布了他们的工作方法——深入研究、独创思维、被动积极、严格筛选。基于这套行之有效的工作方法，普拉萨德提出了三个简洁连贯的投资步骤：

1. 规避较大风险。

2. 以合理的价格购入高质量股票。

3. 不轻易买进，更不轻易卖出。

2017年，普拉萨德在致英国《金融时报》的信中，揭示了市场的冷酷现实：“商业世界竞争激烈，公司难免兴衰更迭。”为了在残酷市场中屹立不倒，普拉萨德采纳了前辈芒格的建议，从达尔文那里汲取投资智慧。如今，他结合这套简明的三步投资法，为我们讲述从达尔文那里学到的投资真谛。

趋利避害的生存智慧

在科学家的精心设计中，曾被机器蟹蛛捕获的熊蜂，此后会避开那些危险地带，宁愿降低觅食效率，也要确保自身安全。历经数千年的生存进化，存活下来的动植物都找到了降低风险的秘诀，那就是放弃部分利益，以规避可能招致灭顶之灾的风险。将这一自然界的生存法则引入投资领域，便化作了那句简明的准则：永远不要赔钱。

诚然，无人投资是为了亏损，但面对琳琅满目的投资机会，我们又该如何抉择呢？在普拉萨德看来，挑选投资机会的标准可简化为一个短问句："你会把全部身家押在下一次投资上吗？"

在市场情绪的裹挟下保持清醒，认识到值得投资的对象寥寥无几，从而克服"错失恐惧症"，这是所有投资新手必须领悟的第一课。这套从失败出发的逆向思维，不仅适用于投资和商业决策，也适用于日常生活。它能助我们更好地理解复杂问题，避免被海量信息和情绪浪潮所淹没。

普拉萨德表示，即便会错过"特斯拉""英伟达"这样的"快车"，他也会坚守这套选择路径。在坚守对风险的极度厌恶的同时，普拉萨德也摸索出了一套安全的投资之道。

"称重机器"的评判标准

本杰明·格雷厄姆曾言，短线投资视角下，市场如同一台"投票机器"，而长线投资视角下，市场则变成了一台"称重机器"。作为极度厌恶风险的投资者，普拉萨德不仅选择用"称重机器"来评估投资对象的长期价值，还为这台机器的刻度设定了自己的标准。

人类驯化动物的过程，启示我们某种单一特性能够催生多项优秀品质。结合自身的咨询与投资经验，普拉萨德发现了"较高的已动用资本回报率——一流的管理团队—优质企业"这一逻辑链条。从生物应对内部突变的稳健性中，普拉萨德也指出，多层次稳健是企业发展和成功的标志。

进化生物学所展现的"长远过程的缩影"，为普拉萨德倡导的长期投资提供了有力支撑。受其影响，普拉萨德将历史溯源与长期思考相结合。正如自然选择不会预测未来哪种生物会存活一样，普拉萨德也不会将目光投向充满未知的未来。因此，尽管大多数投资者认为投资就是预测未来，他却选择通过企业的历史数据来判断价值。

凭借从历史看未来的眼光，普拉萨德能够洞悉影响企业股价的近因与远因。当全球金融危机、欧元危机、新冠大流行等使得强健企业股价走弱的近因浮现，他所带领的那烂陀团队便会趁机抢筹。当有人质疑危机并非常态时，普拉萨德便会以周期蝉为例。

大多数昆虫的寿命都很短暂，但美国发现的3种周期蝉却是个例外，它们的寿命长达17年。周期蝉的幼虫会在地下蛰伏17年，期满之后，数以亿计的成虫破土而出，喧闹一个多月。在此期间，它们产下的幼虫也会继续这个17年的周期。

普拉萨德认为，人类无法像周期蝉那样自律与克制，人类唯一能体现出“规律性”的，就是把事态推到极端，坐视崩溃，然后重蹈覆辙。与那需要花17年等待一声蝉鸣的周期蝉相比，那烂陀已经足够幸运，在成立的17年内便获得了3次大举购入的机会。

100亿只兔子的启示

1925年，澳大利亚已“兔满为患”，“兔口”高达100亿只。而这场灾难的源头，竟是1859年被放生的24只兔子。我们总自认为很懂复利，但又有多少人能想象出这场兔子大爆炸呢？

普拉萨德在选择与买入环节表现出的“准备”“纪律”与“耐心”，我们已有所了解。在最后的盈利环节，他所展现的便是相信复利的“决心”。只要对长期价值的方法、前期的工作和等待保持坚定信心，决心便会持久生效，从而收获卓越企业带来的长期红利。

生物进化的历史，就是在漫长的进化时间轴上不断绽放生命奇迹的过程。学会等待，是普拉萨德为入门投资者上的倒数第二课。

谦逊：达尔文的精神内核

在最后一课，普拉萨德带我们回到了达尔文的精神内核——谦逊。自然科学之所以备受推崇，是因为它能让我们清晰地认识到自身的局限性，尤其是我们如何被直觉所欺骗。达尔文正是这一领域的先驱。作为自身理论最严厉的批评者，他不断探究自己的工作是否存在缺陷和不足，积极寻找能够驳斥自己理论的相关证据，以至于《物种起源》中有好几章内容都在对进化论进行质疑。在与人类进化中习得的缺点斗争中，达尔文无疑承担起了责任。

出于对达尔文的敬意，普拉萨德坦言，其投资方法的基石正是明确接受我们在认知世界方面的无知。正是这份无知，让普拉萨德放弃了探究所有企业的可能性。他发现，几乎所有强健的企业都源自某一简单的起点，并且一直在进化。这种观点，无疑是极其壮丽的。

张岸元

红杉中国首席经济学家

2024 年 12 月 25 日于北京

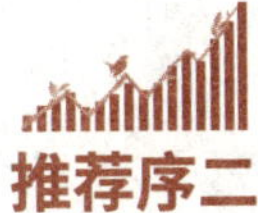

推荐序二

达尔文、巴菲特与发展中国家价值投资

我最早听说《我从达尔文那里学到的投资知识》是在2023年的春天，当时，我和哥伦比亚大学出版社的传奇编辑迈尔斯·汤普森先生，探讨《制胜投资：微米革财富密码》的英文版事宜，他向我推荐了这本书，并表示这是哥伦比亚大学出版社在伯克希尔股东会期间重点推荐的价值投资新书。众所周知，巴菲特毕业于哥伦比亚大学，他的老师、价值投资奠基人格雷厄姆则在此创立并长期教授价值投资课程，能受到哥伦比亚大学出版社的隆重推荐，此书自然不同凡响。

起初，我更多地被该书书名所吸引。一年多之后，有幸被邀请为其中文版作序，才得以通读全书，搞明白此书是出自一个热衷于进化论与生物学的明星基金经理之手，他在新兴市场国家印度进行价值投资，取得了辉煌的战绩。书中，他以生物学的理论与现象为引子，分析投资与生物界惊人一致的规律，并总结长期投资制胜的经验。

这本书每一章以《物种起源》和巴菲特股东信中的一句话为引，行文交叉于生物学与投资学之间，层层递进，引人入胜，并在每章结尾配有精辟的总结。我虽不是生物学家，但也是央视纪录频道的忠实粉丝，近年则痴迷于各种动物的小视频，素来秉信企业界与动物界的本质是相通的，自然对此书爱不释手。我吃惊的是，这本书除了好玩之外，其投资学角度也十分经典，令我这个哥伦比亚大学商学院毕业，工作始于波士顿咨询公司，后进入华尔街，长期做伯克希尔股东，在中国从事 10 年价值投资的金融人士颇有感触。本书确是一部教授读者，尤其是喜欢生物和价值投资的读者，如何在印度这样的发展中国家，践行价值投资，实现超额收益的上乘之作。究其缘由，西方经典的价投作品，均以西方发达国家的资本市场为背景，即使偶有涉及中国，也是研究在美国上市的中概股，对 A 股价投的指导意义有限。因此，这本书是国内少有的来自其他发展中国家，讲述价值投资的经典之作。

首先，让我们稍停片刻，梳理一下这本书的来龙去脉。

本书作者普拉克·普拉萨德是土生土长的印度人，在攻读工商管理硕士之后，他于 1992 年加入麦肯锡公司，6 年后又加入美国知名投资机构华平投资，并担任该公司的印度联席主管。2007 年，普拉萨德创立了一家名叫那烂陀资本的投资公司（又是一个有趣的名字！）。在 15 年多的时间里，那烂陀的首只基金即实现了年化复利收益率 20.3%（扣除费用后），比孟买敏感 30 指数和中型股票指数年均高出 10.3%。显然，作者不仅仅是跟着印度市场大盘乘势上扬，而是自己“有货”，并经历了两轮经济周期的考验（一般周期 7~9 年），15 年间的投资回报倍数高达 15。那烂陀主要为美国大学捐赠基金、美国与欧洲的家族办公室等管理投资在印度证券市场的基金，规模达50多亿美元，是印度大型股权基金之一。于本书而言，更重要的是，普拉萨德喜欢在每年的致股东信中，引用达尔文《物种起源》的内容与进化论、生物学的例子，这也是本书的起源。

其次，印度股市处于怎样的发展阶段？与A股相比是什么关系？

先给大家做一下科普，介绍作为发展中国家中第二大经济体的印度，其资本市场发展程度、经济规模，与中国相比的情况。截至2024年11月，以美元计，美国资本市场总市值大约是60万亿，中国大陆约是10万亿，中国香港是5.6万亿，印度则是4.7万亿，因此中国大陆资本市场的市值约是印度的两倍。就GDP而言，2023年印度的名义GDP，大约是中国的五分之一。因此，印度的资本化率（资本市场市值与名义GDP之比）是中国的2.5倍，资本市场发展水平与证券化程度较高。

在过去20年里，孟买敏感30指数从2003年12月的约5100点，涨到2024年12月的82000多点，年化收益率达到14.9%，其间除了2008年全球金融危机、2020年新冠疫情之外，没有巨幅波动，基本实现了国内目前所期望见到的“慢牛”股市。而同期上证指数从1470多点涨到3400多点，年化收益率仅为4.3%，其间每隔3~4年就会有一次重大的“股灾”。因此，尽管印度的GDP规模与实体经济较中国仍有很大差距，但在资本市场的发展上，印度对中国有很好的借鉴意义。

此外，印度股市在不少方面与中国类同，呈现了发展中国家资本市场的典型特征。普拉萨德在书中写道：“在自然界中，信号的‘发送者’总是试图影响信号‘接收者’的行为。”例如，小体形雄性绿蛙模仿大体形雄性同类的低沉叫声，来吸引雌性同类。书中记述了在英国实现了长达28年的年化收益率19.5%的投资明星安东尼·博尔顿，在中国投资却惨遭滑铁卢，原因是他相信了一些“不诚实”信息。普拉萨德客观地指出：“印度在这方面与中国没有什么不同。”与此关联的一个共同点，是上市公司质量与管理层职业素养堪忧。他强调，小心提防三类企业：罪犯、骗子和大忽悠。对于A股投资者，想必大家看到这几个字眼儿颇有共鸣。他明确表示，“印度资本市场充斥着各种偷奸耍滑的‘企业的推荐人’（印度对最大股东或控股股东的常用说法）”，绝对不能投资他们的企业。

最后，这本书是价值投资的经典作品，还是来自其他发展中国家的一本“小儿科”炒股圣经？

答案显然是前者。此书每一章的小结言简意赅、鞭辟入理，基本上汇集了每一章的要义。其他部分则是沉浸在几千万年甚至更长时间的生物进化与经典投资故事，以及措辞幽默，甚至有些辛辣的分析。作为一个价值投资者，我不得不认同作者的绝大多数观点。

例如，他说那烂陀投资的第一步，就是规避较大的风险，学会拒绝投资，确保不亏钱。在生物界，就是“始终把生存放在第一位”，这是一条铁律。用大白话，就是“先比谁活得长，再比谁活得好”。难道这不是绝大部分所谓“投资圣经”所忽视的吗？本书的第一章，也是整个第一部分，就是讲述如何避免和拒绝这些投资“陷阱”，包括但不限于骗子企业家、转型风口中“飞起来的猪”、高负债企业、并购狂人，以及不能公平对待所有利益相关方的企业所有者（就这点我曾专门撰文《为什么投资A股，实控人至关重要》）。

而且，投资不正需要一个最关键、简单且易于衡量的标准吗？就像西伯利亚的生物学家，对野生银狐的单一家养驯化特征进行长期跟踪比较一样。在那烂陀，这个指标是已动用资本回报率（ROCE），而且是比较分析历史10年，甚至20年的实际ROCE。

我很钦佩普拉萨德披露了那烂陀选择、考评投资企业的这项单一指标，虽然不少领先基金都有自己的最重要指标，但往往对其语焉不详。

又例如，有机生命体虽然高度复杂，但并不脆弱，尽管在不断变化的环境中，产生了持续的内部突变，却得以存活几亿年。这得益于生命多个层次的“稳定性”，就像企业持续的高 ROCE、低负债或零债务、稳定的管理层、“仅经过精心算计”的收购、多元化的客户、缓慢变化的行业等等。而这一切是不够的，它只是描述了企业标的特征，缺的就是千载难逢的折价入股的机遇。因此，那烂陀只在价格极具吸引力的时候才会投资，这一点与经典的价值投资理论如出一辙。

那烂陀不仅业绩出色，更重要的是，他们做“企业的永久所有者”的标签，令人将其与长期持有投资的巴菲特归为一类，甚至相提并论。达尔文认为，一个生物如果比同类有一点点优势，例如跑得快，只要假以时日，这种优势特征，会最终传遍整个种群，这也是进化论的基础。这就是生物界的“复利”，最终通过“微进化”，实现“宏进化”。(就这一点而言，难道不与拙见“微小的米粒，可以实现财富的革命”异曲同工吗？) 但是，那烂陀则更为激进，强调了“永不退出”，即如果企业的经营一直良好，无论在什么价位，他们都不会退出 (当然，当发现投资错误，他们也会退出)，其基本的依据是，1955 年的财富 500 强企业中，有 40%~45% 在 60 年后依然经营良好。世界上最富有的人，都是那些“不乱卖”的人，巴菲特的“永久持有优秀的股票”，就是有力的证明。永久持有优秀的公司所获得的成倍增长的复利收益，可以抵减那些投资犯错而造成的损失。那烂陀只关心企业的终极因素，例如企业的 ROCE 是否因为竞争优势的丧失而恶化，而丝毫不关心暂时性因素，例如当下股价的波动与货币财政政策的变化。

我想，说到这儿，你已经明白了。这不仅是一部有趣、充满生物学故事、贴近中国现实的书，更是一部经典的价值投资之作。

阅读愉快！

戚克栴

望华资本董事长、总裁

2024 年 12 月 15 日于青岛崂山

推荐序三

达尔文与长期主义的跨时空“对话”

如果达尔文穿越到今天的华尔街，这位博物学家或许会惊叹：资本市场中“长期赢家”的生存法则，竟与加拉帕戈斯群岛上雀鸟喙型的演化规律殊途同归——环境适应性决定存续，时间复利塑造伟大。

达尔文的跨越时空注定是一个美好的幻想，但普拉克·普拉萨德的《我从达尔文那里学到的投资知识》却为我们弥补了遗憾。作者以敏锐的洞察力和精妙的“类比法”，挖掘出生物进化和投资之间的相似逻辑，完成了一次知识的跨界融合。书中揭示的真理朴素而深刻：无论是生物在自然界的进化，还是投资者在市场的沉浮，本质都是对“适者生存”这一自然法则的终极诠释。物种为延续生命而调整形态，企业为持续发展而迭代模式；自然法则筛去无法适应气候骤变的弱者，市场法则淘汰偏离价值规律的投机者。万物运行的底层逻辑，竟在进化论与投资的交汇处达成默契——时间是最公正的裁判，简单是最深邃的智慧。

资本市场没有达尔文，但也有一批坚持长期主义的投资者，巴菲特无疑是其中的标杆人物。巴菲特的“长坡厚雪”之喻，与达尔文笔下物种的渐变演化，本质上共享了同一哲学内核。雪球的壮大需要足够长的坡道与持续积累的湿雪，正如物种的存续依赖代际传递的微小优势与环境的宽容；投资中的复利奇迹，亦非短期的狂热催生，而是对优质标的的长期守望。这种跨越学科的逻辑共振，恰似自然界中蜂群筑巢的集体智慧：看似简单的行为，因千万次重复与优化，最终构建出精密稳固的巢穴。大道至简，并非否定复杂性，而是透过表象提炼出本质规律——生物进化中的自然选择法则，与价值投资的“护城河”理论，皆是对“生存优势”的量化与具象。

中国资本市场的成长史，恰是“长期主义”与“耐心资本”的比翼齐飞。从光伏产业的技术突围到人工智能的生态构建，背后无不印证着进化论的核心命题——真正的突破往往诞生于漫长的沉默期。那些在早期押注创新企业的资本，恰似寒武纪生命大爆发前的原始细胞，承受着环境剧变的压力，却也因此获得塑造未来的基因。中国经济崛起的背后，正是这样一批致力于打造百年老店的企业家，而企业家的背后则是资本市场的“耐心资本”——它们如雨林中的榕树，不争朝夕之雨露，而是以十年为刻度滋养根系。

关于耐心资本，普拉克·普拉萨德的视角是“我们可以通过执行一个简单的、可重复的投资过程，来重构我们对投资的看法”。这与西部利得基金一直提倡的“简单的事情重复做，重复的事情用心做，用心的事情坚持做”异曲同工。作为在中国资本市场从业25年、经历了中国公募基金行业从无到有发展过程的从业者，我深知，投资是一场理性与耐性的平衡术。对于一个基金公司而言，构建体系、提升能力、预判方向、深挖价值，与时间共舞，在重复与坚持中等待质变的临界，或许是符合进化论的明智选择。而在这个过程中，基金行业需要持续践行以投资者利益为核心，恪守诚信合规，秉持信义文化；西部利得基金也需要不断实践“全心托付，专业陪伴”的服务理念，我们会如同作者对生物进化与投资知识进行深度挖掘一样，为投资者提供专业的投资建议和耐心的价值陪伴。

合上此书，仿佛手持双棱镜：一束光穿透生物进化的迷雾，另一束照亮价值投资的本质。当我们置身于亿万年的进化长河，便会懂得——无论是自然界的物种更迭，还是投资世界的复利积累，终极智慧从来不在喧嚣的浪尖，而是在沉默的深流之中。

贺燕萍

西部利得基金管理有限公司总经理

2025 年 2 月 6 日于北京

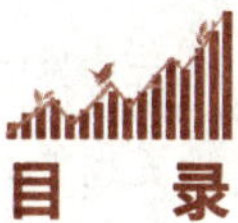

目　录

第 3 章
麦肯锡和海胆的矛盾之处

第 4 章
巴甫洛夫式反应的危害性

第 5 章
达尔文吃掉了我的 DCF

第6章
细菌演变与商业发展——倒带重来

第7章
莫将绿蛙作虹鳉

第三部分
不轻易买入，更不轻易卖出

第8章
达尔文地雀和库尔滕棕熊——异常的进化

引 言

我自以为才能平庸，但我竟然在相当大的程度上影响了科学家们对某些重要问题的看法，这确实令我惊讶。

——查尔斯·达尔文《达尔文自传》结语

早在45年前，我的老师本杰明·格雷厄姆就教过我：在投资中，为了获得超乎寻常的结果，不一定非要做出惊天动地的举动。

——沃伦·巴菲特《1994年致股东信》

进化生物学，顾名思义，是一门探究地球上自生命诞生以来，生物进化的原因和本质的学科；而“投资”一词，则有些名不副实，因为它向来被视为“赌博”的委婉说法。论起赌博，那些职业赌徒的表现，不见得比会玩投飞镖游戏的其他灵长类动物更好。

除了是否名不副实外，从表面上看，这两个领域还有许多不同之处。研究进化生物学需要严谨的专业人士，而投资领域则主要由“自命不凡”的“业余人士”主导。对知识和真理的追求，激励着进化生物学家在探索之路上越走越远；而对大多数投资者来说，只要2/20的固定投资收益[1]得到保障，知识和真理都见鬼去吧！进化生物学家只在相对狭窄的领域开展大量研究（例如：《中南半岛恒河猴和长尾猕猴的次密切接触和基因组混合》）。[2]然而，投资者却可以通过造假的电子数据表、空中楼阁似的假设以及自我膨胀，信心满满地“指点江山”（例如：“我认为今年股市的涨幅会达到10%”）。但最大的不同点是，两者正朝着相反的方向前进。进化生物学家的专业水平越来越高，而投资者的表现则每况愈下。

近年来，生物学家开始用达尔文的进化论来解释人类肝炎病毒的起源、性选择对雌性动物的影响、微生物群对物种进化的影响、类人猿文化传承与达尔文进化之间的联系、基因漂移对物种进化的影响等问题。[3]只要你去检索任何科学期刊中有关“进化”的内容［例如《美国国家科学院院刊》（*Proceedings of the National Academy of Sciences*），网址：www.pnas.org］，一系列的研究课题和科学家们取得的惊人进展绝对会令你惊叹不已。

投资界的情况如何？不管你怎么看——业内数据一向惨不忍睹，真的是不堪入目。它们只能说明，业内的基金经理都是些“蠢货”。

根据2021年美国股市标普报告（SPIVA U.S. Scorecard），在5年、10年和20年的时间跨度内，75%~90%的美国国内基金的表现都要落后于市场大盘。[4]在继续阅读本书后续内容之前，我们需要彻底了解这个残酷的事实。**75%~90%**的基金经理跑不赢大盘。尽管他们大多数人一只手拿着名校的研究生学位（比如工商管理硕士学位），另一只手管理着数万亿美元的资产，其获得的投资回报却还是没能跑赢市场的平均水平。如果你是金融服务业的一员，你可能会认为跑赢小盘股市场基准会比较容易。不好意思，你又错了！从2011年至2021年的十年间，约93%的小盘股基金表现都没超过市场平均水平。

基金经理的表现已经够让人吐槽的了，但坏消息还不止于此。大部分的美国基金不仅表现欠佳，还随着时间的推移**每况愈下**。标普报告显示，[5]在 2009 年，美国国内基金表现，在 3 年和 5 年这两个时间跨度内（10 年和 20 年的数据未见报告），低于市场平均比例的只有 55%~60%。

这种现象并非美国市场独有。截至 2017 年，印度股市中 43%~53% 的大盘股基金在 3 年和 5 年期内的表现也落后于市场基准。[6]然而在 2020 年，情况反而变得更加糟糕了——70%~80% 的大型基金的盈利表现在 3 年、5 年和 10 年期内，都没能超过市场基准水平。[7]

因此，被动管理型基金的增长速度远快于主动管理型共同基金也就不足为奇了。根据德勤在 2020 年发布的一份报告，[8]自 2009 年以来，美国被动型基金的总价值于 2018 年达到了 6.6 万亿美元，增长了 4 倍有余；而主动型基金的价值为 11.4 万亿美元，增长了不到 1.7 倍。差距为何如此之大？因为在此期间内，美国被动型基金的业绩表现远远优于主动型基金。

我知道，你的脑海里现在会浮现出这样的疑问：类似进化生物学这种深奥的学科领域知识，怎么能用来解决投资方面的问题呢？被投资者过分高估和看重的工商管理学硕士教育，都没把那些基金经理教出个所以然来，达尔文的进化论研究难道就能让他们开窍吗？那些崇尚现金流、市盈率（price/earnings，简称 PE）和资本资产定价模型（Capital Asset Pricing Model，简称 CAPM）等抽象概念的金融精英们，能从那些耗费几十年时间挖掘化石标本、争论尼安德特人是否与智人有过基因交流以及把一个醉心于研究蚯蚓、鸽子和藤壶的 19 世纪英国人视若神明的学者们身上学到什么呢？我想说的是，**我们有太多可学的了**。

在进入正题之前，我要先回答下面这个问题：我是谁以及我为什么要写这本书。

我是谁?

我是一名股票基金经理。2007 年，我创立了一家名为那烂陀资本（Nalanda Capital）的投资公司，目前管理着投资 50 多亿美元的印度上市证券。我们的投资理念用一句话概括就是：**我们旨在成为高质量企业的永久股东**。

再次重申：我们旨在成为**永久**股东。在百分之百确定可以永久持有一家企业的股票之前，我们不会轻易投资。所谓“便宜没好货”，以低廉的价格买下业绩平庸的企业的股票？谢谢，但还是算了吧。那么以合理的价格入股高质量企业呢？当然是多多益善，而且是一旦到手，永不抛售。

那烂陀决定买入的企业，通常只由创始人拥有和经营，且创始人通常是第一大股东，而那烂陀一般是第二大股东。

那烂陀的投资方式，通常由下面三个简单而**连续**的步骤构成：

1. 规避较大风险。
2. 以合理的价格购入高质量股票。
3. 不轻易买进，**更不轻易卖出**。

就这些。

这种没什么弯弯绕绕的投资流程，带来了丰硕的成果。2007 年 6 月，那烂陀创立了第一只基金，当时如果你投了 1 卢比，到 2022 年 9 月，你就会收获 13.8 卢比；如果用同样的钱投资孟买敏感 30 指数，它只会增值到 3.9 卢比；如果投资中型股指数，它只能涨到 4 卢比。在 15 年多的时间里，基于实际的现金流入和流出量，我们第一只基金的卢比年化收益率达到了 20.3%（扣除所有费用后），比孟买敏感 30 指数和中型股指数高出 10.9 个百分点，创下了相当不错业绩记录。

创立那烂陀之前，我曾在国际私募股权投资集团华平投资工作了近 9 年。在此之前，我还在著名的管理咨询公司麦肯锡工作了六年，主要为印度、南非和美国的客户提供咨询服务。我的客户包括了一家南非的零售银行（retail bank）[①]、一家美国的科技公司、一家瑞士的保险公司和一家印度的大型联合企业。作为一名投资者，我曾在一家以色列服务公司、一家新加坡食品公司和一家印度电信公司以及其他数十家企业里担任董事会成员。我既投过初创公司（不幸亏损），也投过成熟企业（略有小赚）。

如你所见，我其实没做什么**实际的业务**。按时完成生产任务、管理销售团队、扭转公司困境或者发布和管理品牌等事务，都不是我需要负责的东西。在我近 30 年的咨询和投资生涯中，**我所做的**就是“观察”。不需要从事日常运营工作，反而让我有机会能站在“旁观者”的角度去思考——在企业界什么是可行的，什么是行不通的。

因为具备跨行业、跨公司、跨大洲的职业经历，我或许有资格就比萨外卖这一业务模式的特殊之处高谈阔论一番；但如果你质疑我在进化论问题上的权威，我并不会有被冒犯的感觉，毕竟我没有进化论方面的专业学位。不过，面对这类质疑，请允许我用玛丽·简·韦斯特–埃伯哈德（Mary Jane West-Eberhard）的名作《发

① 一种为个人和家庭提供金融服务的银行，包括存款、贷款、信用卡和其他金融产品。（本书所有页下注均为译者注。）

育可塑性和进化》（*Development Plasticity and Evolution*）中的一句话来回答：我可不是目不识丁的文盲。[9]

私以为，我对投资的热情主要是运气使然（我是在 1998 年偶然转入这个行业的）。说来奇怪，我对进化论的热情却要归功于沃伦·巴菲特的老朋友兼黄金搭档查理·芒格（Charlie Munger）先生。在 2011 年被巴菲特的伯克希尔·哈撒韦公司（后简称“伯克希尔”）收购之前，西科金融公司的董事长便是他。就像巴菲特在伯克希尔的传奇年会一样，芒格曾在西科金融股东年会上就各种不同的问题做过回答。比如在 2000 年被问到最喜欢的书时，芒格就推荐了著名演化生物学家理查德·道金斯（Richard Dawkins）所写的《自私的基因》（*The Selfish Gene*）。[10] 我在 2002 年看过上述会议的备忘录后，便把这本书买来翻阅一番，这个决定彻底改变了我的人生。

我发现，达尔文进化论的主旨不仅引人入胜，而且丰富多彩。感谢亚马逊网和鲍德斯书店（我很怀念它），我用了差不多 20 年的时间阅读以“进化论”为主题的书籍，其中包括各类通俗读本、专业书籍和研究生课程教材——有的是关于昆虫、脊椎动物和人类的，有的涉及高度专业化领域（如遗传学），有的阐述了广义的进化理论，还有的讲到了进化哲学以及专门将数学概念应用于进化的内容（生物学中确实掺杂了很多数学）。[11] 虽说不上是进化论方面的专家，但在这个话题上，做到同业内专家从容地“谈笑风生”，我应该还是不成问题的。顺便提一下，我甚至算不上是投资方面的专家，只是一个充满工作热情的从业人员。

为什么要写这本书?

读完几十本关于进化论的书籍后，我才意识到自己为什么会对这门学科如此着迷。因为我发现，进化生物学中研究的每个主题通常都与投资存在相似点，与那烂陀的投资方式更是有着诸多共同之处。随着对达尔文进化论研究的深入，我对投资也了解得越多，这是一种出于对经典理论的热情而养成的爱好。

本书旨在探索我们如何从进化生物学的基本概念——长远过程的缩影——推导出“长期和耐心型”投资的核心投资原则。

虽然这是一本关于投资的书，但它并不是一本“投资常识入门教科书”。固定资产折旧计算方法、资产出租的会计政策或者无形资产的估值等基础概念，统统不会在本书中出现，因为你可以从无数的其他著作或信息来源中学到这些东西。你也别指望我会在书中大肆剖析估值比率或就资产负债表外财务活动的会计处理提出任何建议，抑或透露任何全新的投资技巧。

本书的主要目标在于鼓励大家去树立一种新的**投资理念**。从久经时间考验的生物进化原理角度，**重构**我们对投资的看法。在本书中，我会详细地剖析一些看似反直觉的达尔文进化论原则，进一步诠释其在商业世界中如何被理解和运用，从而帮助投资者在各自擅长的投资领域中脱颖而出。

行文至此，你会发现，本书接下来的内容更偏向于事实描述，而不是提供问题的处理方法。本书主要叙述我们在那烂陀的投资策略以及它与进化论之间不可思议的相似之处。本书并非向读者灌输“**你应该怎么做**”，而是记录了“**我们是怎么做的**”。如前所述，大部分投资者的长期业绩记录都很不理想。大多数投资方法从长期来看都是行不通的，但我们却是个例外。所以我想借此机会和大家分享一些我的看法。

本书适合多类金融或投资从业人员参阅。如果你是一名业余投资者，本书应该会引起你的兴趣，因为你会发现，自然界和金融界之间有着令人兴奋的相通之处。这本书也是写给专业投资者看的，他们是巴菲特的粉丝（不得不说，可能我们每个人都是巴菲特的粉丝），也在试图仿照巴菲特的投资方法，以期获得丰厚的回报。虽然你不太可能从本书学到任何新颖的投资技巧，但透过进化生物学，你能从一个全新的视角看待巴菲特的核心投资原则（长期原则）。

第三类会对这本书感兴趣的群体可能是科学爱好者。大多数从事科学研究的人都不会把金钱视为洪水猛兽，毕竟科研离不开资金的支持。然而，因投资不善而付出的机会成本无疑相当巨大。对于这些人来说，本书可能会促使他们更积极地思考如何进行合理投资，尤其当这里讨论的概念与他们产生诸多共鸣时。

本书也同样适合那些涉猎广泛，正在寻找有趣读物的普通读者。它或许并不像阿加莎·克里斯蒂的侦探小说那般引人入胜，但我希望它或多或少能挑动你的大脑神经。

如果你是投资方面的专家，你可能会反对我在本书中论述的诸多（或全部）与投资相关的话题或观点。如果你是一名进化生物学家，你或许会对我提出的一些（或全部）主张和解读嗤之以鼻。不同于物理和化学领域，生物学或投资领域几乎没有固定的“法则”，而这也是后两个知识领域的伟大之处。[12] 就像生物科学家无法就物种或基因的形成原因达成统一意见那样，[13] 不同投资者在企业估值等简单问题上的看法可能也会大相径庭。

那烂陀投资策略的三大要素

我会在本书中描述一种长期导向的投资方法以及它与达尔文进化生物学的相通之处——我们都是以永久股东的身份进行投资的。我把本书分成了三大部分，分别指向前文提到那烂陀资本的投资战略的三大步骤。

第一部分强调了最基本的投资经验：避免较大风险，不要亏钱。如同生活中大多数表面上看似简单的事情一样，这说起来容易，但做起来难。是的，**不亏钱**是一种技能，而且或许比赚钱的技巧还要难学。正如沃伦·巴菲特说过的一句名言："投资准则 1. 永远不要赔钱；投资准则 2. 永远不要忘记准则 1。"

不知你是否注意过，几乎每一本关于投资的书，都提供了一些具体的策略和战术，并鼓励你按照某种方式来**展开行动**。有的建议要根据市场信号进行交易，有的推荐购买价值型股票，还有的力劝你押注人工智能和生物技术等高科技前沿领域的初创企业。这些书写的都是如何**赚钱**，但不会教你如何**不亏钱**。然而现实却很残酷，投资者必须先学会规避损失，否则其投资生涯大概率都无法长久，最后很有可能赔光本金，黯然收场。

用一句话概括本书第二部分：以合理的价格购入高质量股票。这部分内容侧重于从达尔文进化论的角度，分析那烂陀购股过程的具体细节。本书第 2 章到第 4 章主要论述的是"**买什么？**"，第 5 章到第 7 章探讨的则是"**怎么买？**"。

第三部分介绍的是那烂陀投资战略的第三项要素：不轻易买进，更不轻易卖出。我们买得很少，卖得更少。在这个快节奏的世界里，耐克的口号"只管做"（Just do it.）似乎成了实现成功人生的无上箴言，所以让投资者跟随我们的核心信条——"只管**不做**"——似乎有些不合时宜。在这部分内容中，我将引用进化论中的三个概念具体解释那烂陀资本在投资一事上的"偷懒逻辑"。

最后，我从一种甚至连达尔文都无法理解的有趣生物——蜜蜂身上，总结出了一条有趣的投资经验。

* * *

在后续的篇幅中，我会从多个方面来介绍达尔文进化论，它也是我们那烂陀投资理念的基础。本书更像是一本类比轶事的汇编。当你在说服别人或被别人说服的时候，你或许已然发现，若想让理由变得更加充分，类比是一种相当有效的手法。**任何情况**下都是如此，所以奉劝诸位要多长个心眼。我们需要透过现象看本质，正确地理解进化带来的启示：呼吁投资者要计之长远，而且要**相当长远**。

第一部分

规避重大风险

本部分仅包含一个章节的内容，但却是本书的重中之重。即便出于某种原因，你在读完第1章的内容后，不慎丢失了本书，我相信你仍会觉得这本书买得不亏。

投资界的问题在于我们没太把投资当回事，没有认真看待过它。相信从事投资行业的人在看到这句话时不免会有些愤慨。一年出差200天，每周工作60~80个小时，用十八般武艺来应付脾气暴躁且吹毛求疵的客户，没完没了地参加无聊至极的会议，同老婆孩子聚少离多以及跑赢市场的压力，已经让你看起来比实际年龄要老上10岁。已经努力到这份儿上了，居然有人胆敢大言不惭地批评，投资行业的人没有认真工作？好吧，如果你确实很生气，不妨先回答下面这个问题：你会把**全部**的人生都押在下一次的投资上吗？

我在本章中想讨论的主题是，“赌上人生”的确是一种非常合理的投资策略，以及这种方法是如何让所有生物在数百万年的演化过程中大获成功的。

几乎所有来自知名书籍、投资大师和金融学者的投资建议都以做出投资为中心，而本章要讲的内容却是“**不要**急着下手投资”，因为在我看来，学习何时**避免**投资的技巧，要比学习“如何投资”更难，也更加重要。

第1章

趋利避害的熊蜂

在某些情形下，大象和犀牛都不会被猛兽捕杀；甚至印度的老虎也极少敢于攻击被母兽保护的小象。

——查尔斯·达尔文《物种起源》

在过去几年的报告中，我们一再提到买进那些“具有起死回生可能”的企业，但最终却令人大失所望的经历。这些年我们大约接触了数百家这样的公司，最后不管是真正投入与否，我们都持续追踪其后续发展。在比较它们的预期以及实际的表现后，我们的结论是，除了少数的例外，当一个赫赫有名的经营者赌上自己的职业声誉，试图拯救一个逐渐没落的夕阳产业时，往往只会跟着后者一起沉沦。

——沃伦·巴菲特《1980年致股东信》

当你翻开一本关于投资的书籍时，我猜你应该很希望作者的才华能够令你倍感折服，但这一次就不用想了，因为本书将以我的愚蠢经历开篇。

在麦肯锡工作了6年后，我加入了全球私募股权公司华平投资。干了几年的投资工作后，我掌握了一些基础的投资知识，至少我自己是这么认为的，因为它们看起来很简单——投资一家经营成长型业务的高质量企业，只要出价别太高即可。在当时，我的好几项投资都运气爆棚，事业蒸蒸日上。

21 世纪初，有一位在公司经营方面颇为成功的企业家想通过我们做进一步的集资扩张。以印度的相关标准来看，该公司的业务规模还算合理，而且聚集了许多大客户，其中包括印度规模最大的一家企业。让人眼前一亮的是，这家公司还成功打开了海外市场。在那个年代，一家非软件服务行业的印度企业能开创出如此繁荣的出口业务，实属罕见。

于是我对这家企业开展了一些常规性的交易和风险机会评估工作，比如花时间与创始人和企业高管谈话来了解该企业的战略和竞争优势，实地拜访企业办公室，约谈这家公司的几位来自印度和欧洲的客户，聘请一家专门从事司法调查的公司来评估其公司治理情况，邀请印度顶尖的律师和会计师事务所进行尽职调查以及向一些行业专家询问这家企业成长和价值创造方面的潜力等。所有的反馈数据看起来都很不错，在企业估值或法律文书上，我甚至不用讨价还价。

我向领导表达了对这家单位的“极度青睐”，投资申请也得到了批准。该公司成功筹集到了 5000 万美元的资金——这在当时的印度私募股权投资圈内，完全称得上是一笔巨款了——而我也干劲十足地主持了这次投资盛事。然而，我们最后等来的却是“零回报”！因为这家公司亏了个底朝天。

这完全是我的错，是我搞砸了一切，一败涂地！

学会赚钱之前，先学会避免赔钱

等你下次逛书店的时候，不妨去投资类书籍区域转一转。可能很多 30 岁以下的年轻读者对实体书店都没什么概念了，不用担心，只要登录亚马逊，输入关键词“投资类书籍”，然后搜索即可。不知诸位是否发现，《投资 101》《彼得 · 林奇的成功投资》《股市天才》《新时代价值投资》等这类书籍的标题，反映了一个共同之处，即它们写的都是关于如何赚钱的。你可能会想，一本投资书籍还能教出什么别的花样来？别指望了！而我则希望能让你相信这么一个道理：不赔钱的能力才是赚钱必备的先决条件。

几乎每个人都会犯错误，我说的是“几乎”，因为我的妻子永远都是“对的”！我们犯错无外乎两大类：一是做了不该做的事，二是该做的事没有做。于我而言，在麦当劳买巧克力圣代属于第一类，而没能和学生时代的朋友们经常保持联系则属于第二类。

所有投资者也同样会犯上述两种错误。若从统计学角度来描述的话，“我做了一笔很糟糕的投资，因为我错误地认为这会是一笔好投资”即是第一种错误，统计学家则称其为第一类错误（又称 I 型错误）。[1] 这是一种自我伤害式的错误，在统计学界被称为“误报”“假阳性”“执行错误”。“我拒绝了一笔好投资，因为我错误地认为它是一笔很糟糕的投资”则属于第二类错误（又称 II 型错误）。这是一种拒绝“潜在利益”的错误，统计学家称其为“漏报”“假阴性”或“遗漏错误”。每一位投资者，包括沃伦 · 巴菲特在内，都会经常犯这两种错误，一旦犯错，要么亏得“伤筋动骨”，要么与“重大获利机遇”失之交臂。

任何统计学家都会告诉你，**这两种错误的风险是成反比的**。[2] 降低 I 型错误的风险，通常会使 II 型错误的风险增加，反之亦然。从直觉上讲，这似乎很合逻辑。想象一下，在一位“乐天派”的投资者眼中，几乎每笔投资都是有利可图的。这种人会因为做了几笔比较糟糕的投资而犯下几次第一类错误，但“愚者千虑必有一得”，其中不免会碰上一些比较好的投资。另外，一位过于谨慎的投资者，总是能找到各种理由来驳回每一笔投资申请，而“智者千虑必有一失”，其投资失败的次数可能很少，但同样会不可避免地错失部分优秀的投资机会。

投资者要明白，鱼与熊掌不可兼得！所以他们需要选择对“犯其中一种类型错误”保持更高的敏感度，同时又能承担“犯下更多另一种错误”而带来的不利后果。那么他们应该怎么做呢？**你**应该怎么做呢？

换言之，你应该采用以下哪一种投资策略？

（1）遍地撒网：大量投资，以免错失盈利的良机并相应地承担部分投资失败的后果。

（2）重点捞鱼：非常挑剔，以避免进行不当投资，哪怕代价是错过一些黄金投资机会。

如果你不知道如何抉择，让我们去进化论中搜寻答案吧！

在成功繁殖新一代之前，**所有**动物的目标都是尽可能活得长久些。在动物界，每种生物个体既是猎物，**也是**捕食者。是的，**人类**也不例外，新冠病毒不就是猎手吗？

让我们先从猎物的角色开始讲起。被捕食的动物会犯哪种第一类错误？犯错等同于对自己施加足够程度的伤害，从而降低自身适应性。下面我将以一只成年雄鹿为例，探讨它们犯下两种不同的第一类错误。

首先，当鹿感到口渴并靠近水坑之时，出于本能或经验（或两者兼具），它知道，如果有等待着美餐一顿的机会的狮子、豹子或鳄鱼藏身其中，那么水坑很可能就是一道有去无回的鬼门关。它有两种选择：一种是靠近水坑，迅速痛饮一番后安然离开；另一种则是选择在捕食者已然做好伏击准备的时候错误地靠近，直接送命。

我们可以从化石记录中得知，现存的鹿是由大约生活在 1500 万到 3000 万年前的有蹄类动物进化而来。[3] 因为它们对第一类错误——那些“无心之失”——**非常**敏感，所以才能在各种凶猛掠食者的围追堵截下，成功存活了数百万年。若非如此，恐怕这一物种早就走向了灭绝。显然，有部分鹿也犯下了致命的错误，即在捕食者藏身附近时，跑到水坑边喝水，因而不慎丢命。但从整个种群的延续来看，鹿群的生存决策应用得非常好。

如果你看过非洲野生动物的视频或参加过东非的观兽旅行，你会发现角马、羚羊、斑马和其他野生食草动物都有着极高的警惕性。有时候，在没有危险的地方，它们也能嗅到危险的气息。正是由于这种警觉性，它们才得以持续生存并繁衍了数百万年。因为如果低估了第一类错误可能会带来的生存威胁，代价便是付出生命。

鹿会犯的第二种第一类错误，可能会出现在求偶仪式上。恕我直言，两只成年雄鹿为独占“后宫三千佳丽”而大打出手的场景，在我看来，就是一场别开生面的野生动物大戏（雌鹿肯定也与我看法相同）。以广泛分布在欧洲、西亚和中亚的红鹿为例，[4] 成年雄鹿（也被称为牡鹿）多离群独居，雌性则成群活动。雄鹿通常长着一对令人印象深刻的大角，它们会在繁殖季节相互“争斗”，以独占对雌性鹿群的交配权。之所以要给“争斗”一词加引号，是因为雄鹿平日里很少打架。上述情况下产生的打斗，便可以算作是第一类错误，因其会有致伤或致残的风险。尽管争斗的回报相当丰厚——胜者可以独占整个鹿群，但雄鹿对第一类错误仍旧异常敏感，所以雄性之间的打斗，很少真正分出个你死我活。那么雄鹿到底是如何争夺交配权的呢？请往下看。

雄鹿在约 16 个月大时便会性成熟，但通常要到 6 岁左右，它们才会开始第一次求偶。因为在此之前，它们头上那对大而有力的鹿角尚未发育完全。它们当然可以提早参加求偶争斗，冒险一试，但**没有一头雄鹿会这样做**，因为这很可能会受重伤，继而影响未来争夺交配权的竞争力，甚至会危及生命。

一旦到了求偶的成熟年龄，雄鹿便会纷纷前往发情母鹿群的所在地，但它们不会立即展开战斗。科学家们发现，用鹿角碰撞对方的激烈争斗，往往是最后的手段，且一只雄鹿在三周的发情期内，通常只会打上五次架。在祭出最后的锁住鹿角的大招前，打斗双方会遵循一系列好似精心设计过的仪式，来主动**避免**直接的身体冲突。当两只雄鹿开始互相挑衅时，其中一只会大声吼叫，另一方则以同样的方式进行回击，因为嗓门的大小，是判断对方实力的一项可靠指标。这种“骂架”可能会持续一个多小时，吼叫频率最高会达到每分钟三到四次。在本轮的吼叫拼斗中，声势被压制的一方，通常会知难而退。

如果双方的“鹿吼功”平分秋色，那么它们便会调整身姿，四肢呈僵直状，然后齐头并进，以这种方式进入下一轮的“较量”。是的，它们通过“竞走”来威胁对手！这种“并驾齐驱”的奇特表演，同样会持续数分钟。在此期间，竞争双方会保持大约两米的距离，并对彼此的力量和身体状况作出评估。在这一轮比拼中，双方还会通过践踏植被和高声吼叫来使自己看起来更具威慑力。同样地，一方可以选择投降并退出比拼。只有在双方都拒绝退让的情况下，鹿角互怼的场面才会出现。在我看来，这更像是一场摔跤比赛。双方大多数的“角力”看起来就不像是真正的打斗，而是某种只能持续几分钟的“比画作秀”，因为最后总会有一方会认输逃跑，不会发生真正的打斗。

如果将其看作是一场人类的拳击比赛，期待拳拳到肉竞技的观众无疑会怒砸竞技场。因为这好比是在看两位拳手在台上，一边尖叫一边以手捶地来威胁对方投降，而不是互相出拳进攻！雄鹿无疑在进化道路上取得了巨大的成功，因为在每一轮的求偶竞争中，它们都在尽量避免“自我伤害”式的错误，即在鹿角没有发育完全之前，不会轻易挑起生死之战，而且就算有了鹿角这种大杀器，如果自认没有较大的胜算，它们也会避免直接交战。双方即便争斗，也不会痛下杀手——据科学家观察，大约只有 5% 的发情雄鹿会在求偶过程中遭受永久性的创伤。

结论便是，雄鹿在进化一途上的成功，至少在一定程度上，要归功于它们爱惜自身生命和肢体的本能，即尽量减少犯第一类错误而导致的风险。

但是，将第一类错误带来的风险降到最低，同样需要付出重大代价，即一头鹿会犯更多的第二类错误。所谓的第二类错误，或称“遗漏错误”，指的是哪怕没有潜伏的捕食者，这头鹿也不会靠近水坑喝水。比如雄鹿经常会在有很大概率“抱得美人归”的情况下，退出求偶争斗，代价便是失去传宗接代的机会。

在某些情况下，犯第二类错误也会造成致命的后果。比如一头脱水状态的鹿，可能无法全速逃脱捕食者的追杀；过于谨小慎微的雄鹿可能无法主动放弃将自己的基因传递下去的机会。但**整体而言**，生物在减少犯“自我伤害”式错误的同时，又能对“拒绝潜在利益”式的错误保持相对较高的容错率，两者在物种的延续上，发挥了良好的平衡效果。

犯第一类错误已经造成了比个体动物死亡更严重的后果——它会导致整个物种的灭绝。1507 年，一群葡萄牙水手在印度洋毛里求斯岛，发现了一种不会飞的鸟类——渡渡鸟，然而到 1681 年，该物种便彻底灭绝了。[5] 渡渡鸟体态丰腴，长得比火鸡还大，因为生活在与世隔绝的海岛上，又几乎没有天敌，所以对作为“外来入侵物种”的人类并没有什么警惕心。这一点无疑是犯了大忌（第一类错误）——它们本应该对人类退避三舍，但实际上没有——于是便灭绝了。

接下来让我们把注意力转向捕食者，因为它们也会犯上述两种错误：一是去不遗余力地捕杀危险性很高、体形太大或速度太快的猎物（第一类错误）；二是克制自己，不去捕杀那些可以轻易杀死的猎物（第二类错误）。

你认为捕食者更常犯哪种错误呢？

猎豹是地球上跑得最快的哺乳动物，捕猎时的奔跑速度能达到每小时 80~100 千米。[6] 狮子一般重 170~230 千克，而猎豹相比之下要轻得多，通常只有 34~54 千克，因为猎豹选择牺牲庞大的体形来换取极致的速度。为了避免受伤，猎豹通常只捕食体形较小的动物，如鸟类、兔子和小型羚羊等。像成年水牛一类的大型食草动物是狮子们的最爱，猎豹则压根就**不会**考虑它们。因为对它们来说，性情暴躁的水牛会气势汹汹地发起反击，而距离太远、奔跑速度同样不逊色的羚羊也很难被追上。对它们来说，犯第一类错误只有两种结果：要么重伤致死，要么白白浪费能量。对于雌性猎豹而言，这更会导致后代夭折（因为失去母亲的猎豹幼崽，不可能独自存活下来）。然而，避免第一类错误，反过来自然会增加第二类错误的发生概率，即会导致饥饿和较低的捕猎成功率。但事实证明，在长久的生命竞赛中，猎豹可是妥妥的赢家。这表明，猎豹这一物种在演化过程中，并没有犯下太多的第一类错误。对它们来说，第二类错误无非就是没有捕杀应该捕杀的猎物，自己和幼崽们虽然会饿肚子，但活到明天还是不成问题的。

在日常生活中，鹿和猎豹根本不可能绘制结构复杂且带有相关概率数据的树状图来帮助自己做出关乎生死的决策。这些动物之所以有上述行为，是因为自然选择在无数代的更迭中不断磨炼着它们的生存本能。动物之间残酷的自然选择永无休止，它创造了数百万个物种，而且所有生命都要遵循一条十分简单的法则：尽量少犯第一类错误以减少个体受伤或死亡的风险，学会容忍第二类错误的发生或放弃“潜在收益”。

那么地球上所有生命的终极源头——植物呢？

植物已然在进化之路上取得了巨大的成功。人类已经在这颗绿色星球上，发现了约 40 万种植物，第一批陆生植物大致诞生于 4.9 亿年前的奥陶纪。[7] 通过非洲的狩猎之旅、野生动物电视频道和儿童书籍等渠道，动物们的生活能栩栩如生地呈现在我们面前；那些安安静静、不会动且不挪窝的植物，看起来就有些了无生趣了。其实植物远比你想象的更复杂和生动。仔细观察后，你便能发现，植物的生活在许多方面几乎比任何动物都要来得惊险刺激。矛盾之处在于，植物是不能自由移动的。即使养分不够，它们也没法搬到另一个地方去扎根；被食草动物啃食时，它们既没有脚来逃跑，也没有爪子来反击；被病原体感染时，它们也不像我们人类一样，能获得妥善的治疗和照护。那么它们有什么独特的生存策略呢？

植物可以选择在两个技能点上广泛加大资源投入——防御或生长。同上文的红鹿和猎豹一样，任何对植物生命或适应性造成严重损害的错误都可以被归类为第一类错误。对植物来说，缺乏适当的防御机制很可能是致命的，所以如果它们没有投入资源来建立自我保护机制，第一类错误，即“过失错误”就会被触发。若植物将本应用于生长的能量过度用于创建防御手段，那么第二类错误，即“遗漏错误”便会发生，或许它并不会直接造成植物的死亡，但同竞争对手相比，自身的生长和繁殖能力可能会处于弱势。

自然界提供的大量证据可以证明，植物规避第一类错误的代价是大大增加了犯第二类错误的概率。[8] 所以接下来，我们需要了解植物抵御植食性昆虫侵害的方法。

蜡质层、尖刺和腺毛等物理结构，是植物抵御昆虫的第一道防线。腺毛是植物叶子、茎秆和果实上的一层毛状组织，多呈螺旋状、直立状、钩状或具备某种腺体功能。叶片上浓密的腺毛有助于限制昆虫及其幼虫的活动能力，从而减轻其对叶表皮的破坏。具备某些腺体功能的腺毛还能分泌如黄酮类化合物和生物碱等有毒或有害的化学物质来驱散昆虫。一些特化的毛状腺体甚至能诱捕昆虫。

对植物来说，腺毛结构的生长和维持需要付出高昂的代谢能量，这限制了植物长出额外的叶、茎或果实的能力。因此，当昆虫数量很少或几乎没有时，我们推测植物的腺毛结构会很微小，或基本不存在。可一旦有昆虫袭击，为了降低第一类错误（错误地将能量用于生长，而非形成防御手段）的风险，植物开始长出腺毛结构则是我们想看到的情况。事实也的确如我们所料。例如，据科学家研究，柳树受到叶甲成虫的侵袭后，新生叶片表面会长出更高密度的腺毛。柳树在感知到捕食者后，会将更多的能量从生长转向防御。其他物种，如胡椒草和野萝卜，在遭到昆虫袭击后，腺毛的密度也会增加。当黑芥菜植株被某种蝴蝶幼虫啃食后，叶片腺毛密度增加的同时，还会产生一种叫作硫代葡萄糖苷的刺激性化学物质。在受昆虫侵袭后的几天或几周内，黑芥菜叶片的腺毛密度，就能从25% 迅速增加到 1000%！

然而，植物的防御机制，并不局限于腺毛。木质素是一种酚类化合物，它在抵御昆虫方面也扮演着至关重要的角色。木质素有两大作用：一是增加组织韧性，让叶片变得难以下咽；二是降低叶片中的营养成分，因而含有过量木质素的叶片会被昆虫嫌弃。与腺毛一样，合成木质素需要付出很高的代价。同样地，植物在受到昆虫攻击后，也会增加木质素的产量。除了木质素，类黄酮、单宁酸、植物凝集素和过氧化物酶等化合物也发挥着类似的作用，即植物会通过将资源用于防御而非生长，来降低犯第一类错误的风险。

上文描述的是植物对害虫的直接防御。此外，许多植物也会采用间接防御的手段，这在动物界是很少见的。

间接防御的原理并不复杂，即“敌人的敌人就是朋友”。[9]招数虽老，但着实有效。植物察觉到昆虫的攻击后，会通过叶子、花朵和果实，向空气中释放一些化合物，吸引害虫的天敌来攻击自己。例如，利马豆和拟南芥会释放一种叫作水杨酸甲酯的化学物质来吸引大眼虫、瓢虫和草蛉等捕食性昆虫。这种能力不局限于植物的地上部分，植物根部也会释放相关的化学物质，以吸引地表下的捕食者来“围剿”土壤里的害虫。例如，西方玉米根虫是美国玉米作物的主要害虫，当它侵害玉米植株时，玉米根系便会释放出一种化学物质，吸引一种以玉米根虫为食的线虫前来“用餐”。

当有蚜虫入侵时，许多植物会释放出一种叫作 β – 法尼烯的化学物质；而蚜虫在受到捕食者攻击后，也会释放出这种化学物质，此举可能意在警告其他同类远离此处。在自然界中，这种做法貌似不是巧合。因此，一株正在释放 β – 法尼烯的植物，就好比一头鹿在受到豹子攻击时模仿狮子的吼声。

同动物一样，植物已然找到一种方法，即通过专注于减少“过失错误”，在进化过程中取得令人惊叹的成功。换句话说，同它们的动物伙伴一样，**植物放弃了一些潜在的利益机会，进而规避可能导致灭绝的生命危险和健康风险**。

巴菲特的两大投资准则

不出所料的话，同其他人相比，沃伦 · 巴菲特似乎率先从进化论中发现了这一原理，所以他提出了两条著名的投资准则：

准则 1. 永远不要赔钱。

准则 2. 永远不要忘了准则 1。[10]

等一下，他用这种命令式的口吻，让投资者“永远不要赔钱”是什么意思？一个人怎样才能不赔钱呢？这不正是每位投资者都梦寐以求的事吗？难道还有投资者喜欢故意赔钱吗？

事实上，貌似巴菲特在很多时候都没能遵循自己提出的两条准则。比如在 1993 年，伯克希尔拿出 4.33 亿美元收购德克斯特鞋业公司（Dexter Shoe）。正如他在《2007 年致股东信》中详述的那般：“我认为其具备的持久性竞争优势，在几年之内就消失殆尽了……伯克希尔股东们因此遭受的损失不是 4 亿美元，而是 35 亿美元。从本质上讲，我消耗了一家优秀企业（伯克希尔）1.6% 的股份——折算到今天应该价值 2200 亿美元——买进了一家毫无价值的公司。”

在 2014 年的致股东信中，巴菲特也承认了伯克希尔对乐购公司的投资失误：“我们一整年都在出售乐购的股票，现在终于都抛出去了。该笔投资的税后损失，达到了 4.44 亿美元……”再以近几年发生的事情为例，由于新冠大流行导致的全球股市崩盘，巴菲特在新冠大流行期间卖掉了所有的航空公司股票。他之前花费七八十亿美元，购入了四家航空公司的大额股份——美国航空、达美航空、西南航空和联合航空——但在后来大肆抛售期间，这些股票总价仅仅略高于 40 亿美元。[11]“最后，事实证明我投错了。”巴菲特总结道。

现在让我们再次回顾巴菲特的两条投资规则。尽管他自己偶尔也会失手赔钱，但他用“命令式”的口吻叫我们不要赔钱，是想让我们怎么做呢？巴菲特从未明确解释过这一点（至少我从未找到过任意一项解释），但以我个人愚见，他实际想表达的是：**一定要规避重大风险**，不要犯第一类错误，不要去做**赔钱可能性**大于赚钱的投资，投资要首先考虑风险而非回报。

在进一步讨论之前，请允许我稍稍离题片刻，先对“风险”一词进行定义。本书对“风险”的定义与企业金融理论家的理解略有不同。在金融理论中，“风险”指实际投资收益与预期投资收益产生**差异**的可能性。[12] 因此，如果某项资产具有高度不稳定性，那么相较于不具备高度不稳定性的资产，它可能蕴含更大的风险，因此会被判定为高风险投资。

你只要稍加思考便能发现，企业金融理论家对“风险”一词的定义何其荒谬。对所有投资者来说，“风险”应该是“发生资本损失的可能性”。我们将以下文为示例作进一步说明。假设我正在评估某家高质量百货零售商的投资可能性，而且这家零售商的业绩一直很好，股价连续几年都在稳步上涨。假设该公司的市场股价，在 2020 年初是 90 美元，但自从新冠大流行后，由于全球股市波动剧烈，其市场价格跌到了 30 美元。让我们假设你已经完成了相关的前期调研工作，并得出结论：该百货零售商可能会从此次危机中受益，因为消费者在新冠大流行期间，会大量囤积食品等生活物资。那么问题来了，若分别在股价为 90 美元以及 30 美元阶段进行投资，哪种的风险更大？如果你凭直觉认为，90 美元的风险更大，那恭喜你答对了。这是因为以 90 美元的价格买入的话，赔钱的风险要大于 30 美元。但信不信由你，金融学者的观点却是恰恰相反的！而且我可不是在开玩笑，因为他们的结论十有八九会是：在后疫情时期做投资生意（以 30 美元的价格买入），将面临更大的风险，因为股价的波动性增加了！

在那烂陀，我们**从未**把股价波动纳入风险讨论范围，因为在我们眼中，“资本损失概率”才是真正的“风险”，损失的概率越大，风险也就越大。如果对A公司的投资可能会比对B公司的投资损失更多，那么我就会认为A公司比B公司拥有“更大的风险”，而两者在过去或未来的股价波动是不需要考虑的。

正如巴菲特“命令式”投资法则所体现的那般，他在投资活动中，主要考虑的是如何将损失的风险降至最低，并因此成了整个投资界都倾慕不已的神话；而投资界则恰恰相反，业内似乎十分痴迷于去追捧每一个“半生不熟”的商业理念。但不论是巴菲特，还是大自然本身，两者本质上都是在努力做好一件事，即专注于将第一类错误的风险降至最低。那我们应该“盲目跟风”吗？我们这样的普通人，又能从以巴菲特为例的显性投资经验，以及以猎豹和植物为例的隐性投资教训中，得到什么启示呢？

能或不能，只在你一念之间。

卓越的投资者，应该是卓越的拒绝者

下面我们可以通过一个简单的例子，来比较两种不同的投资风格，然后再回头看一看巴菲特的建议是否有意义。根据世界银行的数据，2018年美国曾有4400家上市公司，[13]为方便计算，我们暂且将其四舍五入成4000家。我们首先需要确定，其中有多少家是“优质投资对象”。为了方便判断，我们可以把“优质投资对象”的标准定为：从长期角度看，对其投资能带来可观回报。此类公司要具备一套既有能力又诚实可信的管理班子、适度的增长率、足够的盈利以及较低的杠杆率。如果你是一位金融迷，此刻你很可能会火冒三丈地发问：你嘴里的“可观”“足够”“有能力”之类的词太模棱两可了，它们究竟是什么意思？别担心，具体数值稍后便会给出，现在让我们假设，每当看到一个优质的投资项目时，我们就自然而然地知道它会是一项好投资。

我们假设在所有上市企业中，有 25% 是“优质的投资对象”，哪怕你去问投资领域的从业者，得到的数据也不会相差太远。在任何情况下，正如下文所示，确切的百分比数值其实也不太重要。不管怎么样，根据这个比例，我们可以推算出，美国上市公司中的优质和劣质投资对象，分别为 1000 家和 3000 家。再次强调，请诸位读者莫要对上述非黑即白的二分法太过纠结，如此区分的原因，我会在下文予以解释。

假设你遇到一位“很懂行”的投资者，声称自己的投资决策的正确率高达 80%（下文默认以男性的“他”来指代这类人，毕竟男性都喜欢夸夸其谈，这亦是进化使然）。换言之，如果碰上了一项比较糟糕的投资（一分钱都赚不到），80% 的情况下，他都会拒绝。如果撞见一笔好投资（可以从中赚到钱），那么 80% 的情况下，他会做出同意投资的决定。因此，他犯第一类和第二类错误的概率都是 20%。如果这位投资专家做了一个投资决定，那么这笔投资的“良品率”又是多少呢？如果你觉得是 80%，那就大错特错了，正确答案是 57%，但这是为什么呢？他不是说自己有 80% 的投资正确率吗？从 80% 到 57%，两者的差距是从何而来的呢？

原因如下。

如上所述，一方面，现在市面上共有 1000 家优质企业，由于这位投资者犯第二类错误的比率是 20%（他会错误地拒绝其中 20% 的企业投资），所以他的正确投资可选范围被缩减到了 800 家（1000 家扣除 20%）。另一方面，市面上同时还存在 3000 家劣质企业，由于他犯第一类错误的比率，也有 20%（他会错误地同意对其中 20% 的企业进行投资），所以他可能会错误地将其中 600 家公司视为优质的投资对象。因此，他自认为优质的投资对象，实际有 1400 家（800+600），这下你该明白我的意思了吧？

在这位投资者选出的 1400 家投资对象中，你觉得有多少家是真正值得投资的？答案显然是 800。因此，他的投资成功率实际只有：800 ÷ 1400≈57%。

结果就是这么令人遗憾，即便这位投资者天授神通，投资决策的正确率的确达到了“逆天”的 80%，他选中优质投资项目的概率也只有 57%。尽管他在 80% 的情况下，都会做出“正确的”选择，其中仍有高达 43% 的投资项目，最终会惨淡收场！原因很简单，尤其是考虑到我们对商业世界的先验认识：**市面上的优质投资其实寥寥无几。**

请允许我再重复一遍，因为这是那烂陀的投资理念和本书后续内容的论述基础：**市面上的优质投资其实寥寥无几。**

正如方才所言，第一类和第二类错误的普遍存在，会让我们投资者误以为自己的投资眼光比实际情况要好，但这些错误会对我们的职业生涯产生更深远的影响。假如给你一次选择的机会，你想少犯哪一种类型的错误，原因又是什么呢？

假设有投资者 A，他下定决心要提升自己辨别出劣质投资项目的能力，并努力将犯第一类错误的比率从 20% 降至 10%。因此，在市面上的 3000 家劣质投资对象中，他只会错误地选中其中 300 家（3000 × 10%）。如果他犯第二类错误的概率仍是 20%，那么在 1000 个优质投资项目中，200 家会被驳回，最终入选的只有 800 家。于是，投资者 A 总共选择了 1100 项投资（300+800），其中有 800 项属于优质投资。在这种情况下，投资者 A 选中优质投资项目的概率，便从 57% 增至 73%（800 ÷ 1100）。如此一来，我想你也会承认，他的投资成功率有了大幅的提升。

假设另有投资者 B，与投资者 A 不同的是，他的重点投资策略就是“见好就上”，不放过任何自以为“优质”的投资机会。他选择将犯第二类错误的概率从 20% 降至 10%，犯第一类错误的概率，则仍保持在 20%。因此，在 1000 家优质投资对象中，他会将其中的 900 家（1000 × 90%）收入囊中，此外，3000 家劣质投资对象中的 600 家（3000 × 20%），会被他误认为是优质投资项目。于是，投资者 B 总共选择了 1500 家投资项目（600+900），但其中只有 900 家是优质投资项目。因此，投资者 B 选中优质投资企业的概率，便从 57% 增至 60%（900 ÷ 1500）。虽然略有进步，但仅仅多了 3 个百分点，只能说还行，但算不上优秀。

如表 1.1 所示，不管降低哪一种类型错误的犯错概率，后续的相关影响，都是非常显著的。

表 1.1　犯第一类和第二类错误的投资成功率

第一类错误概率	第二类错误概率	投资成功率
20%	20%	57%
10%	20%	73%
20%	10%	60%

因此，如果将犯第一类错误的比率从 20% 降至 10%，投资者的表现能提高 16 个百分点。而将犯第二类错误的概率降低 10%，投资表现则只能提高 3 个百分点。

各位不妨猜一猜，如果还有投资者 C，将犯第一类和第二类错误的比率从 20% **同时**降至 10%，会发生什么情况呢？其答案令我大吃一惊：结果是 75%，仅仅略高于投资者 A 的 73%，而投资者 A 仅仅是减少了犯第一类错误的概率。只有当第一类错误，即劣质项目的投资概率降低时，投资的最终表现才会有显著改善。

虽然大部分投资类书籍和大学课程均主要侧重于教人如何投“好资”，但每个人都可以通过学习如何**不投**“坏资”来让自己的投资成功率更上一层楼，毕竟投资可能是为数不多的可以让“重度疑心病患者”收获的回报高于“乐天派”的一个职业。

巴菲特是全世界最优秀的**拒绝者**，所以他才能成为全世界最出类拔萃的投资者。

如何规避重大风险

坚持从动物和植物的成功进化案例中学习经验教训，以此来规避重大风险，进而成为更优秀的投资者，这固然非常有道理，但如何才能真正做到呢？

获得人生智慧的方式和渠道有很多——父母、兄弟姐妹、配偶、朋友、书籍、电影、学校、工作和领导等，这些都是我想到的一些来源。虽然永远都无法真正地确定**是什么造就了**今时今日的我，但鄙人可以相当自信地说，在投资领域，我自己犯下的错误，才是我的首席投资老师。

在华平投资从事投资工作的头几年里，我犯过一项大错，即尽量减少第二类的“遗漏错误”，而非尝试控制好第一类错误，因为我特别害怕错失良机。在积累了8年多的投资经验后，我创立了那烂陀公司。在此要特别感谢我在职业生涯头三四年里做的各种蠢事，让那烂陀公司在“避免不良投资”一事上取得了相当程度的成功。于我而言，失败的确就是成功之母。

大部分投资者在职业生涯中，会不断地犯第一类错误（投“坏资”）。至少我曾经犯过，而且也不能保证日后不会重蹈覆辙，因为这是无法从根本上避免的错误。所以我提出的“避免犯第一类错误”，其实是在建议大家尽量规避掉“**本可避免的**”第一类错误，即行事不要冒太大的风险。那什么才算是重大风险呢？关于重大风险的特定定义，在投资从业者眼中是否合理，甚至是否可取，这一点我不是很清楚。与其给“重大风险”下一个明确的界定，不如让我就那烂陀公司在投资过程中会尽量规避的情形做一番介绍。

至于我们为什么没有明确地罗列某些应该规避的特定类别的“风险”，希望各位读者在看完我们的故事后，能更好地理解我们的初衷，虽然下述案例并不能详尽无遗地囊括所有情形。

小心提防三类企业：罪犯、骗子和大忽悠

俗话说“江山易改，本性难移”，罪犯、骗子和大忽悠则尤甚。作为企业的永久持股者，我们那烂陀对那些欺骗客户、供应商、员工或股东的企业拥有者或经营者没有任何兴趣。但凡碰上这样的人，我们的第一反应就是敬而远之，哪怕对方的开价低到足以抵消一部分风险，我们也不会多看一眼。我们同样不指望能通过良言相劝，促使对方做出任何改善，更不会因其“罪过”轻微得可以忽略不计而网开一面。

我不了解其他国家的行业状况，但不得不承认的是，印度资本市场充斥着各种偷奸耍滑的“企业的推荐人”（印度对最大或控股股东的常用说法）。所以我们对此时刻保持高度警惕，除非完全确信该企业的“推荐人”具备无可挑剔的信誉，否则我们拒绝启动最基础的业务评估工作。世界顶级会计服务机构毕马威曾在一份关于印度私募股权的行业报告中委婉指出：“所有新兴市场面临着很多共同的风险——包含了政治和监管方面的不确定性，以及薄弱的公

司治理，而其中的诸多此类风险，更有可能发生在印度，即便同类情况在其他新兴市场中亦能发现踪迹——比如与家族企业合作、首次公开募股（IPO）退出以及合规风险等。”[14] 这段话其实就是“当心被骗”的委婉说法。

关于潜在企业所有者的信誉，那烂陀采用了一种两级式的评估流程。我们**总会**聘请一名司法调查专家，来对企业所有者或高管进行评审，了解其过往事迹中是否存在信誉污点。与此同时，我们还会通过媒体搜索、研究过往年报、听取对方的电话会议录音、阅读对方的访谈记录、与对方有私人和业务往来者约谈等方式对企业的“推荐人”和经理人开展平行调查。在几近半数情况下，那烂陀都会聘请外部第三方公司，就我们在尽职调查期间获悉的各类问题（例如大额资本支出合同中的资金流失或向高管人员直接支付的现金等）做进一步深入调查。多年来，外包调查和那烂陀内部组织的双重检查，帮我们规避掉了许多“糟心”的投资风险。更重要的是，它为我们的投资者省下了大笔可能因错误投资而亏损的资金。

但这不应该是常规操作吗？

在投入资金之前需要对“推荐人”的信誉进行审查，不算什么特别有先见之明的措施。你说得没错，在印度，于投资前开展公司治理状况审查，本应是理所当然的操作，但事实却并非如此。以基础设施和房地产行业的投资为例，因为存在大量现金交易，这两大行业在印度是受到严格监管的，还需要经过层层审批。然而多年以来，仍有一批能够在该行业体系内“玩得开”的企业家被吸引了进去。同在基础设施和房地产行业中，找出一位良心未泯，不把小股东们骗得团团转的企业老板相比，“从鸡蛋里挑骨头”说不定还要容易得多，所以我们选择完全避开这两大行业。

当我在 2007 年创立那烂陀时，房地产和基础设施领域的融资正处在欣欣向荣的发展阶段。根据麦肯锡咨询公司的一份报告，2005 年至 2008 年间，印度房地产行业几乎吸纳了市面上四分之一的私募股权投资，基础设施则占据了近 30% 的份额。[15] 不出所料，其中有一大部分最终都演变成了投资灾难，广大私募股权和社会公众投资者的损失高达数十亿美元。在房地产行业中，私募股权基金的退出回报率只有 2%，而在能源领域内，只有 9% 的投资可以安然退场。造成这一不幸结果的一大关键原因在于基金管理界对企业家的逆向选择①。

在我自己也踏进同样的陷阱后，吐槽他人的愚蠢无异于五十步笑百步。

回到我之前在华平投资主导的那个价值 5000 万美元的投资项目，它貌似满足了所有优质投资项目的条件，但我在本章开头没有告诉你的是：外包审查单位提交的公司治理调查结果显示，该企业"推荐人"的背景很"干净"（clean chit）②，但我们的内部团队却从非正式渠道听到了些许关于他本人的"闲话"。这些负面的"闲言碎语"听起来既不严重，也没有确凿证据，但事实证明其并非空穴来风。我当时却直接把它们忽略了，直到现在我都不知道自己当时为何选择充耳不闻，或许是过于盲目地相信外包审查单位的结论，或许是因近期在投资上的大获成功而感觉飘飘然了，或许被能说会道的企业推荐人给忽悠瘸了，或许是在付出了几个月的辛勤努力后感觉覆水难收了，也可能是所有这些原因的综合作用使然。

在这一阶段，我本应要求外包调查单位，进一步加大审查的力

① 指保险、金融等领域中，风险较高的人或事物更容易被选择的现象，该现象通常是由信息不对称导致的。

② 指在印度和巴基斯坦等国家的一种证明某人无罪或清白的证明文件。通常用于法律或调查场景，表示某人经过调查后被证实无罪。

度。另外，关于对这位企业推荐人的批评之语，我本人也应当继续“深挖”，验证其真实性或可信度。但这两件事我都没有做，所以当我们发现陷入了这个人的圈套时，情况已然不可逆转，他榨干了公司的资金，华平投资几乎赔了个底儿掉。在栽了一次后，我在华平任职期间，以及创立那烂陀后，都格外小心。除非对投资对象的公司治理标准完全且绝对满意，我们永远都不会出资。到目前为止，虽然那烂陀尚未受到此类企业推荐的蒙骗，且尚未因此损失一分钱，但这并不意味着我们永远都不会上当。俗话说“道高一尺，魔高一丈”，如果以后真的不幸中招了，那我们也绝对竭尽全力了。

一些投资者可能会提出反对意见：如果公司的存续没有受到“企业推荐人”不良行为的威胁，那么以极低的估值去投资一家稍有些“不清白”的企业，从中长期来看，未免不是一条赚钱的好路子。在过去几年里，印度一些众所周知的“缺德”企业，其股价表现相当不错，这虽然是不争的事实，但我们从未蹚过这种浑水，以后就更不可能了。那烂陀的投资理念是“成为企业的永久持股者”，这**要求**我们只能与信誉度最高的“企业推荐人”合作，这就是我们一贯的行事准则。

拒绝处在转型困境中的企业

想象有一场网球比赛，由国际网球天王罗杰·费德勒对阵世界排名第 500 位的约翰。我请诸位拿出 5% 的家当押约翰获胜，你显然会拒绝（这也是我期望的回应），但约翰却想让你把赌注押在他身上。因此，在比赛开始前，约翰与你进行了面对面的商讨，他做了一番慷慨激昂的陈述，希望你能看到他的天赋，不要太在意他的排名（的确是不太拿得出手）。他口才很好，还准备了一份花里胡哨的 PPT，就他击败费德勒的计划做了一番详细的解释说明。约翰表示，在过去两年里，他一直都在密切关注费德勒的赛事表现，并认为自己制定的计划天衣无缝。为了让自己的言论更具可信度，约翰请到了一位世界顶尖的网球教练。这个教练高度认可和赞赏了约翰的作战计划，认为他确实有机会击败费德勒。然后，就轮到你做决定了，你会把 5% 的财富，押在约翰身上吗？

投资界的现状**正是如此**。虽然企业长期表现不佳，但其管理层仅凭花里胡哨的承诺还有麦肯锡的调研报告，就能说服投资者慷慨解囊。不管是企业管理层还是麦肯锡，我都没法怪罪，毕竟“盲目乐观”不属于犯罪。但令我困惑的是，虽然有些投资者手里掌握的资料，足以证明某些企业现任管理层的无能和不称职，但他们却仍然愿意把客户的钱一股脑儿押出去，指望现任管理层在不久的将来突然摇身一变，引领糟糕的企业成为业内的佼佼者。不出意外的话，这些企业管理层大肆渲染的理想蓝图，最后通常会变成一场噩梦。

有时候，为了扭转企业的困境，董事会或企业所有者会采用更换现任首席执行官（CEO）的方式。新上任的 CEO，通常都有一份令人惊叹的亮眼简历，而且从很多方面来看，都是能胜任职务的最佳人选。然而我们对此类处在“换水”阶段的企业并不看好，因为一位杰出的 CEO 一般都是在原企业的特定环境和特定业务下，才干出了令人瞩目的成绩，工作环境和业务会因企业的不同而有所差异。当新上任的 CEO 碰上一系列在上一份工作中几乎从未遇到过的挑战时，我们怎么知道这位新任 CEO 能兑现入职时的承诺呢？很显然，我们无法确定。

话已至此，我知道诸位在想什么。如果我们能够发现一个真正做到了起死回生的企业，那么可能收获的利润，也将十分惊人。想必大家都认同这个观点，所以我们接下来要做的，就是对以下两种情景进行评估。

情景1：某家公司在过去几十年间的盈利状况，一直相当优秀，但最近却被一些规模更小、更灵活的竞争对手抢占了市场，因此在过去两年里损失惨重。于是，该公司转头将其高度工程化[①]的产品销售给大中型企业。另外，董事会也开始计划更换CEO，也确定了一位非常有潜力的候选人，可美中不足的是，这位候选人既不懂技术，也不懂如何向中大型企业推销自家的产品，因为他原本任职的公司是卖饼干的！他没有任何帮助企业扭转困局的工作经验，更别说在类似这家以复杂工程产品为主营业务的公司的相关经验了。

如果这样一位CEO接手了公司，你还愿意做出投资吗?

情景2：有一家口碑极好的百年老字号百货公司，但其销售业绩近年来一直在不断下滑。过去四年来，公司的销售额从200亿跌至180亿美元，降幅达到了10%，其营业收入也从11亿美元一路跌到了3.8亿美元，降幅约达65%，股票价格更是从81美元暴跌到32美元。

为了扭转颓势，董事会聘请了一位世界顶尖的商品零售专家来公司担任CEO。在过去几年里，他曾创造过两次巨大的商业奇迹。一次是在美国一家最大零售商公司担任销售副总裁期间，成功地领导该公司旗下门店，吸引了大批年轻顾客和时尚型消费者。他还与几位设计师达成了合作，这一举措也同样受

① 指产品或系统经过精密设计和制造，以达到高性能、高效率和高可靠性的状态。

到了消费者的极大欢迎。他之后又跳槽去了另一家大公司，主要负责零售商店的开设并出乎意料地再创辉煌，时至今日，在他开办的门店里，每平方米的销售额甚至超过了路易威登等知名奢侈品零售商。他在商业零售空间设计和服务方面的创新，得到了市场的高度认可，以至于来自世界各地不同城市的消费者，需要提前好几天预约才能到店消费。

如果有这么一位 CEO 接手公司，你会选择投资吗？

换作是我的话，第一家公司的股票我是不会碰的，但第二家的我会大量购入。想必诸位也会做出同样的选择，但我们都大错特错了，因为第一家公司的股票在接下来的十年里会上涨七倍，而你我都错失了此次良机。如果选择购入第二家公司的股票，那我们就彻底完蛋了——没错，就是百分之百的赔本生意。

第一家企业是 IBM，该企业于 20 世纪 90 年代末在雷诺兹 – 纳贝斯克公司（RJR Nabisco）前 CEO 郭士纳（Lou Gerstner）的带领下，成功地实现了企业转型，并成为业界的知名转型案例。[16] 毫不夸张地说，在 20 世纪下半叶，IBM 可是全球科技行业的绝对“统治者”。20 世纪 90 年代初，IBM 大约一半的收入，来自企业用大型电脑主机的销售业务（硬件和软件捆绑销售）。可随着时代的发展，以微处理器为运行基础的中小型器械设备，逐渐在全球范围内兴起。在技术行业内，硬件和软件也开始分道扬镳，随着市场的进一步细分，每个领域都出现了特定的专业供应商。惠普、Sun、康柏和戴尔等企业不断蚕食着 IBM 原本的硬件市场份额，而微软和甲骨文也开始在软件领域崭露头角，逐渐占领更大的市场份额。

更糟糕的是，IBM 只能眼睁睁看着个人电脑开始进入大众消费领域，自己却毫无办法，因为他们在这方面没有任何专业知识或经验。此外，公司内部庞大的组织机构也给企业决策造成了很大阻力。在 1990 年，IBM 还是全球利润排名第二的公司，但在随后的 1991 年至 1993 年间，却亏损了 160 亿美元。

对董事会来说，选择郭士纳这样一个行业“新手”似乎有违常理，但他确实创造了奇迹。郭士纳上任后，就进行了大刀阔斧的改革——通过裁员来大幅削减开支；出售大批资产以筹集现金；重塑企业文化以鼓励各业务部门之间开展合作，而非彼此竞争；将高管薪酬与公司整体业绩挂钩；为 IBM 的所有部门统一企业品牌信息。自 1993 年 4 月 1 日至 2002 年 12 月 31 日（他任职期间），IBM 的股价从 13 美元涨到了 77 美元。如果你想了解更多郭士纳创造的商业奇迹，我强烈推荐他的自传《谁说大象不能跳舞：IBM 董事长郭士纳自传》。

上述案例中的第二家企业，即美国大型连锁百货商店、目录邮购和电子商务零售商——杰西潘尼百货公司。2011 年底，摇摇欲坠的潘尼公司聘请了罗恩·约翰逊（Ron Johnson）担任 CEO，因为他曾将原本默默无闻的塔吉特公司，打造成了美国第四大百货公司，之后又化身“苹果零售店之父”，促使苹果商店一跃成为全球最成功的零售业标杆。[17] 消息一经传出，该公司的股价直接暴涨了 24%！市场普遍将约翰逊看作令杰西潘尼百货起死回生的“奇迹之源”。他上任后便着手全盘重塑公司形象——更换企业标志、店面设计、广告、定价模式和广受欢迎的自有品牌等，而杰西潘尼“赖以成名”的优惠券和清仓大甩卖等营销手段，也被他全部叫停，但这无疑是一大昏招。2012 年，随着顾客群体的大量流失，公司的销售额从 170 亿美元跌至 130 亿美元，降幅接近 25%。更令人担忧的是，公司还出现了 13 亿美元的经营亏损。担任 CEO 仅仅 17 个月后，董事会便于 2013 年年中解雇了他，而且杰西潘尼的股价，在他任职期间暴跌了 60%。经此一役，拥有百年历史的杰西潘尼公司元气大伤，不得不于 2020 年 5 月申请破产保护。

企业那些貌似轰轰烈烈、为扭转困境而付出的各种努力（以 IBM 和杰西潘尼百货为例），既然我们无法预测其最后的**结果**，那么在情况不甚明朗的情况下，我们怎么样才能够增加投资的胜算呢？企业界的竞争是十分残酷的，即便是最优秀的公司，也必须努力经营才能维持现状，所以对于一家陷入困境的公司而言，其成功的可能性，怎么就不是微乎其微呢？倘若真是如此，那我们为何还会沉迷于“借着企业起死回生的东风获得暴利”的美好幻想呢？

学会“躲债”

20 世纪 90 年代初，在我还是一名投资顾问的时候，企业损益表几乎可以说是我唯一关注的对象。当时的我认为，除了企业的收入、成本和利润外，其他信息几乎都无足轻重。值得庆幸的是，时至今日，即便转型成为投资顾问，我对损益表的痴迷依然如故。拿我侄女来说吧，她目前在英国伦敦做投资顾问，主要为私股客户提供服务。她仅对损益表中一个方面的内容，保持了高度关注：EBITDA（利息前、税前、折旧及摊销[①]前的收益）。把损益表奉为圭臬的，不单单是投资咨询师，只要拿出任意一位分析师的报告或企业季度业绩的电话讨论会录音，其中关于收入、成本和利润的意见和问题总是会铺天盖地地向你袭来。

在投资界摸爬滚打多年后，我意识到，我们同样需要重点关注

① 折旧是指固定资产在使用过程中价值逐渐减少的过程，摊销是指无形资产在使用过程中价值逐渐减少的过程。这两者都是企业在计算财务报表时需要考虑的成本。

公司的资产负债表，比如应收账款、存货、应付账款、固定资产等数据。当然，最重要的还是债务信息。公司财学理论对“杠杆”①一词向来推崇备至，而有些人则对其不甚了解，但有金融学者声称，公司需要保持一个“最佳”的杠杆水平以提高回报率。[18]如果一家公司可以借到钱购买资产，那么它的股本回报率②（ROE）和每股收益③应该会提高。从数学上讲，这绝对是正确无误的；但从现实角度来看，这无疑是十分危险的。

对一家企业来说，还有什么事能比提高短期股本回报率和每股收益更重要呢？但依我之见，以下两点才是重中之重：

首先从简单的方面讲起，即企业的**生存**。如果企业的长期存续都不能保障，那么提高几个百分点的股本回报率，便毫无意义。新冠大流行的危机无比清楚地揭示了一项事实：那些被疫情搞得狼狈不堪的公司，通常有着极大的财务杠杆。戈尔德健身房、赫兹租车集团、国际通信卫星公司、J.Crew、杰西潘尼百货、尼曼·马库斯和 Sur La table 等一系列知名公司纷纷于 2020 年第二季度，宣布申请破产保护，[19]“债台高筑”则是它们的**共同点**。让一家无融资负债的企业走向破产并非不可能，但确实要难得多。如果让我列出 20 家美国破产的大型公司，[20]你便会发现，在**所有**破产公司中——从位列第一的雷曼兄弟到末位的利安德巴塞尔工业公司——每家都负债累累。

可能有人会说，这些企业只是运气太差，如果没有遭遇新冠大

---

① 杠杆率一般是指权益资本与资产负债表中总资产的比率。杠杆率是一个衡量公司负债风险的指标，从侧面反映出公司的还款能力。

② 股本回报率是将净收益除以年初与年底总股本的平均数字而计算出来的。这是衡量公司盈利的指标，显示了在支付款项给其他资本供应者之后，股东提供的资本所获得的回报率。

③ 一种衡量公司盈利能力的指标，表示公司在一定时期内每股股票的盈利。

流行，一切仍是岁月静好。可能还有人会争辩说，和债务相比，管理不善或其他因素才是导致企业垮台的主要诱因，毕竟“相关关系不意味着因果关系”，此话或许不假，但这种相关关系，恰恰是生死攸关的东西。身为一家企业的长期投资人，我可以接受稍低的股本回报率和较差的每股收益（EPS）增长，因为企业至少还能凑合活下去，但不论时局好坏，公司破产确实是我**最不希望**看到的。

或许大部分人都能理解，对企业没有过高的杠杆率的要求，但总有人会不同意我的要求：我是**“无杠杆”**的忠实提倡者。在我们投资的企业中，超过 90% 都有盈余，而且从来都不缺现金。在我们投资的大约 30 家企业中，只有 3 家负债，但即便如此，它们的负债规模也相当小——其中债资比率最高的也只有 0.3。

既然适度的债务水平并不会危及企业的生存，但我为什么还要求企业的零负债率呢？答案就藏在《商业内幕》杂志一篇文章的标题里：《坚持不裁员——亚洲涂料公司将提薪以振员工士气》。[21]

亚洲涂料公司（Asian Paints）是印度最大的涂料生产企业，可能也是印度国内经营状况最好的公司之一。顺便插一句，很遗憾我们没能将这家公司纳入自己的投资组合。2008 年全球金融危机期间，我碰上了一次购入其股票的机会，但最后又放弃了，因为这家公司虽然很了不起，但我当时并不想多花 15% 的钱来买它的股票。没错，我当年就是个大傻子。反正现在已经太迟了，所以我们还是回到更愉快的话题上来吧。

这种企业业绩超好，总是做到“不裁员、反加薪”的故事，在太平时期可没什么新闻价值，但这是一篇在 2020 年 5 月 15 日发布的新闻。由于当时正值新冠大流行期间，印度自 3 月中旬以后，几乎完全处于“闭关锁国”的状态，所有企业的收入和利润都出现了灾难性的下滑。此外，没人知道情况何时会出现转机——别忘了，在 2020 年 5 月以前，有关任何疫苗研发成功的曙光仍未出现。亚洲涂料公司本身在 2020 年的第二季度也迎来了经营滑铁卢——2020 年 4 月至 6 月期间，公司的收入与 2019 年同期相比下降了 43%，净利润下降了 67%。那么问题来了，企业在如此困难时期，选择给员工加薪会不会很愚蠢？答案是否定的，亚洲涂料做出如此决定，纯粹是因为账上现金充裕而已。2020 年 3 月疾病刚开始暴发时，其账上的盈余现金高达 2.2 亿美元（截至 2020 年 3 月，公司的财年收入为 29 亿美元）。

我不喜欢**任何形式**的债务的第二个原因是，债务拖累了企业的战略灵活性，从而削弱了其创造长期价值的能力。这一点经常不受重视，甚至还会被投资者和管理层忽视。在日内交易者或持有期为三到五年的投资者眼中，合理的杠杆率可能无关紧要，但对于那烂陀这样的股权永久所有者来说，任何不经深思熟虑便开展战略投资的行为，都是不可取的。印度涂料行业的竞争十分激烈，而亚洲涂料公司作为业内龙头，其竞争对手可以研究并效仿它的一系列商业手法。可每隔几年，亚洲涂料就会抓住机会做一次投资，或开展一场连竞争对手都难以效仿的“战略性赌注”。加薪便属于这样一类赌注，而且亚洲涂料并没有就此止步，它还推出了为经销商提供了油漆店铺免费消毒服务，为自己的油漆工人提供医疗保险，允许经销商延期付款 45 天，并宣布向承包商发放价值超过 500 万美元的救济等福利性措施。公司 CEO 阿米特·辛格尔（Amit Syngle）表示：“我们多年来都是没有负债的，即便未来四五个月的形势仍不明朗，但我们完全可以安然处之。”[22]

亚洲涂料公司的慷慨举动，或许不会在短期内产生什么影响，但其长期效果很可能会愈发显著。它之所以能够果断采取这些极不寻常的行动，除了卓越的战略眼光外，还要归功于它的零负债。

鉴于新冠大流行只是一种极端情况，所以有人或许会说，为百年难遇的突发事件留存大额现金乃鲁莽之举。但这一前提本身就站不住脚，因为企业不可能永远一帆风顺，糟心事每隔一段时间就会不请自来。在所有资本主义社会中，企业面临着各种现实的严酷挑战，始终保留一定现金的原因在于：不是事情**可能**会出错，而是**必然**会出错。企业总会遭遇各种各样的困境：比如宏观经济环境，可能会受类似 2008 年全球金融危机或经济衰退影响，而成为企业发展的巨大阻力；企业所处的行业出现周期性低迷；资金充足的竞争对手不惜血本地加大广告投入或折扣力度；公司中一些最优秀的员工，跳槽到竞争对手公司；某位或多位大客户取消合作或破产；消费者的喜好突然变了；公司的大规模战略收购或投资没能获得预期的回报；工厂失火或供应商出了问题；货币在国外市场上的走势下行，对销售额产生了强烈冲击；监管造成了阻碍；因卷入司法纠纷而损失一大笔金钱——我还可以继续罗列更多的糟糕的事件。

而且，这些糟心事可不是我的凭空假设——纵观我 20 多年的投资生涯，它们都是在那烂陀持股的企业中发生过的真实案例。有时候，它们可能还需要同时应对前述多个问题，面临巨大的压力。相比市场份额下降、供应商的拉胯、竞争对手的步步紧逼和员工的不满，支付利息才是管理层最不应该担心的事。根据我的经验，只有在财务风险较低的情况下，管理层才会把工作重点放在降低业务风险上。

我始终认为，“负债有助于企业形成‘最佳’的资本结构”，这一被企业金融理论家所信奉的理念不仅大错特错，而且十分危险。一份“强健的”资产负债表并非只是通过最大化债务来最小化资本成本[①]，而是要通过将债务最小化以实现资本安全的最大化。

---

① 企业为筹集资金所需支付的成本，包括股票、债券和其他长期债务的利息。

幸运的是，在那烂陀投资的所有企业里，没有一位企业所有者在高级商学院里学过金融，所以他们也不是这个错误理念的信徒。

远离“并购狂”

如果企业运营良好，那么每一天都会在太平无事的状态下度过，虽然仍有干不完的活儿，但大部分都是常规性的、单调无趣，且千篇一律的重复性工作，而企业在正常情况下本就如此。举个例子，你可以想象一家浴皂销售公司在一天、一周、一个月或一年里的日常运营流程：车间生产出成千上万块肥皂，员工再对其进行质检，剔除瑕疵品；包装部门负责将肥皂装箱；物流部门则确保将产品以预定的价格及时发出；仓储部门负责将收到的成箱肥皂，存放于指定地点；最后一千米的配送部门，则负责将货物准时送出；最后再由财务部门记录从零售商处收到的货款。整个流程既不惊险，也不刺激。

对于这样一家企业，或者任何类似模式的企业而言，登上《华尔街日报》或《金融时报》的最佳方法是什么？答案就是“并购”，业界术语则称之为“兼并和收购”。不知何故，各大媒体都十分青睐涉及两家企业合并或收购的新闻，而习惯赚大钱的投资银行家和金融家们对此更是喜闻乐见。并购的消息一经发出，相关企业的CEO通常就会收到美国消费者新闻与商业频道的访谈邀请，在采访过程中，“战略契合”“协同效应”“文化契合”等在每一桩并购案中都会出现的陈词滥调，又会被他们拿出来大肆宣扬一番。不过，他们做的决定几乎都是错的，因为大多数并购都会以失败告终。

美国在线和时代华纳的CEO曾于2000年1月10日共同发布了一项3500亿美元的并购声明。当时，美国在线联合创始人斯蒂芬·凯斯（Stephen Case）信誓旦旦地宣称："新媒体时代的历史性时刻即将真正来临。"而时代华纳的 CEO 杰拉尔德·莱文（Gerald Levin）也不甘落后，他以充满哲学意味的论调说道：互联网已经开始"创造前所未有的、可以即时访问各类媒体形式的机会，并为经济的增长、人类的认知和创造性表达，释放无限可能"。氛围已经烘托到了这个份上，那么这场"兄弟情深"大戏的最终结局又是如何呢？它成了企业界历史上最大的一桩并购失败案。[23] 在短短两年内，这场交易令美国在线亏损了 **990 亿**美元。你没看错，损失接近千亿。其市值也从 2000 年的 2260 亿美元，一路暴跌至 2002 年的 200 亿美元。2015 年 6 月，它最终被威瑞森电信以 44 亿美元的价格收购。

我承认自己在决定是否投资时，总是挑三拣四，但请诸位在批评我之前，不妨再想一想美国在线和时代华纳的并购案：它们都是各自领域中无可争议的领导者，CEO 皆备受赞誉，董事会的优秀程度也堪称行业模范，财务方面更是无懈可击。两家公司都雇用了不少极具天赋和积极性的员工，也有办法请到最顶尖的行业顾问，但所谓的"强强联手"，最后还是以失败惨淡收场，而且输得惨不忍睹。如果连它们这样的行业巨头都无法破局，那么其他大多数的普通公司还有什么机会呢？令人悲哀的事实是，美国在线和时代华纳的并购悲剧，每年都在数以千计地上演着。更可悲的是，这种事大伙儿都知道，但他们就是不撞南墙不回头。

关于企业并购的高失败率其实有很多资料可考。[22] 克莱顿·克里斯滕森（Clayton Christensen）等人曾在《哈佛商业评论》上发表的一篇题为《大创意：企业并购新剧本》（*The Big Idea: The New M&A Playbook*）的文章中表示，70%~90% 的企业并购都是失败的；毕马威的一项研究称，有 83% 的并购交易未能创造出价值；康奈尔大学的一篇研究文章也提道："对所有行业并购方的表现进行了大量实证研究后，总体上未能找到一致性证据，能证明并购方在收购被并购方后，其价值有所提升"；学者托比·J. 泰坦鲍姆（Toby J. Tetenbaum）在他于《组织动态》（*Organizational Dynamics*）发表的一篇研究文章中表示，60%~80% 的企业合并都是财务上的失败；Great Prairie 集团援引麦肯锡、哈佛商学院、贝恩和沃顿商学院的一项研究表明，企业并购失败率超过了 70%。诸多此类的研究表明，企业并购失败的原因有很多，其中包括了文化不匹配、超额偿付、对并购机会的误估、外部因素和整合问题等等。

但上述研究并没有指出那烂陀排斥并购的最大原因：机会成本。为了能让诸位有进一步的理解，我们可以看一看德国生化巨头拜耳公司的故事。

拜耳集团主席马尔金·戴克斯（Marijn Dekkers）博士在 2015 年可谓是春风得意，因为在他担任集团主席的五年中，这家生命科学公司的收入，从 350 亿欧元激增至 460 亿欧元，每股收益从 1.6 欧元升至 5 欧元，增幅两倍有余。拜耳长期以来都是德国证券交易所内最大的上市公司，总市值约为 1400 亿欧元。该公司 2015 年的年度报告也是喜讯连连。戴克斯博士的演讲精彩且务实，充分彰显了拜耳身为世界领先的一家生命科学企业的风范。

戴克斯博士在 2015 年年报第七页写道："这是我以拜耳 CEO 身份呈上的最后一封董事长函。"只有这句话，称得上是这份年报里唯一的坏消息。

戴克斯博士的突然离职，对拜耳来说有多糟糕呢？到 2020 年，拜耳的销售额从 2015 年的 460 亿欧元跌至 410 亿欧元。2015 年的拜耳本是一家高利润企业，股本回报率达到了 18%，但在 2020 年却宣布净亏损 **100 亿**欧元，每股股息比 2015 年低了 20%。2021 年

6 月，拜耳的市值只剩下 500 亿欧元，跌幅达到了惊人的 65%，而此时距 2015 年的辉煌，还不到六年。

其间到底发生了什么？戴克斯离职后不到 10 天，拜耳就耗资 630 亿美元，竞标收购了美国农用化学品巨头孟山都，这个收购价格比拜耳在 2021 年 6 月的总市值还高！

这桩并购为什么会失败呢？你如果读过相关报道，便会发现大部分原因都集中在拜耳公司输掉的多起诉讼上，它们给公司造成了数十亿美元的损失，因为原告方提交给美国法院的证据确凿地表明使用孟山都生产的草甘膦除草剂会致癌[①]。媒体的报道虽然客观无误，但并没有解读到导致拜耳并购孟山都后一蹶不振的真正“幕后黑手”，即“机会成本”，这也是那烂陀对各类并购敬而远之的根本原因。简单来说，大部分对并购失败的分析，主要集中在已发生的“坏事”上，而不是那些**本应**发生的“好事”上。

让我们来看看，拜耳在大规模收购过程中，付出了哪几类“机会成本”，其一系列举措（包括无所作为）可大致归纳为三类：剥离有吸引力的业务、减少对现有业务的关注、错失良机。

收购孟山都后，拜耳出于以下两点原因，不得已将许多核心业务都剥离了出去。首先是来自监管机构的压力，因为这两家公司都是农化行业的超级大佬。其次，拜耳必须偿还由于此次并购而欠下的巨额债务，其净负债从 2017 年的 36 亿欧元，猛增至 2018 年的 360 亿欧元！

2017 年，拜耳以 60 亿欧元的价格出售了大部分的种子和除草剂业务，2018 年以 10 亿欧元的价格出售了具有高利润的科伦塔公

---

① 2019 年 5 月 13 日，旧金山高等法院一个陪审团裁决拜耳向一对夫妇支付逾 25 亿美元赔款，这对夫妇因为使用该公司旗下孟山都的农达（Roundup）草甘膦除草剂而患上了癌症。这是该公司在逾万起类似诉讼中第三次遭遇挫败，判赔金额创下新高。

司60%的股份，之后再次出售了知名婴儿护肤品牌“科普特”和足部护理品牌“爽健”的股份。2020年，拜耳又标价70亿欧元，卖掉了行业领先且利润丰厚的动物医疗保健业务。我们算一算就能发现，拜耳剥离的资产销售总价至少有150亿欧元，约占拜耳2021年中期市值的30%，而且它们都是被拜耳公司持有并经营了数十年的老业务，因而其被出售前的市场估值很可能远高于150亿欧元。结果就是拜耳永远失去了从这些极富吸引力的业务中获得长远收益的机会。为筹钱买一只**不肯下蛋**的母鸡而宰掉自家一大群会下“金蛋”的肥鹅，实在是得不偿失。

因一桩极不明智的收购分散了对现有业务的关注度，则是拜耳付出的第二大机会成本。你可以从2018年、2019年和2020年的拜耳年报中发现这一点。为证明收购的合理性以及为减轻此次灾难性收购的损失而采取的补救措施描述，占据了拜尔这三年年报的大量篇幅。和往常一样，数字更能说明问题，接下来我将通过数据向大家作进一步解读。

拜耳有三大业务部门：制药、消费者保健和农作物科学。2016年至2020年，其制药部门的销售额，始终保持在160亿至170亿欧元（虽然2020年受到新冠大流行的影响，但大部分国际制药企业的销售额并未下降）。所以，拜耳制药业务方面的业绩停滞的原因，是否可能就是大规模收购导致企业内部对现有业务的关注度下降？因为在2010年至2015年，拜耳的制药销售额曾从66亿欧元迅速提升至137亿欧元，增幅超过了一倍。那么在2015年至2020年，在制药业务的管理层没有被迫帮公司的并购案“擦屁股”的情况下，就算没能同过去五年一样翻一番，但收获50%的增长率，即达到210亿欧元左右的销售额，对它们来说应该也并不是难事，但其实际数据却仅有170亿欧元。我认为拜耳的制药部门因集团收购孟山都“损失”40 亿欧元的销售额应该是一个相对公允的说法。通常情况下，国际制药公司的市值大约是销售额的 3~5 倍，为保守起见，我们可以暂定为 2.5 倍，那么其机会成本方面的损失**至少**达到了 100 亿欧元。

制药部门的盈利尚能说得过去，但消费者保健部门的营收却从 2015 年的 12 亿欧元降到了 2019 年的 8 亿欧元（2020 年不予考虑，因为许多消费者导向型业务都受到了新冠大流行的影响），然而在此期间，国际消费者业务领域内大部分企业的营收都有所增长。同样地，农作物科学部门的营收也从 21 亿欧元降到了 19 亿欧元，反观其竞争对手的表现则要好得多。友情提示：拜耳对孟山都的收购，被计入了农作物科学部门。虽然花了大价钱（630 亿美元），但该部门的营收，在 2015 年至 2019 年都呈现**不断下滑**的态势！

2015 年，消费者健康和农作物科学部门对拜耳综合营收的贡献度超过了 50%。因此我们可以保守估计，拜耳在 2015 年的市值至少有三分之一源于这两大部门。鉴于拜耳在 2015 年的市值为 1400 亿欧元，做个简单的数学计算，上述两大部门至少创造了 450 亿 ~ 500 亿欧元的企业价值（相当于拜耳在 2021 年 6 月的**总市值**）。那么导致这两个部门表现如此不佳的机会成本又是什么呢？如果拜耳集团高层没有因为收购孟山都而陷入无尽的麻烦之中，如果他们能在接下来的五年里，将企业价值于 2015 年的基础上再提升 30%~50% 的话，我们预计拜耳的损失可能会减少到 150 亿 ~250 亿欧元。

接下来是第三个，也可能是代价最大的机会成本：错失良机。对拜耳而言，研发新型冠状病毒疫苗正在此列。

想象一下拜耳公司 2019 年底的情况：自 2017 年以来，公司的杠杆率增加了 9 倍不止，总负债达到了 340 亿欧元；美国孟山都方面的诉讼案进展越发艰难，司法支出因而节节攀升；资本回报率从几年前的16%~19%降到了4%以下，和几年前的“鼎盛时期”相比，被腰斩的公司股价更是令广大投资者上火不已。

面对这种糟糕的情况，在2020年初新冠大流行之后，你认为围坐在公司总部会议桌旁的拜耳高管们还有底气提议：“让我们再拿出数十亿美元的资金，研发新型冠状病毒疫苗吧？虽然我们自己都不知道能否成功。”在经营和财务状况都很糟糕的情况下，拜耳的管理层是否愿意就某个不可知的结果再赌上一把呢？我们永远都不会知道确切的答案，我们不妨猜测一下，你觉得这家“饱受磨难”的公司，能否靠研发新型冠状病毒疫苗而“峰回路转”呢？显然不太可能。

拜耳曾在2020年的年报中称，集团已同一家生物技术公司签署了协议，双方联合开发生产的新型冠状病毒疫苗将于2022年上市，然而截至2021年7月，拜耳的四位竞争对手——阿斯利康、强生、莫德纳和辉瑞的疫苗出货总量，就已经达到了**50亿**剂。

新冠大流行期间，莫德纳公司的所有收入和利润，几乎都源于疫苗销售。因此，当我们就拜耳在新型冠状病毒疫苗研发方面的损失，进行模拟评估时，莫德纳就成了很好的参照对象。从2019年12月（新冠大流行前）到2021年7月，莫德纳公司的市值增加了大概**1200亿美元**（约合1000亿欧元）。假设拜耳在疫苗业务上取得成功的概率有50%~75%（毕竟它曾是全球医药行业的领导者之一），那么它本可创造出500亿~750亿欧元的企业价值，然而因其无力（或者是不愿意）研发疫苗，错失了“大赚一笔”的机会。

如果我们把所有数字加起来，那么拜耳为收购孟山都付出的机会成本，可能在900亿~1000亿欧元。换言之，拜耳集团的市值**本能**达到1400亿~1500亿欧元，而非2021年6月的500亿欧元左右。

我们怎么知道这不是夸大其词呢？因为拜耳在 2015 年的市值就达到了 1400 亿欧元。如果硬要解释的话，上述机会成本还是明显往低了算的，因为它是在假设自 2015 年以后，拜耳几乎没有创造额外企业价值的基础上得来的，纵观制药、消费品和农化行业的其他所有主要生产企业，其价值自 2015 年以来都有显著提升。

虽然我对拜耳的管理模式一无所知，但鉴于他们在 2016 年之前取得的巨大成功，他们对“全球一流管理”的称号当之无愧。如果真是如此，那他们又如何会做出这样糟糕的收购决策呢？因为同世界上绝大多数的并购方一样，他们打心底相信，**此次**收购将会“与众不同”。企业管理层——尤其是高水平的管理精英们——在同其顾问团队就某项目标进行评估时，都会产生一种“战无不胜”的傲然情绪。他们由衷地相信**自己**能扭转企业界百年来的发展走向。然而，当他们中的大多数终于意识到自己的愚蠢行径时，一切都已为时太晚。

如果某家企业是个“连环收购者”，那么我们就会远远躲开。因为我们很清楚，其中的风险是无法被“定价”的。如果我们于 2016 年将拜耳作为一项新投资进行评估，在充分确信管理层不会重蹈覆辙之前，投资的决议是肯定不会通过的。

我们注资的一些企业偶尔会有并购，而我们给出的建议则是：在任何情况下，都要对收购后的企业价值创造潜力，保持“高度怀疑”。好消息是，我们的建议正确率不是很高，更幸运的是，在我们投资的公司中，没有哪家沉迷于并购，即便有，他们也从未痴迷到把“身家性命”拿出来当赌注的程度。我确信，企业对原有业务的关注度会因并购被分散，这是要付出代价的——即使很小，也是得不偿失的。如果有任何一家企业开始朝“连环收购者”转变，我们的反应就是立刻撤资。

不要徒劳地预测所谓的“生财之道”

19世纪中期的铁路和20世纪后期的互联网，有什么共同之处呢？

19世纪早期，铁路给英国带来了翻天覆地的变化。[25]1826年，连接利物浦和曼彻斯特的第一条客运铁路获得议会批准，并于1830年正式开通。同其他交通工具相比，铁路满足了人们在更低成本、更短时间内实现长距离出行的需要。此外，由于人员和建筑材料的运输变得比以前更加便宜和快捷，城市开始迅速发展。许多企业家也纷纷加入这场交通革命的浪潮。到1844年，英国已开通的铁路总里程就超过了3500千米。这些承诺“铁路不停，成长不止”的企业，自然受到了股票市场的热烈欢迎。1843年至1850年，公开发行股票的铁路公司总共达到了442家，而且在1843年1月1日至1845年8月9日，铁路股票的价格指数整整翻了一番。但泡沫终究还是破裂了，这是不可避免的。1845年至1850年，铁路股票指数暴跌67%——许多公司因经营不力、不合理的财务规划或欺诈而关门大吉。

不同于19世纪40年代的“铁路热”，随着20世纪90年代中期互联网的普及，广大风险资本家和公共市场顺应了快速变化的环境，并为数百家公司提供了资金。这就是所谓的“互联网泡沫时代”。[26]纳斯达克科技股指数在1995年至2000年涨了**5倍**。在近代资本市场发展史上，**“亏钱”**似乎开始首次化身为“成功”的关键。1999年10月，即“互联网泡沫”崩裂前六个月，摩根士丹利互联网分析师玛丽·米克尔（Mary Meeker）追踪的199家互联网企业股票的市值总和高达4500亿美元，但这些企业本质上都是在过去两到五年内成立的初创公司。更令人诧异的是，它们的总收入只有210亿美元，亏损却累计高达62亿美元。在普利斯林（Priceline）的首次公开募股讨论会上，来自标杆资本的一位风投资本家承认："在我们所处的环境下，于我们而言，公司不一定要靠成功才能赚到钱。"

2000年，互联网投机狂潮终于迎来了终结。到2005年，硅谷上市公司的市值仅为市场高峰期的三分之一，广大股东损失了相当于2万亿美元的巨额财富。风投资金也跟着"飞流直下"——从2000年的1050亿美元狂跌至2004年的210亿美元。纳斯达克指数也于2000年3月触底，15年后才勉强恢复到原来的水平。

关于我在前面提出的问题，现在你应该能猜到答案了。19世纪的"铁路狂潮"和20世纪的"互联网繁荣"的共通点是：在一个快速变化的行业中，很可能深藏着巨大的价值破坏。

类似的案例在印度数不胜数，毕竟层出不穷的新兴行业时刻都在吸引着大批投资者的眼球。2007年那烂陀成立时，印度的基建热潮正处于顶峰，业内一些顶尖公司的估值一度高达数十亿美元。这一时期的印度政府开始把重点放在道路、机场、发电厂和港口的建设上，私募和公共股权投资者也纷纷闻风而动，他们对这些基建企业的兴趣更是如滔滔江水般连绵不绝。可在2000年左右，印度的基础设施建设尚处于起步阶段，相关法规既不成熟，又未经实践检验，能否取得长久的成功尚未可知，随之而来的"价值破坏"则达到了空前绝后的程度：两家大型基建企业，印度电力巨头信实电力公司（Reliance Power）和贾普拉卡什电力合资公司（Jaiprakash Power Ventures）元气大伤，两者于2008年初的市值分别为290亿美元和230亿美元，2021年底，各自的市值却仅剩下不到7亿美元，跌幅超过97%。

在零售、房地产、教育和小额信贷等其他形势变化相对快速的行业内，印度的公共股票市场也经历了类似的盛衰起伏。私募股权对非银行金融企业（NBFCs）、食品和杂货配送等新时代电商企业、软件即服务（SaaS）[①] 和数字教育公司等投资主题都表现出了近乎狂热的兴趣。

在快速变化的行业中，有些公司最后确实创造出了大量价值，但它们只是少数。在“互联网泡沫时代”，真正创造巨大价值的企业只有亚马逊和谷歌（成立于 2004 年的脸书不算在内）。如果你想做慈善，不怎么在意投资的得失，可以买入易贝（eBay）和普利斯林，但也仅此而已。在此请诸位退一步思考以下问题：在 1995 年至 2000 年的互联网泡沫时代中，只有一小撮企业成功杀出了重围，但是仅 1999 年一年，市场上就有 546 家互联网企业通过首次公开募股成功融资 690 亿美元。因此，不难想象，泡沫破裂后互联网行业的“受灾规模”到底有多惊人了。所以，我们能正确找到下一位赢家的概率，又有多少呢?

在演变十分快速的行业中寻找财富是有潜在危险的，所以我们避开了这条“生财之路”，然而许多投资者却无脑地将冰球界传奇韦恩·格雷茨基那句名言——“我滑向球将要到达的地方，而不是它已经在的地方”——奉若圣典。[27] 所幸我并不在此列，因为我的聪明才智还不足以让我在变化极其快速的行业里，准确地算出“谁会赢、何时赢以及如何赢”。就和我玩不来曲棍球的道理一样，因为我无法预测冰球会滑到哪儿去，自然只能作壁上观了。

那烂陀投资偏好稳定、走势可预测且相对“无聊”的行业。我们要的是电风扇而非电动汽车，是锅炉而非生物技术，是卫生洁具

① 一种软件许可和交付模式，用户通过互联网访问和使用软件，而无需在本地计算机上安装。

而非半导体，是酶制剂而非电子商务。我们喜欢的行业有以下特点：赢家和输家已基本确定，而且游戏规则对每位玩家来说都浅显易懂。

至于其他任何东西，我只能说：谢谢，但真心不用了。

不与“未能一碗水端平”的企业所有者合作

身为一位外部且被动的持股者，那烂陀衷心希望企业所有者能将自身利益与股东利益保持一致。我们购入任何企业股票的目标也只有一个：长期价值创造。而企业则必须以道德的、可持续的方式来实现上述目标，即公平对待所有利益相关者，包括员工、销售商、供应商和客户。虽然听起来有违常理，但不同企业主的目标都各不相同。所以，为了降低第一类风险，我们需要避开下面三种类型的企业。

首先是国有企业。与西方国家不同的是，印度有很多挂牌上市的国有公司，其股价向来“便宜”，而且作为一位价值投资者，在我的记忆里，它们一直都是一块让人高兴不起来的“狩猎场”。我之所以说“高兴不起来”，是因为这些企业的股票几乎从不涨价。某些基金经理可能已经找到了从国企股票中成功赚钱的方法，但我们一股都不会买。政府希望通过这些国有企业实现的目标有很多，但其中的一些或许与提升企业价值和利润毫无关系。

举个例子，印度地方政府和联邦政府经常会（出于政治目的而）豁免农业贷款，[28] 其中包括免除农民欠国有银行的债务。这个“传统政策”始于 1990 年（第一次豁免了 14 亿美元）并一直持续至今，且在过去三十年里被印度的中央政府以及几乎所有的邦州政府用了个遍。这可能满足了政府的政治需求，甚至也可能是农民们所期望的。（我说的只是“可能”，因为等农民下次造访银行时，他们或许会发现借钱可不像以前那么容易了。）然而，政府的这一举措对中小股东来说，可能是毁灭性的。

在印度，政府授予高级官员国企高管职位的现象并不罕见。同样地，此举或许对官员们有利，但对股东就不甚友善了。我们并不“仇官”，但一边是在竞争性的商业环境中成功经营一家公司，另一边是管理一块行政区或为国家制定健全的社会政策，两者所需的技能是不一样的。有些企业，尤其是政府公共部门下辖的石油公司，账上的现金偶尔会很充裕，于是便被政府当作了调控财政赤字用的“小猪存钱罐”。此事对政府有利，但对股东又有什么好处呢？虽不是说政府的目标是“错误的”——只是从政府试图努力迎合众多选民需求的角度看，这些目标才显得有一定意义。总而言之，国企和那烂陀以盈利为主的经营目标是有出入的。

国际巨头的上市子公司，则是我们极力避开的第二类企业。几十年前，印度政府曾强制要求跨国企业的所有在印子公司在印度市场上市。康明斯、雀巢、宝洁、西门子、联合利华等跨国公司的子公司，都在印度上了市。按照印度的标准，其中一部分子公司的规模是相当大的。例如，联合利华在印度的子公司——印度斯坦联合利华（Hindustan Unilever）的市场估值就高达 700 亿美元。

乍看之下，这些跨国公司似乎应该找印度的中小股东“结盟”，但实际情况并非如此。几十年前，一家已在印度设立了上市公司的大型跨国企业又成立了一家**独立**的全资子公司，这完全不合逻辑，因为这家国际巨头在印度市场只有一家上市公司。对于这家印度上市公司的中小股东来说，此举无异于在他们在背后捅刀子，因为新成立的全资子公司目前已然瓜分走了大量业务。那么，母公司为什么要这么做呢？难道它对价值创造不感兴趣吗？是的，因其更感兴趣的是**母公司**的价值创造，而非在印度上市的子公司。通过成立独立的全资子公司，这家跨国集团保障了其母国市场股东的价值增长，而印度的中小股东则沦为被割的“韭菜”。更糟糕的是，在这家跨国公司工作多年的朋友告诉我，公司里最优秀的经理已经跳槽去了私营企业，而非其上市子公司。所以小股东能做什么？不过是束手无策。

虽然并不是所有的跨国公司都会玩“明修栈道，暗度陈仓”的鬼把戏，但这样的企业不在少数。一家跨国公司即便过去表现良好，未来也不见得就不会“见异思迁”。母公司除自己以外，还同时拥有一家上市子公司，这种企业资产排布是存在**结构性**问题的。与其卷入此类“内斗”，我们还不如去找些更好企业来投资。

最后，那烂陀也不想成为印度大型联合企业的粉丝，比如印度最著名的塔塔集团，由贾姆谢特吉·塔塔于 1868 年创立。[29] 截至 2022 年 3 月，该集团旗下拥有 29 家上市企业，总收入为 1280 亿美元，市值达到 3110 亿美元，经营范围覆盖了钢铁、黄金珠宝、空调、茶叶和汽车生产等诸多领域。该集团甚至还掌握并经营着从孟买至纽约的多家五星级豪华酒店。这样的企业在印度还有很多家，比如阿达尼集团（Adani）、埃迪亚贝拉集团（Aditya Birla）、拉森特博洛集团（L&T）、马恒达集团（Mahindra）和 RP-Sanjiv Goenka 集团，它们的经营范围通常涵盖了众多不同的行业。

那烂陀认为，只有持续保持专注，才有可能创造价值。尽管专注是必需之物，但它无法保证企业能在这个充满激烈竞争的世界中取得成功；而大部分具备高专注度的企业**都没能**成功。那么，一家企业如何通过在完全不同行业内设立多个实体取得卓越成就呢？虽然很难，但并非不可能。比如塔塔集团旗下的塔塔咨询服务公司（TCS-Tata Consultancy Service）就是全球领先的技术服务企业之一，其市值在 2022 年年中约为 1500 亿美元，比 IBM 都要高出 25%。在成为纽约市马拉松赛赞助商的那几年里，每到 11 月你就会发现，这家公司的名字在曼哈顿随处可见。我们只能说，塔塔咨询服务公司恰恰是个非同寻常的成功特例。

也许有一天，印度大型联合企业会在它们的整个投资组合中，成功开辟出广阔的商业前景，但这种“辉煌的未来”并不是我们想等的。

但你会错过特斯拉！

是的，那烂陀会错过。

我们避开了一连串的风险，这也是那烂陀投资策略的核心要素。我们不投资由骗子经营的企业、讨厌处在“转型风口”的企业，我们会尽可能远离高杠杆企业、更拒绝与“并购狂”打交道。因为无法看透快速变化的行业，所以那烂陀也不会与“不能一碗水端平”的企业主合作。既然如此，那还有多少企业值得我们投资呢？在印度自然是不多了。那烂陀对大约 800 家市值超过 1 亿美元的企业进行了筛选，最终成功被纳入我们投资入围名单的只有 75~80 家。

除了父母，天下没人给你提供白吃的午餐。那烂陀的投资做法代表了一种折中策略，相信大部分人会觉得难以接受。

让我们回到 2017 年底，相信各大媒体对特斯拉的报道给你留下了十分深刻的印象。从其数量庞大的“粉丝群体”来看，特斯拉的产品似乎是妥妥的市场赢家，其 CEO，貌似也同他家生产的电动汽车一样令人惊叹。然而在 2017 年，特斯拉的净债务约为 70 亿美元，经营亏损为 16 亿美元。特斯拉的业务相当烧钱，这一年的资金消耗就达到了 41 亿美元。虽然宝马、福特、通用汽车和丰田等传统车企当时尚未正式进入电动汽车的产业赛道，但它们都纷纷宣布了各自的宏伟计划。一般情况下，那烂陀不喜欢负债，但在一个瞬息万变的行业中，一家自由现金流①为负的亏损公司，有负债又能怎么样呢？在那烂陀，只要有人敢投资这样的企业，他很可能会被“炒鱿鱼”。

如果你听了我们的话，你就不会投资特斯拉了，那么你可能遭遇的“机会成本”损失会有多少呢？这么说吧，未来三年，你投的钱会翻十倍。

2007 年那烂陀成立之时，有一家名为艾驰汽车公司（Eicher Motors）的车企在印度引发了热议，这家公司的负责人名叫悉达多·拉尔（Siddhartha Lal），是一位活力四射的青年才俊。2004 年，拉尔从他父亲手上接过了一大堆“质量堪忧”的摩托车、鞋类、服装、拖拉机、卡车、汽车零部件和其他一些产品生产企业，其中没有一家是所谓的行业龙头。经过一系列大刀阔斧的战略改革，拉尔决定剥离 15 项业务中的 13 项，将业务重点集中在两类产品上：卡车和摩托车。[30]

几乎所有的分析师都十分看好艾驰的未来，他们都对这位充满活力的年轻领袖深信不疑，但他“大肆往外割肉”的举措，在印度企业界并不常见。且在 2007 年，市场上尚未有任何成功案例来支持以这种方式进行的企业转型。该公司最热门的产品——恩菲尔德经典摩托车，直到 2010 年才上市。

以我们的筛选标准，对这家单位的投资申请当然没有通过。但

---

① 指企业在一定时期内产生的可用于支付股东、投资者和债权人的现金净额。它是衡量企业财务状况和盈利能力的重要指标。

到 2010 年左右，该公司的摩托车竟然受到了印度消费者的“狂热”追捧。销量从 2009 年的 5.2 万辆，激增至 2019 年的 82.2 万辆，涨幅达到了惊人的 16 倍。

如果你又听了我们的话，你就不会投资这家公司了，那么这次你可能遭遇的“机会成本”损失会有多少呢？这么说吧，从 2007 年至 2021 年，你本可以赚到 70 倍的投资回报。

总而言之，特斯拉和艾驰就是那烂陀不可避免会犯下的第二类错误，因为我们谢绝了高负债企业、快速变化的行业以及处在转型风口的企业，但我们不会改变既定的投资策略。在每一家类似特斯拉和艾驰的成功企业背后，都有数百个未经验证的商业模式和转型故事被毫不客气地扔进了历史的垃圾箱。我们一致认为，那烂陀的成功秘诀就在于：我们并没有因未搭上特斯拉和艾驰这两趟“超级快车”而**患得患失**。因为**平均而言**，避免犯第一类错误，从长远角度来看，是会产生奇迹的，而这一点在我们身上就得到了体现。

* * *

熊蜂是一种毛茸茸的昆虫，长度通常不超过 2.5 厘米。[31] 这一物种——大约有 300 个品种——已经在地球上生存了大约 3000 万年，是蟹蛛和鸟类们的猎物。伦敦玛丽女王大学的汤姆·英格斯（Tom Ings）博士和劳斯·奇卡（Lars Chittka）教授主导的一项实验，完美地展示了它们的生存策略，二人的研究成果已发表在 2008 年的《科学日报》（*Science Daily*）上。

科学家用人造花卉搭建了一个花园并在里面放了一些机器蟹蛛，一部分被藏了起来，另一部分则暴露在外。每当熊蜂落在被安置了机器蟹蛛的花朵上时，蟹蛛就会用它的泡沫钳子将其“抓住”，几秒钟后再放掉。研究小组发现，熊蜂很快就开始犯下更多的第二类错误：即便没有蜘蛛，它们也会避着花朵走，觅食效率因而明显降低。在野外，这种以挨饿为代价来躲避危险的本能必定在该物种数百万年来的成功生存演化过程中发挥重要作用。

如果区区一只熊蜂都能做到，投资者为什么就不行呢？

本章小结

进化论教会我的投资知识是：

重构对投资认识的第一步——可能也是最重要的一步——就是学会“如何**不**投资”。

1. 所有生物都会把生存放在第一位，对动物界的猎物和捕食者来说，这也是一条铁律。哪怕在植物界，一旦个体生存受到威胁，它们就会将本用于生长的资源重新分配，以保障自身的存活。
2. 数百万年的物种进化历程，已为有机体世界设定好了一项程序：宁愿增加“遗漏错误”，也要尽量减少“过失错误”。
3. 巴菲特的两大投资准则（1. 永远不要赔钱；2. 永远不要忘记准则 1），在本质上就是一则让我们消除重大风险的“勒令”。
4. 那烂陀旨在成为高质量企业的永久持股者。因此，我们希望在收益最大化之前，将风险最小化。
5. 同生物界一样，如果资本损失风险过高，哪怕潜在的回报很丰厚，我们也会放弃此次获益机会。
6. 我们的投资做法，是规避骗子企业家、处在转型风口的公司、高负债企业、并购狂人、快速变化的行业和不能公平对待所有利益相关者的企业所有者。我相信，只有先更好地树立起“拒绝者”的角色，我们才能成为更好的投资者。

7. 我们的投资策略有一个缺点，即我们偶尔会错过某项潜力巨大，且非常有吸引力的投资，但我们愿意承担这种可能的糟糕后果。

第二部分

以合理价格购入高质量企业

本部分的主要内容为用进化理论来验证那烂陀的投资理念。对许多投资者而言，在恰当的时间买入恰当企业的股票，几乎就是投资的全部操作了。你会发现，为了买某家企业的股票，自己花费了大量的时间和心思参考美国消费者新闻与商业频道、财经报纸或者网络博客上的各种消息，为此我只能表示遗憾。正如我们在第 1 章中所讲的，**“不买”**也是一种同等重要的投资技能。

被大部分基金经理推崇的诸多购买策略，也隐含着一个深层次的难题。他们**每个人**喋喋不休地谈论投资时，字里行间貌似都反映了与本部分的主题完全相同的理念：以合理价格购入高质量企业的股份。但我敢打赌，没有一个基金经理会承认自己以高价买入了“劣质”企业的股份。

同样是专业投资者，不同投资者之间的业绩差距为何会如此之大呢？其中一个（并非唯一，但至关重要的）原因在于，不同社会群体对“高”“质量”“公平”等词的含义有着截然不同的看法。在本部分的章节中，我将以进化论中的诸多要素作为背景，阐释上述词汇在那烂陀投资内部的独特含义。关于**“买什么”**和**“如何买”**的问题，我将分别在第 2—4 章和第 5—7 章进行讨论。

让我们从西伯利亚开启这一段投资之旅吧。

第2章

来自西伯利亚的解决方案

无毛的狗，牙齿不全；长毛和粗毛的动物据说有长角或多角的倾向；毛脚的鸽，外趾间有皮：短喙的鸽，脚小；长喙的鸽，脚大。所以人如果选择任何特性并因此加强这种特性，那么由于神秘的相关法则，几乎必然会在无意中改变身体其他部分的构造。

——查尔斯·达尔文《物种起源》

经济特许权[①]源于满足了以下要求的产品或服务：（1）需求强烈；（2）客户认为没有相近的可替代品；（3）拥有自我定价权。只有同时具备三种特性，企业才有能力积极主动并有规

① 经济特许权的英文是“economic franchise”，其直译就是经济特许权，而非“企业特许权”“特许经营权”或“经营特许权”。之所以要说明这一概念，是因为一些对巴菲特一知半解的人对这一概念进行了误用。巴菲特在长期投资中深刻认识到，经济特许权是企业持续取得超额利润的关键所在，是企业竞争优势的根本来源。他认为经济特许权来自产品与服务，它是顾客需要或者希望得到的，而且找不到其他替代品，特别是价格不受管制，体现一个企业对提供的产品或者服务进行主动提价，从而赚取更高的资本回报。不仅如此，经济特许权还能容忍不当的管理，无能的经理人虽然会降低经济特许权的获利能力，但是并不会对其造成致命的伤害。一家企业的经济特许权，需要可靠的检验与长期观察，然后才能加以确认。

律地为产品或服务定价，进而获得较高的资本回报率。此外，特许经营对管理不善有一定容忍度，即不称职的管理者可能会降低经济特许权企业的盈利能力，但并不会造成致命损害。

——沃伦·巴菲特《1991 年致股东信》

柳德米拉·特鲁特（Lyudmila Trut）彻底惊呆了。

故事大约始于五年前，当时她遇到了著名的生物研究所所长德米特里·别利亚耶夫（Dmitri Belyaev）。她从教授那里听说了德米特里的项目后，便怀着无比的热情自愿加入了。德米特里的坦率、热情和智慧立刻吸引了她。在那个年代，男性占据了社会主导地位，而女性通常被视为二等公民。令人惊讶的是，德米特里虽然年长几十岁，还是业内的知名人士，但他却坚持同她平辈论交。

德米特里正在为某个秘密项目招募一名研究生，但柳德米拉当时甚至尚未完成本科学业。光凭年轻和有才可不一定能成事，但他想必是看到了这位本科生的独特之处，才在第一次见面后便将其招进了团队。她记得，德米特里曾提醒过她：这个项目的工作强度对女性并不友好，而且周期也比较长。最重要的是，她的科学事业才刚刚开始，前途并不明朗。德米特里的项目风险很大，所有的努力可能还会化为泡影。即便项目获得了成功，他们也不能公开谈论，因为有一些涉足此秘密的科学家被杀害了，连德米特里的兄弟都未能幸免。

她很感激德米特里，因为他并没有对项目的真实情况进行粉饰。可事实证明，这份工作的困难程度，远远超出了她的想象。项目所在地在西伯利亚中部，虽然她在莫斯科长大，但当地刺骨的严寒仍令她十分不适。更糟糕的是，若要参加这个项目，她必须乘坐寒冷、黑暗、沉闷的火车，穿越西伯利亚荒野，还要长期远离家人。她非常想念自己的孩子玛丽娜，当时孩子刚学会走路，正值一天一个模样的快速成长期，她要去的地方没有电话，所以她连孩子的声音都无法听到。她为项目付出了五年的艰苦奋斗和牺牲，但向德米特里交出的答卷里，并没有太多有价值的成果。

1963 年 4 月，她在走近其中一个笼子时，突然停住了脚步，因为她以前从未见过这种东西，其他人更是如此。她是真实地目睹了这一切，还是陷入一种幻觉？她的耐心和勤奋有回报吗？她是一名科学家，知道自己不能被情绪冲昏头脑，但此时却有一种感情不受控制地从心底迸发出来：纯粹的喜悦。

难以置信！不可思议！“安伯”正摇着尾巴！

敢问起点在何方?

因为你已决定成为上市公司的投资者，所以你格外珍视自己的智慧和投资原则，而且你很多亲朋好友的投资，貌似都比较成功。即使他们中的大多数都在撒谎，但那是另一回事了。话说回来，既然他们能成功投资，你为什么就不能呢?

你选择无视巴菲特关于投资指数基金的建议，[1] 转而一头扎进企业分析中。你已经读完本书第 1 章，虽然对作者就风险规避方面的重视程度不敢苟同，但认为他说得多少还有些道理。(在此感谢您的认可！) 你听从了他的建议，并且尽最大努力拒绝了许多日后可能会让你血压飙升的企业。

筛掉了数百家企业后，你目前对**挑选**高质量企业的兴奋劲儿已经上来了，所以你连忙打开笔记本电脑，启动相关应用程序，或打开企业的数据网站，接下来该做什么呢？你要怎么做呢?

轻点鼠标，你就可以随时查到任意一家企业大量的信息：收入增长率、利润增长率、债务水平、盈余概况、股价走势、分析师观点、债券评级、推特评论、股东信息、高管薪资、电话会议记录、年度报告、季度报告、媒体报道、竞争对手简介、高管的股票买卖情况、应收账款和库存水平、CEO 述职报告、红迪网的相关帖子、对冲基金所有权等，但此类信息仅仅停留在了企业层面。

你想必听过电视里所谓的专家讲话，他们中的大多数似乎都认为，在做出购买决定前，投资者必须将宏观因素纳入考量范围。于是你就开始沉迷于国内生产总值的历史增长和预计增长、通货膨胀、通胀预期、银行利率、国家财政赤字、就业水平、商品价格走势、预计人口数据、货币供应、政治和监管力度等海量数据，以及许多容易获得的、自认为会对你的资产购买起重大决定作用的其他信息。

以上所有讯息，你应该全盘了解，还是只关注其中的一部分？你如何才能筛选出自己想进一步投资的企业？如果有的话，你应该考虑哪些宏观因素呢？

简而言之，你应该从哪里着手呢？一种选择是，待剔除高风险企业后，再对每一家上市企业进行分析。这种方法的问题在于，你的时间并非无限，而候选企业可能就有好几百家。如此做法的话，你可能需要花几个月，甚至好几年的时间才能审完全部的企业。

另一种选择便是借鉴那烂陀投资的“两步审核法”。第一步，那烂陀会通过一项选择标准，来筛除“中低质量”企业，并生成一份“高质量”企业的初始名单。第二步，我们会基于初始名单，进一步开展大量审核工作，以便将其缩减为最终投资名单。

那烂陀预先圈定的可投资对象，包含大约 800 家印度企业（市值超过 1.5 亿美元）。为了尽可能减少前章所述的投资风险，我们又从中剔除了近 350 家，此时还剩余 450 家左右。然后再通过“**单**

级过滤网”（第一步操作），我们又将名单减少到了大概 150 家。我在此将“单级过滤网”称为“F”（过滤网的简称）。请记住，“F”只是帮那烂陀生成了一份初始名单，我们还需要在此基础上做进一步筛选。待上述工作完成后，那烂陀的最终备选名单上只会留下大约 75~80 家企业，而“F”给出的结果，就成了很好的投资起点。只有通过这个筛选的企业，才会进入二次分析的流程，因为那烂陀可不想把大量时间都花在分析某家中低质量的企业上。

本节内容主要是回答关于“F”过滤机制的两个问题：它是什么，以及为什么会选择它？在你看来，“F”到底是什么东西呢？要完成初步筛选工作，它需要满足三项标准：一是要易于衡量；二是要能剔除大部分（或全部）的劣质企业；三是要能挑选出大部分（或全部）的优质企业。

它到底是什么呢，诸位不妨先猜一猜。

关于“F”过滤机制是什么，那烂陀假设“一个卓越的管理团队”是第一种正确答案。伟大的企业和杰出的管理团队，似乎有些意义重合，因为找到一组优秀的领导班子，很可能会自动将我们的目光引向高质量企业。即便没有，它**看起来**也像是那烂陀过滤网工作流程的优秀起点。一个卓越的管理团队将确保企业在竞争中获得领先于竞争对手的收入和利润增长、无风险的资产负债表、可持续的竞争优势，以及推出客户喜爱的产品或服务。这看起来很容易，对吧？但我劝你别高兴得太早。

投资者如何才能找到一个优秀的管理团队呢？如果你只是一位小投资者，你能使出的最上策，无外乎多看看企业的采访、多听听企业的电话会议录音、多查查它们的推特动态、在油管上搜一搜相关访谈，并仔细浏览企业的年报。如果你是一位投资大佬或知名投资人，约见企业的高层领导就具备可行性。不过根据我个人的投资经验，上述举措都不能帮助投资者准确衡量管理团队的质量。

在此举个鲜明的例子。如果你有时间的话，建议去油管上看一看 2000 年 1 月安然公司总裁杰弗里·斯吉林（Jeffrey Skilling）及其手下高管在安然宽带业务启动会上的演讲视频。[2] 我敢说，你看完后很难不会被打动。这些家伙浑身上下散发着泰然自若、自信满满的气息，而且至少在我看来，他们个个能力超群。他们的战略或愿景很难让人挑出毛病，其宽带服务的实施方案，似乎也是无懈可击。但是，在这场令人印象深刻的演讲发布后不到两年，安然公司就宣告破产了。2006 年，斯吉林因巨额诈骗罪被捕入狱。[3] 尽管该企业管理层对媒体相当开放，并且经常定期接受采访，但除了少数卖空者（short seller）①，没有一位专业分析师或投资人能准确预测到安然的变故。

我知道你在想什么：这个人要把全部论据都建立在安然公司这样的特例上吗？我们不妨换个角度来审视一番。你想必看过很多企业 CEO 或总裁的采访吧，他们是否说过，自己已经不再关心客户需求、停止创新或者雇用了被其他企业拒绝的员工？你是否听过某位企业领导贬低自家的产品或服务，或者承认其竞争对手表现得更好，或者对企业的方针制度表示厌倦？你很少（如有的话）能从管理层的话语中获得什么真知灼见。他们总是在重复别人教他们说的话术，说好听点就是废话连篇，往坏了说就是妖言惑众，因为就和安然公司的例子一样，他们的话确实能把人忽悠瘸了。根据我的经验，当有人称赞“这是一个伟大的管理团队”时，他们**实际上**想表达的是：“这些家伙说真是能说会道！”因此，把“伟大的管理

---

① 在股票或其他证券市场中，预期价格将下跌并通过卖出借入的股票或其他证券来获利的投资者。

团队”作为优质企业的过滤网，并不满足“易于衡量”的第一项标准。

我知道，很多专业投资人并不会同意我的观点。基金管理界的许多从业人员都自我感觉良好，认为自己在参加完一系列管理层会议后，便习得了所谓的“资产优劣甄别能力”，而且还为此沾沾自喜。其中一些人或许真能掌握这种稀有技能，但大部分人不是被蒙蔽，就是在撒谎。如果有人凭借与管理层的会面就能评估出一家企业的质量好坏，我们在一旁鼓掌表示祝贺即可，可千万别依葫芦画瓢，免得最后落入圈套。

如果选择一个能反映企业整体质量的“单一性状”，还有其他答案可猜吗？收入增长可以参考吗？毕竟快速成长的企业似乎很受市场青睐。但是，将收入增长作为衡量标准的问题在于：我们如何知道推动企业收入增长的因素是什么？

在前一章中，我以快速变化的行业为例，讨论了互联网泡沫的破灭。所以在评估高增长企业时，考虑特定的时代背景也很重要。在 20 世纪 90 年代末，大部分互联网企业都在快速成长，它们之所以能取得超出常理的惊人成绩，是因为其投入（数百万美元现金）远远超过了收入。可以预见的是，这样的经营方式迟早会翻车。这些成长迅猛的互联网企业，最后并没有像投资者所希望的那样带来收益。他们忽视了“揠苗助长”的代价，并因此吃了大亏。在当时，几乎所有的网络企业最终都以破产告终。[4] 到 2005 年底，这些“新兴企业”的市值损失，接近 2 万亿美元。

很多人最近或许已经获悉了 WeWork 的融资惨败，这同时也给我们带来了一项深刻教训：通过“烧钱”来实现企业高速增长的路子，是走不通的。[5] 获得软银集团投资的 WeWork，现已成为全球最大的联合办公空间供应商之一，市场估值一度达到 470 亿美元，然而到2021年底，其市值已降至约50亿美元。该企业的收入曾经从2016年的4.15亿美元猛增至2019年的35亿美元，在短短三年内就涨了8倍。同样在2019年，成立30余年的全球老牌办公空间运营巨头IWG集团的收入为27亿美元，自2016年算起的话，其涨幅“仅有”28%。WeWork“花钱如流水”到何种程度呢？这么说吧，它花钱豪气到仿佛副业就是印刷美元，仅在2019年第三季度，该公司就宣布亏损12.5亿美元，然后便不得不取消第四季度的首次公开募股。

许多企业的高增长没有依靠“烧股本”，但它们却选择通过债务来推动增长，这无疑是一种更糟糕的选择，因为与股权投资者（equity investor）①不同的是，债务持有人是要定期收回本金的。你是否记得增长十分快速的雷曼兄弟公司和贝尔斯登投资公司？雷曼兄弟的年收入，一度从2003年的170亿美元，增至2007年的590亿美元，年增长率达到了惊人的36%，[6]其中大约400亿美元的收入增量，是由近900亿美元的债务增量提供的。无独有偶，从2003年到2007年，贝尔斯登的收入也翻了**七倍**。[7]在此期间，其35亿美元的增量收入，主要源于420亿美元的额外债务。待2008年金融危机爆发后，这些高杠杆的企业实体不仅原形毕露，而且还成了诱发危机的一大罪魁祸首。那一年，两家公司都宣告破产了。

不想把收入增长作为筛选投资对象的主要标准，也包含了我个人的考量。根据我的经验，企业只要有高增长，就能压住大量负面问题，从产品到服务质量、员工文化，甚至是臃肿的资产负债表等。考夫曼基金会（Kauffman Foundation）和《企业杂志》（*Inc. Magazine*）做过一项研究，这项研究成果便是在《企业杂志》上发

---

① 指投资于企业股票的投资者，通过购买企业的股票来获得企业的部分所有权。

布的一份 5000 家“增长最快的”企业名单。但在之后的 5~8 年，这些企业中的三分之二不是倒闭裁员，就是被低价抛售。[8] 我希望你能明白，虽然“高增长”满足了我们“易于衡量”的第一项筛选标准，但它并不符合第二项筛选标准，即“能剔除大部分（而非全部）的劣质企业”。

我知道，你们用一个词就能反驳我——苹果。从 2004 年至 2020 年，这家传奇企业的收入增长了 33 倍，年均增长率达到了 25%。但是在每一个成功的“苹果”公司的背后，都对应着成百上千个失败的“柠檬”企业。

好吧，让我们简要回顾前文要点：那烂陀希望使用一种单级过滤网“F”来筛选企业，以便开展下一步分析，帮助投资人节省大量时间和精力。我们想知道，“质量管理团队”或“快速增长”是否能作为我们筛选流程的起点。最终，我们驳回了上述两个选项，因为前者很难进行衡量，而后者无法甄别企业的优劣，最终会让人“烧心不已”。

那么“利润率”会是第三个可供进一步筛选待投资企业的标准吗？莫非高利润企业便是高质量企业？许多人似乎就是这么认为的。利润率有很多不同的定义，比如，毛利率（销售额减去销售成本再除以销售额）、税息折旧及摊销前利润率（EBITDA）或息税前利润率（EBIT）。如果可行的话，我们应该选哪一个来作为“F”？

先讲讲毛利率吧，它反映的是生产所售产品或服务的直接成本，通常被会计称为“销售成本”。如果一块浴皂的零售价是 1 美元，其生产成本是 30 美分，那么毛利率就是 70%。那么高毛利率能体现企业的质量优劣吗？当然不能了。在互联网泡沫时代，曾有几家互联网企业的毛利率超过 90%，但它们几乎都因不合理的营销支出，蒙受了巨大损失。

税息折旧及摊销前利润率或息税前利润率（也称为营业利润率）呢？用息税前利润率作为衡量标准似乎更为合理，因为折旧也被计入在内，而折旧也是企业经营过程中的实际成本。相比于毛利率，它虽算得上是一项更好的选择，但这并不代表它是一项“优秀”衡量标准。

以两家企业身上发生的真实故事为例：企业 C 在过去 15 年里的营业利润率约为 3%，而同一时期的企业 T 则达到了 19%。所以，你会因为后者的营业利润率比前者“更好”，而选择投资企业 T 吗？如果你这样做了，你就会与开市客这家美国最佳运营企业之一失之交臂。企业 T 其实是蒂芙尼公司，虽然经营得也相当不错，但同前者相比仍有差距。为什么利润率仅为 3% 的开市客，要比利润率达到 19% 的蒂芙尼更优质呢？[9] 这个问题我很快会在下文中解答，在此我只想说，以利润率作为出发点来进一步筛选投资对象，很可能会让我们误入歧途，因为它不符合那烂陀的第二项和第三项标准，即能剔除大部分（而非全部）的劣质企业，以及挑选出大部分（而非全部）的优质企业。

我们在创建投资对象初始名单时，并未将宏观因素纳入考量范围。那么在筛选单个企业时，我们应考虑哪一种宏观数据呢？举个例子，如果“专家们”认为，通胀压力很可能会上升，那么我们是否应该只筛选出能够将增加的成本，转嫁给客户的消费品经营企业？如此选择的话，若通胀有望在 6 个月内逆转，我们是否应该全面更新企业名单？关于已被纳入名单的高质量企业，我们如何去计算宏观因素对它们的影响？我完全就是个门外汉，我并不是说这么做是不对的——只是我不知道怎么做而已。因此，我们会极力避免将任何宏观因素作为过滤网“F”的筛选起点。那么在生成投资对象最终名单时，再考虑宏观因素行不行呢？稍后我将详细介绍。

单一选筛选准的“层叠进化”

另外，我们似乎卡在了一个难题上，即过滤网“F”可能会是什么呢？或许柳德米拉和那只正在摇尾巴的“安伯”能帮上忙。

但在向他们寻求指导之前，让我们先简单了解一下 20 世纪二三十年代的俄罗斯。斯大林时期的苏联政府，要求农村生产者放弃私有土地，并统一实行集体农庄制度。[10] 苏共政府的中心计划员①曾设想过，由于规模经济的发展和国家对工农业产出管控的进一步加深，农业生产和社会生产力将急剧增加。他们希望通过农业的集体化生产，来“养活”不断增长的城市人口，以及增加商品出口，可结果却恰恰相反。

要放弃世代耕种的土地和财产，农民群体自然是强烈反对的；事实上，许多人选择了毁坏庄稼和屠杀牲畜，以示对集体化的抗议，斯大林便把数百万“造反”的农民送进了战俘营。由于农业生产力下降，最终有数百万人死于饥荒。

在这场灾难中，农业科学家特罗菲姆·李森科声称自己开发出了一种可以显著提高农业产量的新技术。基于这种“新技术”，李森科设想称，植物后天获得的特性是可以遗传的。这与孟德尔遗传学和达尔文的学说产生了鲜明的冲突，而后两者在当时已经过实验证明，基因才是遗传的载体。李森科拿着他“不科学的技术”，承诺称要引发一场农业革命，而此举却成功引起了斯大林的关注，因为他迫切需要一位“苏联英雄”来解决当下的粮食危机。

随着时间的推移，李森科越发得势，他宣布遗传学是伪科学，

---

① 又称中央计划者，指在计划经济体制下，由中央政府或中央计划机构负责制定和实施经济计划的人员。

不少遗传学工作者因而被处决，或是被送进了劳改营。在这种大环境下，当局解雇了在中央研究实验室毛皮动物育种部工作的著名遗传学家德米特里·别利亚耶夫，而他从事桑蚕遗传研究的哥哥，却不幸于 1937 年被李森科下令处决。

然而，德米特里一直都在秘密研究遗传学。1959 年尼基塔·赫鲁晓夫上台后，他被任命为新西伯利亚市俄罗斯科学院细胞学和遗传学研究所所长。直至 1985 年去世，他在这一岗位上坚守了 26 年。在此期间，他组织开展了生物学史上最引人注目、持续时间最长的实验之一，而且至今仍在继续。[11]

德米特里·别利亚耶夫想找出以下两个问题的答案：（1）动物（如狗、猪、山羊和牛）的驯化是如何开始的？（2）为什么大部分家养动物都有相似的性状，比如松垂的耳朵、卷曲的尾巴、斑驳的颜色（黑白相间的斑块），以及像婴儿般短小可爱的脸蛋？他认为，动物的驯化源于数千年自然选择过程中潜在的可遗传基因变化。

上述动物为什么会被我们选中呢？这是一个悬而未决的大难题。**某种**基因性状，只有在自然和人工条件下，经过一代又一代的选择才会逐渐显现。举个例子，虽然猎豹和狮子都是凶猛的掠食者，但在许多其他因素的影响下，猎豹在进化过程中选择了以速度取胜，而狮子则把“技能点”加在了体形和力量上。换句话说，一只跑不快的猎豹不大有机会留下任何后代，而一只又大又壮的狮子，就很有可能“子孙满堂”。

德米特里提出了自己的假设：当我们的祖先驯化野生动物时，“驯服度”是选择的关键因素。因此，选择的出发点与动物的物理属性无关，而是与动物的**行为**有关。这是一项十分大胆的猜测，因为当时的大多数科学家都认为，动物的物理形态才是驯化选择的出发点。那德米特里该如何验证他的大胆推论呢？他的方法就是追本溯源，还原动物刚开始被驯化时的情形。要想了解狗的驯化过程，那么他就需要用野狼来做实验。因为狼在西伯利亚难得一见，所以他选择了银狐作为试验对象。他设计了一项选择性育种实验，将“驯服度”定为了唯一的选育标准。

如前文所述，他招募了名校（莫斯科大学）出身的本科生柳德米拉·特鲁特来主导和管理西伯利亚的物种驯化实验。凭借自身的坚韧品行和创造力，柳德米拉最终给行为遗传学领域带来了一场永久性变革。

柳德米拉的第一项任务是为狐狸繁育场选址。她挑中了一家名为莱索诺（Lesnoi）的大型商业农场（该地也经营狐皮生意），距离她在新西伯利亚市的家有 350 多千米远。1960 年秋天，她用 12 只狐狸开始了实验，并从附近的村庄里雇了几名妇女来充当看护员和实验员。实验的运作方式如下。

实验员会对不同年龄段的狐狸（一月龄至六七个月性成熟）进行一系列测试。在某只小狐狸一个月大时，实验员伸手喂食的同时，会尝试抚摸它。她对这只小狐狸进行了两次测试：一次是单独关在笼子里时；另一次则是它同其他幼崽一起，在一个更大的围栏里自由活动的时候。她每月都会重复这项测试，直至幼崽长到性成熟阶段。为确保幼崽在测试过程中的反应完全基于基因选择，除了与实验人员的短暂互动外，小狐狸没有受过任何人工训练，也不允许同其他任何人类接触。幼崽出生后会和母兽一起在笼子里待到两个月大，然后再同其他幼崽一起过一段集体生活。待到大约三个月大时，实验员便会为它们准备单独的笼子。

当幼崽大概 7 个月大时，实验人员会根据驯服程度将它们分为三组：对饲养员不友好、见人就逃或具有攻击性的为Ⅲ类；表现中规中矩，对饲养员没有表现出任何情绪反应的为Ⅱ类；表现最友好，表现出想与训导员互动倾向的则为Ⅰ类。

柳德米拉和她的团队选择了几只性格最为温驯的Ⅰ类狐狸进行交配，并在下一代幼崽身上，重复了同样的实验过程。到1962年获得第三代幼崽后，柳德米拉注意到，一些性格已经更为温驯的狐狸，其交配期比往常提前了好几天，而且幼崽的体形也略大于野生同类。除此之外，她并没有发现任何其他的明显变化。

时间来到1963年4月的某一天，当柳德米拉走近第四代幼崽的笼子时，她看到一只名叫“安伯”的雄性幼崽正使劲地朝她摇着尾巴，这不正是小狗才会做出的行为吗？在此之前，不论是笼养还是野生，银狐对人摇尾巴的事从来都没有发生过，而且“安伯”在看见其他人类时也会摇尾巴。它那一代的其他幼崽没有出现过这种状况，即便“安伯”是一只狐狸，但它从根本上改变自己的行为而变得越来越“狗”，也足以成为重大新闻。德米特里教授在双方第一次见面时就对柳德米拉说过：他想把狐狸变成狗。所以，这个过程是开始了吗？

1966年，继承了“安伯”血脉的第六代幼崽中，出现了许多开始对饲养员摇尾巴的个体。自此以后，“安伯”便不再是一个特例——它成为一位“开路先锋”。柳德米拉确切地证明：“摇尾巴”是可以遗传的。实验进展到这一步后，研究人员不得不添加另一批被称为IE类的狐狸，即所谓的“精英”组。这一组狐狸性格非常友善，十分渴望与人类建立联系，而且会像狗一样发出呜咽声来吸引人类的注意。在第六代中，大约有1.8%的幼崽属于“精英个体”；到了第二十代，这一比例几乎接近35%。大约35代以后，超过70%的狐狸都成了“精英分子”。

这无疑是一场速度极快的进化：在不到40年的时间里，德米特里和柳德米拉的实验基本上将一群见人就躲的野生狐狸，变成了像狗一样亲人的生物，而且可以给任何家庭当宠物饲养。这些狐狸非常温顺，会主动吸引人类的注意力，而且还同它们的饲养员建立了深厚的情感纽带。它们与狗在行为上已经基本没什么分别了。柳德米拉和她的团队几乎完全消除了它们的野性。但请诸位先不要惊讶地扬起眉毛，这项实验最有趣的结果还没揭晓呢。

实验人员注意到，性格温驯的第八代狐狸，开始出现了一些新的**身体**特征。第一个变化就是皮毛的颜色：一些狐狸的皮毛长出了斑纹，这种现象在绵羊、狗、马、猪、山羊、老鼠和豚鼠等家养动物中极为常见。当两种颜色（通常是黑色和白色）在动物皮肤上组成不规则斑块时，花斑状的图案便会形成。实验过程中的所有野生狐狸都是没有斑纹的，但随着驯化程度一代又一代地不断提高，这种自然花纹便开始逐渐显现。其他身体特征，比如松垂的耳朵和卷曲的尾巴，也进一步出现了，而这一点同样在许多家养动物中也很普遍，尤其是在狗身上。

1974 年，柳德米拉决定采取更大胆的实验步骤，与狐狸同住在一个房子里。首先，她选择了一只名叫“普什卡”的温顺狐狸作为实验对象。一天晚上，柳德米拉正坐在屋外的长椅上，“普什卡”则像往常一样十分惬意地趴在身旁。突然间，“普什卡”站了起来，它好像听到了什么声音，然后便开始吠叫。原来是夜班警卫发出了声响，待意识到警卫在短时间内不会对柳德米拉造成危险后，它便收回了攻击性姿态并停止了吠叫。这种类似护卫犬般的行为——冲上前去保护人类免受潜在威胁的伤害——柳德米拉以前从未在狐狸身上见过。

20 世纪 90 年代初，该研究小组还发现，家养狐狸的头骨和下颌，已经开始与其野生兄弟产生了差异。家养狐狸的颅骨高度和宽度都明显缩水了。它们的口吻变得又短又宽，看起来更加“娃娃脸”了——这几乎完全体现了狗和狼之间的区别。

故事讲到这里，有个问题我们需要思考一下。诸位应该记得，德米特里和他的团队，**只**选择了一项特征作为实验标准：狐狸的驯服度。他们对体形、毛色、头骨形状、耳朵硬度或其他任何生物学性状都不感兴趣，而且实验人员非常小心地确保只根据驯服程度进行选择，然而此项实验以**行为**特征作为“唯一的筛选条件”，最后却引发了动物的许多**生理**变化，这到底是怎么回事呢？

驯养银狐虽然没有产生新的突变，但由于选择性驯化，它们的**基因表达**也发生了变化。这就是为什么基因没有改变，但其表达产生了变化的原因：它或多或少生成了一些如蛋白质或激素类的化学物质。举个例子，当铲屎官深情地盯着自家狗狗的眼睛时，宠物和主人体内都会加速分泌催产素，从而为双方创造出一种正向的反馈循环，使两者越来越享受彼此的陪伴。如果铲屎官在街上遇到一只不认识的狗，那么双方体内都不会生成催产素。虽然是同一个基因，但在不同的情况下的表达却有差异。科学家们已经证明，基因表达只需稍加改变，就能对动物的身体和行为产生重大影响。

柳德米拉和她的团队筛选温顺狐狸的同时，也在不知不觉中影响了某一组基因的选择和表达。这种选择改变了某些神经化学物质和激素的释放量和时间，而它们对狐狸的发育和身体特征起着调节作用。举个例子，褪黑素在很多物种体内发挥着对交配时间的调控作用。研究人员发现，雌性“精英”狐狸分泌的褪黑素，要比Ⅱ类和Ⅲ类个体更多，而且同正常情况相比，它们会提前几天完成交配准备。激素的变化是如此极端，以至于某些雌性狐狸可以做到一年交配两次，而这种现象在野外同类身上从未发生过。将“驯服度”作为筛选标准，居然可以影响物种的繁殖周期！受一组名为 HTR_2C 的基因影响，“精英”狐狸体内的血清素和多巴胺水平，比野生狐狸要高出许多。血清素是影响动物早期发育的一种关键激素，其体内浓度的提升，很可能改变了家养狐狸的生理和行为。研究人员还发现，家养狐狸的肾上腺素水平比它们的野生表亲低得多。肾上腺素可以调节黑色素的产生，而黑色素则决定了皮肤和皮毛的颜色。

银狐驯化实验解决了上文论述过的世纪难题，即各类家养动物之间，为什么会存在许多生理上的相似性。德米特里做出了正确的假设：由于哺乳动物具有相似的激素和神经递质调节系统，因而在驯化选育过程中，相似的发育状况和身体变化也会广泛显现。

德米特里和柳德米拉的实验已经进行了 60 多年，他们证明了进化并不是“零零碎碎”发生的。动物的行为与生理机能是密切相关的。具备敏锐观察力的达尔文也深知这一点，正如他在本章开头的那段话中提出的观点：无毛狗的牙齿一般有缺陷；而脚上被有羽毛的鸽子，其外侧脚趾之间有皮肤相连。他曾预测，生物都被某种“神秘的生长发育关联性规律”所操控，如果人类也选择某一特性作为繁衍子孙后代的标准，那么其他生理特性也会相应变化。

德米特里和柳德米拉的研究，证明了达尔文进化论的正确性。

投资也能“选一赠多”

身为一名投资者，你难道不想只凭借某一项“企业特质”，来方便地挑选出待投资对象，然后再“免费”获得这家企业的许多其他“优秀属性”吗？正如前文所述，此项“唯一特质”应该满足三个标准：易于衡量，能剔除大部分（**而非全部**）劣质企业，以及挑选出大部分（**而非全部**）优质企业。我们已经知晓，如高质量的管理团队、收入增长率和利润率等因素，其实并不能充分满足相关要求。

所以在那烂陀，企业历年的已动用资本回报率（ROCE）[①] 便成了我们筛选投资对象的**首要**考虑因素。

此筛选要素的重点在于“**历年**”二字。我在本书中用了一整章的内容来讨论这个十分重要，但又经常被忽视的词。但现在我想强调的是，此处的“已动用资本回报率”指的是企业的**历史**经营数据。至于已动用资本回报率在未来是否会提高，这就不在我们的关注范围内了。所以，一家企业往年的已动用资本回报率，才是我们真正想评估的参数。

现在我们需要先了解一些专业术语的定义。已动用资本回报率，其实就是企业的经营利润，占已动用资本总额的百分比。如前文所述，企业的经营利润即息税前利润，那为什么不用税后利润（PAT）呢？请诸位谨记，如果我们想要了解一家企业的经营表现，将税收、利息等财务指标杂糅在一起，只会把水搅得更浑。在对企业进行整体评估的过程中，我们虽然不会忽略税收或利息费用等数据，但在计算已动用资本回报率时，我们的关注点只集中在企业的经营表现上。

那么已动用资本总额又是如何计算的呢？它通常包含两个部分：净营运资本（net working capital）和固定资产净值（net fixed assets）。在净营运资本这项数据中，我们比较喜欢将多余现金（excess cash，在企业拥有的现金，恰好远远多于债务的情况下，现金减去债务后的余额，就是多余现金）排除在外，因为多余现金不属于经营资产。此外，已动用资本回报率比较高的企业，通常会有大量现金入账，所以将现金计入已动用资本额度，实属没有必要，因为这会拉低已动用资本回报率的数值。如果你不认同我们的计算

---

① 已动用资本回报率，又可称作普通股权益报酬率，可用来作为显现企业运用资本能力的指标。已动用资本回报率 = 当期息税前利润 ÷ 当期平均已动用资本。

方式，在已动用资本额度中加上一部分现金也不是不行。对一家收购型企业而言，已动用资本总额还包括了收购其他公司所花费的资金。为了简单起见，我们可以用以下公式来计算非金融企业的已动用资本回报率：

已动用资本回报率 = 息税前利润 ÷（净营运资本 + 固定资产净值）

用经营利润率作为筛选企业的标准，或许并非上策，其中缘由想必诸位也应该明白了。我们需要投入多少，才能获得相应的利润呢？**利润率**并不是这个问题的答案。将已动用资本回报率作为衡量标准的优点在于，它把损益表（分子）和资产负债表（分母）都考虑了进去。为了进一步说明，让我们再回顾一下开市客连锁和蒂芙尼公司的案例。

我在前文中说过，开市客 3% 的营业利润率，比蒂芙尼的 19% 要更好。如果将“更好”一词的定义，限制在已动用资本回报率上，那么我的观点就是正确无误的。因为在 2014 年至 2019 年（新冠大流行之前），开市客的已动用资本回报率平均值为 22%，而蒂芙尼只有 16%。所以，开市客的资本利用度，要比蒂芙尼更出色，而前者用它来弥补利润率低的短板，更是绰绰有余。举个例子，“库存”在开市客已动用资本中占据了重要比例，我将以此为出发点，做进一步说明：开市客仓库和零售店中的商品库存周期通常是 31 天。那么请诸位猜一猜，蒂芙尼的库存周期是多少天呢？答案是 **521 天**，差不多有一年半的时间！蒂芙尼的高营业利润率虽然令人印象深刻，但开市客对库存和其他资产的管理，却要优秀许多，其已动用资本回报率高于后者，也就不足为奇了。

许多投资者更喜欢看企业的股本回报率，但我不好这口。股本回报率是扣除税项和利息后计算得出的参数，因此，它将经营业绩同融资策略与税收结构都混杂在了一起。作为一位企业主，企业的**经营**业绩是否“优质”，才是我更关心的点。虽然利用杠杆（可以提高股本回报率，但不能提高已动用资本回报率）和“合理的税务规划”，或能在中短期内推动企业的发展，但根据我的个人经验，要想做到长期成功，企业**只能**在运营上多下功夫，所以我们还是得看已动用资本回报率的表现。

比如说，某家企业的已动用资本回报率高达20%，这意味着什么呢？其背后的含义其实很简单：这家企业每投资100美元，就能赚到20美元，相当于你在银行存了100块，一年期满后的利息就有20块。在此强调，前提是你并不在某个恶性通胀一发不可收拾的拉美经济体中，而是在一个“经济正常运转”的国度中。我认为，如果你能把这么一家已动用资本回报率极高的企业牢牢握在手里，“财源茂盛达三江”可就不是一句空话了。此类企业虽然少见，但不代表不存在，当找到它们时，你自然就能体会到什么叫“踏破铁鞋无觅处”了。

已动用资本回报率较高的企业，同西伯利亚实验中银狐的驯服度很类似。驯化度这个主要特征，除了会让一代又一代被筛选的后代的性格变得温顺，还会带来卷尾、花斑和垂耳等其他意想不到的性状；而已动用资本回报率较高的企业，同样附带了诸多“优秀属性”，也同样能“加持”在与其息息相关的“金主”身上，比如像我们那烂陀这样的投资公司。我们能从这些企业身上获得的“额外好处”有以下几点。

可持续保持较高已动用资本回报率≈十分优秀的管理团队

什么？又是“优秀的管理团队”？如果一个管理团队的优劣程

度无法直接衡量，那我们为什么又要拐弯抹角地回到这个话题上？

虽然我们不能通过访谈和讨论来确定管理团队的“质量”，但这并不意味“高质量”的管理团队不存在。他们当然存在，我们要的不是跟投资者一起喝咖啡（或打视频电话）时天马行空般地画大饼的管理人员，而是一种可量化的衡量。既然我们无法像体育赛事一般，根据选手的采访，或他们对自身优秀能力的“自吹自擂”，来投票选出最佳“板球投球手、橄榄球跑卫或马拉松运动员”，那么我们为什么还要仅凭口才对管理团队进行评估呢？既然保龄球赛统计数据最佳者和马拉松完成时间最快者，即为最优秀的保龄球和马拉松运动员，那么同样在我看来，衡量管理团队质量的一项优秀**指标**（虽然不是唯一的指标），就是他们创下的已动用资本回报率的历史**数值**。

在**任何**行业的**任意**一段时期内，企业要维持较高的已动用资本回报率都是非常困难的。微观经济学理论指出，激烈的市场竞争会迫使超额回报（excess returns）无限趋向于零，这意味着企业需在运营方面下苦功，才能将资本成本（cost of capital）赚到手。对于大部分企业来说，这或许就是残酷的事实，但也有一些“精英”企业，能无视市场规律和竞争的压力，日复一日、年复一年地获得较高的资本收益率。

那烂陀虽然只投资了 30 家企业，但其中的大多数都是拥有 35~40 年历史的老企业，而且它们的已动用资本回报率的历史中位数，差不多达到了 42%。身为这些企业的“金主”，虽然免不了偏颇，但我确实认为，这些企业的管理团队是相当出色的。它们是因为“活得长”而熬成了企业中的典范，还是因为碰巧拥有较高的已动用资本回报率才被我称为“行业一流”的？我也不知道答案，但这又有何妨呢？结果总是皆大欢喜的。

那烂陀期望的是，一个高质量管理团队应做到以下几点：能为客户提供优于竞争对手的产品与服务；能谨慎地进行资本配置；能吸引并留住高素质的员工；能充分管理好所在企业的成本结构（企业规模和收入相匹配）；能持续拿出高质量的资产负债表，并能通过适当承担可预计的风险，而不断实现创新。上述所有要求都应该与较高的已动用资本回报率挂钩。

可持续保持较高已动用资本回报率的企业，有望获得更强劲的竞争优势

得益于巴菲特的致股东信及其公司年会在投资界长达五十多年的"指点江山"，几乎所有的长期投资者，都要求企业具备所谓的"可持续竞争优势"（SCA）。可问题在于，我们要如何评估一家企业是否拥有"可持续竞争优势"呢？如果各位仔细读过商业和投资类书籍，"可持续竞争优势"的来源，无非就是老生常谈的几点：品牌、知识产权、网络效应、规模经济和低成本。[13]

我们先来分析一下以"品牌"为基础而形成的竞争优势。如果一家消费者导向型企业在股市上大获成功，那么我认识的几乎每一位投资者，都会异口同声地说，其竞争优势就是源于"品牌"和"分销"。在30多年前的1988年和1989年，巴菲特购入了可口可乐和吉列公司的股票，这两笔对消费者导向型企业的投资，无一例外都取得了巨大的成功。1988年，伯克希尔买下了可口可乐公司近6亿美元的股票，第二年又向吉列公司投入了差不多数额的资金。到1993年，伯克希尔持有的这两家公司的股票总价值，已升至56亿美元，相当于其持有的**其他所有**公司股份的总和，而巴菲特也从中赚取了约40亿美元的收益。他在1993年的致股东信中，

对可口可乐和吉列公司做出了如下评价："它们在品牌力量、产品特性以及分销体系上的实力，赋予了它们巨大的竞争优势，为它们的经济城堡筑起了一道护城河。"

同以往一样，巴菲特再次做出了正确的选择。在 1993 年的致股东信发表 30 年后，可口可乐和吉列一直都在持续创造着辉煌的业绩，而且鉴于两者的市场份额仍在不断增加，两家公司始终保持着长久且稳固的竞争优势。所以，巴菲特认为二者具备强大竞争优势的观点，依据何在呢？是这两家企业强大的品牌和产品属性？还是源于经验事实，即此类企业都具备较高的已动用资本回报率，并能在很长一段时间内，不断提高市场份额？当然，我们永远也不会知道他是怎么想的，但我猜测（或者我相信）原因是后者。

现实情况是，市面上的大部分品牌连所谓的"**竞争优势**"都谈不上，"可持续"三个字就更不用提了。根据可靠的消息来源，美国市场每年都有成千上万的品牌发布，但十之八九都以失败告终。[14] 成功的可能性虽然比买彩票中大奖的概率要高，但也高不了多少。你可能还会认为，失败只会发生在那些规模较小，且经不起市场考验的企业身上，像可口可乐和百事可乐之类的知名大企业，就一定能做得很好。你错了，大企业把牌子做砸的案例不胜枚举，以下仅列出其中的一小部分，比如：新可口可乐（New Coke）、水晶百事（Crystal Pepsi）、帕米亚无烟香烟（Premier smokeless cigarettes）、麦斯威尔速溶咖啡（Maxwell House ready-to-drink coffee，美国通用磨坊食品企业推出）、金宝汤即食套餐组合（Souper Combo，美国金宝汤罐头企业推出的三明治和汤的组合餐）和亨氏纯天然无添加醋（All Natural Cleaning Vinegar，亨氏食品企业推出）。

光有品牌是毫无意义的。如果树立"品牌"（顾名思义），都不一定会带来竞争优势了（即使有，可能也很难明确地界定其效应），那我们怎么知道一家企业是否具备竞争优势呢？答案不难猜，是的，持续保持较高的已动用资本回报率，便是一个理想的**出发点**，可以较为有效地判断出企业是否可能具备**某种**竞争优势。类似可口可乐这样的消费品公司，其竞争优势可能会有多种来源，比如品牌、分销和卓越的管理，也可能是上述因素同其他因素结合的综合效应。

以“持续保持较高的已动用资本回报率”为标准，将一家企业列入投资候选名单后，我们便会对其竞争优势进行分析。经过数周或数月的调查研究，我们可能会得出以下结论：这家企业的已动用资本回报率虽然高，但并非可持续，它只是一时走运而已。既然如此，那我们就只能“送客”了。采用这种方法，即只对已经具备较高已动用资本回报率的企业，开展竞争优势评估，可以帮助节省大量的时间和精力。

持续保持较高已动用资本回报率的企业能妥善进行资本分配

作为一名（超级）长期的投资者，那烂陀购买某家企业股票，也相当于将自己的资本分配给了该企业。因为那烂陀希望能凭借这笔出资，获得可观的长期回报。那烂陀同样完成了对其他潜在投资对象的评估，也希望自己做出的决定是正确的，即对**这家企业**进行投资，是最好的选择。能够合理配置资金的投资者，其投资表现必定不会差，但那些做不到的人，结果通常也好不到哪里去。

同样的道理适用于企业的经营，因为企业也需要可持续地进行资金配置。由于企业的选择面更为宽泛，所以它们可以尝试选择其中最好的一项，毕竟谁都希望能从投资中获得可观的回报。有一些企业做到了，但大部分都没有做到。所以，已动用资本回报率，是衡量企业资本配置能力的绝佳指标。较高的已动用资本回报率，意味着**相对于**其投入的资本，企业获得了较高的经营利润。卓越的企业从不去追求经营利润的最大化，或资本动用的最小化，而是在尝试从每单位的资本投入中，收获最大的经营利润。

投资者或许还未意识到的是，企业战略与大多数资本配置决策紧密相连。举个例子，一家企业就某项业务需求提出了两种方案，一是在美国密尔沃基市自建厂房，二是外包给中国企业。这属于战略决策，还是资本配置决策？这个问题其实无关紧要，重要的是，无论做出何种决定，它都会对企业的成功产生重大影响。所以，这既是战略决策，也是资本配置决策。

以下这些战略决策的示例，展示了企业进行资金配置的多种截然不同的方式：是建立自主研发部门，或是直接“照搬”市面上最好的设计；聘请一位首席技术官来创建内部技术部门，或是选择技术外包；为产品的关键零部件设立专门的生产部门，或是将利润拱手相让给部件的外部供应商；聘用年轻毕业生进行长期培养，或是直接聘用有资质的专业人士；通过收购来进军新领域，或是放任企业自行有机增长①；在某个巨大的潜在市场内投资一项亏损产品，或是在一个小市场内投资一项盈利产品；在社交媒体上做几个月的广告，或是“斥巨资”买下一个美国超级碗的广告位。

作为投资者，我们如何确定这些琳琅满目的资本配置决策是否合理？第一种方法是对其进行深入分析，比如可以采访营销主管，了解其为何选择购买超级碗广告位，而不是花同样的钱，在谷歌或脸书上挂好几周，甚至好几个月的广告。然后，企业就可以创建财务模型，预测决策成功的可能性，将自己的广告策略与其他企业进

① 指企业或组织在不依赖于外部投资或收购的情况下，通过内部积累和自然发展实现的增长。

行比较，最后得出支持或反对特定战略决策的结论。

第二种，即那烂陀采用的方法，是选择较高的已动用资本回报率作为筛选潜在企业的“第一重过滤网”。我们假设有一家企业的已动用资本回报率较高，**一般来说**，其资本配置基本不会差，虽然企业高层可能会做出一些糟糕的决策，但我们总体上认为，它的资本配置和战略决策还是相当稳健的。

坦白地说，第二种做法更简单、高效。如果我尝试构建有好几兆字节的庞大电子数据表，来对某一特定投资决策的各种场景进行模拟，迎接我的必定是惨败，而且是两度惨败，第一次是不会制作这种电子表格，第二次则是得出错误的结论。

所以，还是不要去尝试了。

具备较高已动用资本回报率的企业，可以在挑战业务风险的同时，免受财务风险的困扰，进而提高业务成功率

资本主义的繁荣源于风险承担，而承担风险并不仅仅局限于以硅谷车库为据点的创业青年们。对**所有企业**来说，只要想发展和成功，就需要不断承担“经过精心权衡的风险”。那些不愿承担风险的企业，要么发展衰退，要么始终无法做大做强，最终沦为业内无足轻重的边缘企业。另外，企业承担的风险一旦超出了合理范围，它也会因不堪重负而崩溃，幸运的是，大部分运作良好的企业，都在合适的风险可控范围内，实现了蓬勃发展。较高的已动用资本回报率有助于企业提高持续承担**可计算**业务风险的能力，这就是企业蓬勃发展的秘诀所在。

一家已动用资本回报率高，且收入增长适度的企业，其账上必会产生多余现金。这并非我个人的一家之言，而是一项实实在在的

数据。例如，X 企业的销售额增长率为 10%，已动用资本回报率为 25%，那么其现金余额可以在五年内，从零增至几近销售额的 18%（另假设这家企业的利润率及税收，分别为 15% 和 30%）。随着“现金储备”的不断增加，X 公司的管理团队便有了推出新产品，或探索新领域的底气。即便新业务没有成功，企业也可以凭借其核心业务的强大“赚钱能力”来冲抵损失。

反观 X 公司的竞争对手 Y 公司，虽然有着相同的销售额增长率（10%）和利润率（15%），但其已动用资本回报率较低，只有 12%。5 年后，Y 公司的现金余额并不理想，只占收入的 **–3%**。换句话说，Y 公司必须通过**借债**，才能保持与 X 公司相同的增速。由于资产负债表不太健康，而且又缺乏“闲钱”，Y 企业只能被迫放弃开发新商机或者借更多的钱才能推出新产品或进军新领域。新业务板块一旦经营失败，Y 公司很可能就会陷入困境，因为其核心业务无法赚取足够的现金，来偿还到期的贷款和利息，同 X 公司之间的差距，将**进一步**拉大。随着时间的推移，X 公司的发展规模会越来越大，业务经营也越来越成功，然后把 Y 公司远远甩在身后。我们在许多行业中都发现了这种现象，即少数企业往往会因为具备较高的已动用资本回报率，而积累下充足的现金，并逐渐发展成为行业巨头。

如果一家已动用资本回报率较高的企业陷入困境，会怎么样呢？以哈维尔斯（Havells）为例，那烂陀自 2011 年开始就对其进行了投资。哈维尔斯是印度最大的电器消费品生产企业，主要销售风扇、电灯和照明装置、断路器、电缆线、热水器以及搅拌机和烤面包机等厨房电器。[15]

在杰出领袖安尼尔·古普塔（Anil Gupta）2007 年—2017 年的任职期内，哈维尔斯的已动用资本回报率一度达到惊人的 52%！在此期间，该企业的年化收入增长率约为 15%。截至 2017 年 3 月，其账面现金余额为2.3亿美元，大致相当于同年度收入的28%。2017年5月，哈维尔斯收购了劳埃德电气企业（Lloyd Electric）的消费品业务板块，此举的主要目标，是将其增长快速的空调业务收入囊中。

那烂陀并没有对此过于兴奋。虽然哈维尔斯的收购活动不存在什么显著的财务风险，毕竟该企业账上的现金盈余要远超收购的支出，但它承担的其他风险，却超出了我们的“舒适区”。

在那烂陀看来，此次收购的最大问题，在于两家公司的企业文化和观念模式的差异。哈维尔斯的主要目标客户，是那些愿意为高质量产品支付更高价格的“高端”印度消费者。所以，该企业通过创建高科技制造工厂、根据消费者的需求，定制产品功能，保持技术曲线的领先地位，以及利用电视和互联网广告创造品牌吸引力等方式，做到了精准投放。然而劳埃德在很多方面，似乎与哈维尔斯完全相反：它在印度市场过去十年的市场份额，多数来源于大力推广从中国进口的低价空调。哈维尔斯的经营思路，好比是“姜太公钓鱼——愿者上钩”，即通过一贯“高端”和“优质”的品牌印象，来吸引消费者；而劳埃德则是以大量的经销商奖励政策和折扣，以推动产品销售。劳埃德似乎特别喜欢“不惜一切代价和手段追求增长”；而哈维尔斯的增长，则源于60年来持续提供的高质量产品，以及与经销商和消费者建立的信任关系。

收购劳埃德之前，凭借现有销售渠道推出新产品的能力，是哈维尔斯的主要“杀手锏”。经过几十年的发展，哈维尔斯已经建立起了一套非常稳固且高效的经销商网络。生产商和经销商之间的共生关系，使哈维尔斯充分发挥了制造和销售从风扇到断路器，再到烤面包机等各类耐用型电气消费品的能力。但在收购劳埃德后，哈维尔斯强大的经销商网络优势，却无法发挥效用，因为在印度，空调与其他消费性电子产品有着截然不同的销售渠道。

不出所料，收购的后续问题很快就摆在了哈维尔斯的面前，首先是包括劳埃德 CEO 在内的大批高级管理人员，相继于企业所有权变更后的几个月内辞职。此外，哈维尔斯还发现，劳埃德只通过寥寥几家经销商来销售产品。这些经销商在多年的发展后，已呈“尾大不掉”之势，甚至反客为主地要求劳埃德出让更多的利润空间，以及提供更大的业务份额。遭到哈维尔斯拒绝后，众多经销商纷纷拍屁股走人，空调业务板块的销售和盈利能力便受到了不小的影响。尽管哈维尔斯的管理层试着调和两家公司截然不同的品牌定位，但彼此之间不和谐因素依然存在，即哈维尔斯的“高端定位”，与劳埃德主打“低价战术”之间的矛盾。哈维尔斯收购劳埃德后不到两年，研究分析师就下调了哈维尔斯的市场评级，因为劳埃德的运营业绩，一再地令人大失所望。

情况发展到这一步，古普塔本可以快刀斩乱麻，直接让劳埃德恢复原来的经营方法，这样就能维持住劳埃德的营收和利润势头，并形成“同一屋檐下”的两种不同的业务模式。但他选择了一条更为艰难的道路，即对劳埃德的组织架构和商业模式进行旷日持久的根本性改革。

劳埃德本是一家只销售低价格、中等质量以及基本功能产品的企业，古普塔却致力于将其重新打造成高端品牌，所产空调的性能，追上甚至赶超了市面上其他的一线产品。为此，哈维尔斯耗资约 3500 万美元，新建了一家最先进的空调工厂，目前主打生产功能丰富的高端空调。古普塔又花了几个月的时间，将劳埃德原本的高管，逐步替换为深受哈维尔斯企业文化熏陶的人员。“焕然一新”的劳埃德拒绝了那几家“经销寡头”的敲诈勒索，虽然短期内的销售额有所下降，但它还是成功重建了一套全新的、更有弹性的分销网络。劳埃德目前已同哈维尔斯进行了整合，双方的战略以及企业事务的重点安排，已然做到了完全一致。

哈维尔斯能够承受并购带来的短期“副作用”，并实现其长期目标的一大关键原因，就在于其资产负债表上高额的“可支配现金”。这些“积蓄”都源于该公司多年来极高的已动用资本回报率。拿“致力于长期的价值创造”作为宣传口号，对所有企业来说都很容易，但如果没有充足的现金储备作为底气，这句话便一文不值。我们永远都不会知道，假如哈维尔斯有很多债务和利息要偿还，它收购劳埃德后会呈现出怎样一幅光景呢？如果哈维尔斯债台高筑，它是否还会在银行家们咄咄逼人的催债目光下，能怀抱同样的决心，去选择继续走一条充满挑战、漫长且不确定的发展之路呢？我觉得不会。

在对劳埃德的收购过程中，哈维尔斯承担的风险是相对“适中”的，尽管一开始出现了部分问题，但它不惜花费时间和精力对其进行了整合，并将潜在的重大失误，转化为战略上的成功。安尼尔·古普塔无疑是一位卓越的领袖，而哈维尔斯也是一家相当优秀的企业，因为它达成了 52% 已动用资本回报率的惊人成就。

不存在“稳赢不亏”的投资

就像德米特里和柳德米拉在银狐的驯化过程中发现了其他生理性状的变化，以较高的已动用资本回报率作为筛选标准，能确保我们挑中的企业具备许多其他方面的理想品质。正如我在第 1 章中论述的那般，在已通过风险筛查的企业中，已动用资本回报率的历史数值长期低于 20% 的企业，也会被我们无情拒绝。在我们初步列出的大约 150 位投资对象中，我们**只**选取那些已动用资本回报率，在过去 5~10 年，甚至更长时间里，超过 20% 的企业。

这并非表明我们对企业的最终评判**仅**看其已动用资本回报率的

高低，因为如此做法既武断、又愚蠢。我想表达的是，那烂陀只是以研究企业已动用资本回报率的历史纪录，作为对企业进行评估的**出发点**。如果你是一名投资者，又或者打算成为一名投资者，那么你将会形成自己的投资方法和风格。但无论你做什么，如果能从充分理解企业已动用资本回报率的历史数据**开始着手**的话，将有助于你在投资竞赛中一马当先。

这便是所谓的“买一赠多”了。

如你所料，选择已动用资本回报率作为第一道过滤网，会存在两个问题。首先，即便往年的已动用资本回报率一直处在高水平，但这并不能保证**未来的**已动用资本回报率会持续走高。

举个例子，如果一家企业在业内处于垄断地位，比如经营当地的公交或铜矿业务，那么即便管理团队水平不高，其也并非不可能获得可观的资本回报。然而当企业失去垄断地位后，我们可能发现，此类企业的已动用资本回报率，会呈下降趋势。同样，如果某样产品或商品受到高关税保护，那么生产同类产品或商品的本地企业，或能不费吹灰之力地赚取可观利润。此外还要靠一些运气。如果一家企业的主要竞争对手，因为自身的愚蠢而陷入了短期的困境，那么这家企业便能在几年内获得较为不错的已动用资本回报率。

在制定投资对象的初步名单时，我们可以很容易地排除这类企业，因为它们识别起来并不困难。然而，另一类潜在的“坑货企业”（已动用资本回报率的历史数值较高）却很难提前识别。如果企业创始人沉迷“改辙”，企业决定改变经营战略，管理层把企业的前途都押在了一次失败的收购上，或者新竞争对手的崛起让企业的经营变得越发艰难，那么一家高质量企业也可能会就此迷失方向。虽然较高的已动用资本回报率，可以在上述灾祸来临时为企业提供一些缓冲余地，但对于一家铁了心想要“自毁前程”的企业来说，它的保护作用就相当有限了。

请诸位记住，本章主要论述的是关于“你应从哪里**开始**搜寻高质量企业”，而非“了解什么能够**保障**巨额投资回报”。（提前剧透：不存在稳赚不赔的保障。）

将已动用资本回报率作为筛选投资对象的唯一标准，会产生另外一个问题：它滤除了那些可能会在未来取得巨大成功的企业。以美国奈飞公司为例，如果我们在 2018 年初对该企业进行评估，那么它在过去十年（2008 年至 2017 年）的已动用资本回报率中位数只有 10%，如此成绩根本就上不了那烂陀的投资初始名单。我们自然也会错失这次绝佳的“发财机会”，因为从 2018 年 1 月到 2021 年 12 月，奈飞公司的股价上涨了 2.9 倍。

那烂陀是否会因此而扼腕叹息？那烂陀不会因为错失了此次投资良机而耿耿于怀，而且一点都不后悔。我知道我们必定会与奈飞公司这样的企业失之交臂，但我不介意。仅以较高的已动用资本回报率作为筛选策略而生成的初始名单，总会将一些潜在的优质企业排除在外，这一点我们早有心理准备，但它同时也规避了数百家我们永远都不想碰的劣质企业。因此**平均**来讲，我个人认为，这种筛选方法对那烂陀是十分适用的。

所以，即便有人利用我们极力避免的策略大赚一笔，也不会促使我们改变自身既定的投资方式。

那烂陀就是这么“执迷不悟”。

* * *

2022 年初，我给新西伯利亚市的细胞学和遗传学研究所发了一封信，希望对方能回答我心中的两个疑惑：第一，狐狸驯化实验还在进行吗？第二，柳德米拉 · 特鲁特是否仍然在世？本以为自己会收到否定的答案，毕竟柳德米拉的实验始于 1959 年，距今已有 60 多年了。

令我惊讶的是，该研究所的进化遗传学实验室副主任尤里·赫贝克（Yury Herbeck）很快回复了我，用“喜从天降”这个词来形容我当时的心情是再合适不过的了。

我得知，驯化实验不仅还在进行，而且年近九十的柳德米拉依旧在相关研究领域内奋斗着！她不仅活跃在研究所的相关岗位上，而且还成功发表了一系列具备开创性的科研论文。赫贝克十分贴心地附上了柳德米拉·特鲁特等人近年来在各大著名科学期刊上发表的四篇研究文章。她最新的一篇研究论文发表在了 2021 年 7 月 14 日的《神经科学杂志》（*Journal of Neuroscience*）上，题为《俄罗斯农场狐狸驯服性和攻击性选择驯化实验后的神经形态学变化》（*Neuromorphological Changes Following Selection for Tameness and Aggression in the Russian Farm-Fox Experiment*）。

我以前经常会因那烂陀成立 15 年来的成功投资经验而沾沾自喜，但现在我已经没有这种感觉了。柳德米拉·特鲁特 60 多年来始终在事业上保持着高度的激情、自律以及对卓越的追求，她的故事让我深深感受到了来自这个世界的“恶意”：毕竟相比之下，我这些年的投资经历，真有些“小巫见大巫”了。

前路漫漫，我等依旧**任重道远**。

本章小结

进化论教会我的投资知识是：

为了避免被洪水般的数据和信息淹没，我们可以在一开始的时候，选择某个可能带来多项优秀商业品质的**单一**商业特性，并以此重构我们对投资的理解。

1. 在自然界中，对一种遗传特征进行筛选，可以对生物体的许多其他行为和物理特性产生影响。
2. 德米特里·别利亚耶夫和柳德米拉·特鲁特在西伯利亚开展的长期实验证明，经过几代的驯化后，野生银狐就会演变成一种和宠物狗相差无几的生物。驯化后的狐狸变得十分温顺，而且很渴望得到人类的关注。它们还会长出松垂的耳朵、带斑纹的皮毛和相对较短的鼻吻，而且一年可以繁殖多次。
3. 投资者可以通过聚焦某一种商业特征，而获得巨大的投资收益，但这种特征必须在被选定后，能附带许多其他的“积极品质”，而一些业内流行的评估参数，如管理质量、高增长和高利润等，并不合适或还不足以成为评判企业优劣的单一“商业特征”。
4. 唯一与企业诸多其他方面的卓越表现成正相关的“企业质量参数”，就是企业已动用资本回报率的历史数值。因此，那些已动用资本回报率历史数值较高的企业，一般会被我们初步选中，然后再对其开展进一步的可投资性分析。
5. 较高的已动用资本回报率**通常**（但不一定总是）意味着该企业具备一流的管理团队，它说明企业的资本得到了有效分配，强大的竞争优势已然形成，创新和成长仍有很大的空间。
6. 将已动用资本回报率作为筛选标准，是分析企业优劣的一个良好**出发点**。它能帮我们缩小投资对象的筛选范围。以此为基准进行初筛后，我们还需要做大量工作，才能生成一份简短的、可引起投资兴趣的潜在企业名单。
7. 并非所有已动用资本回报率历史数值较高的企业，都会被持续认定为“优质企业”，因为投资本身，没有任何“稳赚不赔”的保障。

第3章

麦肯锡和海胆的矛盾之处

但是这样间接获得的构造，虽然在起初对于一个物种并没有什么利益，此后却会被它的变异了的后代，在新的生活条件下和新获得的习性里利用。

——查尔斯·达尔文《物种起源》

我们很少大幅举债，而当我们真得如此做时，我们倾向于把它们定在长期固定利率的基础之上，我们宁愿避免资产负债表过度融资，而放弃许多吸引人的投资机会，虽然如此保守的做法有时使我们的绩效打了点折扣，但考虑到对保户、存款人、借款人与全体股东将大部分财产托付给我们的责任时，这也是唯一令我们感到安心的做法。

——沃伦·巴菲特《1983年致股东信》

当代的纽约市，堪称一个迷你的全球缩影，你可以在几平方千米的区域内，领略到全球各大城市的“特色”：孟买的污秽、柏林的艺术、巴黎的时尚、伦敦的食物、东京的喧嚣、上海的浮华、德里的粗犷、新加坡的购物体验、摩纳哥的萧条、开罗的混乱，以及纽约本身的辉煌。我很喜欢这座城市，所以那烂陀每年6月下旬都会在此举办年度投资者会议。

我儿子小时候（啊，为什么可爱的孩子们要长大呢？）最喜欢去纽约的两处地方。不过随着时间的推移，它们也变成了我的最爱：中央公园的动物园和第五大道的施瓦茨玩具店（FAO Schwarz）。在动物园撸动物幼崽以及在玩具店的巨型钢琴上跳舞，是我们父子俩最喜欢的娱乐活动。

我对施瓦茨玩具店的印象，并不在于那些琳琅满目的玩具（虽然多年来买了很多），而是因为那里充满了意想不到的惊喜。店里常有魔术师、魔方艺术家、可爱的大熊猫皮套演员、令人耳目一新的杂耍艺人驻场，而且有一次我还碰到过一群歌手和舞蹈演员，他们的表演甚至可以与百老汇的艺人一较高下。我是在半城市化的印度长大的，在此之前，我从未去过玩具店。所以，直到今天我都无法确定，每次踏进这家全球最具标志性的玩具零售商店之时，我和我儿子到底哪个更兴奋呢？

2016 年我们的第九次年会落幕后，我走去了第五大道，一路上满怀兴奋地等着欣赏这家玩具店里琳琅满目的新产品，但它却莫名消失了。谷歌地图的搜索结果让我万分沮丧，因为这家店已经永久停业了。

到底发生了什么？这家平日里总是挤满顾客，而且收银机前面总是大排长龙的店，为什么突然会关门呢？

麦肯锡成功之秘诀

1991 年，印度开始经济自由化，全球战略咨询公司麦肯锡于第二年便早早进入了印度市场。[1]1992 年，麦肯锡决定从印度的两所工商管理类院校招聘应届实习生。在此之前，印度境内压根就没有什么战略咨询公司，而且我们对这个行业都没什么了解。友情提示：由于当时互联网尚未普及，所以我们甚至无法对行业或公司开展基本的分析研究，我们的老师对麦肯锡也没有什么了解。

当年，我正好是一名 MBA 专业的应届毕业生。花旗银行当年的薪资水平已位列全印度第二，而麦肯锡（据内部人士透露）出于某些无法解释的原因，竟决定以高出花旗两倍多的薪酬招募新员工。整个 MBA 专业的学生（包括我在内）都提交了求职申请。没人在乎麦肯锡到底是干什么的——在绝对的高薪诱惑面前，这好像也不是什么重要的事儿，高薪的诱惑实在是太令人难以抗拒了。

由于碰巧在适当的时机出现在了适当的场合（这不就是人生的奇妙际遇吗？），我成了五名成功入职麦肯锡的 MBA 毕业生之一，之后便在那里工作了六年。麦肯锡是一家非常优秀的企业。这份工作虽然很不轻松——因为有讲不完的 PPT 和出不完的差——但同事间亦敌亦友的感情、与公司高管们一起共事的满足感，以及公司在全球业务的统一性（我六年内曾在麦肯锡四个不同的国际办事处工作过）都让我相当喜欢。离开麦肯锡后，我又在外面摸爬滚打了很多年。随着麦肯锡持续保持着行业的主导地位，我对这家公司的钦佩之情更是与日俱增。

麦肯锡咨询公司最初由詹姆斯·麦肯锡于 1926 年创立，但为公司日后的辉煌做出了巨大贡献的人则是马文·鲍尔。他于 1933 年入职麦肯锡，并将这家小规模的工程会计公司，打造成了当今的管理咨询行业巨头。

麦肯锡成立 90 多年来，公司面临过多次来自内部和外部的巨大危机以及挑战。先说外部挑战吧，其中包括 1929 年—1933 年经济大萧条、第二次世界大战、如火如荼的去殖民化浪潮、冷战、石油危机、美国和世界其他主要经济体的多次衰退、人口爆炸、大规模减贫、综合性大型企业集团的崛起和陨落、美国制造业的空心化、中国的崛起、计算机性能和包括互联网在内的通信技术的跨越式进步、全球金融危机以及新冠大流行席卷全球等。

在面对外部世界快速变化的同时，麦肯锡也经历了一些内源性危机。20 世纪 50 年代末，随着马文·鲍尔手中的领导权被移交给下一任，要求公司上市的内部压力再度出现（这股压力在我任职麦肯锡时仍然存在）；高管安尼尔·库马尔（Anil Kumar）和全球负责人拉贾特·古普塔（Rajat Gupta）因涉嫌内幕交易相继被判入狱；公司在新地区和新行业领域内多年来的大规模扩张；2015 年与南非国营电力垄断企业艾斯康（Eskom）之间令人费解的费用往来；2021 年因违法协助普渡制药推广其生产的阿片类药品奥施康定而被罚款近 6 亿美元等。

在本就纷乱的咨询行业里，麦肯锡的诸多竞争对手，被快速变化的环境持续“大浪淘沙”后，幸存下来的其实没有几家——诸位对曾叱咤一时的摩立特（Monitor）或博思（Booz）还有任何印象吗？反观麦肯锡，它不仅生存了下来，而且还是一如既往、热火朝天地干着自己的老本行：成为企业高管们值得信赖的外部顾问。不管外部和内部的“风雨”有多少，其公司的核心理念仍然屹立不倒。

一个有趣甚至有些奇怪的事实是，在过去几十年里，麦肯锡在保持强劲发展的同时，也产生了巨大的变化。虽然麦肯锡公司从美国起家，但其目前已在开罗、卡萨布兰卡和成都等城市都开设了分支机构。20 世纪 90 年代以前，其主营业务是向各大公司提供战略咨询，但目前也扩展到了企业运营和技术咨询领域。麦肯锡早期主要为生产型企业提供咨询服务，但现在你也会在谷歌、脸书或硅谷的任意一家热门初创企业中发现它的影子。鄙人在职期间，麦肯锡很少进行横向招聘，但据一些现已成为高级合伙人的朋友说，麦肯锡目前已聘用了数百名经验丰富的行业专家。

活着的生物天生具备旺盛的生命力

MBA 学位课程、管理研讨会、畅销商业书籍和企业巨头，似乎都在教我们要聚焦如何确保企业能适应变化，并进一步获得成长上。如果有人能把企业的困扰装进一个瓶子里，那么瓶子的说明标签上应该写的是："我们如何才能更快、更好、更容易地做出改变？"

我不敢苟同这种想法。因为投资者应该思考的问题同商业领袖相比几乎截然相反，即我们如何才能做到"以**不变**应万变"？接下来，我们将通过进化生物学原理来理解其逻辑。

生物学家发现，生物世界长期以来都存在着一个奇怪现象。所有生物——动物、植物、藻类、真菌，甚至是细菌——虽然极其复杂，但并不脆弱。相反地，尽管在持续受到各类干扰，以及外部环境剧变的冲击，所有生命还是顽强地延续并繁荣了数亿年——而且就细菌而言，它们更是在地球上存活了数十亿年。甚至生命本身，似乎也在以不断突变的形式，持续抵抗着来自**内部环境**的挑战。

虽然存在源源不断的外部和内部的动荡因素，生命却存续了下来，还成功演化出了数以百万计的不同物种。从极寒冰川到沸腾的深海热泉，它们几乎占据了地球上每一处可利用的生态位。所以，地球上发生的一个伟大奇迹便是：生命体对内部和外部变化，具备极高抵抗力的**同时**，又拥有持续进化的能力。[2] 我在此将这种在内部和外部干扰下，生物的生理机能尚可保持"良性运转"的能力，称为"稳健性"。

但如果地球上的第一个原始单细胞生物过于“稳健”，那么它就会在35亿年的时间里一成不变，蘑菇、猫鼬或曼哈顿也通通不会出现。但如果不够“稳健”，它便会早早地在地球早期的火山爆发和极端环境下迅速湮灭。你、我，以及我们周围现存的所有生物，之所以存在，是因为有机生命体能够在“维持现状”和“于需要时开启进化”之间取得微妙的平衡。这是如何发生的呢？作为投资者，我们又能从中获得怎样的启发呢？

这种“变中有静”的“双重能力”，源自两种独立但密切相关的现象：首先，生命系统在多个层面上，都是相当“稳健”的；其次，这种“稳健性”有助于将中性突变打造成未来创造新物种的源泉。

那么问题来了，何谓“多个层面”？“中性突变”指的又是什么呢？这听起来会是深奥难懂的天书吗？谈及人类的母亲和创造者，即DNA（脱氧核糖核酸）分子，我们要做的就是追本溯源。

任何生物的DNA分子（无论是植物还是人类的），都具备两样关键功能：一是携带了构建生物身体组织（比如皮肤、肾脏、花瓣、叶子等）所需的一切信息，二是能传递给下一代。正是以DNA为基础的遗传密码决定了“我们是谁”以及“我们会诞下什么样的后代”。DNA分子通常呈双螺旋结构，由四种被称为“核苷酸”的单位组成：A（腺嘌呤）、C（胞嘧啶）、G（鸟嘌呤）和T（胸腺嘧啶）。如图3.1上半部分所示，一组基因一般由一条核苷酸链组成，碱基的编码数量则从几百到几百万不等！我仅在此处列出九种核苷酸序列用以说明。DNA上的核苷酸总是成对存在，所以又被称为“碱基对”——胸腺嘧啶始终与腺嘌呤配对，胞嘧啶则总是与鸟嘌呤配对。图3.1展示了DNA单链上的一部分碱基序列，其顺序为：ACGGATCGA。

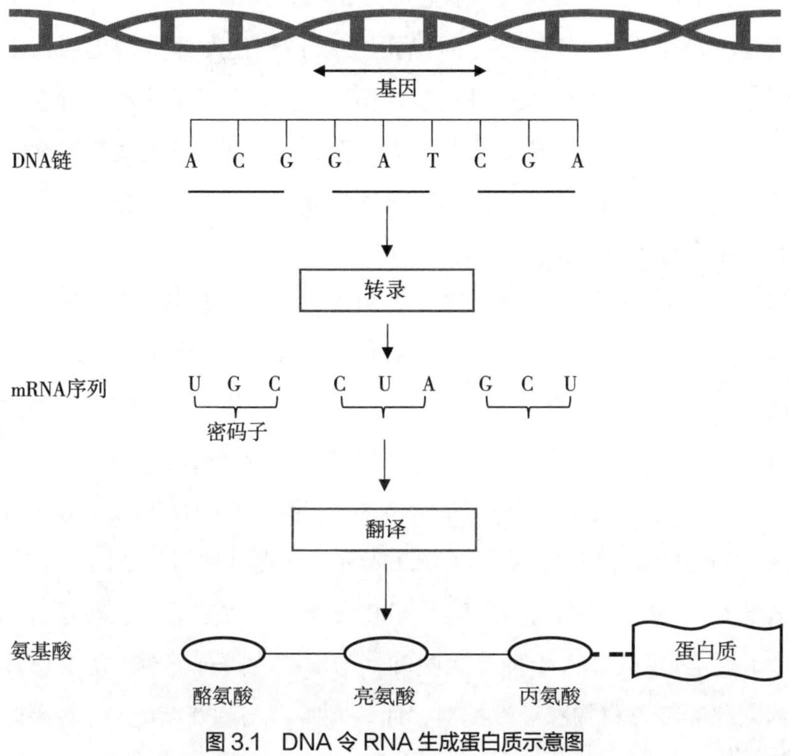

图 3.1 DNA 令 RNA 生成蛋白质示意图

所有生物的 DNA 都是由四种相同的核苷酸（A、C、G 和 T）组成的。试想一下，不论是兰花还是猩猩，它们的 DNA 都由上述四种核苷酸构成，只是各自的排列方式不同而已。人类基因有 30 亿个核苷酸碱基对，这并非全身的总量，而是**单个**身体细胞中的含量，我对此深感震惊。下一次，在你绞尽脑汁往已经满满当当的行李箱塞更多东西时，不妨想象这个场景！人类虽然站在了地球生物链的顶端，但人类的基因组数量并非最多的，其规模在所有生物中也并不拔尖。举个例子，无恒变形虫是一种低等的单细胞生物，但它的 DNA 中包含了 6700 亿个碱基对，其基因组数量大约是人类的 220 倍。

在上述讨论中，我们只关注了制造蛋白质的基因。人类本质上就是一堆蛋白质，这些蛋白质基因在我们体内发挥着构建身体组织、调节、保护和监控生理功能的作用。人体各部分之所以存在差异，是因为蛋白质的组成不同。举个例子，角蛋白主要负责构建我们的皮肤、红细胞中血红蛋白可以携带氧气、免疫球蛋白则能保护我们免受寄生虫感染。

DNA 生产蛋白质的过程分为两步：**转录**和**翻译**。[4] 首先是转录，即以双链 DNA 中的一条单链作为模板，在 RNA 聚合酶的作用下，合成一条与模板 DNA 碱基序列互补的信使核糖核酸，简称为 mRNA（没错，这种分子就是辉瑞和莫德纳研发新型冠状病毒疫苗的基础）。图 3.1 中所示的 DNA 序列为 ACGGATCGA，那么转录后的 mRNA 序列即为：UGCCUAGCU。那其中新出现的 U 是什么呢？ U 即尿嘧啶，作用相当于 DNA 上的胸腺嘧啶，在转录过程中，它会取代 DNA 上的胸腺嘧啶，与腺嘌呤进行配对（上文已提到，腺嘌呤总与胸腺嘧啶配对，而鸟嘌呤总与胞嘧啶配对，转录时腺嘌呤便会与尿嘧啶配对）。

与 DNA **对应的** mRNA 序列生成后，接下来便是第二步的翻译，即将 mRNA 分子上的“碱基的排列顺序”**解码**，并生成相应蛋白质合成所需的特定氨基酸序列。mRNA 是一种单链分子，上面每相邻的三个核苷酸，会组成一个“密码子”，它决定了蛋白质分子中氨基酸的种类和排列次序。以图 3.1 所示的 mRNA 序列 UGCCUAGCU 为例，第一个密码子 UGC 代表的是酪氨酸，第二个密码子 CUA 代表亮氨酸，第三个密码子 GCU 代表的是丙氨酸。氨基酸链经过一系列折叠加工后，便形成了蛋白质。蛋白质的合成源于 RNA，而 RNA 又源于 DNA，这就是生命的真相！

如果你是一名生物学家，看到前面这些叙述，可千万别气出心脏病来——我知道这短短几行文字，并不足以充分描述遗传密码运作过程的复杂性及其精微玄妙之处，毕竟我们没有涉及 rRNA（核糖体核糖核酸）、tRNA（转运核糖核酸）、非编码 DNA 以及酶等。然本书并非生物学教科书，我只是想让诸位读者了解基因方面的一些基本知识，以确保我们在开始后续论述前，能对遗传密码具备统一的基本理解。

为了理解生物体在多个层面上的“稳健性”，我们需要从基础知识开始学起：即通用遗传密码。

遗传密码具备一定的“稳健性”

如前所述，信使 RNA 上相邻的每三个碱基组成的密码子代表了一个氨基酸。因此，密码子 AGC 会生成丝氨酸，而 GGC 则生成甘氨酸。由于组成 RNA 的碱基有四种（A、C、U 和 G），那么照理会存在 64 种不同的氨基酸（4×4×4）。然而，自然界存在的氨基酸只有 20 种，所以该怎么办呢？为了规避这个问题，同一种氨基酸可以由两种或两种以上的密码子来决定。例如，GGU、GGC、GGA 和 GGG 都是代表甘氨酸的密码子。因此，如果密码子的前两位是 GG，那么**不管**第三位上的碱基怎样变化，最后都会合成甘氨酸。这种现象被称为“同义突变”。因此，不管第三位的碱基怎样突变，甘氨酸的生成仍是高度稳定的。总体而言，借助这种类型的同义突变，通用遗传密码成功将理论上的 64 种氨基酸的种类，减少到了实际上的 20 种。[5]

同义突变只是“稳健性”的初级水平。科学家们发现，翻译错误，即密码子生成点的错误，出现在第三个碱基位上的可能性最高，出现在第一个碱基位上的可能性最低。令人惊奇的是，正如前文甘氨酸对应的四种密码子一样，密码子第三个碱基位的稳健性，**也**是最高的。[6] 因此，即便第三个碱基位在翻译过程中最容易出错，它也不会对氨基酸的种类产生任何影响！换句话说，进化赋予了遗传密码在应对突变和翻译错误方面极高的容错率，这听起来是不是很不可思议？

蛋白质也具备一定的“稳健性”

说完 DNA，我们来看看蛋白质是否在氨基酸序列变化时能保持稳定。

如前文所述，蛋白质是一类由特定氨基酸链组成的大分子。它们普遍存在于所有生物体内，并直接参与创造和维持生命所必需的所有化学过程。因此，鉴于生命形态的稳定性，我们同样期望蛋白质也能表现出高度的稳定性，而这也正是我们所看到的。

蛋白质的稳定性一般体现在三个方面。首先，据科学家发现，蛋白质的功能不受绝大多数氨基酸变化的影响。举个例子，大肠杆菌携带的一种叫作 β – 内酰胺酶的蛋白质，可以赋予其抗生素耐药性。这种酶由 263 个氨基酸组成，在基本作用不变的情况下，其中 84% 的氨基酸可以被更换（它们可以被另一种氨基酸代替）。试想一下，这好比是你写了 100 道数学题，尽管做错了其中的 84 道，仍能取得优秀的成绩！

其次，具备相似功能和结构的蛋白质，可以由不同的氨基酸链组成。例如，肌红蛋白和血红蛋白是脊椎动物体内特有的两种氧结合蛋白，但在无脊椎动物（如螃蟹和蜘蛛）以及植物体内也存在着类似的物质。鲸鱼和蛤蜊体内血红蛋白的三维结构，几乎可以完美地重叠在一起！虽然两者在结构和功能上有着不可思议的相似性，但彼此的氨基酸序列却大不相同，而且这两种血红蛋白，只有 18% 的氨基酸序列存在重叠。

最后，科学家还发现，绝大多数氨基酸链通过折叠形成的结构其实很少。这不是夸张的说法，此类蛋白质确实很少，因为这不难计算：一个小质量的蛋白质分子可能由 100 个氨基酸组成，那么其理论上存在的折叠次数便是 20^{100}，比整个宇宙的原子总数还多。[7] 可现实存在的蛋白质种类有多少呢？大约只有 10,000（或用更准确的数字：20^3）种。因此，蛋白质的结构和功能是非常“稳定”，且“有限”的。

生物的身体也同样具备“稳健性”

接下来我们将以海胆为例，从生物的身体层面作进一步探讨。

海胆家族发源于 2.5 亿年前，现存大约有 1000 种。我们重点关注的是在澳大利亚海岸浅水区发现的两种：间接发育型海胆（Heliocidaris tuberculata）和短刺海胆（Heliocidaris erythrogramma）。我们可以称其为海胆 T 和海胆 E。二者的身体结构相对“简朴”，换句话说，它们虽然看起来一样，但进化模式却截然不同。

一方面，海胆 T 的幼体（又称“海胆长腕幼虫”）与成体，在外貌上没有任何相似之处，这些浮游性幼虫在成年之前，通常以浮游生物为食。另一方面，海胆 E 则直接由卵发育而来，生长期间没有所谓的幼虫期。然而，T 和 E 之间的亲缘关系非常紧密，两者于大约 500 万年前才开始分化。（几乎与人类和黑猩猩“分道扬镳”的时间相同，按照海胆 T 的发育模式，就好比是黑猩猩的幼崽形态看起来与成年黑猩猩毫无相似之处！）二者的整个发育过程，从卵的形态和大小，到不同身体部位细胞形成的位置，再到控制发育的基因的激活，其中的差别如此之大。然而，几乎令人难以置信的是，这两个物种在500万年前，都有一个共同的祖先。虽然二者的发育过程存在巨大的差异，但如果在网上搜索相关图片，你便会发现，成年后的二者看起来几乎一模一样。

海胆是如何在改变其发育过程中诸多基础特性的同时，又能保持成年后的身体结构的相似性的呢？通过一边分化出截然不同的发育模式，一边保持高度强健的身体结构，这一物种在进化之路上取得了怎样的成功呢？这些问题稍后讨论，现在让我们先简单总结一下之前所学的内容。

我们已经知道，生物体和物种的稳定性，是依靠遗传密码、蛋白质以及身体结构等多个层面的稳健性而得以维持的。为了简洁起见，我省略了许多其他层面的、用以描述生物“稳健性”的细节信息，比如RNA的二级结构变化、基因调控区域的变化，以及酶活性的剧烈变化等。

如果某个突变导致某段基因的DNA序列发生变化，该怎么办呢？这不是问题，因为它们生成的氨基酸是相同的。如果基因突变或基因重组，导致了氨基酸序列发生改变，又该如何？这也不叫事儿，它们还是能生成同样的蛋白质。如果蛋白质的排列有变动该怎么办呢？这也没有问题，酶的功效和活性依旧和原来一样，诸如此类的案例还有很多。所以，生物生来就具备一定的“灵活性”，以及对“变化”的抵抗力。

进化的可进化性

回到我在本章开头提到的悖论。鉴于生命在多个层面上的“稳健性”，那么物种是如何实现进化的？它们不应该保持不变吗？是什么促使细菌般的单细胞生物最终演化出倭黑猩猩的？

答案虽然简短但却出人意料，即“稳健性”本身就会引发“可进化性”！

为了解开这个悖论，我们需要简要地介绍分子生物学历史的某方面知识。1968 年，日本遗传学家木村资生提出了分子层面的“中性演化理论”。[8] 木村认为，大部分发生在 DNA 和氨基酸层面上的变化，并不会影响分子的功能，因而也不会对生物体的生存和繁殖能力造成影响。他还认为，自然选择会保留下少数有积极作用的突变，淘汰不利于物种的生存和繁衍的部分突变，但生物体的大多数突变，并不能对生物体真正产生影响。根据木村的观点，大部分生物突变都是中性的，这也促使生物体具备了“稳健性”的特点。

那么中性突变是如何引发进化的呢？虽然不会改变生物分子的**主要**功能，但它可以改变其**次要**功能，从而成为**未来**诞生新物种的契机。

假设基因 A 的主要功能是 F，由于突变，基因 A 变成了基因 B，因为生命体具备的“稳健性”，基因 B 继承了主功能 F，但原基因 A 的次要功能 F^S 却受到了影响。F^S 虽然不会改变生物体的适应能力，但可以赋予该生物体的后代一种全新的生理功能，从而引发该物种的进化。因此，尽管遗传密码比较“稳健”（因为基因 A 转变为基因 B，并不影响主功能 F），但“**升级**”后的次功能 F^S 却使该生物再次进化。所以，在一个“稳健”的生物系统中，“可进化性”属于免费的增益效果！

现在让我们再回顾一下上文关于海胆的繁殖案例：经过了数百万年的演化后，海胆 T 和海胆 E 利用中性突变，不仅改变了各自的发育周期，同时又保留了身体结构的稳健性。例如，海胆 T 的胚胎共有 32 个细胞，其中的 16 个会分化成外胚层（外层皮肤），而在海胆 E 的 32 个胚胎细胞中，有 26 个会分化为外胚层。海胆在胚胎发育过程中，细胞会进行多次分化，但其身体结构却始终能保持相对稳定。因此，他们各自在自然界中，开辟出了全新的生态位和生活方式。比如海胆 E 可以栖息在深海和高纬度极地区域，而海胆 T 则无法在这些地方生存，因为卵生的海胆 E 不需要经历严重依赖浮游生物过活的幼体期。

在过去的一个世纪里，麦肯锡也面临着类似的情况。如今的麦肯锡在地理分布、组织流程、客户服务类型和专业知识广度方面，与马文·鲍尔执掌时期的麦肯锡，已然没有了任何相似之处，但在企业文化、统一性、问题解决以及员工与公司高管们合作共事等一些基本层面上，麦肯锡仍然一如既往地保留着“鲍尔时代”的遗风。所以，公司在某种程度上又是一成不变的。这正是我们身为企业主所追求的目标：在保持稳健的同时，又能不断发展，即具备“稳中有进”的能力。

企业必须“先稳健、后发展”

让我们回顾一下到目前为止已完成的探讨任务：首先排除了投资的重大风险（第 1 章），然后再根据已动用资本回报率的表现（第 2 章）初步筛选出了“优质投资对象”。现在，我们需要做的就是根据“稳健性”来选择待投资企业。

以下是一些已被那烂陀内化为己用的投资经验。

“稳健性”有多种表现形式

投资者该如何去衡量企业的稳健性？我希望答案既简单又可定量，但这是不可能的。就像投资中发生的几乎所有问题一样，解决方案或多或少都有些主观、模棱两可或存在争议，但这并非对我们没好处。对比下表 3.1 中列出的关于稳健性的两种极端描述，就是理解稳健性的最佳方式。

下表虽非详尽无遗，但我希望诸位能大致理解我对“稳健型企业”的认知。一家企业如果处在下表中描述的两个“极端”之间，并更“左”倾一些，那么这家企业就能被称作“稳健”。

或许你会注意到，在第 2 章中，用于筛选企业的已动用资本回报率，是一种“定量型”标准，但许多与“稳健性”呈正相关的衡量因素却是“定性型”的。此外，根据我的经验，几乎没有一家企业能按照下表的描述，被完全地划入“最稳健阵营”或“最不稳健阵营”。所以，衡量企业的“稳健性”不存在非黑即白的衡量标准。谢天谢地，若非如此的话，我们又该怎样区分“优秀”的投资者和“伟大”的投资者呢?

表 3.1　企业稳健性描述

最稳健	最不稳健
企业在很长一段时期内获得了较高的已动用资本回报率历史数值	公司历史上大部分时期或从始至终都处在亏损状态
拥有多元化的客户群体	依赖少数几家客户
无负债，账上有多余现金	债台高筑
竞争壁垒很高	无力将外部竞争拒之门外
拥有多元化的供应商基础	依赖少数几家供应商
拥有稳定的管理团队	管理人员流动率高
行业变化缓慢	行业变化快速

不同的投资者会对表 3.1 所列各项描述项，赋予不同的权重。例如，许多投资者会认为，“较为集中的客户群体”对企业来说根本就不是什么大问题，但我们却十分在意。在那烂陀成立几个月后，我们便对上表中的两类“极端描述”进行了充分利用。

沃思控股是一家在美国上市的、主营业务流程外包服务的印度企业。像沃思控股这般全球领先的、专业从事业务流程外包管理的国际化公司，它们为客户提供的许多关键任务通信服务（MCS），在质量和价格方面，公司内部团队通常无法与其比肩。举个例子，它们会帮助客户结账、管理应付和应收账款、开展实时的消费者分析、处理抵押贷款申请和解决客户问题等。自 2007 年那烂陀成立以来，我们对沃思控股的关注始终没有停止。尽管有着较高的已动用资本回报率、零负债、强大的竞争优势以及稳定的管理团队，但我们并不喜欢这家企业，因为它高度依赖少数几位客户。令我们不安的是，这家公司的“稳健性”不仅低，而且还在不断下降——2006 年，沃思控股的前五大客户，贡献了该公司总收入的 41%，可到 2007 年，这一比例迅速跃升至 55%。[9] 可是，市场似乎并不在意这一点，到 2007 年年中，沃思控股的股价已然达到 35 美元。

2007 年下半年，沃思控股失去了一位大客户，另一位客户也明确表达了终止合同的强烈意愿。从短期来看，这可不是什么好消息，而且祸不单行的是，市场也对沃思控股施加了严厉惩罚：公司股票在 2008 年初暴跌至 13 美元。我们于是便得出了如下结论，如果沃思控股的客户基础更加多元化，它将会变得更加“稳健”。于是，从 2008 年 1 月到 3 月，那烂陀陆续购入了沃思控股大约 6% 的股票。到 2020 年，其前五大客户对公司收入的贡献率，已然降至 25%。这一数据在 2007 年或许会被认为是比较糟糕的，但放在 2020 年来看就相当不错了！

通过直接衡量“稳健性”，那烂陀间接评估企业的“可进化性”

作为企业的永久持股者，所有的那烂陀人都渴望企业能够成功实施“中立型战略”，以适应不断变化的环境，并保持持续发展。我们想要企业获得“可演化性”，正确地说，我们要求企业具备“可演化性”。既然收了我们的钱，我们就要求企业：需在人工智能或其他技术浪潮的冲击下开辟新路线，在日益激烈的线上和线下竞争中脱颖而出，经历多波经济衰退的侵袭后仍可屹立不倒，能克服气候变化带来的不利影响，在管理层的更替中成功生存下来，等等。我们需要企业有能力适应上述的各种消极情况。

同进化生物学家努力尝试衡量物种的“可进化性”一样，[10] 我尚未找到一种可靠的方法，做到预先直接评估一家公司在适应不断变化的市场时可能表现出的倾向。许多投资者认为，同管理层进行面谈和讨论，是评估企业未来适应性的绝佳方式。这法子或许能行得通，但在我看来，此类访谈纯属浪费时间，原因我会在下文（第 7 章）详细说明。

在我看来，有一条间接，但还算可靠的途径，可以满足我的需求——通过衡量一个组织的“稳健性”，来判断其“可演化性”。在生物界，“稳健性”为物种的进化奠定了基础，这一点在商业领域也同样适用。“稳健性”虽然不是充分条件，但却是企业成功发展的必要条件。

一家稳健的企业，就好比是一个活的有机体，“可演化性”就是稳健性免费赠送的增益效果。

以某个行业中的两家企业为例。假设 A 公司是业内的领头羊，其销售额为 100 美元，利润率为 20%。如果其已动用资本（固定资产、应收账款和存货）是 50 美元，那么 A 公司的已动用资本回报率，便能达到相当可观的 40%（100 × 20% ÷ 50）。如果一家公司的增长率低于其已动用资本回报率，那么企业便会持续产生自由现金流[1]。因此，A 公司是没有债务的。假设业内还有一家实力较弱的 B 公司，其销售额是前者的一半，仅有 50 美元，公司的利润率也只有 15%。由于面对供应商（要求提前付款）或客户（要求延迟付款）时缺乏足够的议价能力，所以其已动用资本额度与 A 公司相同（50 美元），那么它的已动用资本回报率便是 15%（50 × 15% ÷ 50）。考虑到该公司还有 10 美元的债务（鉴于其营业利润为 7.5 美元，债务数额不算太高），那么它的债务成本则是 5%。

因此，两家公司的已动用资本回报率都相当不错，资产负债表也比较健康——A 公司更好，但 B 公司也不算太差。

坏事发生前，万事都太平。

新冠大流行之后，随着两家企业所在的国家进入封控状态，二者的销售额和营业利润率都跌了一半。一方面，身为行业龙头老大的 A 公司有能力回笼现金并清算库存，进而将已动用资本降至 25 美元。另一方面，B 公司也面临着与 A 公司同样的销售额和利润下滑危机，但在收取应收款时遭到了客户的拒绝，而且在需求低迷的大环境下，其成品销售也遇到了阻碍，因而其已动用资本额依旧是 50 美元不变。此种情况下，A 公司的已动用资本回报率变成了 20%（50 × 10% ÷ 25），而 B 公司则仅有约 4%（25 × 7.5% ÷ 50）。

因此，即便是在新冠大流行期间，A 公司也达成了可观的投资回报率，其投入的资金，仍能继续推动企业增长。凭借 20% 的已动用资本回报率，如果确实需要的话，A 公司也可以选择向市场借钱，因为债务成本仅为 5%，而且 A 公司原本就没有债务。在新冠大流行之前，B 公司的业绩表现本就平平，但现在却面临着“出局”

---

① 一家公司财务表现的衡量指标，计算方法为净利润加上折旧和摊销，减去营运资本变动和资本支出。对于盈利且快速增长的企业来说，自由现金流可能非常负面；而对于亏损、下降的企业来说，自由现金流可能非常正面。

风险，因为它已经没钱再去组织生产、市场营销和分销活动了。4%的已投资回报率根本就不足以偿付 5% 的债务成本。因其存在“摇摇欲坠”的资产负债表以及不断下跌的企业利润，贷款机构在决定是否向其提供更多贷款时，也会犹豫再三。

至少在短期内，最可能出现的结果就是，A 公司将获得更多的市场份额，而 B 公司的行业地位则会继续滑落。由于 A 公司的已动用资本回报率更高，其稳健性也相对较高，因而在面对不利的外部环境时，能展现出更强的适应能力和发展潜力。

我所概述的是事实，**而非**某种虚构的理论框架，因为在接触过的诸多企业中，我们都看到了这样的现象。在新冠大流行开始后，人们都普遍认为，所有印度企业都会受到影响，2020 年 3 月和 4 月的股市大跳水则成了上述猜测的有力佐证。几个月后，由于公司的稳健程度有高有低，新冠大流行对不同企业的**业务**的影响，也有大有小，且差距日益明显。在新冠大流行期间以及管控解封后，通过注资的公司及其所涉行业（比如油漆、内衣、空调、轮胎、管道和电池等），我们看到了各类不同企业遭遇的不同结局。

佩吉工业公司（Page Industries）是那烂陀投资组合中，经营得最好的企业之一。我们非常幸运地在 2008 年底雷曼兄弟破产后的几天里，买下了这家公司的股票。佩吉是美国知名内衣品牌居可衣（Jockey）在印度的独家授权商，也是印度国内最大的内衣裤销售商。[11] 在新冠大流行期间，佩吉公司通过大力推出新产品、开设新店铺等方式，进一步提高了市场占有率，而它的众多竞争对手，不是黯然退市，就是市场份额大幅缩水。

印度共有四家上市的内衣企业，另外三家分别是麦思薇尔（Maxwell），鲁帕（Rupa）和劳芙莱（lovable）。2018 年 12 月，佩吉在上市同行中的市场份额已经达到了 66%，处在相对较高的水平。到 2020 年 12 月，其市场份额进一步增至 70%。我们虽然没有掌握其他数十家非上市内衣企业的数据，但根据坊间消息和业内人士的反馈，佩吉在新冠大流行期间的市场份额增长，要比这些公司更快。

我认为，佩吉公司的“稳健性”或许不是促使其在新冠大流行期间取得持续成功的主要或唯一原因，但它必定是一项重要原因。我们可以根据上文表 3.1 的“稳健性”描述因素，来给佩吉公司评分。从 2019 年 3 月至 2020 年 3 月，佩吉公司的已动用资本回报率为 63%，而且是零负债。此外，其客户和供应商也是高度多元化的。我认为，凭借过去 25 年来在品牌和分销方面的持续投资，佩吉公司已然为自身业务筑起了一条又深又宽的“护城河”。自 1995 年以来，该企业的所有权从来都没有变更过。毕竟内衣行业的变化非常缓慢，一线企业可以十多年如一日地保持原样。

企业的稳健性越高，“可演化性”就越高。

“具备多层面的稳健性”是那烂陀对投资对象的要求

人类与 35 亿年前的所有物种，在分化之前最后的一个共同祖先“露卡”(LUCA)① 之间存在着一条连续不断的生命链。[12] 纵观这个从未间断的进化谱系，其中的每一部分都在多个层面上具备了稳健性，比如基因、蛋白质和身体结构（在此仅举三例）。与之相似的是，我在 20 多年的投资生涯中发现，**更高水平的**“稳健性”会给企业带来**更好的**“可演化性”。

① Last Universal Common Ancestor 的首字母缩写，意为所有物种在分化之前最后的一个共同祖先。

让我们再回顾一下表 3.1 中列出的关于“稳健性”的七个因素。正如我之前所说，此表并非详尽无遗，我们可以往里面添加更多的词条（比如并购倾向和公司治理等），但现在只需要关注原表中的七个因素就足够了，毕竟我的目的，是给诸位当个指点方向的“引路人”，而不是填鸭式地灌输信息。

我们希望，那烂陀的投资对象在所有“稳健性”因素方面的表现，都能向表 3.1 的左侧一栏倾斜。因此，我们希望这些企业能在已投入资本回报率、客户基础集中度、负债率和竞争优势等方面保持“稳健”。

要求是不是太多了？那是当然了！我们是企业的永久的持股者——请记住“永久”这个关键词。如果一家企业不能长久存续，那么我们压根就不想持有其股票。如果没有多层面的稳健性，我们又如何确保企业会长期生存下去？这是一家稳健的企业吗？我希望自己能肯定地回答这个问题。作为一名专业投资者，我深知，稳健性评估需要依靠自己的判断，而这个过程没有捷径可走。多年的投资生涯也给了我一些启发：尽管“稳健性”显然存在非黑即白的极端情况（例如，一家只有两位客户的企业），但许多企业，或许应该说是大多数企业，都处在中间地带。

举个例子，一家债资比率①为 2.0 的公司是否稳健？很明显不是。如果比率是 0.2 或 0.5 呢？或许是吧。对我来说，这个问题答案取决于“稳健性”的**其他**相关因素。那烂陀入股的几乎所有企业都没有债务，但也并非没有例外：我们于 2010 年投资了一家名为至尊工业公司（Supreme Industries）的印度塑料管道（用于家庭和农业）一线生产企业，其债资比率就达到了 0.6。虽然不高，但也

① 衡量企业负债与股东权益之间关系的财务指标，用于评估企业的杠杆水平和财务风险。

不是零。尽管有负债，数额一开始也不高，但我们得出的结论是，该公司很“稳健”，原因有以下几点：它明显处于行业领导者地位；一直都在持续“蚕食”着竞争对手的市场份额；资本回报率超过了30%；在过去十年里成功设计并推出了许多新产品；在印度各地设立了数千个分销点；能够在与供应商的谈判中获取最优惠的条件，没有把时间和金钱浪费在不必要的收购上。虽称不上“稳如泰山”，但却“弹性十足”。时至今日，该公司已然实现了零债务，并且还能在业内继续保持着大幅领先的优势。

企业的稳健水平越高，那烂陀就对它越“眼馋”。

通过承担可估算风险，高度稳健的企业可获得发展契机

正如前文所述，中性突变在提高生物体“稳健性”的同时，也埋下了进化的种子。在商业界内，中性变化在短期内或许不会产生明显的影响，但从长远来看，它兴许会带来意想不到的变革。总而言之，企业承担的“可估算的风险”，就相当于生物面临的中性突变。

从全球范围来看，有数以百万计的小企业由于太过“稳健”，所以规模始终上不去。还有一些企业则选择在自身“稳健性”的可承受边缘疯狂试探，最后轰然崩溃。前者是“行事决不冒险”，后者则是“不顾一切地冒险行事”，而这两个极端之间的“舒适区”，就是我所说的“可估算风险”。程度“适中”的风险，能让企业管理层感到“不适”，但不会过于严重；能迫使企业进行创新，但不会过于激进；能推动企业开展投资，但不会过于轻率；还能帮助发掘增长潜力，但不会过分透支企业的未来。

在我看来，最能体现锐意进取和冒险精神的企业非沃尔玛莫属。

这里有必要加一点题外话。先问大家一个问题：山姆·沃尔顿是几岁创立的沃尔玛？如果你给出了 1 或 2 开头的数字，那么很遗憾，你的答案和我一样，都错了。1962 年，44 岁的山姆·沃尔顿在阿肯色州的罗杰斯市创立了全球第一家沃尔玛超市 [其原名为沃尔 – 马特（Wal-Mart），2018 年才更名为沃尔玛（Walmart）]。[13] 所以，并非所有现代知名企业的伟大创始人，都来自硅谷这一块地方，并非所有的企业创始人，都是斗志昂扬的“热血青年”，或是梦想着要去“改变世界”的小年轻。

1940 年大学毕业后，沃尔顿先是进入杰西潘尼百货公司从事销售工作，后于 1942 年报名入伍参加二战。1945 年，他开始在阿肯色州的纽波特（当时该市的人口仅有 7000 人）经营一家名为本·富兰克林（Ben Franklin）的特许经营商店。1950 年，他在纽波特增设了第二家店，借助一系列的尝试和创新，生意取得了一定的成功。在众多创意中，只有冰淇淋机在他的顾客群体中引起了巨大的轰动。正如他在自传中所写的那样：“当然，我们尝试过的每一件疯狂之事都没有冰淇淋机那般成功，但我们既没有犯过无法被迅速纠正的错误，也没有犯过大到足以对公司造成威胁的错误。”

关于“可估算风险”，还有比这更好的定义吗？

沃尔玛在罗杰斯市初步站稳脚跟后，山姆·沃尔顿继续开了一家又一家的分店。[14] 到 1967 年，其店铺总数已有 24 家，销售额大约达到了 1300 万美元。到了 1980 年，沃尔玛的销售额达到 10 亿美元，旗下拥有 276 家门店和大约 2.1 万名员工。请注意，从 1967 年到 1980 年，其业绩增长主要是由新开门店和原有门店销售量的增长来推动的，相当于每家店的销售额在十三年间增长了大约**七倍**。沃尔顿是怎么做到的呢？方法就是不断尝试新事物、增加产品供应，以及扩大客户群。

但并非所有尝试都是成功的。比如在20世纪80年代初，沃尔顿在达拉斯沃斯堡开了两家销售食品和日用百货的大型超市，但没能取得理想的效果。他还试着经营打折药品类店铺（dot Discount Drug）和家居装饰类店铺（Save mor），但这两个项目都倒闭了。不过，他的另一项尝试却取得了惊人的成功：创建于1983年、主营商品批量采购的山姆会员店，在短短10年内就实现了破百亿美元的收入。山姆会员商店的巨大成功，证明了一项事实：承担可控风险虽有轻微的坏处，但同样会带来巨大的好处。

正如本书第1章所述，大多数的并购都是失败的，规模较大的并购甚至可以毁掉一家企业。对于收购，沃尔玛有着自己的应对准则：将收购目标保持在体量较小的可控范围内，并在不背负巨额债务的前提下，拿出收购所需的资金。沃尔玛的第一次收购，发生在成立后的第15年，当时其销售额接近5亿美元。我们可以从沃尔顿的自传中明显感觉到，当时的他对公司的未来充满了信心。即便如此，他还是保持了谨慎的作风，于1977年首次收购了一家名为Mohr Value的小型折扣店，其规模约为沃尔玛的十分之一。正如他在书中所述："我们关闭了（Mohr Value的）5家门店，把剩下的16家改成了沃尔玛，此举并没有对我们原本的业务体系造成太大冲击。"

1991年，随着沃尔玛在美国的49个州遍地开花，公司管理层开始将目光投向全球市场。在第一家门店开业近20年后，沃尔玛迈出了进军海外的第一步：与墨西哥最大的零售商西弗拉（CIFRA）成立了合资企业。到1997年，沃尔玛完成了对西弗拉大部分股权的收购。这是一种"中性"的变化吗？沃尔玛对西弗拉的收购，从表面上看是一项具备"后见之明"的举措，毕竟墨西哥合资公司一开始的规模很小，不会影响沃尔玛在美国的业务。此外，通过与当地企业成立合资公司，沃尔玛可以借机摸一摸墨西哥市场的情况，一旦公司适应了新环境，它就有信心通过收购西弗拉的剩余股权进一步扩大在墨西哥市场的商业版图。从 1991 年至 2020 年，沃尔玛的国际市场收入，从 0 一路增至 1200 亿美元，占到了公司销售额的 23%。

沃尔玛在推出网络业务时，也秉持着类似的原则——小规模、有节制、低风险。2000 年，沃尔玛与硅谷的一线投资企业阿塞尔合伙人公司（Accel Partners）联合推出了 Walmart.com 购物网站。顺便提一下，因于 2005 年给尚处在起步阶段的“脸书”（现更名为“Meta”）注资 1270 万美元，阿塞尔不仅获得了丰厚的回报，还因此在业内声名鹊起。[16] 大约 18 个月后，也就是 2001 年年中，沃尔玛通过收购阿塞尔的少部分股权，将 Walmart.com 的所有权完全收入了囊中。到 2020 年，沃尔玛的电商销售额已攀升至 240 亿美元，Walmart.com 的销售额已接近沃尔玛全美总销售额的 10%。沃尔玛于 2000 年开始实施的“中性”战略，如今正迅速成为其抢占市场份额的核心力量。

那烂陀最大的一位投资者，是一家美国知名大学的捐赠基金。几十年来，他们一直在全球范围内进行基金投资。其首席财务官于 2011 年访问了那烂陀位于新加坡的办事处，待他就合规等相关事宜对我们进行了问询后，我也向对方咨询了一些投资经验。他表示，在不同时间和地区，都会给他们的基金经理带来持续亏损的一类行业，非零售莫属。在这种大环境下，沃尔玛的成功无疑是令人敬佩的。

沃尔玛在 2020 年底的表现有多稳健呢？我们可以从两个指标中看出：首先，其已动用有形资本回报率为 46%。这意味着沃尔玛在 2020 年日常运营中动用的 497 亿美元资本，为其赚取了 229 亿美元的营业收入。其次，沃尔玛的净债务水平仅有268亿美元，大大低于其520亿美元的股权价值，及其380亿美元的息税折旧及摊销前利润。公司长期以来的“稳健性”为沃尔玛的管理层，在承担来自美国以及全球范围内的“可估算风险”上，提供了强有力的支持。

我不想昧着良心说，沃尔玛的成功完全归功于其缓慢而稳定的增长和扩张方式，因为这家企业的繁荣无疑有很多原因。不过，除了其英明的创始人山姆·沃尔顿外，我不知道是否还有其他因素促成了它的成功。虽然可以从各种关于沃尔玛的商业书籍和文章中，快速选择出许多信息，但我无法判断出它们是沃尔玛成功的原因还是结果。然而我可以肯定的是，沃尔玛在过去60年中持续承担合理风险并保持“稳健”，与其取得的商业成就，必定存在着密切的联系。

那烂陀投过资的几乎所有公司都是如此。我们2008年首次投资佩吉公司时，其主营业务仅限于男士内衣裤的生产和销售，但在此之后，佩吉公司便开始实施了一连串的“中性”战略，并达成了不少具备里程碑意义的商业成就：

2008—2009：仅生产和销售男士内衣裤

2009—2010：推出女士休闲服和男士运动服

2010—2011：首次在德里开设女性专柜，首次成立生产人员培训中心

2011—2012：推出儿童系列产品，与速比涛签署独家授权协议

2012—2013：推出女式睡衣系列、男式高性能拉伸系列和保暖系列产品

2013—2014：开设全新的、具备国际化水平的零售店，推出女性无缝睡衣

2014—2015：在迪拜和阿布扎比开设专卖店

2015—2016：推出男性儿童系列产品（7—12 岁）

2017—2018：推出女性儿童内衣裤和外衣以及成年男女休闲运动风产品

2018—2019：推出女性青少年系列产品

2019—2020：首次引入可提供实时生产数据的数字化生产设备

关于这个拓展进程清单，重要的不仅仅是它包含了什么，更重要的是它没有包含什么，上述列表中，既没有收购以及在不相关领域的多元化经营，也没有力图改变世界的“宏伟计划”和金融方面的重大活动，有的只是“可衡量性风险”。例如,2009 年至 2010 年，该公司推出了男士运动装，并通过企业现有的分销渠道、人员、生产设备以及相同的品牌，实现了新产品的生产和上市。随着运动服装业务多年来的持续发展壮大，该板块目前已形成了专门的供应链、业务以及广告宣传部门。

不知你是否注意到，该公司在 2011 年至 2012 年推出了一款儿童系列产品。佩吉公司（作为美国知名内衣品牌居可衣在印度的独家授权商）在其年度报告中对居可衣这一品牌的“自然扩张”现象进行了描述：“居可衣儿童系列产品的推出，使得该品牌同未来的消费者产生了接触……产品的舒适度，是本公司追求的首要目标，因而本公司针对男童和女童推出了 100% 纯棉、超级柔软且吸湿性优良的面料。”作为佩吉公司的“金主”，我们十分看好这一全新的细分目标市场，因为它将使居可衣品牌的潜在市场面又翻

了一番。

深耕印度市场长达17年之后，佩吉公司终于获得了将其品牌打入新消费群体的机会，然而出乎意料的是，这次行动失败了——儿童系列产品的市场表现不尽如人意，公司只能将产品悉数下架撤回。这对公司的财务或运营有任何负面影响吗？当然没有，因为公司已经提前计算好了其中的风险，即一种不会对企业的“稳健性”造成影响的“中性策略”。所以，公司在2011年至2012年运营期间的已动用资本回报率仍高达59%，而且这一数据在2012年至2013年度（此时已意识到儿童系列产品的失败）甚至还略有攀升，一度达到了64%。2012年至2013年佩吉公司的总销售额增长了26%，利润增长了24%，债务水平也低到几乎可以忽略不计。由此可以看出，在底子厚实的情况下，企业“小赌”一把时展现出的“输得起”的优势，无疑是十分明显的。

首战失利后，佩吉公司重整旗鼓，于2015年至2016年推出了一款只面向男童的产品。即使在这个细分市场中，这款产品也只针对7至12岁的男孩群体。那么为什么不是5岁或13岁的男童呢？我不知道，毕竟我不懂产品营销，但幸好佩吉公司深谙其道。一年后，佩吉陆续成功推出了女童内衣裤和外套产品。到2020年，男童和女童系列已经成为市面上的热门产品，并开始反哺公司的整体销售和利润增长。这个始于2011年至2012年的小尝试，至此终于结出了胜利的果实。

受新冠大流行影响，印度于2020年3月中旬进入全面封控状态，截至2020年3月，佩吉公司的年销售额仅增长3%。虽然利润下降了15%，但已动用资本回报率却有63%，而且也没有债务。我们相信，这种“稳健性”将促使佩吉公司在今后的许多年里，都能持续开展经过精心估算的“战略性赌注”。

“稳健性”是企业发展和成功的标志，而非保障

恐龙是一个由一千多种爬行动物组成的大族群，它们曾在地球上横行了一亿八千万年。[17] 相比之下，人类真正诞生的时间还不到 20 万年。若非具备高度的“稳健性”和适应能力，恐龙是不可能存活并繁荣这么长时间的。有分子证据表明，在白垩纪（1.45 亿至 6600 万年前）甚至更早的时期，许多现代哺乳动物的祖先，如食肉目、灵长目与长鼻目等，与恐龙共存了至少 3000 万年。恐龙时代的哺乳动物体形微小，仅有松鼠般大，很可能以昆虫为食。如果真有外星人在 6500 万年前登陆地球，那么他们绝对不会预料到，在这群毫不起眼的哺乳动物中，某个小分支最终会进化成未来世界的统治者。

6500 万年前，一颗陨石坠落在今天的墨西哥尤卡坦半岛附近，毁天灭地的撞击造成了灾难性的后果，恐龙就此灭绝。幸运的是，哺乳动物成功存活了下来，尽管没有人知道原因。所以，恐龙虽然具备高度的“稳健性”，但这并不能保证它们的“可演化性”。

一般而言，企业的“稳健”程度越高，其“可演化性”就越强。但有时候，“稳健性”也不能帮助企业提高适应能力。我们可以从盖璞公司（Gap）的失败中得出这个结论：该公司曾经非常“稳健”，其 2005 年至 2020 年间收入，一直保持在 160 亿美元左右，已动用资本回报率连续十多年都维持在 20% 以上，而且没有任何负债。**通常情况下**，多层面的“稳健性”要优于单层面，但有时候，即便一家企业具备多层面的“稳健性”，其未来也是无法被保障的，就像全世界数千家纸媒的情况一样。高度稳健的企业，**一般是**通过承担经过精心估算的风险来实现发展的。然而只有很少的企业可以像奈飞公司那样，做到“富贵险中求”，通过承担巨大风险

来取得成功。

那烂陀在投资时，**从不**赌运气。因此，虽然有一些特殊反面案例，但那烂陀始终坚持，并将继续把“稳健性”作为投资方法的前沿标准和核心理念。作为企业的永久持股者，“稳健性”既是那烂陀的追求，也是我们用来评估企业是否具备可能适应变化并能够长期存续的**最佳**基准。或许世上还存在更好的企业评估方法，但目前我们还不知道。所以，我们**只投资**那些“高度稳健”的企业。不出我们所料，那烂陀持股的许多公司，始终保持着强劲的发展势头，几十年来的销售额和利润，都处在持续增长状态。即便如此，那烂陀的投资也并非没有败绩，我们已经发现了这种评估方法存在两个重大缺陷。

首先，企业可能会失去“稳健性”。那烂陀之前在一家消费者导向型的公司身上发现了这种情况，至于它是如何，或是为什么会迷失发展方向的，我们到现在都没弄清。在这家公司成立近 20 年后，那烂陀才开始买入其股份。在创立后的这些年里，该公司的管理层将其打造成了所在国同行业中最大的一块品牌。我们购入其股票前，这家公司还没有负债，而且在过去五年中，其销售额的年增长率一度达到 20%，已动用资本回报率超过 50%。然而在我们注资后的几年内，其库存和应收账款这两项领先指标数据[①]开始急剧攀升，这意味着公司的产品销售出现了问题。虽然仍在继续盈利，但公司已经开始接连动用之前攒下的现金。该企业在早年间可以说是一台不折不扣的“印钞机”，但最后由于偿贷能力下降，它不得不开始举债经营。作为企业的永久持股者，我们可以接受企业销售

① 领先指标：一种经济指标（例如企业利润水平或股票价格水平），通常在经济状态发生相应变化之前显示出变化方向的指标。

额、利润率或市场份额的下降，但绝不会在其生存能力方面做出妥协。由于该企业的活力一落千丈，我们不得不在亏损的情况下撤了资。虽然该公司没有倒闭，但已然不复往日的荣光。自 2007 年那烂陀成立以来，这种莫名其妙的稳健性丧失案例，虽然在我们注资过的所有企业中只出现过一次，但它确实发生过。

其次是“过犹不及”的稳健性。那烂陀的投资组合中就有一家“过于稳健”的企业。该公司无法或不愿实施任何“中性战略”来拓展其客户群体、进行产品细分以抢占市场，或开拓新的市场版图。因此，该公司十年来的年销售额增长率，始终不超过 5%，利润率也几乎没有任何波动。坦白讲，该企业所在的行业已处在下行期，而它是同行中唯一一家能继续产生利润和自由现金流的公司，而且还没有债务。这家公司也是我们注资对象中，唯一一家通过拒绝承担任何“可估算风险”，并将稳健性发挥到极致的企业。或许是行业原因使得该公司不能或不应该“放得太开”，或许当行业的上升期到来时，公司最终将迎来增长，又或许两者都不是。无论如何，那烂陀将始终如一地成为该公司的持股人，虽然我们从中获得的投资回报低于平均水平，但我很喜欢这家企业——毕竟在某种糟糕的情况下，原地踏步就是进步，它在江河日下的行业大环境中，仍能维持住相对优异的经营表现，已经实属不易。所以，我们也愿意牺牲一定的“增长率”来换取“稳健性”。

到目前为止，那烂陀已经完成了近 40 次投资，其中“稳健性”虽是主要筛选标准，但不是唯一的筛选标准。我们长期以来的设想是，“稳健性”会促成企业增长和发展。可是，这一设想在两种情况下是无法实现的：一是企业失去稳健性；二是企业过分注重稳健性，而导致增长停滞。不过，令人欣慰的是，我们投资策略的低失败率确实让我感到十分惊讶，所以我们是相当幸运的。虽然我们的投资组合将继续保持稳健，但随着时间的推移，继续碰上述两类投资失败的情况，也并非没有可能。

“投资额”是防止稳健性丧失的唯一方法

“只要有人敢向我们提出一项挑战，比如用一个词来概括稳健型投资的秘密，那么我们就敢大胆地说，这个词就是：**安全边际**。”这句话出自有史以来最优秀的投资书籍《聪明的投资者》中最精彩的章节——《“安全边际”是投资的核心概念》。该书作者本杰明·格雷厄姆被誉为“价值投资之父”，更是巴菲特的职业和精神导师。格雷厄姆知道，企业界有着高度的不确定性，所以对投资者而言，给企业开出“合理的价钱”，就是对自己最好的保护。

投资界的另一位传奇人物塞思·卡拉曼在他的书《安全边际》中给出了如下评价：“价值投资是一种以明显低于潜在价值的价格，投资证券交易的策略，由于能带来极好的投资结果，以及非常有限的下行风险，所以有着悠久的应用历史。”

在本章中，我借用“稳健”一词，将安全边际概念**延伸**到企业的许多其他方面：我们通过要求企业具备较高的已动用资本回报率和竞争壁垒，从而寻求企业质量上的安全边际；通过要求企业无债务，从而保障财务实力上的安全边际；通过要求企业多元化经营其客户和供应商，从而在议价能力上寻求安全边际；以及通过坚持重点投资变化缓慢的行业，从而在经济收益上获得可持续性。

但是，即便具备了多层面的稳健性或安全边际，我们的投资也可能会在不可预测的经济、行业或公司变化来临时变得不堪一击。比如看似高度稳健的连锁酒店行业，在新冠大流行期间损失惨重；英特尔昔日在半导体芯片领域的主导地位，已经被AMD、英伟达和三星等公司打破；亚马逊颠覆了众多大大小小的零售企业；美国和欧洲的监管机构，目前似乎也正在对谷歌和脸书这两家信息技术行业的庞然大物不断施压。

所以那烂陀的做法是，根据企业当前和潜在的稳健程度，来尽最大努力对其进行筛选。但坏事**总归**是要来的，我们只是不知道它到底会带来什么、何时发生以及如何发生。因此，我们将目光放在了投资过程中，由我方完全掌握主动权的一个环节，即我们开出的购股价格。

我们知道，那烂陀对企业性质的特殊偏好——那些风险极低且质量卓越的企业——就决定了我们不可能低价购入它们的股份。毕竟市场不是傻瓜，它对这类企业的反应几乎总是十分敏锐的，但也并不是**始终**保持敏锐。所以，我们要做的就是等，等着我们认为的“合理”开价时机出现。如此一来，我们的出价既不会太低，也不会太高。

什么样的价格称得上“合理”呢？与其作滔滔不绝的长篇描述，不如让我用实际数字来说明：那烂陀持股企业的滚动市盈率[①]中位数为 14.9。2005 年至 2020 年，印度主要股指——孟买敏感 30 指数的滚动市盈率中位数为 19.7，中盘股指数为 23.8。因此，我们当下做的就是，以低于股市指数 25%~30% 的价格购入我们认定的优秀企业的股票。

在近 25 年的投资生涯中，我知道自己在很多情况下做出了错误的决定。由于我的判断失误，那烂陀也曾在“投资额的安全边际”上，付出过不小的代价。

---

① 滚动市盈率又称为市盈率 TTM，TTM 是滚动 12 个月（Trailing Twelve Months）的英文首字母缩写，一般是指在一定的考察期内（一般是连续 12 个月 /4 个财季）的市盈率。

眼看他起朱楼，眼看他宴宾客，眼看他楼塌了

在《新约》中，伯大尼的拉撒路被耶稣奇迹般地复活，[18]而查尔斯·拉撒路（Charles Lazarus）则创造了现代资本主义的一大奇迹，他将玩具反斗城塑造成了全球最大、最受尊敬的玩具企业。此外，根据《新约》四部福音书中的第三部《路加福音》记载，拉撒路在福音书里的一则寓言中，又是一名乞丐；而在现实世界中，查尔斯·拉撒路一手打造的玩具帝国，最后也迎来了同乞丐拉撒路一样的命运。

全球第一家玩具反斗城由查尔斯·拉撒路于1957年开设。[19]在那个年代，父母一般都去百货公司给孩子买玩具。另外，玩具属于季节性商品，圣诞节前六周的销量，通常占据了全年销售额的大头。当时大部分的玩具店，都是家庭经营式的小商铺，产品数量自然也不会很多。拉撒路在1948年至1957年主营婴儿家具生意，因而了解了父母们的购物习惯，于是他便决定冒险尝试一种新的经营策略。他希望市场上全年都有玩具出售，并能给父母和孩子们带来全新的购物体验。为了实现自己的想法，他的第一家玩具店面积就达到了约2300平方米，商品种类更是数以千计。拉撒路没有像竞争对手那样把玩具锁在陈列柜里，而是直接将它们像杂货店里的货物一样，一字排开。

这家商店开业后，因其场地面积大、玩具种类多，以及低廉的价格，大受消费者欢迎。尽管取得了初步的成功，但拉撒路并没有在一开始就选择盲目扩张，直到1966年，他总共才开了四家店。1973年，玩具反斗城用其店铺吉祥物的形象——一只名叫杰弗里的可爱长颈鹿，开始在电视上投放广告。另外，拉撒路还同日本制造商合作生产平价玩具，并谈妥了批量采购的优惠价格。1978

年，玩具反斗城正式挂牌上市，其市值在接下来的十年中，以每年 20% 以上的速率持续增长。摩根士丹利的零售分析师，甚至将其与 1982 年的 IBM 相提并论："我认为，玩具反斗城是一家非常独特的公司——也是唯一一家在概念上具备革命性的、能与 IBM 匹敌的专有商品销售企业。"《华盛顿邮报》也将其与另一家美国标志性品牌麦当劳进行了对比："就像麦当劳的汉堡和薯条一样，玩具反斗城有着制度化的服务和标准化的产品，它已然成为一家充分体现美国特色的代表性企业。"

玩具反斗城通过缓慢而稳定地开设分店，不断扩大着自身的市场份额。我敢肯定，拉撒路每周都会都收到无数银行家的"拜帖"，但他并没有被所谓的"变革性"并购吸引，公司仍是通过按部就班地持续承担适度风险来实现稳步发展，于 1983 年开设的儿童反斗城服装店，便是其中的一次"赌博式"尝试。除了开拓其他业务领域外，玩具反斗城随后还开始了海外扩张：于 1984 年分别在加拿大和新加坡开设了第一批国际分店，于 1985 年在英国开了五家店，又于 1991 年同麦当劳合资打进了日本市场（玩具反斗城出资 80%，麦当劳出资 20%）。在英国，玩具反斗城在短短三年内，就拿下了 9% 的市场份额。初尝出海的甜头后，这家公司从此便在拓展海外市场的道路上继续高歌猛进。

1988 年，《华尔街日报》曾大胆预言："玩具反斗城好比街区里的孩子王，其成长的脚步永远都不会停止。"所谓盛极而衰，就在这时，一系列的问题接踵而至：1988 年，玩具反斗城的市场份额为 16.8%，而沃尔玛则达到了 17.4%，前者在零售业连续保持了 15 年的榜首地位被后者取代。公司实际面临的是两方面的问题：一是来自沃尔玛、塔吉特和开市客等折扣连锁超市的低价竞争，二是来自诸如 Zany Brainy、Noodle Kidoodle 和益美智（Imaginarium）等所谓的寓教于乐型玩具公司的压力，这些公司能提供定价更高的专业玩具和更优质的服务。

1998 年，玩具反斗城发布了自己的网站 ToysRUs.com，并随之推出了第一份邮购商品广告目录，但公司依然举步维艰，不得不在当年进行了“重组”——这个词通常用来委婉地指代一家企业终止其科研活动和亏损项目。玩具反斗城之后又陆续宣布了一系列减损措施，比如大幅削减库存，关闭在美国、法国和德国的 59 家门店，再次关闭 39 家儿童玩具门店以及裁员 3000 人等。“重组”举措的代价相当之高，该公司甚至出现了自 1978 年上市以来的首次净亏损。

经营不力的企业，常常会试图通过收购来摆脱困境，玩具反斗城也不例外。1998 年，它收购了益美智玩具中心，但随后陷入了管理层的频繁更换——1994 年至 2000 年，仅 CEO 就换了三位。然而，随着亚马逊强势杀进玩具市场，玩具反斗城业绩下滑的势头更是回转无望。从 1997 年到 2004 年，公司的销售额虽然维持在 110 亿美元的水平，但营业利润却下降了约 65%。1997 年，玩具反斗城运营的已动用资本回报率尚有 15%，但到了 2004 年已降至 4%。情况糟糕到了什么地步呢，玩具反斗城宣称可能要彻底放弃玩具业务，专注于发展婴儿用品连锁店。此消息一出，全球都震惊了。

好吧，让我们暂停罗列数据，聚焦一下玩具反斗城在 2005 年的经营情况。

从 20 世纪 50 年代末到 90 年代末，玩具反斗城在大约 40 年的时间里取得了惊人的商业成功。然而，到了 2005 年左右，伴随着企业增长停滞，其市场份额开始下降，盈利能力也大幅滑落。不管是什么导致它陷入了困境，毫无疑问的是，公司**遇到了**大麻烦，其稳健性更是受到了严重影响，也许是时运不济，也许是管理失误，或者两者兼而有之。

玩具反斗城遭遇的这种情况，好比是一直以来都很优秀的马拉松运动员，在最近几个月内的成绩有所下降。他们曾经既健康又充满活力，但最近却一脸疲态，甚至以原先的速度跑上十千米都做不到。假设他们现在正站在波士顿马拉松比赛的起跑线上，在比赛开始前，你希望他们的教练能做些什么呢？如果我是教练，我会建议他们直接退出比赛，花几个月时间好好休息和恢复，并慢慢地回归到原来的状态。如果你是教练，你或许会提出不同的意见，比如建议他们放松心态，完成比赛即可，不要在意是否能登上领奖台，避免过度伤身等。但如果我告诉你的是，教练不仅没有这么做，反而要求他们全速比赛，而且还要背上五千克的沙包！你可能会惊掉下巴。

这正是玩具反斗城面临的窘境。2005 年，私募股权巨头 KKR（Kohlberg Kravis Roberts，即科尔伯格 · 克莱维斯 · 罗伯特公司）、贝恩资本（Bain）和沃那多房产公司（Vornado）以 66 亿美元的价格，联合收购了玩具反斗城。[20] 然而，这三家公司的股权出资额只有 13 亿美元，剩余的 53 亿美元都是借债而来。随后，他们便把这些借款一口气塞给了玩具反斗城！如果你对杠杆收购（LBO）行业一无所知，你可能会难以置信地揉着眼睛，怀疑自己是不是看错了。私募股权公司斥巨资买下了玩具反斗城，但其中 80% 的资金都是借来的，然后再让**这家被收购的公司**为他们的此次举债收购买单？呵，杠杆收购就是这么个玩法，金融世界的游戏规则就是这么“妙不可言”！

从企业融资角度来看，杠杆或许不见得是坏事；但从我个人角度来看，它可不是件好事。我希望诸位都能同意的是，借债经营对一家渐入困境企业来说，无异于**饮鸩止渴**。“玩具反斗城”这位马拉松选手原本很优秀，但却在身体不适的情况下，被要求参加波士顿马拉松比赛，还要负重与其他世界级的选手竞争。在堪比折磨的两小时比赛结束后，真正的马拉松选手好歹还能喘口气，但请诸位记住，资本世界就是一场不会停止的波士顿马拉松赛，选手们根本就没有休息的机会。比赛会持续不断地进行，24 小时 ×7 天 ×365 日。它永无止境、永不松懈，而且始终都残酷无情，只会鞭挞你的前进。

庞大的债务负担意味着，到 2007 年，玩具反斗城 **97%** 的营业利润，都被用来偿还了债务利息。创新、店铺投资、做广告、招聘和培训优秀人才等企业为保持行业领先地位而需要进行的所有活动，都需要花钱，如此一来的话，这些钱又该从哪儿来呢？在《大西洋月刊》刊登的一篇关于玩具反斗城失败案的文章中，[21] 一位受访者评论道：该公司镣铐加身，已无法继续开展投资。另一位受访人则明确指出："他们面对亚马逊的攻势，确实毫无招架之力，但人们应该问问真正的原因是什么。"乔治城大学麦克多诺商学院金融学教授凯瑟琳·瓦尔多克（Katherine Waldock）在《华尔街日报》的一篇文章中表示："即便玩具反斗城正在竭尽全力地参与竞争，但每年 4 亿美元的偿债负担，确实让他们备受束缚。"

玩具反斗城的"不稳健"，已经在多个层面上有所体现，而且事实证明，私募股本持有者施加的额外杠杆，无疑成了压死骆驼的最后一根稻草。2017 年 9 月，玩具反斗城不得不申请破产，彼时的 CEO 大卫·布兰登（David Brandon）坦言道："过度负债的资本结构，限制了公司在运营和资本方面的必要支出，其中包括以重振实体店铺为目标的投资。因此，我们在各个方面都要落后于一些主要竞争对手。"这话简直一针见血。

* * *

2009 年 5 月，玩具反斗城收购了施瓦茨玩具公司，而在此之前，这两家公司同各大折扣零售商和亚马逊等网络电商的竞争，始终都没有停止过。正如前文所述，大多数的收购都会损害并购方的稳健性，对于像玩具反斗城这样处在虚弱状态的公司来说，吃下另一家公司后，将其成功“消化”的可能性就更低了。不出所料，2015 年 7 月，曼哈顿地标性的施瓦茨玩具店黯然关张，只留下我在店铺门前惆怅不已。

亲爱的亚马逊，你已经在曼哈顿开了好几家实体书店，现在不正是开玩具店的天赐良机吗？来吧！

本章小结

进化论教会我的投资知识是：

我们可以通过**只**持有稳健型企业股票，来重构对投资的理解，因为它们能够在抵御内部和外部冲击的同时，又能实现持续发展和增长。

1. 生物界中存在着一种矛盾：有机生命体虽然高度复杂，但并不脆弱。尽管生物在不断变化的外部环境中，产生了一连串的内部突变，却能成功存活数亿年，这要归功于其在多个层面上的“稳健性”。
2. 因此，DNA 序列的偶然变化不会影响氨基酸的种类和顺序，氨基酸的种类或序列的变化不会影响蛋白质合成，而蛋白质的变化，更不会影响生物的身体结构。
3. 中性突变能在不损害现有功能的情况下，促使生物体产生新的功能和适应能力。

4. 我们希望那烂陀投资过的企业能够充分借鉴生物体的“稳健性”特点：既能在动态的外部环境中生存并繁荣壮大，又能抵御内部战略和组织方面产生的动荡，并通过“合理估算过度冒险”来获得进一步发展。
5. 因此，那烂陀选择只投资那些具备多层面稳健性的企业，即拥有较高的已动用资本回报率、较低的债务或零债务、强大的竞争优势、多元化的客户和供应商群体、稳定的管理团队，以及处在一个缓慢相对变化的行业中的企业。
6. 一家企业即便当前很稳健，但这并不代表它能一如既往地保持稳健。所以，对“投资价格”保持高度敏感，便是那烂陀防止企业失去稳健性的唯一办法。只有市场给我们提供了极具吸引力的估值，我们才会投资，但这种情况可谓千载难逢。

第 4 章

巴甫洛夫式反应的危害性

每一物种所产生的个体，远远超过其可能生存的个体，因而便反复引起生存斗争，于是任何生物所发生的变异，无论多么微小，只要在复杂而时常变化的生活条件下，以任何方式有利于自身，就会有较好的生存机会，这样便被自然选择了。

——查尔斯 · 达尔文 《物种起源》

我们认为，即便已经意识到其不可预测性，却仍因经济或股票市场低迷的短期担忧，而放弃购买一个长期前景可预测的优秀企业的股票是愚蠢的。为什么要因为一个盲目的猜测，而放弃一个明智的决定呢？

——沃伦 · 巴菲特 《1994 年致股东信》

你很快就要变秃了，不是因为年纪大而发量日渐稀少，而是因为过度焦虑，把自己薅秃了。

几个月前，你给某个基金经理投了 10 万美元，因为他鼓吹自己的目标不是套现，如果他发现市场上有吸引人的投资机会，就会“召集资金”（call commitment）。他用令人眼花缭乱的 PPT 给你做了一个强有力的营销展示，并且像所有的基金经理那样，承诺以长期投资为导向。他还特意强调，他不喜欢亏钱（说得好像其他投资人喜欢亏损一样！），他承诺他会仔细地评估各个企业的质量，并在其他人抛售的时候买入。这波操作颇有巴菲特的投资风范，但也不过是老生常谈，你已经从无数个投资经理的嘴里听过了类似的话术，但只有他看起来格外真诚，或者说，他至少表现得很像一回事。

几个季度前，这位基金经理从你手上拿走了 40,000 美元的本金，到了本季度末，你的投资本金缩水到 38,000 美元。你知道市场近期有点疲软，所以忽略了这点小损失。你是个有耐心的人，不像你的许多朋友那样，每天的心情随着投资本金的小幅波动而跌宕起伏。

然而，到了下个季度末，当你再次查看投资账户余额时，发现投资组合的价值现在只有 32,000 美元了，仅在这一个季度，你的资产就又缩水了 15%。雪上加霜的是，基金经理还要求你继续追加 15,000 美元的投资。他有权提出这样的要求，因为根据双方已签署的委托投资协议，你必须持续掏钱，直至达到合同规定的 100,000 美元投资额上限，于是你只得按照要求，又追加了 15,000 美元。

转眼又过了一个季度，你惊骇地发现，原本价值 55,000 美元的投资组合，现在只有 39,000 美元了。你的现金投资在短短 6 个月之内暴跌了 30%，而这位基金经理还在重复着之前的话术："我们是长期导向型投资，要有耐心，等等……等等……"他不仅用套话忽悠你，竟然还要求你再次**追加** 15,000 美元的投资！你跟一群表现得像是股票专家的朋友聊了聊，他们的意见很统一，都建议你不要再追加投资，并及时赎回本金止损。不幸的是，律师给出的专业建议是，这个壮士断腕的行为可能违法，你不仅不能赎回已投资本（因为你已经在合同里同意锁定资金多年），还必须履行继续追加资金的承诺。于是，尽管心不甘情不愿，你还是乖乖地又投了 15,000

美元。因而到目前为止，你的总投资额已经达到了 70,000 美元。

你认真阅读了巴菲特每年写给股东的信，听过他在电视上的访谈，你清楚地记得，巴菲特建议投资者不要像强迫症一样频繁地检查手上所持股票的收益情况。因此，这一次你决定做巴菲特的忠实信徒，耐心地等上六个月，然后再查看投资组合的表现。为你的耐心点个赞！

煎熬的六个月终于过去了，你上一次感到如此紧张和焦灼，还是未成年时用假身份证混进酒吧买醉的时候，你打开账户报表，但心里的恐惧感越发凝重！不出所料，你最担心的事情发生了，总额为 70,000 美元的投资，现在几乎缩水了一半，只剩下 36,000 美元了。在过去的半年里，你的投资组合损失达到了 40%。更令你感到糟心的是，这个基金经理还威胁着要求你追加更多的投资。

除了焦虑地薅秃自己的头发之外，你应该怎么办？

看看蜣螂头上的角，或许它们能够帮你找到答案。

“如何”和“为什么”的区别

蜣螂喜欢粪便，这有什么奇怪的呢？蜣螂身为昆虫世界的清洁工，大约有八千个不同的种类，它们都以处理粪便为生。蜣螂会利用粪便筑巢并在里面产卵，因为粪便能为幼虫提供生存所需的营养。[1] 请看图 4.1，它展示了庞大的蜣螂科属中一小部分种类的外形。蜣螂有别于其他昆虫的一个独特之处，就是父母会对幼虫进行照护：父亲提供食物，母亲照看巢穴。

许多年前，当我在肯尼亚马赛马拉（肯尼亚著名的野生动物保护区，以其丰富的野生动物和壮观的大迁徙而闻名于世）的荒野上就地方便时（不要问细节如何或为什么），我在看到蜣螂的身影之前，就**听到**了它们发出的动静，它们迈着令人惊讶的轻快步伐，窸窸窣窣地在地面上奔忙。所有雄性蜣螂都长有令人印象深刻的角，八千个不同种类的蜣螂，就有着几乎八千种不同形态的角。这些角形状各异，有些像犀牛角、象牙、鹿角，甚至还有些像是一把锯齿刀，其大小也各有差异，有的非常迷你，有的则异常巨大，有些角的尺寸甚至比整个蜣螂的身体还大。

图 4.1　A—F 令人惊叹的各种蜣螂

图片来源：iStockphoto（盖蒂图片社）授权。

为什么蜣螂会有角呢？进化生物学家曾尝试通过激素、发育和遗传机制等方面来解读这个疑问。例如，2019 年《科学》杂志的一篇文章提供的证据表明，蜣螂的角是由昆虫调控翅膀的基因发育而来的，[2] 因为在角生长发育的早期阶段，蜣螂体内的翅膀基因便处在被激活的状态，之后这部分基因就会停止工作，另一组新基因开始负责角的形成。此外，《昆虫生理学杂志》（*Journal of Insect Physiology*）上的一篇文章也对调节雄性蜣螂角长度的激素类型和含量水平进行了探讨。[3] 文章显示，昆虫幼体生长激素类似物烯虫酯（methoprene）对角的生长发育有很大影响。这些科学家正在研究“昆虫是如何长出角”的问题，如：昆虫的角是如何生长的？它们如何能长出长短不一的角？

探索蜣螂角形态多样化的另一个途径就是了解其**适应性**。这些便是关于“为什么”的问题：为什么蜣螂会有角？这些角为什么能够增加蜣螂的生存能力？为什么这些角被视作是一种适应性进化的产物？若从物竞天择的角度来解释，雄性蜣螂的角使它们能够获得更多的资源、更好地保卫巢穴，并争夺最优秀的雌性，从而比那些没有角的雄性蜣螂能够繁育更多后代。例如，根据《昆虫行为杂志》（*Journal of Insect Behavior*）上的一篇文章，其中描述的一项实验证据表明，角更大的雄性蜣螂可以率先获得雌性的青睐，由此可以认为，蜣螂的角是一种适应性进化的结果。但这篇文章还同时指出，某些雄性蜣螂的角虽然**短小**，但同样具备了适应性价值，因为角小的它们身形更轻便灵活，可以趁着大角雄性不备，悄悄抢先与雌性交配！

关于蜣螂角的第一类解释，即那些解决“如何”的问题，被称为近因（proximate cause）；第二类解释，即解决“为什么”的问题则被称为终极因（ultimate cause）。近因机制探讨的是对某一性状的直接性、生理性影响，而生物体的演化历史则决定了其终极因，特别是自然选择对不同性状的选择优势。

为了进一步阐述这个概念，我们来谈谈生物界的“性”。

更准确地说，我们接下来探讨的是一种掠食性螨虫——加州新小绥螨（Neoseiulus californicus）的“一妻多夫制”（polyandry），[4] 该词指的是某个物种的雌性会与多个雄性交配，与一只雄性成功与多只雌性交配的一夫多妻制（polygyny）恰恰相反。根据贝特曼原理（Bateman’s principle，以英国遗传学家安格斯·约翰·贝特曼因果蝇于配子形成时的差异而命名，论证了动物界普遍存在的多妻制），由于雌性在繁衍后代过程中的投入要比雄性多得多，它们便成了雄性需要通过竞争才能获得的有限资源，从而导致了一夫多妻制。然而，一妻多夫制实际上比贝特曼认为的要更为普遍：许多物种的雌性不只是在被动等待赢得竞争的雄性来使其受孕，它们也在积极寻求伴侣的多样化。加州新小绥螨便是采取一妻多夫制的典型物种之一。

但是，在一夫多妻制成为动物界主流趋势的情况下，是什么因素促使这种螨虫采用了一妻多夫制？彼得·绍斯伯杰（Peter Schausberger）和他的同事在《公共科学图书馆》（*PLoS One*）期刊上发表的一篇文章中回答了这个问题，他们提出了两套不同的解释：一套从“近因”角度解释，另一套则从“终极因”角度解释。

他们的研究发现，加州新小绥螨产生一妻多夫制的终极因包括了直接和间接的适应性益处。多次交配的雌性，比只交配一次的雌性能够繁育更多的后代，而且这些后代的存活时间也更长。至于近因，两位作者确定了一个关键要素：首次交配时间。如果雌性的首次交配时间低于某个阈值（150 分钟），它们继续寻找雄性交配的可能性就会增加，因此，导致雌性加州新小绥螨寻求更多性行为的直接原因，反而是“性生活不足”。科学是不是超有趣？

恩斯特·迈尔是二十世纪最伟大的进化论生物学家之一，他于

1961 年在《科学》杂志上发表了一篇题为《生物学中的因果关系》（*Cause and Effect in Biology*）的里程碑式文章，提出了近因 – 终极因的二元论。

恩斯特以鸟类迁徙为例，提出了下面的问题："为什么栖息在新罕布什尔州避暑地的刺嘴莺在 8 月 25 日晚上开始南迁？"他提出了导致这种迁徙现象的四个原因：首先是生态原因，如果留在新罕布什尔州过冬，它们就会饿死；第二是受到沿袭了数百万年沿袭的基因调控，诱使刺嘴莺对外部刺激作出反应，并获得比不迁徙的刺嘴莺更多的选择优势；第三是一个内在的生理原因，一旦日照时间下降到一定水平以下，这些鸟儿就会离开；最后则是一种对外部环境的生理反应，因为当地气温会在 8 月 25 日骤降。此时，刺嘴莺在生理上已经为迁徙做好了准备，而这股突如其来的寒潮便成了促使它们在**那天**离开的信号枪。迈尔称前两个解释为终极因，后两个则为近因。

聚焦近因会导致什么问题?

在我们从进化生物学中学到的所有哲学知识中，认识到**近因和终极因之间的区别**是重中之重。

我们希望自己持股的企业能够实现长期的增值，而它们要做到这一点，唯一的途径是在许多年内，最好是在长达几十年的时间里都能交出亮眼的业绩。对于日交易员或短期投资者来说，自己投资成功的可能，与被投资企业的成功无甚关联。但对我们这样的长期投资者而言，一项投资的最终能否获得成功，几乎完全取决于被投资企业的最终成功。

如果你接受这个前提，那么作为企业股票的永久持有者，我们应该只关注被投资企业长期的经营质量和业绩，而这正是我们所做的。

然而，放眼长期，这种事总是说起来容易做起来难。在今天这个由脸书、Instagram、红迪网、推特、WhatsApp 和其他令人沉迷、毁人心智的发明组成的世界里，要摆脱近因带来的干扰并不容易，这些能分散注意力的东西，会淹没你寻求成功之源的渴望。当希腊破产的阴霾出现、美国宣布就业岗位增幅降低、欧佩克谈判破裂、美联储暗示低利率的日子已经结束，或者企业的收入下降之时，股价就会下跌。同样，国际货币基金组织对世界经济增长的乐观预测、中国各大银行的资本重组、新产品的成功推出或全球新型冠状病毒疫苗接种速度的加快等，都可能推动股票价格上涨。

所有这些都是股价变动的近因。而所有这些近因，都与最终可能促使公司经营成功或失败，从而导致其市值上升或下降的因素相分离。而“这种近因与最终的商业成功的原因有什么关系吗？”则是一个相对简单的问题，它也是我们投资者最应该问，但却不常问的一个问题。

关于近因的有趣之处在于，它们几乎总是出自夺人眼球的报纸头条和语速急促的新闻主播。值得庆幸的是，终极因对于媒体报道来说太沉闷无趣了，它们因而对此不屑一顾。为什么是“庆幸”？且看下文分说。

接下来的内容，分成数个小节，分别论述了导致股价波动的四类近因：宏观经济因素、市场相关因素、主题因素和公司特定因素。这个分类并不详尽，因为还有太多的因素无法计算。但希望你读完本章内容之后，于再度遭遇近因之际，能够第一时间意识到其存在。

宏观经济近因

人人都知道，我们生活在一个充满不确定性的世界里，但实际情况要比你想象得更糟糕，我们生活在一个虽不确定，但已存在过度连接的世界里。总的来说，过度连接给全人类带来了好处（举个简单的例子，我在新加坡可以吃到来自挪威的三文鱼）。因此，我在这里用来形容过度连接的“更糟糕”一词，实际上仅适用于其对我所在圈子的不利影响，即基金经理圈。在我于 1998 年转行成为投资者之前，如果有人告诉我，通货膨胀或美国就业数据会影响印度一家涂料公司的股票价格，我得出的结论可能是：此人根本就是在胡言乱语。但这样的情况恰恰真实地发生了。

1997 年 10 月 27 日，道琼斯工业平均指数遭遇了有史以来最大的单日下跌，跌幅达到 7.2%，即 554 点。纽约证券交易所也随之出现了成立以来的首次交易停摆，全球所有主要股票交易市场都受到了影响：香港恒生指数下跌 6%，英国富时指数下跌 6%，澳大利亚市场下跌 7%，德国 DAX 指数下跌近 6%。简而言之，如果你想知道什么叫作金融恐慌，只要上网查一查这次事件，就能明白它是怎么一回事儿了。

导致这场全球暴跌的近因是什么？是亚洲金融危机的蔓延。[6] 这一切始于 1997 年 7 月 2 日，由于缺乏外汇储备，当时的泰国政府宣布放弃多年来实行的泰币与美元挂钩的固定汇率制，改为由市场供求主导的浮动汇率制，泰铢兑换美元的汇率随即暴跌。印度尼西亚、韩国、马来西亚和菲律宾的货币币值也同样遭遇了急剧的下跌。这些国家的许多公司都身负美元借款，汇率的暴跌导致各家企业开始拖欠还款。

表 4.1 记录了当时的美国和英国市场指数，以及一些知名企业

的股票价格走势。相较于 10 月 24 日（星期五）的股价，美国市场的股价在 10 月 27 日（星期一）出现了下跌。由于时差，英国市场对美国市场走势的反应延迟了一天；因此，英国市场的数据于 10 月 28 日（星期二）而非 10 月 24 日（星期五）出现了下跌。

第一列中的每个数字都是负数。为什么？为什么美国本土企业沃尔玛和跨国企业波音在 10 月 27 日均出现了下跌？还有，为什么泰国的债券违约，会影响到 1997 年收入和利润约达到 70% 且来自发达国家的联合利华以及英国石油公司这家全球石油巨头？

这是因为近因导致的无端恐惧和多疑，最终混淆了现实的认知和行动。

表 4.1　1997 年 10 月 27 日之后的美国和英国股票市场指数

指数	1997 年 10 月 27 日至 28 日	6 个月后
美国市场		
道琼斯指数	–7%	+25%
沃尔玛	–6%	+57%
花旗银行	–11%	–7%
波音集团	–11%	+16%
微软公司	–5%	–35%
埃克森美孚石油	–7%	+26%
英国市场		
富时 250	–6%	+23%
英国石油公司	–5%	+14%
劳斯莱斯	–4%	+29%
帝亚吉欧公司（酒类）	–7%	+50%
联合利华	–8%	+40%
汇丰银行	–7%	+23%

证据体现在最右栏，它提供了 1997 年 10 月 27 日之后六个月的指数水平和股票价格。道琼斯指数以及富时指数均上涨了 25%，

沃尔玛、帝亚吉欧和联合利华等公司的股价大幅上扬，可能已经让一些在 10 月 27 日因为恐慌而按下抛售键的基金经理丢了饭碗。

如果你想要抨击基金管理经理们的冲动和一惊一乍，我等悉听尊便，但请不要责怪我们的反复无常。毕竟，每当市场因某个宏观经济事件而欣欣向荣时，基金经理们的行为也是可以预见的，因为股票价格受近因影响上涨，他们也必然会紧跟着股价趋势而有所动作。然后，在事后反思时，他们又会为这种冲动行为懊悔不已。

基金经理对宏观或市场数据有一种“巴甫洛夫反应”。利率会提高？那就卖出。通货膨胀率会降低？那就买入！如果财政赤字激增？还是卖出。或许这是个买入的良机？大多数企业应该（而且的确是）对短期的宏观变动有相对的免疫力。但正如表 4.1 所示，它们的股票价格，由于一些莫名其妙的原因，并不具备类似的稳健度。

有些人认为，对于某些特定类型的企业，比如说，依赖借贷和存款的银行或金融公司，利率应该会对其长期业绩产生重大影响。因此，利率变动应该是导致这类企业业绩波动的近因和终极因。让我们看看下面这三家印度银行巨头的股票价格，从 1999 年 12 月 31 日到 2019 年 12 月 31 日这二十年间的数据变化：

HDFC 银行：81 倍

印度工业信贷投资银行（ICICI）：33 倍

印度国家银行：16 倍

在这 20 年里，印度储备银行（Reserve Bank of India）加息或减息的次数多达 50 次，[7] 利率在 5% 和 12% 之间变化，并在这个区间内出现了多次重大波动。更重要的是，所有这些银行都受到了**相同的**利率制度和其他宏观因素的影响。如果你是 HDFC 银行的股东，利率是多少，或者印度储备银行以何种速度调整利率，对你而言有何意义呢？

得益于其 CEO 阿迪雅·普里（Aditya Puri）——印度企业史上最杰出的领导人之一——的英明领导，HDFC 银行的业务及其股票价格取得了惊人的好成绩。2020 年 10 月，《经济学人》称他为全球最优秀的银行家。[8] 利率、经常账户赤字①、汇率和其他这些只有业内人士才懂的政策措施，并没有妨碍普里获取卓越的业绩和表现。

我并不是想要鸡蛋里挑骨头，从长远来看，无论宏观经济环境如何，经营良好的企业都能创造大量的价值，难道我们真的认为亚马逊、摩根大通、米其林、雀巢、西门子、乐购、沃尔玛、飒拉以及其他优秀企业的业绩，会被通货膨胀和财政赤字裹挟吗？如果卓越企业的业务和股价表现，能够免受宏观经济扰动的影响，那么作为这些企业股票的投资者，我们是不是最好不去理会宏观经济的波动呢？

在分析个别企业时考虑宏观经济数据，还存在一个大问题。让我以印度的轮胎行业为例，为你剖析这个令人头痛的问题。印度有很多成功上市的轮胎企业，所以对投资人来说，这本该是一处快乐的狩猎场。假设世界银行宣布，印度明年的 GDP 将增长 8%，对印度而言，这应该称得上是个好消息，但这对于轮胎企业来说，有何意义呢？有人会说，国内生产总值的增长，将使个人财富增加，这将推动消费者购买更多的汽车，从而刺激轮胎销售的增长。

一片大好形势下，我们是不是应该买进轮胎企业的股票？且慢，销售额的增加，不等于利润的增加。轮胎的主要原材料是橡

---

① 通过进口、投资和服务流出一个国家的资金大于流入该国的资金的金额。

胶，材料成本约占收入的 60%。如果市场预计印度轮胎企业明年将需要购买更多的橡胶，从而导致橡胶价格飙升，那该怎么办？要搞清楚这个问题非常复杂，你可能需要专门雇用一位具备大量数据计算能力的数字分析员来处理。

假设你们公司这位聪明绝顶的数据分析师，夜以继日地埋头苦干几个星期之后，创建了一个内存高达 100GB 的 Excel 模型，并预测橡胶价格将会保持平稳，你长吁一口气，终于放下心来。那么，现在我们可以买进一家轮胎企业的股票了吗？等一下，我们怎么知道这十几家轮胎公司在有利的市场大环境中会采取什么战略或策略？如果其中一家小公司决定发动价格战来保住其市场份额怎么办？因为在类似的情况下，有些企业的确头脑发昏，干过这样杀敌一千自伤八百的蠢事。又或者，假设占行业主导地位的轮胎公司，通过赞助国际板球比赛而导致自身广告预算的大幅增加呢？

让我们假设，企业还是雇用了前面这位聪明绝顶的分析师进行分析，然后他预测说没有哪家轮胎公司会"坏了规矩"（让我们假设他真的非常聪明睿智），好吧，我们现在可以买入轮胎公司的股票了吗？切莫操之过急，我们如何知道，最终会影响到整个轮胎行业利润的各个细分市场的相对增长是多少？卡车板块占比最大，但利润最低，两轮车的轮胎利润率最高，但整体而言只贡献了整个轮胎行业一小部分的收入。因此，如果卡车轮胎市场的增长速度，快于轮胎市场其他部分的增速，那么轮胎公司的整体利润可能会不升**反降**。

你于是继续要求这位聪明的分析员，进一步预测细分市场的增长情况，在他给出答案后（需要再一次感谢分析员们夜以继日地辛苦工作！），你又回到了原点——投资规划阶段。现在，一个令人十分不快的发现深深困扰着你：考虑到轮胎产业的高资本密集性，资本水平将会严重影响轮胎企业的债务水平，而这可能会影响其业务的稳健性和股票的价格。你如何才能预测哪家轮胎公司值得投资以及应该投多少资金呢？看吧，又是一个不确定因素，你又要启用这些足智多谋的分析师了！

这种摁下葫芦浮起瓢的情况可能会无限继续，解决了一个问题，总会有新的问题冒出来，但情况只会变得更糟糕（或更好，但前提是你就是那个拿着加班费疯狂加班的聪明分析师）。请注意，在这个轮胎的例子中，我只试图通过分析 GDP 增长这一个因素来预测一家企业的表现。但宏观经济数据，包含了更全面的各项指标，如就业水平、汇率、通货膨胀、政府赤字、货币供应量、经常账户余额以及其他多项因素。以轮胎企业为例，我们如何才能在如此复杂的背景下，对所有这些宏观因素进行评估？而且基金经理也不只投资于轮胎产业。难道我们要在我们跟踪的几十个行业和几百个公司中，机械地重复这种海量的数据分析和演练的操作吗？此外，考虑到全球经济的彼此关联，我们是否也应该将其他国家的宏观经济数据纳入是否投资的决策考量过程？

现在，光是想到这种庞大的工作量，是否令你想要放弃投资了呢？

我们已经看到，将宏观经济因素作为关键近因，存在两个问题：首先，我们已经注意到，即使是大规模的宏观经济事件（如亚洲金融危机），也与长期的股票价格表现不相关；其次，以印度的轮胎产业为例，我们得出的结论是，用最近的经济数据来评估一个行业或公司的表现非常困难，甚至是不可能的。

使用经济数据作为评估依据的第三个问题，也是所有问题中最显而易见的一个，即没有人可以万事皆通。尽管这听起来略显武断，但我相信，大部分人都不是万事通。既然经济专家们在预测未来经济走势上，都表现得不尽如人意，那么我们身为投资者，为什么要浪费宝贵的时间来重视这件事儿呢？

我相信你会认同这样的说法：经济学家最重要的任务，就是预测经济的衰退，因为这有助于各国政府能够采取必要的预防措施，以缓解“经济感冒”导致的大规模痛苦症状。2018 年 3 月，国际货币基金组织发表了一篇题为《经济学家对衰退的预测效果如何？》（*How Well Do Economists Forecast Recessions*）的工作文件，[9] 作者在文中比较了 1992 年至 2014 年 63 个国家的实际 GDP 预测数据和实际增长数据。比较的结果表明，在经济衰退期间，全球各国的国内生产总值平均下跌了 2.8 个百分点，而经济衰退前一年的共识预测（consensus forecast）[①] 是**增长** 3%！更糟糕的是，即使是在经济衰退的**那一年**，专家们预测的平均跌幅是 0.8%，而实际跌幅却达到了 2.8%。

普拉卡什·朗加尼（Prakash Loungani）——国际货币基金组织这份文件的作者之一——在接受《卫报》采访时说，根据他的分析，在过去的 150 次经济衰退中，经济学家有 148 次未能预测到！他表示：“经济学家们未能预测经济衰退的记录，几乎无可辩驳！”人们或许会认为，随着数据量的增加，计算能力的提高，以及更优异算法的出现，人们的预测能力随着时间的推移已经得到了提升。想得美！在《卫报》的同一篇文章中，巴黎经济合作与发展组织负责就业、劳工和社会事务的副主任马克·皮尔森（Mark Pearson）说：“我们的预测能力越来越差，因为世界正变得越来越复杂。”说得没错，马克。

我知道，许多投资者花了很多时间来研究经济数据。也许他们

---

① 一种基于多个专家或分析师意见达成的预测，通常被认为比单一预测更可靠。

已经想出一个办法，将汇率变动或国家的外债水平有机地纳入其投资决策过程，我却做不到。我不知道如何将**任何一项**经济指标转化为一家特定企业的发展前景。

我们几乎忽略了**每一条**可被视为近因的宏观经济信息，因为我们不相信这些数据有助于评估一家企业的最终成败。我们没有聘请经济顾问，不找银行或经纪公司的经济学家攀谈，也不会在团队会议上讨论任何宏观经济指标。

它们在我们投资决策中的权重为零！

与市场有关的近因

我也拒绝与金融服务行业的人建立友好的工作关系、与他们交流想法或信息。然而，当我于 1998 年在华平投资集团开启投资生涯时，与基金经理和与印度股票市场有关的金融专业人士接触，耗去了我相当多的时间。当时我有咨询行业的工作背景，急切地想了解资本市场游戏及其参与者的运作情况，认为自己还有很多东西要学，我的想法没错，但需要学习的东西却与我想象的相去甚远。

在华平投资集团工作了几个月之后，我就能准确地预测那些金融专业人士说出的每一个问候语，不是普通人常用的“你好吗？”或“最近怎么样？”或简单的“你好”，而几乎总是“Kya lagta hai”，将这句话从印地语翻译过来，用股票市场的说法，就是“你认为市场会如何动作？”我记得，我当时总觉得很困惑，毕竟我还只是一个处在试图了解市场如何运作层面的菜鸟，而这些“专家”却在征求**我的**意见，难道他们不知道市场会作何反应吗？我花了一段时间才得出结论：是的，他们不知道。确切地说，没有人知道。

我在上一节解释了一个宏观经济的近因导致市场下跌的案例，

即亚洲金融危机。或许你们没有注意到，我在中间巧妙地偷换了概念：我声称自己知道市场下跌的原因，但事实上，我并不知道市场为什么会调整，但乍看之下正是亚洲国家货币的崩溃发挥了作用。我成功地在市场的波动和经济数据之间建立了某种联系，不管它看起来多么不靠谱。

但是，还有许多其他的情况，比如市场波动仅仅是因为它波动了，这就是市场的本质。市场波动的近因永远是未知的，而且在我看来，这是不可能确定的。让我们回到 2002 年 7 月 24 日，当天的道琼斯指数飙升 489 点，是有史以来第二高的点数涨幅，也是 1987 年以来道琼斯指数最大的百分比涨幅。[10] 是什么推动了它的显著拉升？即使在海量阅读与此有关的诸多新闻报道，以期搜寻有效信息之后，我依然无法确定。简而言之，根据各路媒体的消息，这一次的指数反弹，是因为美国国会的谈判代表们在公司欺诈问题上达成了某种协议。此外，还有可能是一些诈骗了阿德尔菲亚通信公司（Adelphia Communications Corporation）的高管被警方逮捕。不管原因如何，总之指数在这一天呈现暴涨之势。

下面，让我们一起看看表 4.2 提供的数据，它们表现了美国和英国的股票价格对这个“绝佳”消息的反应。

表 4.2　美国和英国市场指数（2002 年 7 月 24 日之后）

指数	2002 年 7 月 24 日至 25 日	6 个月之后
美国市场		
道琼斯指数	+6%	–2%
沃尔玛	+6%	+2%
花旗集团	+10%	+16%
波音公司	+6%	–26%
微软公司	+7%	+11%
埃克森公司	+10%	+1%

续表

英国市场		
富时 250	+1.5%	–14%
英国石油公司	+6%	–18%
劳斯莱斯	+2%	–31%
帝亚吉欧	+9%	–15%
联合利华	+7%	+6%
汇丰银行	+2%	–7%

如上表所示，在接下来的六个月里，美国的道琼斯指数未能延续 2002 年 7 月 24 日的涨势，**下降了** 2%。像沃尔玛、花旗集团和波音公司等大企业的股价虽然大幅上扬，却同样后继乏力。波音公司的股价反而在接下来的六个月里下跌了四分之一。

更加引人注目的，是英国市场的股价变动。你可能会认为，美国的所谓腐败调查不应该影响英国市场。但老实说，身为基金经理，市场给我们带来的“惊喜”和“惊吓”从未停止过。在美国市场大幅上涨 6% 的第二天，富时 250 指数上涨了 1.5%，如表 4.2 第一栏所示，大公司的股票价格也飙升了 2%~9%。对于市值规模庞大的巨型公司来说，此等程度的股价波动已不容小觑。然而，欢乐时光同样没能持续太久，在大幅上涨发生后仅六个月，劳斯莱斯公司的股价就下跌了近三分之一，英国石油公司和帝亚吉欧公司的股价跌幅也达到了 15% 以上。

为什么在 7 月 24 日美国市场的指数大幅上涨之后，英国的基金经理们在 7 月 25 日开始扎堆投资英国石油公司、劳斯莱斯公司和帝亚吉欧？著名经济学家凯恩斯的论述为我提供了一种可能的解释：股市的所有参与者，都在玩一种复杂的猜谜游戏。[11] 他让我们把股票投资想象成一场“挑脸”游戏，竞争者需要从一百张照片中挑选出六张最漂亮的脸。最终，赢家并不是挑选出最漂亮面孔的人，而是那些做出了与所有竞争者的平均值一致选择的人。

如果是你，你会在游戏中采取什么策略？我的方法是不要选择最漂亮的六张脸，而是花时间去猜测其他玩家会选择哪些脸。但在我为自己超人一步的第二层策略感到自鸣得意之前，我会意识到，一个更有远见的竞争者能更进一步，进入第三层级的思维，他们会尝试猜测所有竞争者所期望的平均美貌值是什么。以此类推，总会有人领先许多步，以更高层次的思维水平参与这个“挑脸”的游戏。

凯恩斯从惨痛的经验中学到，这种市场猜谜游戏，是对时间的一种极大浪费。在 20 世纪 20 年代，他试图用一个详细的经济模型来预测市场水平，但没能预测到 1929 年的经济大萧条。在此期间，他本人的投资表现也没有超过市场平均水平。他转而开始选择性地买入股票，并且像巴菲特一样，摒弃了多元化投资，他宣称：“正确的投资方法是将相当多的资金投入个人确信自己了解的企业中。”

于是他摇身一变，成为一名优秀的投资者。从 1924 年到 1946 年，凯恩斯负责管理剑桥大学国王学院的校友捐赠基金。在这二十二年期间，他的英明投资策略使学院的财富实现了每年近 14% 的复利增长。如果有人在 1924 年初向凯恩斯投资 100 英镑，那么到 1946 年（凯恩斯去世时），这笔钱将增至约 1675 英镑，而用同样的金额投资于英国股市指数的话，只能增值到 424 英镑。令人惊讶的是，这个投资周期横跨了 1929 年纽交所大崩盘、1929 年至 1933 年美国经济大萧条**以及**第二次世界大战等历史动荡期。

难道金融界不应该好好地学学凯恩斯？哈！

2019 年 12 月看起来跟往年的 12 月也没什么不同，华尔街的股市投资策略师们又开始了一年一度的例行公事——预测 2020 年的股市增幅。因为自 2000 年以来，华尔街的预测中值从未显示过下一年股市可能出现下跌的趋势。是的，你没看错，这些预测师们从不看跌，永远看涨。然而现实却狠狠打了他们的脸，股市出现了六次下跌。2000 年至 2020 年，预测的中位数与实际数字相差了 12.09%，是近年来年均涨幅 6% 的两倍多。

让我们回到 2019 年的 12 月，彼时还没有人会预测到新冠大流行。因此，当时预测师们普遍认可的增长率中位数是：2020 年的股票市场将上涨 2.7%。[12] 如果他们当时能够提前预知未来，知道新冠大流行将在 2020 年 3 月至 2020 年 12 月肆虐全球，你认为他们对 2020 年股市的预测会是什么？我们现在不得而知，但我相信，他们会预测股市大跌。无论如何，标准普尔 500 指数还是在 2020 年上涨了 16.3 个百分点。但 2020 年暴发的新冠大流行，是一个百年一遇的偶发事件，所以，我们不应该将预测值和实际值之间 13.6 个百分点的差额归咎于预测者的无能，这是一个相对公允的看法。

如果我们对一位全球公认的预测大师从 2020 年 5 月初开始的股市预测结果进行评估，会怎么样呢？ 2020 年只剩下八个月，肆虐了四个月的新冠大流行已经对经济造成了严重而可怕的影响。我认为，在这个阶段，“专家们”**依然**会出错，但误差可能不会如此明显罢了。

哈里 · S. 登特二世（Harry S. Dent, Jr.）被一些人称为“逆向思维者中的逆向思维者”，他准确地预测了日本的经济崩溃，2000 年的互联网公司泡沫的崩溃，以及唐纳德 · 特朗普的当选。[13] 在获得哈佛商学院的 MBA 学位后，他加入了贝恩咨询公司（Bain & Company），现在经营着一家独立的研究公司。他是美国消费者新闻与商业频道、美国有线电视新闻网、美国福克斯广播公司、福克斯商业频道、早安美国和美国公共电视台的常驻嘉宾。他还在《巴伦周刊》

《财富》《商业周刊》《华尔街日报》和许多其他出版物上发表过文章。他还出版了一份名为《哈里 · S. 登特预测》（*HS Dent Forecast*）的通讯月刊。简而言之，登特体现了一名专家所能凝聚的丰富专业知识。

2020 年 5 月初，登特在接受 ThinkAdvisor 采访时预测，股市将在 2020 年 8 月触顶，届时投资者可能会有 5%~10% 的回报。他建议股东们“出售一波”，并劝告他们不要买入。他错得有多离谱呢？股市一直上涨到 12 月 31 日，从 5 月初登特接受采访并给出不看好的建议起，标准普尔 500 指数上涨了 32%！即使扣除登特预测的 10% 的正回报率（预测的最高值），在短短八个月内，预测值与实际上涨值的差距达到了 22 个百分点，换句话说，约合 33% 的年化收益误差！万一投资者真的听从了他的建议抛售了，到年底时估计要悔得肠子都青了！

在你批评我没有选择一位足够专业的预测者，而是选了一个预测值错得离谱的专家之前，请你给我找出一个专家，这个人在 2020 年 5 月就敢断言整个股市将在 12 月底之前上涨 25%~30%。不知道你们行不行，我反正是找不出这么一个牛人，相信我，我很努力地尝试过了。

公平地说，我从来没有遇到过哪个金融专业人士敢说自己可以正确预测股市的走向。既然如此，为何业内人士还要花这么多时间，纠结于未来的股市会是什么水平呢？为什么基金经理还要费九牛二虎之力，纠结于其他基金经理的想法和行为呢？暗藏危机的诱惑、虚假的安慰、妄图胜人一筹的心态，不管是什么原因，其实都不重要。

我们公平地无视所有的市场预测，好吧，或许不是所有的市场预测。

每当我想看看笑话、放松心情的时候，我还是会看看这些离谱的市场预测的。

主题相关的近因

对我而言，2020 年可谓灾难性的一年，到了年底，我意识到自己因为判断错误，将要面临高达 60 亿美元的损失。

在 2020 年的 9 月初，美国电动卡车制造商尼古拉公司（Nikola Corporation）还是股票市场的宠儿。这家初创公司刚刚在一年前上市，估值为 40 亿美元，但在短短几个月里，其价值翻了五倍，达到近 200 亿美元。在其极富个人魅力的创始人特雷弗·米尔顿（Trevor Milton）的领导下，尼古拉公司正计划研发以氢燃料电池和传统电池为动力源的半挂式拖车。该公司刚刚宣布与位于美国底特律的行业巨头通用汽车建立合作关系，后者将注资 20 亿美元并获得前者 11% 的股份。以支持尼古拉公司设计和制造纯电动半挂式拖车。

2020 年 9 月 10 日，一家名为兴登堡研究（Hindenburg Research）的知名投资基金和职业做空机构发表了一篇题为《尼古拉：如何将谎言的海洋变成与美国最大汽车制造商的合作关系》（*Nikola: How to Parlay an Ocean of Lies Into a Partnership with the Largest Auto OEM in America*）的报告，对尼古拉公司进行了毫不留情的抨击。该报告的第一行指出，尼古拉公司是“一个错综复杂的精妙骗局，是其创始人兼执行主席特雷弗·米尔顿继自己在职业生涯中精心编织成功的几十个谎言之后的又一次行骗”。[14]

2017 年，为了证明其技术的可行性，尼古拉公司分享了一段名为“行驶中的尼古拉一号”的视频，展示了其纯电动半挂式拖车原型机在公路上飞速行驶的场景。兴登堡公司声称，该公司只是把一辆普通的拖车拖到一个偏远地区的山顶上，并拍摄了它从山上顺坡而下的过程。报告发表后，尼古拉公司迫于压力，不情愿地承认道："尼古拉公司从未说过，视频中的纯电动半挂式拖车是靠自身的推进力行驶的。"开什么国际玩笑？一段用以展示电动拖车快速行驶的视频，还应该展示什么？展示其轮子下的公路吗？

然而，赤裸裸的谎言被拆穿，不过是这份厚实报告的开胃前菜。兴登堡公司的调研还发现了其他几个更严重的问题。尽管其 CEO 米尔顿声称尼古拉公司自主研发了电池技术，但其实并没有。该公司不具备氢燃料电池研发的专业人员，再加上米尔顿有过从他人那里获取技术，然后声称其是自主研发的黑历史。米尔顿还有一段不太光彩的合作记录，充斥着无数的失败、诉讼和指责。米尔顿声称，尼古拉的公司总部通过使用 3.5 兆瓦的太阳能板发电完全实现了能源的自给自足，但实际上这个所谓的总部并不存在。我还可以列举这份冗长的报告提出的更多不利于尼古拉公司的断言，简而言之，尼古拉的未来似乎不太理想。

特雷弗・米尔顿在报告发布的几天后就辞职了，通用汽车也结束了与该公司的合作商谈，证券交易委员会和司法部门也分别启动了调查程序。不出所料，该公司的股票价格开始崩溃。

下面，请你回答这个问题：你认为在 2020 年 12 月底，即兴登堡曝光事件的三个月后，尼古拉公司的市场价值是多少？在回答之前请记住，这家声称发明了纯电动半挂式拖车的公司，既没有传统电池或氢燃料电池技术，也没有开发出原型机，其创始人已无耻地一走了之，通用汽车已终止与其合作，政府也已开始调查该公司的欺诈行为，因此，我个人给出的答案是：接近于零！

但事实却令人大跌眼镜，其市值高达 60 亿美元！

兴登堡的报告似乎无懈可击、证据确凿。报告中提出的所有控诉，都有各类文件、照片、短信、视频和访谈来支撑。当然，我没有资格仔细检查他们的研究结果是否属实。然而，米尔顿辞职和通用汽车终止合作的事实似乎表明，报告至少有一部分内容（如果不是全部）是可信的。既然如此，那么像尼古拉这样的诈骗公司在被揭穿老底后，依然有 60 亿美元的估值该如何解释呢？提出这样一个问题好像有失公允，因为我不确定是否有人真的彻底了解企业的估值方式。但就尼古拉公司的例子而言，我想提供一个简明易懂的答案——主题性投资。

这家公司踩中了一个非常时髦的主题，即“新时代的汽车公司将统治世界”。自 2020 年以来，汽车技术初创企业风头正盛。[15]《金融时报》2021 年 1 月的一篇文章表示，这些公司的市场价值总量已经达到了 600 亿美元，但大多数公司还没有产生一美元的真正盈利。为什么没有任何盈利？因为像尼古拉公司一样，它们甚至还没有生产出任何可供销售的产品！套用一个时髦的说法，“事实总是比小说更离奇”，这句话仿佛就是为新时代的汽车初创企业的估值量身打造的批语。

《金融时报》的这篇文章列举了九家上市的新时代汽车初创企业，其中最大的是量子景观（QuantumScape），估值 **190 亿**美元。这家公司预计将在 2024 年迎来 **1400 万**美元的第一笔收益。待到 2028 年，在获得第一笔收入的短短四年后，公司还有望实现 100 亿美元的收入！让我们找一个已经获得成功的参照物——特斯拉公司。在 2008 年取得第一笔收入后，特斯拉花了 9 年时间才跨越 100 亿美元收益的大关。而且请记住，在这九年里，特斯拉几乎在电动车行业中一家独大，占据了绝大部分的电动车市场份额。量子景观在官网上宣称，其公司使命是“彻底改变能源储存的方式，缔造可持续发展的未来”。该公司的投资者包括凯鹏华盈（Kleiner Perkins）和光速创投（Lightspeed）等一流风险投资公司以及大众汽车和上汽集团等汽车巨头。

文章里还提及了许多其他类似的新时代汽车初创企业：Hyliion 公司的市值为 26 亿美元，计划生产混合动力卡车；威力登雷达公司（Velodyne Lidar）市值 39 亿美元，研发方向是自动驾驶车辆的传感解决方案；菲斯克（Fisker）公司，市值 41 亿美元，专研电动汽车；因美纳科学器材公司（Luminar Technologies），市值 101 亿美元，专门研究物体探测技术和自动驾驶车辆传感器；卡诺公司（Canoo）市值 40 亿美元，主攻电动汽车的研发。相信你心里现在已经大致有谱了。

想要了解股市对某个概念或主题的投资兴趣程度，有一个久经考验的方法，就是使用谷歌的趋势分析引擎进行搜索。如果你在 2014 年 1 月至 2019 年 1 月，在美国境内用谷歌趋势分析搜索“电动汽车”一词，可能会得到一个相对平稳的趋势图。然而，如果你在 2019 年 1 月至 2021 年 2 月搜索，就会发现市场对电动汽车的兴趣度**翻了两番**。现在，请你看看前面提到的那些汽车初创企业的上市日期：

尼古拉公司	2020 年 6 月
威力登雷达公司	2020 年 9 月
菲斯克公司	2020 年 10 月
Hyliion	2020 年 10 月
量子景观	2020 年 11 月
卡诺公司	2020 年 12 月
因美纳科学器材公司	2020 年 12 月

是这些公司的首次公开募股刺激了市场对搜索关键词的兴趣度，或是人们对“电动汽车”搜索量的增加，促使这些公司加快了公开上市的步伐，我并不确定。也有可能的是，二者形成了一个相互促进的正向循环。无论原因是什么，正如你看到的那样，电动汽车和这些汽车初创企业的首次公开募股之间，存在很显著的关联性，这就是一个强有力的近因机制发挥推动作用的典型案例。

此外，在 2021 年 1 月，至少还有 8~10 家私营初创公司准备上市，它们都在电动汽车领域内大名鼎鼎，如充电点（ChargePoint）、EVgo、Lightning eMotors、丽昂电气（Lion Electric）和 Motiv Power Systems。如果这些上市公司的市场价值能够维持不跌，我敢打赌，在未来几年内还会涌现出几十家以电动汽车为主题的上市公司。

尽管这些电动汽车公司的估值达到了数十亿美元，其实际盈利却不到几百万美元，使它们成了主题近因驱动的投资策略的一个缩影。与之前提及和之后将要论述的几乎所有近因一样，主题近因（汽车技术主题）有三大突出特性：夸大可用市场总量（TAM）、简单易懂、可操作性强。

首先，让我们谈谈所谓的可用市场总量。自从我在 1998 年开启投资生涯以来，我遇到的每一个主题都在刻意地强调可用市场总量的巨大规模，而这个规模通常是如此之大，以至于使目前在该行业或主题中运营的企业的规模或市场份额看起来十分微小，难怪它通常是一个导致主题近因失控的最突出原因。

2021 年 3 月，瑞银集团的一份报告就零排放卡车市场大肆吹捧了一番，称其潜在的市场规模或能达到 1.5 万亿美元，而该领域的制造商和初创企业目前仍处在竞相争夺主导地位的阶段。但在 2021 年 3 月时并不生产卡车的特斯拉，其 2020 年的收入“仅仅只有”320 亿美元。

根据我个人的投资经验，以可用市场总量为基础追逐一个主题近因，只会带来一个问题：它是无效的依据，据此得出的市场预测的正确率，与占星术差不多，结果虽然看起来很客观，但可信度着实堪忧。因为可用市场总量自身就是个毫无意义的参考标杆，因为它并不会告诉你是否会有任何的**利润**产生。话说回来，即使在这个市场中有企业能够盈利，可用市场总量也没有指名道姓地说**哪家企业**会赚到这笔钱。

可用市场总量最大的两个领域，是服装和鞋类。[16] 美国的服装和鞋类市场总值约为 3700 亿美元，但也是最难赚钱的一个行业。这个行业缺乏稳健性的弊端，也在新冠大流行期间暴露无遗，具体表现为有几十家服装和鞋类公司宣布破产：布鲁克斯兄弟（Brooks Brothers）、Centric Brands、21 世纪服饰（Century 21）、牛仔服装品牌智多星（G-Star）、杰西潘尼、J. Crew、约翰 · 瓦维托斯（John Varvatos）、奈曼 · 马库斯（Neiman Marcus）、裁缝品牌公司（Tailored Brands）等。在它们濒临破产的时候，或许有人忘记告诉这些公司，它们的可用市场总量会令它们起死回生。

即使在新冠大流行之前，大多数的服装品牌在业务发展和获得体面收入上已经陷入困难。以盖璞这样的知名品牌为例，自 2007 年以来，它在美国市场的销售量一直没有增长，销售额几乎多年稳定地维持在 150 亿 ~160 亿美元，其 13 亿美元的净收入峰值，早在 2014 年就实现了。2009 年至 2020 年，盖尔斯（Guess）的收入波动于 20 亿 ~26 亿美元，自 2016 年以来，其已动用资本回报率没有超过 10%。阿贝克隆比 & 费奇（Abercrombie & Fitch）2006 年的收入为 33 亿美元，到 2019 年，其收入只增长到 36 亿美元，其已动用资本回报率自 2014 年以来也同样没突破 10%。

全球服装和鞋类市场的估值约为 1.9 万亿美元，其可用市场总量可以说是相当庞大了。但似乎只有H&M、优衣库和飒拉等服装公司的销售额实现了销售额和利润的持续增长。其他行业如航空、餐饮、基础设施、银行和零售业的情况也是如此。这些市场的可用市场总量都相当高，但大多数“玩家”都没有赚到钱。那么，对于一位长期投资者来说，可用市场总量又有什么用呢？

主题近因具有诱惑力的第二个原因在于其简明易懂的特性。即使是普通读者也能够看懂商业新闻中出现的高频主题词，如电子商务、可再生能源、电动车、金融科技、食品配送、人工智能、自动驾驶汽车、基础设施和生物技术等。与充斥着“国内生产总值”和“货币供应量”等专业术语的经济预测不同，普通人就能看懂这些主题词并产生共鸣。每个人都可以理解什么是可再生能源，以及为什么国家需要大量的基础设施投资。对于汽车技术初创企业来说，其卖点并不复杂，主要有以下几条：电动和自动驾驶汽车将征服世界，既然特斯拉的市值是7000亿美元，这个主题难道不应该在不久的将来，收割数万亿美元的价值？如果是这样的话，为什么一家电动汽车领域的初创企业不应该拥有数十亿美元的估值？这个背景条件设置得相当诱人，因为它不仅直截了当，还简明易懂。

第三个原因，是这些主题都是可操作的。以餐饮配送主题为例，如果你觉得消费者会更愿意坐在家里订餐并等着快递送上门，因为这比外出就餐更便宜且更方便，那么就可以投资多尔达什公司（DoorDash）或户户送（Deliveroo）。如果你对一家已经产生了实际营收的电动车公司感兴趣，就请加入为特斯拉欢呼的阵营吧。如果你相信的是电动车技术的提供者而非汽车制造商，那就千万别错过威力登雷达公司。又或者你认为电动卡车是一个更大的投资机会，那么尼古拉公司正在等候您的垂青，虽然坊间传闻其创始人可能是个江湖骗子，但这有什么关系呢？

我不知道汽车初创企业这个主题的投资热度会在哪一年结束，或许是 2025 年至 2030 年的某个时段。根据资本市场和铁路、互联网等不同时代新技术的爱恨纠缠历史，我**唯一能确定**的是，待盲目跟风投资这个主题的热潮过去后，报应总有一天会到来。

许多读者可能会（不怀好意地）想起 2000 年初风靡一时的市场主题，即房价将永远上涨。在当时抓住了这个风口的任何银行或金融公司，都从相关房企的股价上涨中获得了丰厚回报。现在，我们已经知道，房价**不会**一直上涨，而人们之前已经用大量借贷入手了高价房，所以一旦房价稍微回落，市场就会出现恐慌。所有那些上了“房产是永远不会亏损的投资”这趟主题列车的人，不可能想象到下面这些大牌金融机构会面临破产或需要政府提供巨额救助以求活命的一天：雷曼兄弟（资产 6910 亿美元）、华盛顿互惠银行（3280 亿美元）、CIT 集团（800 亿美元）、桑恩柏格房贷公司（资产 390 亿美元）、普增房产（资产 300 亿美元）以及其他多家知名企业。

印度市场也不例外。自 1998 年我开启投资生涯开始以来，我于不同时期见证了下面这些投资主题在资本市场上数十亿美元的价值创造和毁灭过程——房地产、基础设施、教育、小额信贷、消费贷款和技术服务。此外，直到 2022 年初，下面这些主题理论上已在印度私人市场创造（但尚未摧毁）了大量价值——教育技术、金融技术、电子商务、软件即服务、物流和社交媒体。基于历史轮回的经验，这些概念中有很多会最终被市场抛弃，我只是不知道是哪一个或在何时。

当市场对一个主题的投资出现了看涨或看跌情绪时，我们应该如何将其近因和终极因区分开？不幸的是，我并不能提供一个万无一失的方法来保证这一点，那烂陀的常规做法如下：

我们明确地规定，分析的对象是**具体的企业**，而不是整个经济或市场或投资的主题。那烂陀只关注一家企业的**基本面**，而不是其他东西。那烂陀从未投资于特定的主题，也永远不会这么干。

在这里，需要再次声明，我不是在暗示主题投资是有缺陷的，也许一些基金经理可以成功地做到这一点。

如果我们能做到，那烂陀当然也会投资于主题行业，但因为我们做不到，所以那烂陀不会采取任何类似的投资行动。

与企业相关的具体近因

在 Vaibhav Global 持续表现不佳近三年后，那烂陀于 2016 年 12 月第一次积极讨论了是否应该完全抛售其股票，以及我们是否混淆了一个终极因和一个近因的问题。

Vaibhav 是美国和英国的一家平价珠宝和珠宝配饰的零售商，主要销售渠道是电视广告和网上购物平台。消费者可以在美国的 https://www.shoplc.com 或英国的 https://www.tjc.co.uk 网站上买到其产品。请您一定要尝试登录看看，然后你会发现其售价和商品划算到无法拒绝，毕竟它的主要竞争对手是 QVC 和 HSN 等家庭购物巨头，以及其他数百家线上和线下零售商。

那烂陀在 2007 年末买入 Vaibhav 的股票。在经历了几年令人沮丧的业绩表现之后，2011 年 3 月至 2014 年 3 月，该公司的收入和营业利润以年均约 30% 的速度持续增长。2014 年 7 月，其股价创下 174 印度卢比的历史新高；那烂陀的买入价是 48 印度卢比，这说明其创始人兼 CEO 苏尼尔 · 阿加瓦尔（Sunil Agarwal）在最近几年内的工作完成得相当出色。

然而，从 2014 年 4 月开始，该公司的销售额和利润开始下跌，主要原因是三个自作主张的错误行为。首先，Vaibhav 没有对美国竞争对手的重大战略调整作出反应。当时，Vaibhav 在美国市场的所有主要竞争对手，都开始为客户提供分期付款服务，但 Vaibhav 却拒绝“跟风”，原因是创始人苏尼尔不想承担不必要的财务风险。另外，Vaibhav 每件珠宝的平均销售价格大约只有 20~25 美元，而竞争对手的价格是 50~100 美元。苏尼尔认为，如果顾客以足够低廉的价格买到优质的珠宝产品，他们就不会在乎是否能够分期付款。但事实证明，消费者的确挺在意的。

第二，该公司在设计和推出强大的技术平台方面表现逊色，在面向客户的网站和应用程序的质量上，它远远落后于所有同行，甚至它的一些后端技术平台（例如，帮助决定哪些产品在什么时候进行销售）也是过时且僵化的。Vaibhav 的互联网销售占公司总收入的 16%，而其竞争对手 QVC 的互联网销售占比是 51%。Vaibhav 解雇了原技术主管，但指望新上任的技术主管解决这些问题，还需要较长的时间。

最后，Vaibhav 失去了几个重要的高级经理人。苏尼尔自己解雇了其中几位，也有些人为追求更广阔的职业发展主动选择离职，苏尼尔发现很难再吸引优质人才来填补这些空缺。

2014 年 3 月至 2016 年 3 月，Vaibhav 公司的销售额下降了 2%，但利润却暴跌了近 70%，公司的已动用资本回报率从 2014 年的 55% 暴跌到 2016 年的 13%。股票市场也做出了回应：2016 年 12 月，Vaibhav 的股价为 54 印度卢比，相较于之前 2014 年 7 月的峰值下跌了近 70%。

那烂陀现在处于一个两难境地，不得不考虑下列问题：面对竞争慢人一步的反应能力、强大技术平台的缺乏、高级领导人才的流失，是否为导致了股价下跌的近因？又或者，这些令人头疼的问题是否表明 Vaibhav 公司存在更根本、更长期的问题？这些问题是否都是“可以解决的”，那烂陀应该在该企业可能逆袭的情况下放弃它吗？作为一家企业股票的永久持有者，除非企业出现了不可挽回的损失，那烂陀才不考虑抛售。那么这些失误是否都是暂时的？Vaibhav 公司能否克服这些问题？

正如我在本章前面探讨的那样，那烂陀忽略了与经济、市场，甚至行业相关的近因问题。但是，当这些近因问题与公司本身有关时，要在两难之下做出一项决策就棘手多了。假设持股公司的销售增长和利润率在过去几个季度有所下降，而其主要竞争对手却没有遭遇类似的问题，你认为导致业绩不佳的问题，是与近因（因此是暂时的）有关，还是与终极因（因此是永久的）有关？根据我的经验，培养出一种直觉或掌握一种方法以有效地区分导致投资成功或失败的近因和终极因，尤其是当它们与企业自身有关时，对一位长期投资者而言，足以称得上是无价之宝。

尽管我拥有超过二十年的投资经验，但这也是我最容易犯错的地方。像以往一样，遭遇极端情况时，做出继续持有还是抛售的决定，往往很直观。股价由于一两个季度的业绩下滑而下跌会被那烂陀忽略，因为在我们看来，它是一个近因。但是，如果下跌是由于连续三年的市场份额丢失造成的，那我们就会怀疑企业是否存在根本性错误。正是这两个极端之间的灰色地带，给那烂陀带来了最头痛的问题。我不知道有什么万无一失的方法可以破解这个难题，因为答案几乎总是需要根据每家公司的具体情况做出具体的分析和判断。

Vaibhav 就处于两个极端之间的这块灰色地带。它目前遭遇的近因，或许暗示了一个终极因的存在，但也许它们只是暂时性的问题。

经过内部商讨之后，那烂陀最终决定继续持有该公司的股票，因为在苏尼尔的领导下，该公司直到三年前还表现得非常好，且从那之后起，其目标市场也没有任何变化。没有新的竞争对手，客户的情况也保持不变。更重要的是，即使在困难时期，这家公司在20~25 美元价位内的珠宝和饰品销售优势仍然一如往常。没有一家竞争对手能够或愿意与 Vaibhav 在价值主张方面一较高下。另外，随着时间的推移，我们看到苏尼尔及时采取措施解决了这些问题。到 2014 年末，Vaibhav 开始提供分期付款服务，及时防止了客户的继续流失。尽管利润下降，他还是积极投资于技术团队和基础设施的建设。最后，随着他放弃对外招聘，转而将一些内部员工提拔至领导岗位，我们已经可以明显看到，公司有了好转的迹象。

对我们来说，幸运的是，苏尼尔和他的团队的确成功地实现了扭亏为盈。2016 年 3 月至 2020 年 3 月，销售额以每年 11% 的速率持续攀升，但更令人印象深刻的是，营业利润几乎增长了 5 倍。在此期间，该公司的已动用资本回报率从 13% 跃升至 45%，年度自由现金流几乎翻了四倍。股价也从 2016 年 12 月的 54 印度卢比，跃升至 2022 年 9 月的 352 印度卢比，增长了 6.5 倍。

Vaibhav 的表现或许在那烂陀眼中还算不错（以目前来看）。但这是一个极其危险的决策，因为它有可能导致全面的亏损。那烂陀致力于成为企业长期持股者的初衷，帮助我们坚持了对 Vaibhav 的投资信心。最重要的是，那烂陀这一次的运气的确出乎意料的好。

来自新闻头条的投资误导和获益机会

现在，让我们回过头去回答本章开头提出的问题：你之前已经在一只基金中投资了 70,000 美元，但现在其价值只有 36,000 美元，而这位基金经理经手的所有投资似乎都在下跌。除了苦恼地继续扯头发之外，你应该做些什么？

答案是：什么都不做，静观其变。

截至这个故事的结束日期，即2009年的3月，如果你选择什么都不做，静观其变，继续持有该基金，那么到了2022年的9月底，你账户里可怜的36,000美元将翻上数倍，直至超过770,000美元。按照13.5年的投资周期计算，你的投资增值了21.4倍。相比之下，主要股票指数在同一个周期里只增长了6倍。

你可能已经猜到，这不是一个虚构的故事，而是真实发生的事件。我已经描述了在那烂陀发生的事情。你在我给出的数字中看到的，是我们在2008年全球金融危机期间积极买入的结果，以及它对基金业绩的巨大而长期的影响。在这个故事中，你唯一需要做的改变，是把货币单位从美元换成卢比。[17] 事实证明，你的耐心会得到回报，而且是巨额的回报。

自印度股票市场从2008年3月开始下跌，我们便准备着手买进高质量企业的股票，此番操作直到2009年初都没有停止。股票市场越是低迷，那烂陀的购买动作就越积极。截至2008年12月，这只基金的年化收益率为–55%（是不是很吓人！），但那烂陀继续选择尽可能多地买进。截至2022年9月，其年化卢比回报率达到了20.3%（扣除所有应付费用和开支后）。

在全球经济看似走向末日的时候，是什么让那烂陀做出了继续投资的决定？因为那烂陀忽略了导致股价下跌的所有近因，只关注企业成功的终极因，下面让我们一起看一个实例。

迄今为止，那烂陀最成功的投资非佩吉工业莫属。截至2008年10月，该公司在过去的十多年里始终保持着出色的业绩记录，成为印度第一大内衣品牌。在1995年进入印度市场之后，它迅速超越了已经在本土市场深耕了几十年的竞争对手。在 2008 年之前的五年中，该公司的收入实现了每年 32% 的增长率，并获得了 57% 的已动用资本回报率。

时间来到 2008 年 10 月 7 日，雷曼兄弟银行宣告倒闭三周后，那烂陀以每股 455 印度卢比的价格买下了该公司 8% 的股份。不过其当时的实际股价是每股 370 印度卢比，那烂陀的购入价**高出了** 23%，因此在买进后的第二天，这笔投资就出现了名义损失。事实上，直到 2009 年 4 月，该公司的股价在 6 个月内都没有超过那烂陀的初始买入价。但到了 2022 年 7 月底，佩吉工业的股价是 48,873 印度卢比，是那烂陀当时买入价的 107 倍。在此期间，孟买敏感 30 指数仅上涨了 5.5 倍。

那烂陀对佩吉工业和我们在金融危机期间买入的其他七家企业股票的看法是：全球性事件可能会影响高质量企业的股票**价格**，但不会影响其**业务实力**；在全球金融危机期间，投资者抛售股票的行为，对那烂陀而言，不是问题，而是机会；这些高质量企业的市场估值可能会受到打击，但不会影响其**内在价值**；在股价动荡下跌时期选择**不投资**的机会成本，远远超过任何由于名义损失而造成的短期痛苦。那烂陀对佩吉工业公司的投资大获成功，部分原因是我们在市场恐慌时的大胆买入，但更主要的原因是，那烂陀不愿意以任何价格出售一家伟大企业的股票。但关于这个原则，后文将有更多介绍。

本书第二部分的标题是《以合理价格购入高质量企业》。这项投资策略听起来不错，但在实践中却很难落实。主要原因在于，高质量企业的股票很少会以公道的价格出售。在大多数时候，股票市场在价格方面都会表现得十分精明，然而只有在近因脱离了终极因时，股票市场才可能以相当优惠的价格向我们提供购入伟大企业股票的机会。在 2008 年金融危机时，那烂陀充分地把握了市场短暂的疯狂抛售时机大胆“扫货”。买入佩吉工业的股票后，滚动市盈率实现了倍数级增长，达到了 18 倍。你敢相信这个结果吗？

这种千载难逢的运气，也被我称为“新闻头条信息误导”的直接结果。但在那烂陀于 2008 年和 2009 年初忙着买入卓越企业的股票时，读者受众最大的印度商业日报《经济时报》经常出现下面这些唱衰的新闻标题（以及其他类似的标题）：[18]

《按市价计算的损失让印度公司人心惶惶》（2008 年 7 月 18 日）

《经济活动正在快速放缓》（2008 年 8 月 25 日）

《金融危机：跨国公司的工作有保障吗？》（2008 年 9 月 26 日）

《印度两大股指创下 2008 年新低》（2008 年 10 月 16 日）

《经济衰退，裁员改变了权力的平衡》（2008 年 11 月 15 日）

《为什么孟买敏感 30 指数从 20K 跌到 10K？》（2008 年 12 月 20 日）

众所周知，令人惊悚的坏消息，往往会比喜讯吸引到更多的注意力。[19] 我们可以将这种消极的舆论导向归咎于媒体的炒作，但心理学家已经证明，人们的确更喜欢听“坏消息”，而且会记得更牢，媒体只不过是利用了人们心中现有的偏见来追求报纸的大卖而已。研究人员在《心理科学》（*Psychological Science*）杂志上发表了一篇题为《关于牛羚和人类对负面刺激的感知偏好》（*On Wildebeests and Humans: The Preferential Detection of Negative Stimuli*）的文章，研究表明，受试者对负面词汇的记忆，要比正面词汇更快且更频繁。[20]

在危机时期，这种关注坏事的倾向会得到进一步刺激。想象一下，在雷曼倒闭后的几周和几个月里，不管是报纸还是电视，头条新闻的消息轰炸让全球经济都付出了代价。难怪那些高质量企业的股价，最终跌到了那烂陀无法拒绝的程度。

与此形成鲜明对比的是，在这一时期，那些正在被那烂陀纳入投资组合的高质量公司，并没有像往常一样在业务方面举办庆祝活动，也没有上新闻头条，比如：《沃思控股的另一份抵押贷款申请已进入议程》《Triveni 今年的第 39 批涡轮机成功出厂》《佩吉工业在奥兰加巴德市新设的两家零售门店于今日开业》《印度金奈市金刚砂工厂新一轮的生产任务已完成》等。

我曾在前文写道："值得庆幸的是，终极因对于媒体报道来说太沉闷无趣了。"现在你知道为什么媒体对它们不感兴趣了吧。

那烂陀可以在 2008 年接受与许多同行截然相反的投资态度，还有另一个重要原因：那烂陀很幸运地获得了诸位"金主"的助力——他们主要是美国大学捐赠基金和美国及欧洲家族企业——在全球经济似乎要濒临崩溃的时候，这些长期投资者们坚定地支持那烂陀反其道行之，以及大肆买入的决定，甚至没有一位投资者违背了他们的承诺，没有人为此而气急败坏得揪头发（我希望如此）！据我所知，许多私募股权和对冲基金都没能说服他们的"金主"在 2008 年时追加投入更多资金。

因此，我们也足够幸运。

* * *

我从不预测未来的市场走势，但在 2008 年的全球金融危机之后，我告诉自己，在接下来的几十年内，应该不大可能会再次经历同样程度的股市恐慌了。然而事实证明，我又猜错了！

在 2020 年 3 月新冠大流行的高峰期，印度股市下跌了 23%。

我们的“扫货”节奏几乎没有停下来过，那烂陀在那**一个月**支出的投资额，比前四年的投资**总和**还要多12%。与此形成鲜明对比的是，印度的外国证券投资者在2020年3月从印度股市撤出了87亿美元的投资。那烂陀却选择继续逆风疯狂买入，直到2020年9月才不得不停止，因为我们感兴趣的企业股价急剧上升。最终，那烂陀在2020年投资的总额，超过了我们2007年至2019年的十三年中累计投资总额的三分之一。

我不知道这样的决定是否正确。然而，我确实知道，对轮胎、酶制品、锅炉、诊断服务、车辆贷款和卫生洁具等企业即将面临厄运的近因担忧，与它们成功的终极因是相背离的。那烂陀已经对这些行业中的许多公司进行了大约十年长期跟踪观察，所以我们充分地相信，它们将在未来很长一段时间内将克服任何短期困难。不管赌赢了还是赌输了，结果都会很快揭晓。

毕竟2030年已经不远了。

本章小结

进化论教会我的投资知识是：

我们可以通过忽视导致股票价格变动的近因，转而关注商业成功的终极因的方式，重构对投资的理解。

1. 进化生物学通过寻找近因和终极因来探索自然生物的进化现象。近因机制解释了对一个性状的直接影响。自然选择发挥的作用则解释了一个生物体在环境中成功存活或失败的终极因。

2. 因此，为了理解蜣螂令人印象深刻的、不同大小和种类的角，进化生物学家提出了近因相关的问题（例如，哪部分基因网络被激活了）以及与终极因相关的问题（例如，这些角的适应价值是什么）。科学家们明白，因为两者是不同类型的问题，所以可以带来不同类型的答案，而且这两种类型的问题都必须得到解答。
3. 投资界也必须区分近因和终极因。股价变化的近因可能来自宏观经济、市场、行业或企业本身。由于近因往往非常突出（例如，美联储宣布降息或企业宣布销售增长放缓），所以投资者在决策过程中可能会错误地将太多注意力放在它们身上。
4. 我们在分析企业是否值得投资时会选择忽略所有的近因。我们只关注企业的基本面，或导致企业成功或失败的终极因。
5. 在 2008 年金融危机期间和新冠大流行的早期，我们都是积极买进的投资者，因为对近因的担忧迫使股票市场忽略了许多高质量企业成功的终极因。

第5章

达尔文吃掉了我的DCF[①]

当我们不再像未开化人把船看作是完全不可理解的东西那样地来看生物的时候；当我们把自然界的每一产品看成是都具有悠久历史的时候；当我们把每一种复杂的构造和本能看成是各个对于所有者都有用处的设计的综合，有如任何伟大的机械发明是无数工人的劳动、经验、理性以及甚至错误的综合的时候；当我们这样观察每一生物的时候，博物学的研究将变得——我根据经验来说——多么更加有趣呀！

——查尔斯·达尔文《物种起源》

我们更喜欢已得到证明的持续盈利能力（我们对未来的预测兴趣不大，“出现转机”的情况也是如此）。

——沃伦·巴菲特《1982年致股东信》

这是一个千载难逢的环游世界的机会，但有一个难以克服的障碍。

---

① DCF是Discounted Cash Flow的简写，意为现金流折现分析，即用资产未来可以产生现金流的折现值来评估资产的价值。

一名 22 岁的男子在深夜回到家后，惊讶地发现有人给他寄了一个厚实的大信封，里面装着两封信：一封来自他的大学导师，另一封来自他最喜欢的老师约翰·史蒂文斯·亨斯洛（John Stevens Henslow）牧师。第一封信告诉他，为期两年的环球航行将在一个月内开始，第二封信则试图说服他接受这份邀请。

对这个年轻人富有的父亲罗伯特来说，旅行的费用不足为虑。可问题是，这名年轻人已经先后换了两次职业，而且完全没有安定下来的迹象——他知道父亲对他很失望。罗伯特认为儿子对全球航行的热情，不过再次证明了他对那些充满乐趣但毫无用处之事的沉迷。另外，老父亲罗伯特还有一个疑问，明明有资格成为一名合格牧师的年轻人，究竟为什么要放弃原本十分体面的工作，转而要在这次环球航行中担任“博物学者”的职务？如此一来，整个航行计划就显得十分可疑了。年轻人的三个姐妹，苏珊、卡罗琳和凯瑟琳，这次也站在了父亲罗伯特一边，全家人的反对，迫使他不得不放弃此次的旅行计划。年轻人只得十分痛心地拒绝了老师的邀请。

第二天，他帮父亲罗伯特给舅舅乔赛亚送了一封密信。乔赛亚是罗伯特的密友和知己。罗伯特在信中写道，他的儿子痴迷于环球航行是一个错误，但他又说：“如果你的想法与我不同，我希望他能听从你的建议。”

幸运的是，乔赛亚的意见同罗伯特恰恰相反，他全心全意地支持年轻人参加这次航行。在给罗伯特的回信中，乔斯认为，这次旅行将帮助这个年轻人塑造品格，而且，这远不是一种浪费青春的行为，反而会给他带来很大的好处。乔赛亚给出了一个令罗伯特无法拒绝的理由：完成这次环球航行后，这位年轻人将会有更好的准备来承担教会的工作，因为“自然史……毕竟……很适合神职人员”。罗伯特最终同意了。

1831 年 12 月 27 日，在一个阳光灿烂的早晨，“小猎犬号”考察船从普利茅斯港起锚。查尔斯·达尔文的环球航行将带他踏上巴西、阿根廷、乌拉圭、智利、秘鲁、新西兰、澳大利亚、毛里求斯、马达加斯加、南非和加拉帕戈斯群岛的土地。“小猎犬号”这一次的航行将持续五年。

此次航行不仅会改变这个年轻人的命运，它还将改变科学的发展史，乃至整个世界。

基金经理业绩不佳的一个被忽视的原因

本书开篇便披露了两个残酷的现实：大约 90% 的基金经理无法跑赢市场，而且他们的业绩随着时间的推移还会不断恶化。

为什么基金经理的表现不佳?

关于这种令人遗憾的结果，假设你咨询了十几位不同的业内人士，他们很可能会给出十几种不同的理由。你可能经常听到的一类抱怨就是：基金经理的工作和激励措施不适配，原因是基金管理公司通常根据基金的**规模大小**，而不是**业绩好坏**获得报酬。但许多研究人员发现，从长期来看，基金体量的增加，反而会导致业绩下滑。例如，2009 年发表在《金融和定量分析杂志》(*Journal of Financial and Quantitative Analysis*) 上的一项对 1993 年至 2002 年美国主动管理基金的分析研究表明，“基金体量与基金业绩之间存在明显的反比关系”。[1] 同样，在 1996 年《金融服务评论》(*Financial Services Review*) 杂志上的一篇文章中，作者写道：“一旦股票基金规模变大，其表现就无法超越同行。”[2] 然后，作者们便建议投资者买入体量较小的基金。

基金经理表现不佳的另一个原因，在某种程度上与激励机制不适配的问题有关，即所有基金都不喜欢获得低于市场平均水平的表现。是的，很讽刺，不是吗？在努力不输给市场的情况下，基金最终却没能跑赢市场！这是为什么？原因如下。为确保我们的解释浅显易懂，让我假设一个指数中只有 10 只股票，每只股票的权重为 10%。如果基金在市场上投资 100 美元，每只股票投资 10 美元，那么它就完美地复制了该指数的权重。在这种情况下，它的主动股票投资（active share）① 份额就被视作是零；如果该基金没有投资于这些股票，其主动股票投资份额就是 100%。

因此，主动股票投资份额成了衡量基金经理投资勇气和信念的一个标准。那些情愿牺牲投资者本可获得的回报，也不愿意拿自己的职业生涯冒险的人，其主动股票投资份额都比较低。那些愿意铤而走险，不照搬指数权重的大胆投资者，其主动股票份额就比较高了。

在 2013 年《金融分析师期刊》（*Financial Analysts Journal*）的一篇文章中，安蒂·皮特捷斯特（Antti Petajisto）计算了 2009 年美国 1380 只共同基金（mutual fund）的主动股票份额并得出结论道："衣柜指数型基金（closet indexer）② 的表现，可想而知是很差的。"[3] 他还指出，主动股票投资份额高的基金，为投资者增加了价值。在他研究的共同基金中，只有 44% 的基金主动股票份额超过了 80%。

你是否听说过这样一句话：没有人会因为聘用 IBM 的离职人员而被解雇。无独有偶，基金管理行业似乎也存在类似的情况。如

---

① 一种衡量投资组合中主动管理部分的指标，它表示投资组合中与基准指数不同的股票占比。

② 指那些被动式指数基金经理，虽然声称自己是在跟踪某个指数，但实际上却在进行一些主动的投资操作，以便在业绩上超越被跟踪的指数。

果一位基金经理的主动股票投资份额很低，他就不太可能落后市场太多，而且由于其他同僚也都面临着相同的问题，他们被解雇的风险也相对较低。至少基金经理从野外的食草动物那里学到了一件事，那就是越扎堆，个体就相对越安全。

基金经理业绩不佳的原因还有很多，例如，业绩不佳还与投资组合周转率较高、拥有流动性较强的股票、投资于成长型股票、费用比率较高，以及其他许多因素相关。你可以在众多著名金融期刊上发表的无数研究文章中，找到所有这些理由，以及关于基金经理业绩惨淡的更多解释。

你在这些文章中**找不到**的，是本章要探讨的核心因素。我认为，基金经理业绩持续不佳的一个重要原因，是他们只关注未来的回报，而忽视了**过去创造**的财富。

在那烂陀私募股权投资公司，我们的投资岗位工作同进化生物学家有着异曲同工之妙——我们会将现在的情况放在历史背景下加以解读。进化生物学并不会像物理学和化学那样进行结果预测，我们也是如此。相反，那烂陀的投资方法强调“以史为鉴”，即通过解读过去发生的事件来解释眼前的情况。

已故哈佛大学古生物学家斯蒂芬·杰·古尔德（Stephen Jay Gould）在一篇关于进化论的文章中写道：“只有当我们能够把当前过程的小影响叠加起来，以生成观察得到的结果时，‘现在’才会具备相关性，只有如此，‘过去’才能具备科学性。”[4]这段话描述的不仅仅是生物进化，完全也可以用来描述那烂陀的投资方式。

“没有想到这一点是多么愚蠢”

年轻的查尔斯·达尔文在“小猎犬号”上开启了改变人生的旅

程，[5] 而我们接下来也会加入他的旅程。尽管达尔文以动物学家和植物学家的身份闻名于世，但他当时是以一名充满热情的地质学家的身份，登上了“小猎犬号”。达尔文以科学家身份做出的第一次尝试性探索，是与他的教授亚当·塞奇威克（Adam Sedgwick）在 1831 年夏天共同尝试绘制北威尔士的地质图。达尔文在这次旅行结束后总结道：“科学研究包括对事实进行分组，以便可以从它们中得出一般规律或结论。”在“小猎犬号”的探险之旅结束时，他写下了长达 368 页的动物学笔记，而地质学笔记则多达 1383 页。

达尔文的地理探索兴趣深受著名地质学家查尔斯·莱尔（Charles Lyell）的影响。他把莱尔的《地质学原理》（*Principles of Geology*）一书的第一卷带上了“小猎犬号”。在航行旅程的后半段，他收到了《地质学原理》的第二卷，并在回国后阅读了第三卷。莱尔是均变论（Uniformitarianism）的坚定支持者，这也是地质学的核心原则；达尔文后来将其作为进化论的指导原则。均变论认为，地球上所有的重大地质变化，都是由数百万年来缓慢而稳定的自然过程造成的。[6]

得益于他对地质学的兴趣和了解，达尔文以远超所有人的远见卓识，将大多数人都无法想象的漫长时期进行了概念化。他是第一个理解深度时间（deep time）① 在进化中的重要性的人。他写道：“我总觉得我的书有一半来自莱尔的大脑，而我从来没能充分地感谢他的贡献……我一直认为，《地质学原理》的最大优点，是它改变了一个人的整体思维基调。”

达尔文自己撰写了超过 25 本书，[7] 涉及他本人及其作品的文章

---

① 指地球历史中的极长时间段，通常用于描述地质学、宇宙学和生物学等领域中的漫长时间过程。

也有数百篇。我们在本书中关于他的论述，不及其天才成就的百分之一。在本章中，我只想关注他的研究方法的一个重要方面，这在他的开创性著作《物种起源》中体现得非常明显：他强调了**历史**信息的重要作用，并在此基础上对**正在进行的**进化过程做出推论。

达尔文在《物种起源》中提出的不是一个或两个，而是三个革命性的理论：自然选择、性选择和共同祖先。让我们简单地看看这些理论是什么，以及达尔文是如何在所有这些理论中，利用历史信息来得出他对所有有机生命的根本性解释的。

首先是达尔文最著名的理论：自然选择。

在我这个门外汉看来，达尔文的最高成就——自然选择理论——之所以没有更早地被其他人发现，并且在达尔文生前和死后，仍然没有获得大批的忠实“粉丝”，是因为很少有人理解，在很长一段时间内积累起来的微小变化，最终所能发挥的强大作用。然而对于那些了解历史的人来说，这一理论非常强大和直观，以至于著名的生物学家托马斯·赫胥黎（Thomas Huxley）曾评价说：“人们没有在他（达尔文）之前就想到这一点，是多么的愚蠢啊。”[8]

自然选择的发生需要三个关键因素。[9]首先，生物体的后代之间需要存在随机**变异**。注意“随机”这个词，这种变异并不追求任何特定的目标。其次，这些变体之间需要有**不同的适应性**，这样有害的变体就会被淘汰，而有利的变体就会生存下来。最后，有利的性状必须是**可遗传的**，以便它们能传给下一代。然后，随着这三个因素在几百万甚至几十亿年的时间里无限重复，原生动物便逐渐进化成为穿山甲。用达尔文自己的话说：“我把这种对有利的个体差异和变异的保存，以及对那些有害变异的毁灭，叫作‘自然选择’。”

让我们看看长颈鹿的进化史，便能充分体会达尔文所说的自然选择是什么。长颈鹿是偶蹄目科（Artiodactyla）成员，它们大约在 3400 万年前从其他科属成员，如牛、羚羊、鹿和羊中分化出来。[10]

现代长颈鹿的祖先可能由于随机突变，而生下了一个脖子稍长的小长颈鹿，这种突变没有任何原因，长颈鹿自身也**没有**希望脖子变长的主观愿望，但它就这样发生了。

这只长脖子幼崽，在成年后可能比其他草食性竞争对手获得了更好的营养，因为它可以吃到更高处的树叶，享受更多的多汁嫩芽和叶片。营养更好、更充足的食物，可能使这只长颈鹿具备了更健康、更强壮的体魄，进而帮助它成功地躲避了捕食者的猎杀。因此，它可以比脖子更短的同类竞争对手获得更多的交配机会，并产生更多的后代，而它的后代一般都会有长脖子，尽管脖子的长度依然会有所不同。它繁衍出的脖子更长的后代，同样可能会获得更好的营养，被捕食的风险更低，并且比短脖子的兄弟姐妹有更多的配偶。由于长脖子是可以遗传的（达尔文不知道是哪部分基因导致了长脖子的遗传，但它们**肯定**存在），这些长脖鹿的后代中也会有部分长脖子出现，并继续比它们短脖子的兄弟姐妹和竞争对手更有优势。就这样，优势的基因（长脖子）就被一代又一代地遗传下来。

在这种“比谁脖子长”的生存竞赛持续几千年后，我们就得到了现今的长颈鹿。

达尔文整理了大量的历史线索后，才总结出了他的自然选择理论，本书无法在此详尽罗列，因此，请允许我只分享部分要点。

达尔文于 1831 年登上“小猎犬号”开启他的环球旅程时，仍是一个神创论者（creationist）。他在自传中写道：“在“小猎犬号”上时，我仍是一个相信神创论的正统人士。”[11]1802 年，英国圣公会牧师威廉·佩利（William Paley）出版了《自然神学》一书，通过其中著名的“钟表匠比喻”，论证了上帝存在的合理性。[12] 在剑桥大学读书期间，达尔文研习了他的著作，其观点使他内心产生了强烈的共鸣。佩利的论述如下：如果有人穿越荒野时在地上发现了一只机械结构极其复杂的手表，那么他就会得出结论，因为手表的各个部件完美地结合在一起，不可能是偶然组装而得，所以肯定是某位学识渊博的能工巧匠制造了它。因此，佩利认为，由于自然界的构造比手表复杂得多，我们必然得出的结论是，宇宙诞生的背后必然有一位无所不能的设计师，而这个人就是上帝。

在全球航行考察期间，随着对各地自然条件的深入观察以及生物标本的持续搜集，达尔文写下了大量的观察笔记，并开始产生了诸多疑虑。1832 年，他在阿根廷一个叫蓬塔阿尔塔（Punta Alta）的海湾，发现了启程以来的第一批化石。这些残留的大腿骨和牙齿的化石，似乎来自已灭绝的巨型树懒（giant sloth）。

古生物学创始人乔治·居维叶的研究表明，地球已然经历了多次物种灭绝事件，并提出了两个无可争议的事实。[13] 首先，过去留下化石遗骸的生物，往往早已不再存活于世；其次，化石的年代越是古老，它们与现存物种的差异性就越大。然而，居维叶通过援引上帝来解释这些事实，声称上帝在每次物种灭绝后，都会用新的物种将地球重新“填满”。

达尔文很困惑，如果这就是事实，那为什么现存的树懒，与已经灭绝的树懒有着非常相似的骨骼结构？如果现存的树懒是上帝创造的全新物种，为什么已灭绝的巨型树懒，与现在活着的树懒物种之间，看起来仍有某种联系？随着途中越来越多的化石被发掘，这个问题持续困扰着他。

神创论的一条核心原则是，上帝在类似的气候和物理环境中，创造了类似的植物和动物。但达尔文发现，情况并非如此。比如生活在加拉帕戈斯群岛上的热带生物，就与世界上其他地方的动植物群并不相像。相反，它们似乎与南美大陆上的物种有着密切的关联。正如达尔文在《物种起源》中写道：“对我们来说，最引人注目和最重要的事实是，居住在岛屿上的物种与离岛屿最近的大陆上的物种很相似，但又有着实质性的差异。”[14]

达尔文的鸟类学家朋友约翰·古尔德（John Gould）在 1837 年 3 月告诉他，栖息在加拉帕戈斯的 26 种鸟类中有 25 种是该岛特有的，在全球其他任何地方都找不到。[15] 神创论一直认为，上帝创造的物种都是独立存在的，所有物种在被创造后都保持不变。[16] 那么，该如何解释加拉帕戈斯鸟类物种的多样性呢？岛上所有的鸟类虽然都与其他大陆的物种相似，但显然也存在很大的不同。于是，达尔文得出了一个截然不同的结论：大陆上的某种鸟类在几百年前意外地来到了加拉帕戈斯岛，然后逐渐分化成许多物种，并占据了当地不同的生态位。

对我来说，达尔文以新的眼光看待历史的卓越能力的一个最佳例证，是他在《物种起源》第一章中对家鸽的讨论。他对鸽子进行了多年的仔细研究，买下了能接触到的每一个品种并亲自饲养；从千里之外的波斯（现称伊朗）采购了鸽子皮；结识了许多声誉卓著的伦敦养鸽人，还加入了两个鸽子俱乐部。在十九世纪的英国，养鸽子可是门大生意，它们也让达尔文着迷万分。

达尔文在《物种起源》的第一章里，用了整整六页的篇幅对各类鸽子品种的独特性进行了概述。他的开场白是：“从英国传书鸽（English carrier）和短面翻飞鸽（short-faced tumbler）的比较中，可以看出它们在喙部之间的奇特差异，以及由此所引起的头骨的差异。”接下来，他描述了各个品种鸽的喙、大小、身体形状、颜色和飞行方式。像那个时代的大多数博物学者一样，达尔文认为所有这些鸽子品种，都是由最初的某只岩鸽（Columba livia）繁衍而来的。在《物种起源》中，他也提供了充分的证据支撑了这个观点。

达尔文的朋友莱普斯（Lepsius）教授告诉他，人类驯养鸽子已经有几千年的历史了，早在公元前3000年的埃及第五王朝就有关于鸽子的记录。在罗马和印度莫卧儿帝国时代，鸽子不仅享有盛名，而且还具备很高的货币价值。很明显，在漫长的进化过程中，人类已经根据自己的独特喜好，改变了鸽子的演化方向和进程，他把这种现象称为“人工选择”。

然后，他做出了在他之前没有人做过的大胆结论，他断言：“如果一个弱小的人可以通过他的人工选择能力做很多事情，那么变化的数量可能是无限的，所有有机生命之间的共同适应的、无限的美丽和无限的复杂性，在漫长的时间过程中，可能受到自然选择力量的影响。”[17]

如果人类可以显著地改变鸽子的品类，考虑到自然可以支配的无限时间，为什么自然界不能改变有机生命体，以创造出我们今天看到的多样性？这对我们来说可能是显而易见的，但在达尔文之前，没有一个博物学者把人工选择繁育出的鸽子、狗或植物的无数品种，与自然界中无处不在的自然进化带来的多样性联系起来。

孔雀尾巴之谜

达尔文在《物种起源》中提出的第二个大胆猜想是：性选择。

达尔文写道：“每当我凝视着孔雀尾巴上的羽毛，都会让我感到恶心。”[18]他觉得像孔雀尾巴这样的雄性装饰品，是与自然选择理论相矛盾的，因为它给孔雀的生存造成了阻碍。为什么孔雀的尾巴会进化到危及个体寿命的地步？达尔文总结道，自然选择的标准不仅有生存，还有**繁殖**。

从长远来看，任何能够让动物产生更多后代的性状特征，都是优异因素，因为**这些**后代反过来又能够繁衍更多的子嗣。一只尾巴更漂亮的雄孔雀，能吸引更多雌孔雀，进而在一生中孕育更多后代。因此，雄孔雀会陷入一场关于尾巴的“选美”竞赛中。达尔文在《物种起源》中写道：“这种选择的形式并不在于一种生物对于其他生物或外界条件的生存斗争上，而在于同性个体间的斗争，这通常是雄性为了占有雌性而引起的斗争。”雄性孔雀通过进化出更美的尾巴而相互斗争，但这种斗争不是为了生存，而是为了吸引更多的雌性孔雀。

令维多利亚时代的读者感到震惊的是，达尔文认为：“我实在没有充分的理由来怀疑雌鸟依照她们的审美标准，在成千上万的世代中，选择叫声最动听的或外表最美丽的雄鸟，由此而产生的显著效果。”他声称，孔雀尾巴的艳丽程度，是由雌孔雀控制的，“她们”在判断一条尾巴是否足够美丽方面拥有决定权。

当然，性选择并不仅限于鸟类。像他之前的几代博物学者一样，达尔文也观察到了雄鹿、公鸡、雄性甲虫和雄性捕食性物种为争夺雌性而激烈斗争的现象。达尔文在《物种起源》中明确地写道：“无角的雄鹿或无距（雄鸡爪后面类似于脚趾的突起部分）的公鸡，很少有机会留下大量的后代。”他把狮子的鬃毛或鲑鱼的钩状下颚等雄性附属结构比作剑或矛。一头雄鹿如果长着笨重的角，可能更容易成为狮子的猎物，但最终能比长着小角的雄鹿繁育出更多后代。

就像自然选择一样，达尔文通过从新的角度审视既定的事实，进而发展出了他的性选择理论。

动植物有着共同的祖先

在我这个外行人看来，达尔文在《物种起源》中关于共同祖先的第三个论断，是他最重要的一个创新理论。

达尔文在《物种起源》中写道："我相信动物至多是从四种或五种祖先传下来的，植物是从同样数目或较少数目的祖先传下来的。类比方法引导我更进一步相信，一切动物和植物都是从某一种原始类型传下来的。"维多利亚时代的许多人，甚至不能接受黑人和白人是来自一个共同人类种群的说法，而达尔文却在这里宣称，不同的物种之间存在着共同的祖先。

《物种起源》的第 14 章提出了大量的证据来支持这个观点，即大多数物种都是从少数几个共同祖先演化而来的。他称这种现象为"演化论"（descent with modification）。他首先指出了一个显而易见的问题：有机生命体往往以群体形式存在[19]。物种的层次等级关系一般按升序排列如下：种、属、科、目、纲、门和界。

因此，我们熟悉的狗是犬科动物，属于犬属。把狼和豺组合分类的话，它们归属于犬科。当犬科与其他科，如猫科（猫）、熊科（熊）、鼬科（黄鼠狼）和许多其他科归在一类时，我们就得到了食肉目。食肉目与鲸目（鲸和海豚）、奇蹄目（马、貘）、海牛目（儒艮）、兔形目（兔）等共同组成了哺乳纲。哺乳纲、两栖纲和其他纲合并形成脊索动物门。脊索动物门、软体动物门、线虫门和许多其他门类聚集在一起组成了动物界。

瑞典植物学家卡尔·冯·林奈（Carl vom Linné）于 1735 年在《自然系统》（*Systema Naturae*）中为上述生物分类系统奠定了基础。[20]在林奈之前，博物学者们对物种的划分存在着诸多矛盾；林奈的天才之处在于，他将所有的生命视为一个包含了不同层级的等级体系。林奈是一个非常虔诚的宗教信徒，他认为自然界的等级制度是上帝的安排。令人惊讶的是，现代生物世界的组织结构大致遵循了林奈的划分系统，只有轻微的变化。

正如你所看到的，这个系统似乎遵循了一种特殊的**自然**秩序：把狗与豺狼分到一列类，似乎是正确的选择；犬科和猫科处于同一级别的科；除了在哺乳动物类下，人们为何将马和儒艮归为一类？但是，正如达尔文在《物种起源》第 14 章中写道："在我们的分类中，有一些比单纯的相似性更深的联系。我相信情况就是这样，血统共同体——生物的密切相似性的一个已知原因——就是这种纽带，尽管它出于不同程度的变化而被观察到，但我们的分类揭示了其中一部分的关联。"

达尔文提出了一个引人注目的原创性论点。这个分类系统在我们看来是正确的，因为它反映了地球上所有生物的进化路径。林奈证明了所有的有机生命体都是相互关联的，但他把这种自然秩序归功于上帝。而达尔文的结论是，只有当所有的有机生命体，都源自一个或几个共同的祖先时，才可能如此。

达尔文又提供了存在共同祖先的两个证据。首先，像哺乳动物、鸟类和爬行动物等看似毫不相关的生物体，在胚胎发育早期，都非常相似，以至于很难区分它们。我敢保证，图 5.1 中不同物种胚胎的相似程度，会让你感到震惊。当图中五个物种处于胚胎发育早期阶段时，我们几乎不可能将它们区分出来。在胚胎发育的后期阶段，蝾螈看起来像鱼，而人的胚胎看起来像乌龟。为什么会这样呢？达尔文写道："因此，胚胎构造的共同性显示了血统的共同性。"

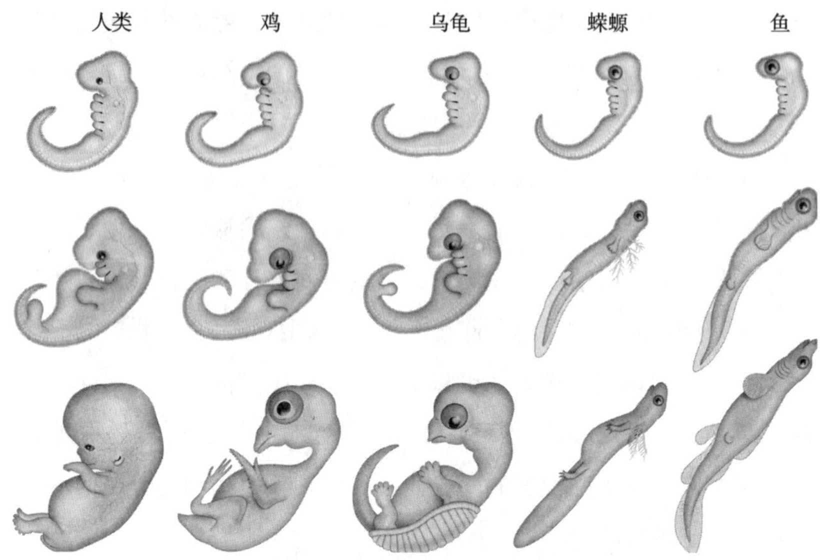

5.1　五个不同物种胚胎的不同发育阶段示意图
（鱼类、乌龟和人类的早期胚胎之间有什么不同吗？）

图片来源：iStockphoto 授权图片（盖蒂图片社）。

其次，达尔文提供了萎退器官（rudimentary organs）作为祖先和现存生物之间存在亲缘关系的证据。达尔文所说的“萎退器官”是指那些在生物体内持续存在，但已失去功能的残存器官。他提供了许多例子：雄性哺乳动物的乳腺、甲虫身上已经退化的翅膀、陆生普通蝾螈幼体的鳃、小牛上颚那些从未长出来的牙齿，以及蟒蛇的后肢和骨盆残体。达尔文认为，这些曾经能使用的器官，因为不再使用而逐渐退化，最终变成了进化的遗留物。因此，身体上退化的这些残留器官，就成为现存生物体与远古时代共同祖先之间的一条直接联系的纽带。一只成年后可以在陆地上呼吸，但在幼年阶段仍有鳃的蝾螈，应该与其他水生动物有着共同的祖先；蟒蛇退化的后肢，将其与有腿的动物祖先联系在了一起；甲虫退化的翅膀表明它的祖先也曾是有翅膀的昆虫。

当然，达尔文是对的。科学家们得出结论，我们人类同其他物种的最后的共同祖先——微生物“露卡”出现在 35 亿到 40 亿年前的某个地方。[21]“露卡”在以后的岁月里逐渐分化出了六个重要的生命王国：动物界、植物界、真菌界、原生生物界、真细菌界和古细菌界。虽然达尔文只知道其中的两个，但我发现，他仍然得出了正确的结论。这太让人吃惊了，他真是一位旷世奇才！

投资是一门历史学科

投资行业从不缺乏各种类型的预言家。有些是故弄玄虚的神棍，但大多数都是用心良苦的专业人士，他们花费了巨大的精力来对未来进行论证，但那烂陀却不是其中的一员。

在进一步探讨之前，我想澄清一个重要的问题。达尔文和他的自然进化理论是无可比拟的伟大成就，在我看来，没有一位科学家能赶上他；也许只有爱因斯坦可与其比肩，但可能连爱因斯坦也比不上他颠覆性的成果。当我把达尔文在推动科学进步方面的伟大成就，与那烂陀在投资领域的贡献进行比较时，我明白这不亚于“萤火与月争辉”。从广泛的意义上看，我认为金融投资者所做的事情与这个世界并无多大关联，而达尔文的研究却截然相反。

基于达尔文给我们带来的经验教训，那烂陀的投资方式和他的研究一样：

- 那烂陀**只在**历史的背景下解释现在。
- 那烂陀和其他人看到的是同样的历史事实。
- 那烂陀对预测未来没有兴趣。

像达尔文一样，那烂陀会在投资一家企业前完成下列任务：研究其历史以了解其财务状况、评估其经营战略、衡量其竞争地位，最后再对其进行“赋值”。下面，让我在下文中分别分析这几项工作。

了解企业的财务状况

从事金融行业的人一定看过无数的分析师报告，但如果你不是金融专业人士，或以前没见过分析师报告，那么请允许我简要地为你科普一番。它是证券经纪公司（如摩根大通、摩根士丹利和高盛等）雇用研究分析师（顾名思义）对上市企业进行详细研究后，向其客户（投资者）发布的一种报告。一份典型的分析师报告通常包含了一家公司的业务和财务状况，以及整体战略和方向等信息，并建议客户购买、持有或出售该企业的股票。不同的经纪公司有着不同的报告话术，因此你会见到分析师们频繁地使用各种各样的行业术语给股票评级，如“逊于大盘”“超配”“累积”“中性”等深奥的术语，来表达他们的评估建议和意见。但整体而言，这些分析师报告提出的建议，基本上都没有跳出买入、持有或卖出的范畴。

除了业务方面的评论外，大多数分析师报告通常都附带了目标企业最近一个财政年度的损益表和资产负债表，以及对其未来 2~5 年的财务预测。但很多分析师报告都不会放该企业过去 2~3 年的财务状况，过去 5~10 年的财务状况就更加罕见了。如果你很想知道这家公司过去五年的收入增长情况、利润率的长期历史趋势，或者已动用资本回报率和自由现金流在十年中的变动情况，你就得靠自己搜集了。

在我撰写本章内容期间，我手里有五家经纪公司对塔塔咨询服务公司的分析报告，该公司是印度最大的技术服务企业，市值约为 1500 亿美元。这些分析报告都提供了关于塔塔未来 2~3 年的财务预测和过去一年的实际财务数据；只有一家提供了过去三年的历史财务数据，但没有一家能给出这家公司过去 5~10 年的历史财务数据。

我亲身经历的一个真实事件，或许可以说明造成这种情况的原因。几年前，那烂陀投资小组的一行三人去拜访我们投资的一家公司。投资小组与该公司的 CEO 和首席财务官进行了大约一小时的会面，就在我们准备离开之际，首席财务官接到了一个电话，他明显地表达出了对致电者的不满，并且不耐烦地大声呵斥道："我无可奉告，你等几周后公司发布的信息吧！"原来，打来电话的是一位知名投资者，他想要了解该公司本季度的收入和利润的相关信息。

如果连作为"金主"的投资者，都需要以低三下四地纠缠公司管理层的方式才有可能了解到下个季度的财务信息，难道研究分析师就可以轻松拿到吗？既然拿到财务数据如此困难，为何分析师还要费心研究一家公司的长期历史数据呢？分析师之所以在报告中做出预测，因为这完全是出于"雇主"的要求，所以他们不得不这么做。但我相信，很多分析师已经意识到，这些预测根本就是徒劳无益的，原因如下。

假设我需要预测一家企业下一个财年的财务状况，那么我至少需要对十项（或更多）指标进行数据预测，包括产品销售数量、单价、销售成本、销售费用、应收款项、资本支出等等。让我假设自己是一位超级厉害的预言家，对这十项数据的猜测准确率达到了 90%，但我准确预测下一年全部十项数据的概率，也只有约 35%（0.90^{10}）。有人可能会争辩说，这十项数据并不都是独立变量，因此不应该以十次方的方式进行计算。这个逻辑没错，但你要知道，实际情况下的变量数量远远超出 10 个，而且至少都是半独立的变量。无论你以何种方式评估自己猜对下一年全部财务状况的概率，其成功率也不会比猜中硬币的正反面高多少。

光是预测明年一年业绩的正确率就如此之低，我还需要预测后年和大后年的情况，你认为我的猜测能有多高的命中率呢？

因此，那烂陀通常**仅**提供过去十年或更长时间的历史财务数据，不对未来业绩做出任何预测。此外，那烂陀使用的都是其他人**同样**可以获得的真实财务信息，这与达尔文的做法并无二致。

在构想物种起源理论时，达尔文并没有掌握什么可获取任何机密数据或信息的特殊渠道。“小猎犬号”的航行之旅，的确让他有机会接触全新的生态环境和物种，但他并没有任何新发现。在长达五年的旅行中，达尔文确实收集了 1529 个物种的信息和 3907 个不同物种的皮肤、骨骼和其他组织样本。[22] 但根据我对达尔文研究的了解，我认为，他所发现的任何科学未知的重大事物，并非来自一连串的“机缘巧合”。

然而，确实有那么几次“意外之喜”——其他领域的专家们在达尔文收集到的标本中有了**新**发现。例如在 1845 年，达尔文的植物学家朋友约瑟夫·胡克（Joseph Hooker）确定了达尔文和他的团队在加拉帕戈斯收集的 200 多种植物的品种中，[23] 大约有 150 种是单个岛屿上所演化出的独有品种，但它们也与其他岛屿上的植物有关，而这些植物在地球上其他地方都没有发现。一些植物的祖先，就跟岛上鸟类的祖先一样，很早以前就意外地在加拉帕戈斯扎根，并随着时间的推移，在适应当地环境的过程中，逐渐分化出了不同的品种。

几个世纪以来，许多鸟类学家和博物学家一直在观察孔雀的交配仪式，但没有人知道为什么**雌鸟**会根据雄鸟羽毛的艳丽程度来“选夫”。即使是业余鸟类学家也知道，只有雄鸟才有华丽的羽毛装饰，而且所有鸟类羽毛的大小、形状和颜色的多样性，确实令人吃惊。但是，没有鸟类学家像达尔文那样，从性选择的角度来解释观察到的结果。

同样，林奈的《自然系统》成名的理由也不是什么秘密，其基于雌雄性别的植物学分类系统，给林奈带来了极高的声誉，也为他一生的成就和声望奠定了基础。在其随后出版的《植物种志》（*Species Plantarum*）中，林奈修改了他的植物性别分类系统，即根据林奈所言，植物在“属”一级的分类需根据这一分类等级的“自然特征”：植物的花和果实的形态特征。然而，他和其他人都无法解释这种自然秩序的来源，只能说这是上帝的安排。在林奈去世 80 年后，达尔文终于通过他在《物种起源》中论述的共同血统理论，解释了这种自然秩序。

如前所述，在同等情况下，达尔文获得的历史事实与其他人并无不同，但他给出了全新的、截然不同的**解释**。我相信那烂陀在投资方面也能采取类似的做法。

如果那烂陀拒绝预测未来的财务状况，那么这些历史财务数据有什么用呢？它们其实有很多用处。作为企业股票的永久持有者，我们对企业财务表现的偏执程度难以置信。因此，就利用企业的历史财务数据对那烂陀投资组合内的优质企业进行评估的方法，我会在下文加以解释。

让我以印度第二大涂料企业——伯杰涂料印度有限公司（Berger Paints）为例。那烂陀自 2008 年买入伯杰涂料的股票后一直持有。在该公司宣布其季度业绩数据时，那烂陀会对其广泛的历史数据进行了两类分析：绝对分析和相对分析。

例如，我们会分析：该公司长期的收入增长平均水平为 15%~16%，为什么其过去一年的收入增长下降到 10%？带来连续三年的高利润率的原因可能是什么？原因是否可能是该公司开始削减销售和营销方面的支出？是什么导致了本季度应收账款的大幅下降？过去一年的资本支出是否高于常规水平？是什么原因导致其过去两年的已动用资本回报率与之前五年的数据相比有所上升？

那烂陀不仅会从长期历史数据的角度，分析伯杰涂料的近期业绩表现，作为企业股票的永久股东，那烂陀还希望投资于一家在**相对**基础上表现更好的企业，换句话说，其表现应在整体上优于大部分竞争对手。因此，那烂陀从收入与利润市场份额、已动用资本回报率和自由现金流等参数着手，将伯杰涂料公司的季度业绩、过去12个月的业绩和长期业绩与其竞争对手进行比较。用于比较的四个主要竞争对手分别是：行业领导者亚洲涂料、印度第三大涂料公司关西科罗纳涂料（Kansai Nerolac Paints）、阿克苏诺贝尔（Akzo Nobel）和靛蓝涂料公司（Indigo）。此外，那烂陀还积极寻求市场对那些可能已经开始积极增长的小型或私营企业的反馈。这种基于财务数据进行的竞争分析，可以使我们确定伯杰涂料在本季度和去年是失去还是获得了市场份额。是什么推动了关西科罗纳涂料公司在过去两年中收入份额的增加？谁从阿克苏诺贝尔的市场份额损失中获得了最大收益？靛蓝涂料公司是否能够在喀拉拉邦以外的地区拓展业务？相对于其竞争对手，伯杰涂料的广告费用是涨了还是跌了？

如前所述，那烂陀可以利用历史财务信息做很多事情，我在此概述的仅是针对已经在那烂陀投资组合内的企业提出的问题示例。那烂陀可以利用同样的思路对一家全新的企业进行分析。不管潜在投资对象是什么类型的企业，那烂陀的投资要求始终如一：基于其实际财务历史数据的绝对分析和相对分析，均能获得亮眼的表现。

既然我们已经获得了企业真实的历史信息，那为什么还要浪费时间去做无用的预测呢？

评估企业的战略

“战略”是一个蕴含重要意义的词。在本书中，我将战略定义为“在不确定的条件下，企业为实现其目标所做的一切”。咬文嚼字的人会纠结于“战术”和“战略”的不同，随他们去吧，作为真金白银搞投资的人，我们得把宝贵的时间花在探讨更实际的问题上。

现在，我猜你一定可以“预测”到我接下来要说些什么！没错，那烂陀通过评估企业的**历史**战略来了解其前景。仅举几例那烂陀通常会关注的战略问题：贵司面向哪些客户群？你们的产品或服务是如何满足客户需求的？贵司在哪些方面有着区别于竞争对手的优势？贵司在过去是如何进行资本分配的？公司资本结构是怎么样的，以及为何会有如此规划？

看到这些问题后，你或许能明显发现其中的两个关键点：一是它们都涉及了该企业的历史战略操作；二是这些并不是什么深层次的问题，一个大一学生都可以问得出来。那么，这些问题到底好在什么地方？它们没有任何出奇之处，那烂陀提出这些问题，并不是为了客观地评估其答案，而是为了主观地评估这些公司是否符合那烂陀关于成功或失败的**情况预设**，换句话说，在提出第一个问题之前，那烂陀就已经知道自己想要获得什么样的答案了。

如果说那烂陀多年来很幸运地取得了不错的投资表现，那也不是因为提出了这些平平无奇的问题，而是因为那烂陀潜在的倾向性，要求对方的回复必须符合预设的标准答案模板。没错，那烂陀有着关于成功和失败的既定模板，而提问的目标，就是评估一家公司的战略是否符合这些预设的标准。很遗憾，符合条件的公司并不多（我将在第 6 章中详述）。

这种评估方法其实与达尔文的观察法有着异曲同工之妙。达尔文曾在 1861 年给亨利·福塞特（Henry Fawcett）的信中写了这样一段著名的话，他写道："所有的观察都必须建立在支持或反对某种观点的基础之上，这样才能够发挥其作用，然而并非所有人都知道这一点，真是太奇怪了。"[24] 达尔文的独特之处在于，他能够根据个人的主观假设，对每个人都能获得的客观信息开展分析和评估。

以达尔文对"生存斗争**为什么**会存在"这一问题的看法为例。英国经济学家托马斯·马尔萨斯（Thomas Malthus）曾在 1789 年发表了一篇关于人口增长原理的文章。[25] 马尔萨斯在文章中提出，地球上的人口以指数方式增长，而食物资源则以线性方式增长，因此如果不严控人口，人类的繁荣将不可能实现。此外，马尔萨斯还写道，如果不实行生育控制，那么人类将不可避免地迎来食物短缺，最终陷入永无止境的生存斗争之中——只有饥荒、战争和疾病，才能阻止人口病毒式的增长。显然，这是对人类未来发展的一种黑暗而悲观的看法。

达尔文在 1838 年读了马尔萨斯写的这篇文章，然后把马尔萨斯学说的适用范围扩大到整个动物界和植物界。[26] 以前还从未有人这样做过。达尔文在《物种起源》中做出了下面这段精辟的论述："各种生物在其自然的一生中都会产生若干卵或种子，在它的生命的某一时期，某一季节，或者某一年，它们一定要遭到毁灭，否则按照几何比率增加的原理，它的数目就会很快地变得非常之多，以致没有地方能够容纳。因此，由于产生的个体比可能生存的多，在所有情况下一定要发生生存斗争，或者同种的这一个体同另一个体斗争，或者同异种的个体斗争，或者同物理的生活条件斗争。"

跟周围的人一样，达尔文也发现，没有哪种动物或植物主宰整个星球，尽管许多物种都繁衍出成千上万的种子或后代。然而，全世界却没有任何人能够像他这样解释自然历史。在马尔萨斯学说的启发之下，达尔文援引了历史上那些难以想象的生物体毁灭或灭绝的假说，解释了地球上现存生物世界的现状。他别出心裁的观察结果，符合了为生存而斗争的预设模板。

或许，援引来自投资界一个真实的案例，能够更恰如其分地解释这个逻辑。那烂陀是一家名为 NRB 轴承公司（NRB Bearings）的股东，其创始人和 CEO 哈什碧娜·扎韦里（Harshbeena Zaveri）是韦尔斯利学院（Wellesley College）的人类学毕业生，她可能是那烂陀投资的所有公司中最优秀的一位战略思想家。NRB 轴承公司主要是为汽车行业生产滚针轴承，在印度拥有 65%~70% 的市场份额。全球巨头——德国的舍弗勒集团则占据了剩下的市场份额。虽然轴承仅占汽车成本的 1%~2%，但却是关键部件，毕竟轴承故障会导致严重的车辆事故。

那烂陀通常很少投资汽车零部件领域的企业，因为通常情况下，其客户——汽车公司不会允许零部件公司赚取高额收益。举个例子，在美国，排名前五的汽车巨头公司在 2021 年控制了大约三分之二的市场份额。[27] 这种市场集中程度让他们能够掌握足够的筹码，于双方谈价时杀得零部件供应商节节败退。因此，没有几家汽车零部件供应商能够获得较为体面的利润，也就不足为奇了。印度汽车市场的集中程度比美国更甚，占市场主导地位的汽车公司——马鲁蒂铃木（Maruti Suzuki）——完全是一家独大，吃掉了印度市场一半的份额。印度摩托车行业的情况也差不多，整个市场基本被三家寡头企业给垄断了。所以汽车零部件供应商拥有高度集中的客户群也并不罕见，某位顶级客户通常就能贡献 30%~50% 的收益。

在这种情况下，那烂陀便产生了一种投资偏见，即拒绝给几乎所有的汽车零部件企业投资。不过那烂陀也并不排斥例外的出现，但它必须符合下面的预设要求：首先，这位零部件供应商的产品应当是一种需要专利技术支撑的关键部件，并且多年来的客户集中程度很低；第二，该企业在细分市场中应当只有一个或两个竞争对手，且该行业的竞争态势应该是长期稳定的；最后，该行业多年来没有新“玩家”进入，而且该企业的历史财务状况应当非常优良。但请注意，这里面没有一个标准是关于未来的。

NRB 轴承公司恰恰符合了上述的每一项条件，所以在这家公司的估值达到了那烂陀愿意投资的水平时，我们毫不犹豫地迅速拿下了这家公司 10% 的股份。那烂陀深入地研究了这家公司的历史，预设了投资的标准，但并没有费心去预测其未来的表现。自 2013 年买入其股票以来，我们一直非常满意它带来的收益。

因此，把一家企业的战略单独拎出来评估是毫无意义的，除非先预设一套能理解其企业战略的“分析策略”。

衡量企业的竞争地位

达尔文在研究中发现，一个物种能否成功地存活，并不取决于它是否为最优秀的物种，它只需要比竞争对手更好就行。或许，下面这个笑话能够让你更直观地体会到这一点。两个好朋友一起在野外徒步，中途碰上了一头狮子，其中一个人立刻穿上了跑鞋，他的朋友笑话他说：“你这样也是白费力气，难道你还能跑得比狮子更快不成？”穿跑鞋的人回答道：“我知道，但我只需要跑得比你快就行了！”

在自然界中，人类作为一种动物，身体或大脑结构不是最理想的，比如很多人经常会出现背痛和疝气等问题，那些想做加密货币等交易的人也经常会承认自己“脑子不够用”，但作为一个物种，我们智人显然比人属的其他几十个近亲人种更优秀，这也使得身体强度相对脆弱的人类，能够成为地球的霸主。

投资者、分析家和学者早已把“可持续竞争优势”这个词用烂了。然而，正如进化论启示的那样，真正的问题不仅仅是可持续竞争优势，而是要持续地比竞争对手做得更好。那么“更好”的含义是什么呢？对我们来说，“更好”可能依赖于一些可衡量的参数，如已动用资本回报率、市场份额、自由现金流、净资产比率、财务数据的稳健性以及其他类似的衡量标准。

那烂陀在投资前，会对上述所有指标的历史数据进行评估。因此，我们绝对不会向企业提出“你**能不能**比竞争对手表现得更好？”之类的问题，而是会问：“你是否**一直都能**比竞争对手表现得更好？”

让我们以市场份额为例，如果一家公司的市场份额持续缩水，如果软银、老虎投资集团（Tiger）、阿里巴巴或南非跨国传媒集团纳斯帕斯（Naspers）没有向其竞争对手提供数十亿美元的投资来供他们大肆挥霍，那么没有人能让我相信该公司拥有可持续的竞争优势。反过来说，如果一家公司的市场份额持续增加，那它是不是极有可能已经建立了一条具备防御作用的经营壁垒？我们希望那烂陀投资组合中的企业能够长期获得市场份额，并充分认识到市场占有率的实际趋势，可能偶尔会在短期内逆转。

说到这个话题，我应该与诸位分享一下我刚刚进入基金行业时犯下的一个错误，它或许能够起到一定的警示作用。我当时看中了一家小规模企业，其所在的行业集中度很低，不存在明显的市场领导者或垄断者，而且业内大部分企业的已动用资本回报率都很不错。这家公司的已动用资本回报率超过了 30%，并且在过去三年中实现了29%的年化增长率。此外，这家公司还没有任何杠杆债务。在评估一番后，那烂陀以一个自认为非常划算的价格，买入了这家公司的股票。五年后，因为亏损率达到了大约40%，我们不得不将其全盘抛售。经过事后复盘，我得出的结论是：股票的买入价只不过是最不起眼的小问题，真正的问题是，我错误地高估了这家企业的竞争优势。

这家公司在过去几年的业绩的确不错，但从长期来看，它已经丧失了大量的市场份额。因为该行业内占据前二的两家领头羊公司，大概与这家公司同时期创立，但其收入已经是这家公司的20多倍。除此之外，业内排行第三的公司虽然比它晚成立了足足12年，但其收入已经是这家公司的11倍。

在投资决策前的尽职调查过程中，那烂陀从管理层、客户，甚至竞争对手那里得到了很多定性信息（一种描述事物特性、性质或属性的信息，通常不涉及具体的数值或量度），并借此了解到了该公司的战略和方向以及在最近几年已经取得的经营成果。该公司最近表现还算不错，然而，如果用更长远的眼光来看，我本应该察觉到该公司其实是一个“慢性体质虚弱”患者。此外，公司成立以来一直是由同一批人负责经营，其创始人就是经理人。所以，为什么我会觉得这家公司未来五年的业绩，会与其过去二十五年糟糕的业绩表现截然不同呢？

我在这笔投资上狠狠地栽了一跟头。当谈到企业竞争地位的评估时，除了极少数例外情况，几乎没有什么比长期衡量其市场份额、收入和利润份额更好的方法了。

所以说，人还是要坚持“活到老，学到老”。

如何给企业"赋值"？

几年前，我约了一位基金经理朋友一起喝咖啡。他想了解那烂陀投资组合的整体表现，我便开始委婉地抱怨那烂陀投资的企业估值过高，我本想再多买进这些公司的股票，但股价似乎已经涨得太高了。我的朋友很是惊讶地反驳我，说这些公司的估值并不高，而且股价看起来也很合理。比如我会抱怨说："A 公司的市盈率已经高达 45。"他会反驳我说："不对，它的市盈率只有 25。"然后我抱怨说："Y 公司的市盈率高达 55。"他会异常惊讶地纠正我说："这家公司的市盈率实际上只有 28。"接二连三的不同估值数据令我感到沮丧，也令他感到惊讶，他可能在想："你怎么连持股公司的估值到底是多少都搞不清楚呢？"

然后，我突然意识到问题在哪儿了。

当我说一家企业的市盈率是 45 时，我指的是**动态市盈率**为 45 倍，而他纠正说市盈率是 25 时，他的意思是**远期市盈率**为 25 倍，而且这个远期市盈率指的不是下一年的市盈率，而是两年后的市盈率！对于那些不太熟悉投资行业术语的人来说，简单的解释就是：我是根据过去一年实际生成收益来评估业务组合中企业的价值；而我的朋友则采用了行业对该公司**未来**两年的预期盈利平均值来估算，并根据这些预测的盈利计算出远期市盈率。

下面这个例子或许能帮你更容易理解上述逻辑。假设一家公司在过去 12 个月的税后利润为 1000 万美元，其市值为 4.5 亿美元，那么其动态市盈率就等于 45（4.5 亿 /1000 万）；如果分析师普遍预计，该公司明年的收益为 1400 万美元，后年为 1800 万美元，则这家企业的一年期远期市盈率为 32（4.5 亿 /1400 万）；两年期远期市盈率为 25（4.5 亿 /1800 万）。

那么上述三个市盈率数据，45、32 或 25，到底哪个才是正确的？这取决于投资者的评判标准，比如那烂陀采用的标准是动态市盈率，那么 45 就是正确的估值；而对我的基金经理朋友来说，25 的远期市盈率才是正确的。市面上关于市盈率或其他估值比率（如“价格 / 账面价值”或“企业价值 / 税息折旧及摊销前利润”）的大多数论述都是预测性的，而那烂陀**只讨论**与过去实际生成收益相关的市盈率。这可能意味着过去 12 个月或过去 3 年的数值，又或者，对于一些高周期性的企业，那烂陀甚至可能要考虑其过去十年的平均市盈率（用当前的市值除以过去十年的平均收益）。当然，那烂陀也会考虑其他估值指标，但一定都是根据过去的业绩数据来评估当前的业务情况。

如果一些投资者预测了未来一两年的收益，我可以理解，因为它距离现在并不算太遥远。尽管不一定是理想的做法，但我可以理解其逻辑。我无法理解的是，为什么有些投资者会做出一些非常糟糕的预测，比如现金流折现分析。

让我举一个简单的例子来帮助你理解。假设现在是 2000 年，你母亲承诺会在未来两年中，每年给你 100 美元。由于你急用钱，所以便要求她今天就把这笔钱预支给你。但她拒绝了你，因为同样是 100 美元，其价值在 2001 年和 2002 年要比 2000 年低（没错，你母亲不仅是个非常讲原则的人，还是位精明的数学家）。那么，按照这个逻辑，假如你今天必须拿到钱，那老母亲会给你多少现金呢？这就需要一个现金流折现分析来帮助你得出答案。

要进行现金流折现分析，你首先需要一个贴现率或资本成本数据。[28] 你母亲认为，它应该是 5%（可能是因为这是银行的现行利率）。按照这个比率，2001 年的 100 美元在 2000 年只值 95 美元（100 ÷ 1.05）；2002 年 100 美元的价值则相当于 2000 年的 91 美元

（$100 \div 1.05^2$）。因此，如果你选择今天拿走所有的钱，她就应该给你 186 美元（95+91）。这就是一个简单的现金流折现分析。

到目前为止，暂时没有任何问题。

但是，如果把你母亲换成一家公司，问题就来了。不敢相信，我竟然敢把母亲换掉！相信你知道前面的例子就是打个比方，所以接下来我会详细阐述在企业背景下，折现现金流分析在企业中的用法。根据公司财务理论，一家企业的价值，就是其所有**未来**现金流折算到当前价值的总和。这个算法或许很有**学术**价值，因为从计算的层面来看，它没有任何问题。但从**实际投资**角度讲，这就没有意义了。为什么？因为创建一张现金流折现表需要先获得两个计算变量：贴现率和现金流量预测。

让我们先说说贴现率。

贴现率是债务和股权的加权平均成本，相当于前面例子中你母亲中使用的 5%。我明白债务成本，但股权成本又是什么呢？我们需要再次参考公司财务理论，因为它提供了一个明明白白的官方计算公式：股权成本 =（无风险利率）+β ×（预期市场回报 – 无风险利率）。看起来特别清晰明白，对吗？你只要输入相关的数据，就可以得到答案。但请别被其表象迷惑，这个计算公式里隐藏着几个大坑。

让我们从希腊字母 β 开始，它代表风险性，衡量的是一只股票相对于市场指数的波动性。因此，一只与市场完全同步的股票，其 β 值为 1。但是（我不得不再次强调），用波动率为标准衡量风险的概念，不是很蠢吗？正如我在第 1 章所讨论的那样，风险性与波动率真的**有关系吗**？对于一位投资者来说，一家企业的风险性应与投资该企业的资本损失概率成正比。潜在损失越大，风险就越大。所以，我根本就不在乎这个所谓的 β 值，以后也不会关注。

正如你在公式中看到的那样，我们还需要一个**预期**市场回报率的数据，但你去问十个投资专家，可能会得到十个不同的数据。我应该选哪个呢？平均数、中位数，还是我喜欢的任何数字？上面的公式没有提供任何建议。

你能在公式中看到公司的负债额吗？你认为一家存在大量债务负担的公司，应该和一家没有债务负担的公司有着相同的股权成本吗？但上述公式好像就是这么认为的，所以它不仅很奇怪，甚至很搞笑，因为高杠杆企业需要向股权投资者支付高昂的股权成本，所以公司一旦陷入困境，它往往就会被低价出售。

如果这些还不能令你意识到问题的严重性，让我再给你分析一下，一个看似科学合理且可以帮助我们避免投资错误的数学公式可能会造成的严重后果。

让我们再以上文那位精明母亲为例。如果她决定用 7% 而不是 5% 的贴现率来折现 200 美元的现金流，最后只会给你 181 美元，而不是 186 美元。但如果她仁慈地选择用 3%，那么你将多拿到 5 美元，即 191 美元。因为在现金流折现分析中，现金流都被设定成了永久值，所以用此公式算出的现值，对贴现率的敏感程度要**远远超出**她使用的贴现率。例如，假设 100 美元的现金流，会在 25 年内增长 10%，使用 10% 贴现率的话，其贴现后的现值就是 2273 美元。如果我们把贴现率降低一个百分点到 9% 呢？那么贴现现值就会跃升 **13%**，达到 2565 美元。反过来，贴现率每增加一个百分点，贴现现值就会减少 11%。

你莫非以为，把贴现率精确到小数点后两位，由此计算出的贴现现值就会比纯粹靠猜获得数据更准确？拜托，别自欺欺人了！

我们接下来才要开始谈到现金流折现的**真正**问题！是的，你没看错，这一大段的问题分析，只不过是开胃菜，我们都还没有进入正题呢！

再次回到 200 美元的例子。你母亲向你承诺，会在接下来的两年里每年给你提供 100 美元。但会有公司能够像你母亲那样，在无尽的将来做到同样的事情吗？当然绝无可能。然而现金流折现的计算方法却要求我们预测未来的现金流，所以这就是无中生有，但每家公司都在这么干！

理论上说，在前面的公式中，我们对现金流的预测是永久性的，但为了更清楚地说明问题，我将只使用第十年年末的“终值”。在这里，我们就不赘述“终值”是什么东西了，因为它又是一个大坑。相信我，你根本不想知道这个糟心的玩意。

即使你不是金融界人士，也可能听说过或读到过某个公司的股票突然下跌或暴涨的故事，让我们以 Snapchat 为例（这是一个每个拥有智能手机的青少年似乎都在使用的应用程序[29]）。2017 年 5 月初，Snapchat 的股价在一天内下跌了近 25%，因为该公司宣布的财务业绩显示增长速度要低于预期，并出现 22 亿美元的亏损。当时市面上有很多关于该公司的公开信息，而且由于 Snapchat 上市时间较短，投资者和分析师已经对其未来的现金流进行了鞭辟入里的详细分析，但该公司糟糕的财务结果，却是他们始料未及的。

简而言之，Snapchat 的案例说明，如果投资者连几天或几个月后的现金流都无法预测，你怎么能指望他们准确地预测**未来几年**的现金流？但这就是现金流折现分析法要求的东西。广大投资者和分析师很少有人不会去建立庞大而复杂的金融计算模型，试图通过评估数十项经济指标来对未来多年的现金流进行预测。这一切都得感谢伟大的 Excel 表！

当然，基于 Excel 表格而做出这些分析模型的人，无论是分析师、银行家、咨询顾问，还是投资者，都深知其中的陷阱。但是，不知为何，对展望未来以得出**准确**投资数据的强烈欲望，压倒了告诫人们不要再假装自己正在做任何有用之事的理性呼唤。

你想亲身体会一下人们对未来的这种狂热迷恋吗？只要你阅读一家公司的季度业绩电话会议的转录文字就够了。大多数公司都会在企业官网的“投资者关系”版块发布类似记录。我分析了沃尔玛（2018 年第二季度）、宝洁（2017 年第四季度）和通用汽车（2017 年第二季度）的三份电话会议记录，结果相当令人吃惊。

对于沃尔玛，分析师和投资者探讨的 49 个问题中，有 28 个与未来有关（例如“在投资指导意见中隐含的息税前利润率趋势”）。在宝洁公司的电话会议上，20 个问题中有 14 个要求管理层做出某种预测（例如“公司是否有更多新方案应对市场？”）。在通用汽车的电话会议记录中，33 个问题中有 27 个带有前瞻性（例如“重组行动实现了预期的成本节约之后，我们如何看待随之而来的趋势变动？”）。

有时候，分析师和管理团队之间的“拉锯战”是相当痛苦的：分析师们总是在试图对收入和利润率进行确切预测（以便他们能够获得填入现金流折现分析模型的真实数据），而管理团队则深知未来在本质上是不可预测的，因此总是试图顾左右而言他，避免提供具体的数据。

例如，在通用汽车 2017 年第二季度的电话会议上，一位分析师想知道安吉星的收入预测。首席财务官的回答就非常含糊：“正如我们之前谈到的那样，安吉星的确正在产生收益。我们没有单独披露其收益情况，但收益肯定在持续增长。”我在此对公司管理层深表同情，因为他们清楚，他们并不知道未来会发生什么。但反观大多数的分析师和基金经理，他们没有任何企业工作经验，因此在他们看来，“预知未来”本就是管理层的分内事儿，要是管理层不愿意提供预测数据，他们要拿什么来填充“神奇”的现金流折现模型呢?

我曾在超过 25 家公司的董事会里任职，这么多年来，真正实现其预算目标的管理团队寥寥无几，有些公司超过了预算；有些未达成；有时候，赤字或盈余的金额还非常大。如果一家公司的管理层都做不到正确预测公司的未来，投资者又怎么可能做得到呢？更重要的是，投资者本就不应该去预测未来。

所以，那烂陀从来没有做过现金流折现分析，而且将来也不会碰。然而，我知道的是，许多（可以说是大多数）投资者和分析师都这样做了。他们可能已经找到了一种既科学又能准确“展望未来”的方法，只是我毫不知情而已。不管怎么样，那烂陀倾向于采取直截了当的方法，避免任何玄幻的预测。

以一家增速适度的非周期性企业为例。我们已知的是，这家公司的动态市盈率紧跟着市场走势，其倍数约为 19~20，对于一家具有较高已动用资本回报率和经营壁垒，同时商业和财务风险较低的特殊企业，那烂陀支付的投资额倍数，通常等于或低于市场倍数。我们偶尔也会为一家特别优秀的企业提供超出市场指数十几或二十倍市盈率倍数的投资，但这种情况很少见。就目前来看，在买入这些企业的股票时，那烂陀投资组合的动态市盈率倍数的中位数是 14.9。

对于周期性企业，以及那些没有表现出稳定盈利增长的企业（例如，盈利在过去五年没有任何增长，或只在过去一年中翻了一番），那烂陀将会进一步优化这条投资基准线。但整体原则是，我们会根据一家企业往年已实现的财务数据，来设定一个公平合理的估值。

关于企业估值的最后一个要点是，估值永远是放在最后讨论的事项。在评估一家企业是否值得投资时，风险第一、质量第二，估值永远排在最末。

必要条件不一定是充分条件

用纽约州立大学石溪分校教授道格拉斯·弗图摩（Douglas Futuyma）的话说："进化生物学的核心内容包括描述和分析进化的历史，以及分析进化的原因和机制。"[30]要回答自然界抛出的几个问题，如果不对进化的历史过程进行推断，答案就不可能出现。例如，为什么某些物种是雌性争夺雄性？为什么只存在雄雌两种性别，而不是五种？为什么我们的基因组中只有一小部分是用来编码蛋白质的？成年雄狮为什么会杀死幼狮？鸟类是如何从恐龙进化而来的？

作为长期投资者，我们已经脱离了"未来会发生什么？"的困扰，取而代之的是"**实际上**已经发生了什么？"，因为前者不过是一连串的猜想和观点，而后者在很大程度上是由事实组成。当然，事实本身也是空洞的，因此我们建立在这些事实上的**观点**才是至关重要的。但这些既定事实，至少提供了一个讨论的基础。

例如，假设一家企业在过去十年中的历史已动用资本回报率是40%，但两位不同的投资者就此事实，可能会得出截然不同的结论——其中一位可能断言称，这家公司未来"钱途无量"；另一位则可能认为，按照微观经济学理论，这些回报率将会遭遇"竞争消失"①。了解到这家公司在过去有着超乎寻常的高回报率后，投资者便会把注意力集中在这些回报的来源及其可持续性上。例如，这家公司获得超高回报的原因，是监管部门出手帮其挡下了海外竞争者的攻势，如果是这样，我们是否敢放心地投资一家从未真正经历过竞争的企业？又或者，这些回报是这家企业在真刀真枪的激烈竞

① 指市场上的某种产品或服务因为竞争过于激烈而逐渐被其他更具竞争力的产品或服务所取代。

争中获得的吗？相较于其竞争对手，这家公司做了什么使其脱颖而出的？

当然，专注于在历史背景下解读企业当前表现的做法并不是完美无缺的。接下来我将同各位讲一讲这个方法存在的两大问题，二者都涉及了业绩记录在必要性和充分性上的矛盾。

曾经闻名全球的移动电话巨头——诺基亚公司，就是必要性问题的典范。在 20 世纪 90 年代末，诺基亚还是一家发展十分迅猛的公司，当年在手机市场上的霸主地位堪比今天的苹果。[31] 在 20 世纪 90 年代，在中国和印度等手机渗透率极低的大型新兴市场中又恰巧蕴藏着巨大的增长潜力。根据其历史表现，诺基亚似乎将征服全球市场。

投资者只恨没钱买入诺基亚更多的股票。在如此高歌猛进的势头下，诺基亚的“巅峰时刻”于 2000 年到来，市值一度达到了 3250 亿美元。所谓物极必反，自此之后，其市值便逐渐缩水至最高值的 10% 以下。在 2000 年，关于诺基亚的所有历史信息，不管是财务业绩、竞争地位、品牌声誉，还是来自经销商和客户的反馈，仿佛都在叫嚣着：“这就是全球**最有价值**的公司。”但在接下来的十年里，面对来自苹果公司、三星电子或数十家来自中国和印度本土竞争对手的压力，诺基亚开始节节败退。时至今日，诺基亚手机已经彻底退出历史舞台，成了博物馆里供人瞻仰的历史印记。

任何依赖于诺基亚的光辉历史而做出投资决策的人必将遭受重创。我们学到的经验教训是，重视企业的历史记录是实现成功投资的一项必要条件，但绝不是充分条件。这一点在那些快速发展和变化的行业中体现得尤为明显。这些行业可能与前沿技术有关，也可能无关。因此，在诺基亚的案例中，尽管其大部分历史信息和数据会让人得出“这家企业非常值得投资”的结论，但技术行业“快速变化是常态”的本质，应该能够让任何头脑发热的投资者冷静下来。

那烂陀在投资过程中通常会像躲瘟神一样避开那些快速变化的行业，其中有很多甚至都不属于技术领域。比如像零售、小额信贷、食品配送和电子商务等在印度正处于早期发展阶段的行业，它们目前存在着太多的动荡和不确定因素，所以我们不敢仅凭历史信息就做出投资决定。

那么，是不是所有的投资者都应该将科技公司和其他快速发展的新兴行业拒之门外？那烂陀选择这样做，主要是因为我们无法破译这些行业里各个企业的历史信息和讯号，但许多投资者已经想出了评估这些行业的方法。因为我不知道如何分析快速发展的行业和企业，所以我选择敬而远之。当遇到类似诺基亚的企业时，我就能够很坦然地承认自己的不足：“我搞不清楚其中的门道，所以谢谢你，但我还是不投资了。”

关于充分性的问题，我们可以拿另一个品牌作为案例来概括：星巴克。

在这个案例中我们可以得知，依赖于历史数据并**不会**帮助我们发掘出哪怕任意一个惊人转机，更不会由此给我们带来收益丰厚的投资机会：霍华德·舒尔茨（Howard Schultz）在 1982 年买下了星巴克，之后便将其从一家只在西雅图开设了四家门店的小企业逐渐打造成为一个到 2000 年收入增长约 20 亿美元的全球连锁品牌。不幸的是，他于 2000 年因个人精力有限而离开了星巴克，且在不久之后，星巴克的业绩就开始出现下滑。

当舒尔茨于 2008 年再度回归时，他听到的全是坏消息。[32] 星巴克的销售额下降已经有一段时间了，而在此期间，麦当劳和唐恩都乐甜甜圈推出的自有精品咖啡品牌给星巴克带来了极大的运营压力。在这些因素的共同作用下，星巴克的股价在一年中（2007 年）

几乎跌了一半。从 2008 年开始，舒尔茨通过缩减扩张计划、关闭数百家门店、创建一个新的速溶咖啡品牌，以及重新关注消费者的需求和体验等创新措施，把星巴克带上了命运的拐点。投资者再次爱上了这家公司，其股价表现也在 2008 年 12 月至 2019 年 12 月间跃升了 18 倍之多。

让我们把时间拉回到 2008 年，当时星巴克的一切似乎都崩溃了。所有的历史记录，无论是客户反馈、市场份额、同店销售增长，都表明星巴克难以重拾昨日的辉煌。舒尔茨虽然在八年前担任过星巴克的 CEO，但自他离开后，公司已经发生了很大的变化：门店新增了数千家，管理层也变动巨大，顾客需求和竞争对手的行为也已经全然不同了。舒尔茨回归后**或许**确实帮助星巴克恢复了一部分生机，但没有确凿的证据表明，企业的创始人就是能够“挽狂澜于既倒，扶大厦之将倾”的最佳人选。在 2008 年，鉴于缺乏指向扭亏为盈的历史数据，我驳回了对星巴克的投资申请，并因这个错误的判断而失去了巨大的潜在收益。

解决这些问题的办法是什么？我也不知道有什么万无一失的投资秘诀，但如果你天赋异禀，能够通过某种方式，在快速变化的行业中搞清楚一家公司的未来走向，或信心满满地押注于某个转折点，那就放开手去做。

对于我们这些凡夫俗子而言，依靠历史记录和数据进行企业评估是一种久经考验的可靠方法，有助于我们将投资的**胜算**牢牢掌握在自己手中。当然，它不能保证每次都赢——任何投资方法都不能——但它能够提升胜算的概率。

* * *

在 12 年的求学生涯中，我换了 7 所学校，因为我父亲在武装部队任职，每两年就要换个地方驻扎。所有这些学校，都是政府开设的公立学校，教师的质量通常都不怎么样（这还是比较委婉的说法），但我相信，即使是最好的私立学校，也不可能有像不可思议的拉托德老师那样杰出的人。

在七年级的时候，我们举家搬到一个叫贾姆纳格尔（Jamnagar）的小镇。我很痛苦，因为我不得不告别我在前一个小镇的德胡路（Dehu Road）的朋友，而且我发现在这所新学校里，我很难融入集体。然而，拉托德老师和他的历史课让我平稳地度过了那一年。他一反常态地拒绝按照规定的教材授课，要求我们必须充分利用学校的图书馆资源，通过阅读各类书籍和流行漫画来学习印度的古代史和现代史。然后他会要求每个学生选择一个主题，并向全班介绍自己学到的知识。当然，我们其他人可以就主讲人的观点提出任何反对意见，但拉托德老师鼓励我们在论证时要有条不紊，符合逻辑。我清楚地记得，有一次在辩论英国对印度的影响时，一群 12 岁的孩子几乎要打起来了。

在遇到拉托德老师之前，历史对我来说是客观的、无可争议且亘古不变的。因为在他之前的每一位历史老师都向我灌输了一种观念，即任何问题都只有一个正确答案。拉托德老师却教导我们，历史考试中大多数问题的答案都应该用“这取决于……”的句式打头。整个七年级期间，他通过潜移默化和明确教授的方式告诉我们，学习历史的目标并非要更多地了解**他们（那些历史人物）**，而是要更多地了解**自身**。

因此，那种认为我们都可以通过衡量历史数据，从而成为伟大投资者的想法，根本就是无稽之谈。不可否认，历史数据一直都是**我们**投资决策过程的基础，但它对我们是否有用，要取决于**“我们是谁”**。因此，即使在查阅像历史资产负债表这样简单的历史数据时，我也可能会带上个人的偏见与倾向。在如何解释“历史问题”

上，团队成员之间偶尔也会出现激烈的分歧。我并非危言耸听，因为上述情况确实出现在了那烂陀这个已具备多年合作经验、小规模且组织十分严密的投资团队中。每当陷入这类激烈的争论中时，我都非常盼望拉托德老师的到来，我是多么希望他能像我上学时，给一堆 12 岁小孩的争辩作出裁决那样，来到这里帮助那烂陀的团队解决投资争议啊！

本章小结

进化论教会我的投资知识是：

身为投资者，我们可以通过研究和了解一家企业和一个行业的**历史**，重构对投资的理解，而不是一味地纠结于未来的预测和趋势。

1. 达尔文是现代进化论的创始人，他比之前的任何人都更清楚，“现在”只不过是“过去”累积效应的结果。
2. 他通过从新的角度解释历史，从而提出了三项开创性理论：自然选择、性选择、共同祖先。
3. 与物理学和化学不同，进化生物学这门科学通常不做预测，因为它解答的问题不是“人类**将**何去何从”，而是在思考“两足行走的人类是如何从四足行走的人猿祖先进化而来的”这一难题。
4. 投资界对未来的痴迷，使历史数据研究的重要地位被缺乏真凭实据的鲁莽预测取代，这完全是本末倒置之举。
5. 借鉴进化生物学的科学方法，在选择投资对象时，我们只关注广泛存在和从公开渠道获得的历史信息，并在此基础上对企业做出分析，所以我们不会浪费时间去建立预测和未来评估模型。

6. 我们会通过分析**已经**发生的事实数据来对一家公司的财务、战略、竞争地位和估值做出判断，而不去管它**未来**的发展情况。

7. 然而，专注于历史数据确实存在两大缺点，我们可能会错误地认为：（1）在过去获得成功的企业将会在未来继续获得成功；或（2）已经遭遇失败的或看起来颓势明显的企业将继续走下坡路，永远无法翻身。

第6章

细菌演变与商业发展——倒带重来

我倾向于相信，如同两个人有时会独立地得到同一个发明一样，在上述的几种情形里，自然选择为了各生物的利益而工作着，并且利用着一切有利的变异，这样，在不同的生物里，产生出就机能来讲是相同的器官，这些器官的共同构造并不能归因于共同祖先的遗传。

——查尔斯·达尔文《物种起源》

查理和我有很多理由感谢我们与查克·费尼和喜诗糖果的合作，显然，我们赢得了超乎寻常的高回报，并在这个过程中享受了美好的时光。同样重要的是，对喜诗糖果的所有权投资，让我们学到了很多关于评估特许经营的知识。得益于来自喜诗糖果的经验教训，我们在一些普通股上赚了大钱。

——沃伦·巴菲特《1991年致股东信》

蒂姆·库珀（Tim Cooper）完全没有想到，2003年1月，在密歇根州立大学实验室里那个寒冷而多风的星期六早晨，将成为他生命中最重要的一个日子。

蒂姆开始执行他精心演练过无数次的流程。事实上，在过去的三年里，他已经做过了几十次，但他知道，自己还是要非常小心谨慎。他的确做到了小心谨慎，这个实验已经连续进行了十四年，他不允许任何意外情况的发生。

首先，他拿了 12 个新烧瓶，精准地量出 9.9 毫升液体，然后倒入每个烧瓶。接着，他走到培养箱前，取出 12 个存放着 33,127 代培养菌的旧烧瓶。他将从这 12 个旧烧瓶中分别提取 0.1 毫升液体注入新烧瓶。但在此之前，他需要先检查一下旧烧瓶中细菌的长势。他拿起其中 2 个，看到了预期的情况，接下来 2 个旧烧瓶的情况似乎也在可接受范围内，但是在第三组的 2 个旧烧瓶中，尤其是那个标有“Ara–3”的烧瓶中，他发现液体变得不透明了，而不是像其他旧烧瓶中那样呈现轻微浑浊的状态。此类现象照理是不应该发生的，因为实验室曾因在过去受到污染而出现过类似的情况。为避免意外再次发生，他们已然制定了严格的操作流程，蒂姆对此也非常熟悉。

蒂姆按照规定的处理流程，更换了这个“有问题的”Ara–3 烧瓶，并计划在周日再回来检查结果。二次检查之前，他心里的预期是，更换后的烧瓶里的培育情况，应该跟其他烧瓶一样。但是，迎接他的是和之前一样的“意外”：新的 Ara–3 烧瓶也变得不透明了。

只有两种可能：要么实验操作存在重大失误，要么实验取得了令人惊喜的新突破。

令人惊叹的安乐蜥

那烂陀采用了一种与众不同的投资策略，即我们不投资于单个企业，尽管**看起来**我们买了很多单个企业的股票，但实际上并非如此。

那么，那烂陀到底投资了什么呢？

让我们先做一个假想的进化实验来回答这个问题。想象一下，宇宙中还存在着一颗类地行星，它也围绕着一颗类似太阳的恒星公转，双方的距离也与地球和太阳差不多。当然，这个设想完全有可能真实存在，毕竟宇宙中有 10^{21} 颗恒星。这颗星球是否会演化出与地球上相同的生命形式？它进化出金银花和犀鸟的可能性有多大？

几千年来，或许有无数哲学家们曾思考过这个宏大的问题，但第一个尝试回答这个问题的现代科学家，是斯蒂芬·杰·古尔德。在其令人惊叹的杰出著作《奇妙的生命》(*Wonderful Life*)中，古尔德提出了“进化不可预测”的观点：“如果把进化看成一段录像，那么即便倒带数百万次……我觉得类似智人这样的生物，也不太可能再次进化出来。”

如果我们将“进化过程”倒带重演一百万次，那么每一次进化的结果，都将取决于两种相互对立的力量：一方面，自然选择的非随机力量，将确保生物体发展出一套小型的、可预见的解决方案，以解决环境强加给它们的障碍；另一方面，偶然的突变和罕见的环境事件带来的不确定性将使人们对进化结果的任何预测变得不可能。比如，哪种生物最终会成为自然选择的赢家？“坏消息是，我们没办法真正开展进化实验。”古尔德遗憾地说。

好消息是，尽管人类不能进行这样的实验，但大自然可以，并且已经进行了类似的实验。你想看证据？让我们先从蜥蜴身上找起。

在七百多个加勒比海岛屿上，生存着大约一百五十种蜥蜴，它们被统称为安乐蜥（安乐蜥属）。加勒比地区的所有种类的蜥蜴，都是数百万年前从大陆来到这里的两个物种的后代。自 20 世纪 80 年代末以来，华盛顿大学生物学教授乔纳森·洛索斯（Jonathan Losos）博士一直在古巴、牙买加、伊斯帕尼奥拉和波多黎各这四个较大的加勒比海岛上研究安乐蜥。

洛索斯教授发现，这四个岛屿上的一百五十种安乐蜥可大致分为六组，或称六类“生态型”[①]：树干型、树枝型（绿安乐蜥）、树冠型（骑士安乐蜥）、树皮型（树皮安乐蜥）、树地型（冠安乐蜥）和草灌型（棕安乐蜥）。这种分类基于安乐蜥的身体长度、尾巴长度、四肢长度、趾鳞（安乐蜥脚上的鳞片，可以帮助它们抓住物体表面）、颜色和栖息地。

例如，树干型安乐蜥通常生活在树干上，平均体长约为 5 厘米，有一条短尾巴，通体一般呈灰色。而另一种生态型的安乐蜥，即棕安乐蜥，通常生活在草地和灌木丛中，平均体长 4 厘米，有一条很长的尾巴，身体一般呈棕色。

各种生态型安乐蜥的行为和身体特征，已经很好地适应了其所处的独特自然环境。比如棕安乐蜥（草灌型）的长尾巴能够帮助它在狭窄和不稳定的物体表面（如草叶）保持身体平衡，且其棕色的皮肤也能够轻易同草丛和灌木的颜色融为一体。而树栖型安乐蜥的身体特征就截然不同了，因为它们一生中大部分时间都是在坚实的树干上度过的，所以也就不需要长尾巴来保持平衡，但却需要进化出灰色的皮肤，以帮助其在灰色的树干上更好地伪装自己，进而骗过捕食者和猎物的眼睛。树枝型安乐蜥的腿通常都是“小短腿”，这有助于它们在小树枝间快速奔跑。最后，树地型（冠安乐蜥）已经进化出了“大长腿”，方便它们在树干和地面之间有效切换，迅速行动。

这里没有惊喜和意外，达尔文的自然选择规律，在加勒比海岛屿上的安乐蜥群体中得到了充分的论证。

---

① 生态学术语，指在相似生态环境中演化出相似形态和行为特征的生物种群。

真正令人惊讶的是，这四个岛屿上都能够看到**相似**类型的安乐蜥。因此，古巴的树干型安乐蜥的外观与行为，与伊斯帕尼奥拉岛的树干型安乐蜥十分相似，而波多黎各岛上的树冠型安乐蜥，与牙买加岛上的树冠型安乐蜥也没什么两样。

我知道你现在想问什么：占据了古巴和伊斯帕尼奥拉岛的树干型安乐蜥是同一个物种吗？DNA 分析的结果表明，它们不是同一个物种！古巴岛上的六类生态型安乐蜥之间的关系，比它们与其他岛屿上的安乐蜥之间的关系要紧密得多。因此，古巴岛上的树干型安乐蜥与树枝型安乐蜥之间的关系，比该岛上的树干型安乐蜥和伊斯帕尼奥拉岛上的树干型安乐蜥之间的关系要更为密切。事实上，生活在古巴岛和伊斯帕尼奥拉岛上的安乐蜥分别属于两个完全不同的物种，但因为二者处在了类似的生存环境，它们便进化出了相同的形态和行为特征。同样的道理也适用于上述六类不同生态型的安乐蜥。在遇到某个特定的问题时，生活在不同岛屿上的加勒比安乐蜥进化出了**类似或相同**的解决方案，如尾巴的长度、身体的长度和皮肤的颜色等。令人惊讶的是，这些相同的进化结果，是在不同的地域环境中独立完成的。

安乐蜥的进化过程，就是“趋同进化”的一个典型例子，即在类似的生存环境中，不相关的生物会独立进化出相似的身体形态和适应能力。[2]

趋同进化无处不在

事实上，加勒比海安乐蜥这种迷人的趋同进化现象，只是一种普遍存在的自然法则，而不是一个罕见的例外。

海豚与人类一样都是哺乳动物，鲨鱼则属于鱼类，但二者的身体都呈纺锤形，更有趣的是，它们的皮肤颜色也非常相近，都有着浅色的腹部和深色的背部，这种配色使天敌很难从下方或上方发现它们。古生物学家乔治·麦吉（George McGhee）声称，鲨鱼、海豚、金枪鱼和已灭绝的鱼龙之所以看起来很像，是因为快速游泳的动物只有一**种**进化方式。[3]

在脊椎动物中，适合动力飞行的形态在鸟类、蝙蝠和（现已灭绝的）翼龙中得到进化，它们的共同祖先本是一种没有翅膀的陆生四足动物。这些生物的翅膀虽然**看起来**相同，但它们都是各自独立地进化而来的。这三种动物的前臂都进化成了翅膀，并且都以同样的方式飞向天空：通过向下拍打翅膀来产生向上的升力和向前的动力。[4]

澳大利亚在体育界的影响力远远超过了其国家实力，这个只有2500万人口的国家，在夏季奥运会（2020年东京奥运会之前）上赢得了547枚奖牌，超过了许多人口大国。[5] 例如，虽然其奖牌总数只有美国的五分之一，但美国的人口是澳大利亚的13倍（当然，在此讨论印度的奖牌总数就不合时宜了）。

然而，体育成就并不是让澳大利亚这个国家，或者说澳大利亚大陆（如果你更喜欢这个说法的话）独一无二的原因。澳大利亚本是超级大陆——联合大陆（Pangea，又称盘古大陆）及其南段冈瓦纳古陆（Gondwanaland，又称南方古陆）的一部分，这块大陆在大约1.8亿年前开始分裂。自此以后，澳大利亚在大约3500万年的时间里，一直是独立的大陆，这就使得这个巨大岛屿上的哺乳动物在这段漫长的时间里，走上了一条独特的进化之路。

澳大利亚的哺乳动物都是有袋类动物，由于没有发育完全的胎盘，它们通常会生下未充分发育的幼崽，并安置在体外的育儿袋中抚养，而世界上大多数的胎生哺乳动物（如人类）生下的，都是发育完全的幼崽。其生活史和发育过程的巨大差异，是否意味着有袋动物与有胎盘哺乳动物的形态看起来非常不同？令人惊讶的是，答案是否定的。

将图 6.1 中澳大利亚有袋动物的图像，与胎生动物的图像进行比较。[6] 如果我们将它们放在一起，其实很难区分出位于左边的狼与（现已灭绝的）袋狼、老鼠与袋鼬、旱獭与袋熊。尽管它们在基因上没有任何关联，但在外形上却很相似，因为它们虽然生活在世界不同地区，但都以类似的方式解决了一个类似的生存问题。

图 6.1　胎盘类哺乳动物——（A）狼、（B）老鼠和（C）旱獭；有袋类哺乳动物——（D）袋狼、（E）袋鼬和（F）袋熊之间明显的外形相似性。

图片来源：A 和 F 的图片来自维基共享资源；B、C、D、E 的图片来自科学图片库（Science Photo Library）。

现在，让我们以一种在生态位上主要以白蚁为食的捕食者为例。如果你是造物者，你将如何设计这种生物体？它应该具备哪些特征？我想你同样会认为：它应该有一条长而充满黏性的舌头来捕捉和进食白蚁；它还应该有坚实的前爪来挖掘地下的白蚁堆；它的头应该很小，但吻部应该很长。所有这些身体构造都让它可以轻松地侵入蚁巢中，恭喜你，你成功地设计出了有袋类食蚁兽（“袋食蚁兽”）以及胎生食蚁兽。你可能已经猜到，它们在体态形貌上看起来出奇地相似。在趋同进化的作用下，虽然没有近似的共同祖先，但二者都进化出了相似的外形和身体结构，因为它们都需要解决如何取食白蚁的问题。

查尔斯·达尔文对趋同进化的力量有着深刻认识，他曾断言：“属于两个截然不同物种的动物，可能很容易适应类似的条件，从而呈现出密切的外观相似性。”[7] 达尔文的论断是正确的，但并不完全正确。

趋同是无处不在的，不局限于动物的外观或形态。人们在动物行为领域和植物、真菌，甚至细菌界中也广泛观察到并记录了趋同进化的存在。

让我们从动物的行为开始，你认为下列四个物种——眼镜蛇、棘鱼、章鱼和蜘蛛——有什么共同点？不像加勒比海的安乐蜥，它们并没有身体形态上的趋同，但是它们之间却存在一种行为趋同，并使得这四个物种成功地存活下来——这些物种的雌性会守护它们的卵。

而行为趋同的一个最佳例子，是在人类——千万别惊掉下巴——和蚂蚁身上观察到的！我个人曾目睹过这种趋同的行为。有一次我和家人在秘鲁美丽的亚马逊地区度假时，我偶然发现了一群切叶蚁，这种微小生物进入“农耕社会”的时代，比我们人类祖先早了数百万年。

我等了好几年才亲眼看到这个造物主的奇迹，现在，它们就在那里，组成了一条完美的“运输线”。在森林地面上，成千上万的切叶蚁抬着被切割好的大块绿色树叶，排成了长长的一列队伍，看上去好似每片树叶都产生了自己的意志，并且正在以某种完美节奏同步向前移动。每只“收集蚁”都会兢兢业业地将一片大叶子扛回地下的巢穴，然后再把这份“战利品”转交给专门负责培养真菌的“种植蚁”。这些种植蚁会将叶子嚼碎，然后在叶浆上种植真菌，从而为整个蚁群提供食物。跟农夫一样，这些蚂蚁能生产肥料（氨基酸和酶）以帮助真菌生长，清除可能影响作物产量的杂菌。它们对自己种植的作物非常挑剔，而且会精心打理它们的种植园。[8]

正如农业生产帮助人类成为地球的主导物种那样，切叶蚁已经成为生命新纪元的主要食草动物：它们吃掉了热带森林中近六分之一的树叶。人类和切叶蚁通过跨越时间和物种的界限，向类似的解决方案靠拢，在食物供应问题上，人类和切叶蚁跨越了时间和物种的限制，不约而同地选择了类似的解决方案。

让我们接着说说植物。我们大多数人都喝过世界三大饮料——咖啡、茶和可可（源自可可树）。巴西人家喻户晓的国民汽水 Guaraná Antarctica 则是由亚马逊雨林中一种名叫瓜拉纳的植物果实制成。这四种植物都蕴含了人体渴望的同一种化学物质——一种简称为“咖啡因”的嘌呤生物碱。[9]

上述四种植物在这一点上看似关系密切，但其实不然。茶和咖啡的共同祖先需要追溯到一亿年前。与茶和咖啡相比，可可与枫树和桉树的关系则更为密切。离奇的是，咖啡的祖先进化出了土豆和西红柿，但没有进化出茶！植物有许多防御天敌的机制，但似乎这四种植物都趋向于同一解决方案：生产咖啡因。

许多植物依靠鸟类为其花朵授粉。那么，如果一种植物需要依靠蜂鸟授粉，它应该怎么做？答案是进化出红色的花朵，因为红色能吸引蜂鸟。因此，依赖蜂鸟授粉的 18 种植物都进化出了鲜艳的红色花朵。

其他植物则选择了另一种完全不同的策略，即利用苍蝇和甲虫喜欢在发臭的腐烂尸体上产卵的嗜好来帮助自己传粉。有七种植物——包括大王花和大豹皮花——已经进化出一种类似于腐肉的气味。这种气味极具迷惑性，当食腐性昆虫被骗来产卵时，也就顺带将一朵花的花粉传到另一朵花身上，从而完成授粉。[10]

自然界中关于趋同进化的例子不胜枚举，我自然没法全写进本书里，但现代的科学家们一致认为，“趋同”是自然界的普遍规则，而不是例外情况。剑桥大学古生物学家西蒙·康威·莫里斯（Simon Conway Morris）是最著名的趋同论倡导者，他以此为主题撰写了两本著作，详尽地分析和论述了这一观点。他对趋同的解释是：“当然，并不是每一颗类地行星都会有生命，更不用说类似人的生物了。但是，如果你想要一种复杂的植物，它看起来会非常像一朵花。如果你想要一只苍蝇，你只有几种方法可以做到。如果你想像鲨鱼一样游泳，你也只有几种方法可以做到。如果你想发明温血动物，比如鸟类和哺乳动物，也还是只有几种方法可以做到这一点。”

自然界中的趋同蕴含着一个深刻的道理：成功和失败都有一个特定模式。

那么，加勒比海岛屿上的安乐蜥、蓬尾袋鼠和咖啡因能够给我们带来什么样的投资启示呢？

商业领域的趋同，同样蕴含着一个深刻的道理：商业的成功和失败，同样存在特定的模式。

那烂陀不投资单个企业

在本章的开篇内容中，我对那烂陀的投资策略做了如下论断：那烂陀不投资单个企业，尽管看起来我们买了很多单个企业的股票，但实际上并非如此。

那么，那烂陀到底投资什么呢？

我们投资趋同的模式，寻求重复出现的模式，正如进化过程显示的那样，“将生命进化过程倒带重来”，往往能够得到相同的结果，因此我们认为，商业世界也不例外，并以此为投资的基本原则。断言“我爱这家企业”和“我爱这家企业的**组织架构**”，两者是存在巨大区别的。那烂陀奉行的是后者，而非前者。因此，我们并不关心单个企业的表现，而是会深深痴迷于一家企业的**运营模式**。

自然界在面对同一个问题时，会趋向于给出寥寥数种答案，而且那烂陀也能看到，全球各地的企业在面对类似的商业环境时，也都会采取十分雷同的战略措施。尽管偶尔存在例外，但大多数情况下都是如此。因此，在做出投资决策之前，那烂陀都会提出一个非常简单的趋同问题，即“我们是否在其他地方，见过这种企业模式？”，并从中受益匪浅。

“忽视企业经营模式是需要付出代价的”，和以往一样，我个人不堪回首的痛苦经历，就是对这句话最有力的证明。大概在 1999 年或 2000 年，一家投资银行向我们“安利”了一笔非常“热门”的私募股权交易。许多投资者都对它很感兴趣，或者说是银行想要让我们相信这是个抢手货！这家单位的主营业务是信用卡，在过去几年中的增长也还算适度。不出意料的是，根据投资银行的预测，这家企业的业务从下一年开始将出现大幅增长。我最初是持怀疑态度的，但还是会见了其管理团队，并与行业参与者和该企业的投资者进行了一番交谈。然后，虽然考虑到印度较低的信用卡渗透率，我还是用下面的理由说服了自己：虽然管理层和银行的增长预测有些激进，但也不至于太离谱。因此，那烂陀以一个很高的估值投资了该企业。

我不仅犯了错，还错得一塌糊涂。这家公司在接下来的五年多时间根本就没有达到其预期的增长目标，它给我描绘的美丽商业蓝图中那个“一骑绝尘”的J形曲线增长从未出现过。我想强调的是，这不是银行的错，也不是该企业管理层的错，他们都已经尽力完成了自己的分内工作，错的是我，我忘了完成自己应尽的职责。

过了几年，在回顾当时对这家企业的增长预测时，我才意识到，如果那烂陀能够运用从自然界学到的趋同规律，在投资前提出几个简单的问题，或许就能避免损失这笔宝贵的资金。我应该问但在当时却没有提出的问题包括：“没错，印度市场的信用卡渗透率的确很低，但所有消费品的渗透率在这个市场都很低。在印度市场，还有哪些消费品在长期内实现了这样的增长速度？你是否有来自其他国家市场的成功案例，在那些市场中是否出现了信用卡业务飞速增长的情况？如果的确有，这些市场的发展阶段，与印度当前的发展情况是否相似？”我应该要求对方提供一个趋同的业务发展模板，但很遗憾，我当时并没有这么做。

下面，让我举个例子，看看那烂陀在趋同模式下开展的投资，都取得了什么样的成果。那烂陀在2013年底投资了一家名叫Info Edge的公司，它是印度领先的招聘网站Naukri.com的运营商，由桑杰夫·比克查恩达尼（Sanjeev Bikhchandani）和哈塔什·奥贝欧（Hitesh Oberoi）领导，他们是印度最受关注的两位企业家。那烂陀投资Naukri网站，不是因为桑杰夫和哈塔什，而是因为Naukri代表的趋同模式。

Naukri 可以让求职者免费在网站上发布他们的简历，而企业若想获取这些简历或发布待招职位，则需要支付订阅费。在那烂陀 2013 年对其投资时，Naukri 网站占据了 65% 的求职网站行业流量份额，比第二名的 Monster India 大四倍。Naukri 网站的行业主导地位到了怎样一种程度呢？这么说吧，如果你想在印度求职，你就一定会在这个网站上发布简历。如果你的公司想招人，你就必须要付费订阅 Naukri 网站，因为它有着最广泛和最多样化的求职者人才库。这家网站于是便成了依靠“互联网效应”发家的典型案例——Naukri 网站成为求职网站的龙头老大，恰恰因为它是最大的求职网站。

那烂陀对 Info Edge 充满了信心，因为它代表了不止一种趋同模式，而是两种。首先，它整合了过去的黄页业务，出生在网络时代的年青一代可能都没有听说过这个改变了无数人和企业命运的重要发明，但在 20 世纪 90 年代初，黄页业务就是企业的生命线。在互联网和移动电话时代到来之前，人们还使用拨号的固定电话时，黄页跟电视或冰箱一样，几乎是每个家庭的必需品。黄页就是一本笨重厚实的电话簿，因为通常用黄色纸张印刷，所以被称为黄页，其内容主要是当地企业的联系电话及其提供的商品或服务介绍。

不管你的需求是什么，无论是寻找语言教师、水管工、婚礼策划师、汽车经销商，还是想找一个录音室，黄页都可以给你提供几十个，甚至几百个选项。这些黄页都是免费发给消费者的，但企业需要支付一定费用才能在上面刊登自家的信息。因此，不管在哪个城市或地区，黄页发行量最大的企业，通常都能获得很高的利润，因为它们的网络效应同样让它们具备了无形的垄断地位：消费者会倾向于选择它们，因为它们在黄页上列出了最多数量的企业；而企业也付费订阅了它们，原因是它们吸引的消费者数量最大。

这在当时可以说是一种相当“无懈可击”的业务，对于黄页领域的领头公司而言，网络效应将确保它可以收获长期的高额利润。因此，黄页领域的巨头企业能够占到市场利润份额的40%以上，也就不足为奇了。[11] 虽然同黄页相比，Naukri求职网站运营的时代（互联网）和媒介（网站）都有了很大不同，但我们认为，它与曾经“一马当先”的黄页企业的诸多优良特性是高度一致的。

我们观察到的第二种趋同模式，是其他国家的头部互联网招聘网站的业绩表现。这种模式甚至比黄页模式更突出，我们发现，全球至少有七家其他的招聘网站，都拥有像Naukri一样极高的营业利润率（超过30%~40%）和无限的已动用资本回报率；例如：澳大利亚的Seek、美国的Dice和凯业必达网（CareerBuilder）、中国的前程无忧、日本的EN、中国台湾地区的104工作世界（104 Corp），以及新加坡和马来西亚的求职工作街（JobStreet）网站。这些占互联网招聘网站行业主导地位的特许经营企业，其竞争优势每年都在递增。它们的利润率和回报率也在不断提高，称其为“赚钱机器”都不为过，而且这些行业中的“老二”完全没有表现出任何能赶上“龙头老大”的迹象；领英（LinkedIn）和主打线下实体招聘的竞争对手对它们毫无影响。换句话说，它们与Naukri一样，都是同一类型的垄断企业。

在那烂陀第一次看到Naukri网站高达49%的营业利润率和无限的已动用资本回报率时，我们表示难以置信，哪家企业能赚到这么多钱？但在研究了黄页和其他市场的公司后，我们得出的结论是，这些公司的成功并非侥幸。2021年，Naukri网站的营业利润率再创新高，达到了惊人的55%。

那烂陀决定投资Naukri网站，不仅仅是因为桑杰夫和哈塔什是令人惊艳的成功创业者（但事实确实如此），也不是因为Naukri网站赚了很多钱（这也是事实），或者因为它已经消灭了竞争对手（这也没错）。相反，那烂陀投资 Naukri 网站，是因为黄页和全球招聘网站业务的趋同模式给了我们信心，让我们相信 Naukri 网站的业务模式是无懈可击的，这将使它成为一家几乎立于不败之地的企业。

接下来我还将陈述两个反设事实，以强调这种投资方法的重要性。首先，如果桑杰夫和哈塔什依然是非常成功的创业者，但正在经营的是印度第二大或第三大招聘网站，我们是否还会投资呢？答案是，那烂陀根本就不会去碰这个业务。因为分类广告业务领域向来是“赢家通吃”，因此我们绝对不会去赌行业老二或老三会有胜算。第二，如果桑杰夫和哈特什在互联网刚刚兴起的早期来寻求我们的投资，即这种商业模式还没有得到概念证明，我们是否会慷慨解囊？同样地，我们也会选择拒绝，因为他们对那烂陀提出的“这种模式在什么地方曾经获得过成功？”这个简单问题的回答，很可能是“不知道”。

尽管如此，一些风险资本家的确在 Naukri 网站创建初期就注入了资本，让我们为他们的远见卓识点赞，他们先于所有人之前，看到了桑杰夫和哈塔什的潜力和天才，因此收获令人垂涎的丰厚回报，也是应有之义。

在选择投资对象时，那烂陀痛恨类似“今时不同往日”或“我的直觉告诉我，这一定会成功”等不靠谱的说法。我们需要看到对方拿出切切实实的证据，证明其投资理论在其他地方已经取得了成功，得到了验证。如果没有，那烂陀绝不可能去触碰这些业务。风险投资的生存方式，就是通过押注未经市场检测和验证的企业来获利，所以从某种意义上说，那烂陀站在了风投的对立面。虽然我对那些取得成功的风险投资公司充满了敬畏，但这种钦佩之情，永远不会转化为“仿而效之”的愿望。

卡尼曼的外部视角和趋同理论

我曾经主要通过投资实践和观察其他投资者的做法来学习投资知识，但也一度希望自己能够从博学多才的金融和经济学者那里学到关于投资的真理。你有没有读过金融期刊或经济和金融方面的研究型文章？我读过，但不得不承认，我根本看不懂。这些文章充斥着形形色色的希腊符号、复杂的数学方程式和深奥的论证。对于像我这样的金融实操者来说，它们的实用性着实让我感到困惑。但偶尔会有某位学者的研究成果令我耳目一新。

丹尼尔·卡尼曼（Daniel Kahnerman）就是其中的一位。他的代表作《思考，快与慢》（*Thinking, Fast and Slow*）应该是所有投资入门课程的必读之作。如果你已经成了一名投资者，那么这本书的第 23 章《努力养成采纳外部意见的决策习惯》便是最有价值、最值得反复研读的内容。

在《思考，快与慢》的第 23 章里，卡尼曼描述了他在以色列领导一个团队，为高中生设计课程和编写关于“判断和决策”类教科书的经历。一年后，该团队取得了不错的进展。他们编制了一份详细的教学大纲，写了几个章节的内容，并进行了一些课堂教学。

有一天，卡尼曼让同事们预估向教育部提交一份完整教科书所需的时间，团队中的每个人，包括卡尼曼的同事兼课程开发专家西摩·福克斯（Seymour Fox）都认为，他们可能需要两年左右的时间才能完成这个任务。鉴于福克斯多年来目睹过许多其他团队开发类似教科书和课程的流程，卡曼尼便向他提出了一个问题：一个团队通常需要多长时间才能完成他们的教科书编写项目？

福克斯的回答让卡尼曼惊呆了。福克斯似乎很尴尬地承认，40% 的团队从未完成过教科书编写的任务，而那些完成任务的团队，则花了 7~10 年不等的时间。卡尼曼的团队实际花了多少时间？ 8 年！这与他们自己预估两年时间相差甚远。

卡尼曼将自己团队最初得出的“两年预估时间”称为“内部观点”，它是基于团队成员的具体情况和他们对自身能力的信心，基于最近实现的目标的推论，以及对未来的朦胧认识做出的判断。而且，这个预估错得非常离谱。

卡尼曼将类似项目 40% 的失败预估和 7~10 年的完成时间，称为“外部意见”。正如他在第 23 章中所描述的那样，他对福克斯的提问，为人们提供了两个重大启示：首先，尽管福克斯知道“外部意见”的存在，但他在最初写下自己预估的时间时，甚至根本就没有想到它；其次，尽管其他团队成员，包括卡尼曼，都没有机会接触到福克斯掌握的信息，但在项目开始时，甚至没有人尝试去了解外部意见。

诚然，趋同思维或外部意见运用起来，既不自然也不轻松。正如卡尼曼本人简明扼要地指出：“当‘苍白无力’的统计信息，与个人对某一案例的生动个人印象不一致时，前者往往就会被抛诸脑后。在与内部观点的竞争中，外部意见没有任何胜算。”

具有讽刺意味的是，“外部意见”在投资界通常也不招待见，因为基金经理和分析师们自身都很“精明强干”。如果让他们二选一，是将全部的智力投入单一业务，以对未来十年的利润做出预测，或是退一步问一问这些做法是否有意义，“聪明人”往往会选择前者。我在投资生涯的早期，也就是刚从咨询行业跳出来时，我最相信的是下面这句话：更多的研究和预测，一定会给投资者带来更好的答案。但事实却狠狠打了我的脸。

下面，让我简要地分析一家航空公司潜在的两种投资方式，并借此说明卡尼曼口中的“外部意见”所蕴含的巨大的力量。

想象一下，我于2019年1月乘坐着超级舒适的A380飞机，从纽约飞往新加坡。我全方位地体验和享受了新加坡航空公司颇具传奇色彩的高质量服务。飞机降落后，我拿起一份财经报纸，其中一篇关于亚洲航空公司巨大潜力的文章（特别是在印度和中国）成功引起了我的兴趣。这篇文章还告诉我，印度著名的塔塔集团在几年前推出的不是一家，而是两家航空公司。文章作者大肆宣扬着亚洲航空市场无限增长的可能性。鉴于我刚刚体验到的美妙飞行服务，以及对亚洲航空市场快速增长潜力的心动，我决定开始认真研究这个问题，并思考是否应该投资一家亚洲航空公司的股票。

如果你不是金融从业者，烦请不要把这当作一个不靠谱的例子。信不信由你，这就是基金经理有时突然对某家公司产生投资兴趣的方式。

乍看之下，航空业确实有很多值得投资者喜欢的地方，但我一般会用以下两个词来形容这个行业："大规模"和"高增长"。在基金经理的耳朵里，这两个词比贝多芬的交响乐还要美妙万分。除非你住在人迹罕至的修道院里，现代世界的生活，一定会让你直接或间接地接触到航空业。而且，航空业的确正在开始影响非洲和亚洲——在过去十年中，迪拜和新加坡作为航空枢纽的惊人发展增速，就证明了这两个地区存在的巨大潜力。

在这个阶段，我有两个选择：

方案1.对一家亚洲航空公司进行详细分析。

方案2.专注于了解航空业的外部意见。

如果我选择方案1（顺便说一下，很多基金经理都会选择这个方案），我将会把宝贵的时间都浪费在下列耗时且徒劳的工作上。

我和我的团队将在一家高级餐厅采访航空公司的 CEO 和首席财务官。然后，我们会前往他们的企业办公室拜访，在那里，其高级管理团队成员将滔滔不绝地介绍公司独特的文化和制度。最后，我们还要读数十份分析师报告。（其中大部分都是看好未来发展的，难不成你真的指望航空公司的分析师会诋毁他们自己所在行业的未来前景吗？）之后，我们将创建一个花哨的 Excel 电子表格，对燃油价格、乘客里程数、平均票价、载客率、毛利率、资本支出、库存水平、租赁成本、人事费用、营销成本、机场费用、货运收入以及天知道还有什么其他的参数指标，做一个多年的前景预测。

结果呢？经过无数个星期或连续几个月的连轴会议和深夜奋战，我们将采取两种方案：一是决定立即购买该公司的股票；二是如果感觉股价太高，我们就会设定一个计划购入的预期价格，等到价格符合预期时再买入。

现在让我们看看，如果选择了方案 2，我们会怎么做。

由于想对这个行业做更深入的分析，所以我们先参考了麻省理工学院对 2000 年至 2013 年美国航空业进行的一项广泛研究。这份长达 81 页的研究文件，可以在互联网上免费获取。[12] 不过，这项研究得出的结论则相当不乐观。

令人惊讶的是，尽管美国市场已经完全成熟，但航空产业在这段时间内（2000 年—2013 年）的规模仍在显著增长：载客里程的收入从 7.09 亿美元增至 8.48 亿美元，涨幅达到了约 20%。然而在此期间，在约 1.4 万亿美元的总收入中，航空公司累计亏损 **440 亿美元**。因此，在近 1000 亿美元的年收入背后，航空业平均每年损失了大约 30 亿美元。

但这些平均数掩盖了一个更令人悲伤的故事。在这 14 年中的 8 年（几乎 60% 的时间）内，航空公司根本就没有赚到钱。也就是说，大多数公司都蒙受财务损失或收入微薄；而在**勉强实现了**正盈利的剩余 6 年里，它们的总净利润只有约 400 亿美元。

然而，这还不算什么，真正悲惨的是，仅在 2005 年和 2008 年这两个糟糕的年份里，航空业就遭受了 540 亿美元的损失，比前面 14 年 400 亿美元的累计总利润还多 140 亿美元。人们普遍认为，正是 2001 年 9 月 11 日的悲剧对航空业造成了严重的打击，这是不争的事实，毕竟美国各大航空公司在 2001 年和 2002 年的损失就达到了约 190 亿美元。但在 2005 年，也就是恐怖袭击事件发生的四年后、2008 年金融危机爆发的三年前，航空业就宣布其净损失总额达到 280 亿美元，远远超过了 9・11 事件造成的损失。

航空公司的持续亏损说明，这并不是美国特有的问题。国际航空运输协会的一份报告显示，2000 年至 2014 年，全球航空业的收入已经连续 15 年没能超过资本成本支出！[13] 几乎年年都在亏损，没有一年能够实现收支平衡！

你现在的想法肯定跟我一样，你可能会问：虽然整个航空业颓势尽显，但处于行业顶端的航空巨头公司，有没有可能逆流而上呢？它们的业绩，是不是能够比行业的整体糟糕情况要好得多？让我们看看《航空周刊》（*Aviation Week*）报道的全球前十大航空公司（按收入计算）的投资回报情况：汉莎航空、全日航空、西南航空、澳洲航空、中国航空、美国航空、新加坡航空、土耳其哈瓦航空、俄罗斯航空和瑞安航空。利用美国晨星公司的数据，我计算了上述公司 2004 年至 2013 年的股本回报率和资产回报率（ROA），结果很糟糕。这些航空公司这十年间的股本回报率中位数为 6.8%，资产回报率中位数为 2.5%。在这个以高要求著称的行业中，“大规模”并不能保证成功。

简而言之，这已经是最糟糕的情况了。

在研究了航空业的历史模式后，我们可以很有把握地得出以下结论：

1. 美国的航空公司不赚钱。
2. 全球航空业不赚钱。
3. 全球收入前十名的航空公司不赚钱。

外界对这个行业详细且悲观的看法相当不安，这样的航空公司对消费者有利，但对投资者来说则不然。这种悲观的看法建议我们远离航空业，我们应该选择将多余的资金存入银行，而不是购买某家航空公司的股票。

我相信，你们中的许多人现在都在为一个显而易见的问题感到困惑：根据美国和全球航空公司的经验教训，我们是否应该投资亚洲航空公司？如果我们能够得出“亚洲的情况与美国并无不同”的结论，那么也许我们就能坦然接受以下事实：亚洲航空公司将与美国同行一样，迎来黑暗的命运。表面看来，亚洲航空业在企业所有权和国际航线方面的情况与美国航空业是截然不同的。首先，亚洲的大多数航空公司，包括新加坡航空公司，都是国有企业，而美国的航空公司大多是私人企业。其次，亚洲大部分的大流量航线都属于国际航线而非国内航线（新加坡和迪拜就没有国内航班）。

但如果我们更深入地挖掘两个市场的竞争态势，那么便可以得出以下结论：亚洲航空业的情况与美国航空业并没有什么不同。智游网（Expedia）的数据显示，在新冠大流行暴发之前，如果你想从新加坡飞往纽约，市面上会有 22 家航空公司的机票供你选择！亚洲航空公司之间竞争的激烈程度，并没有因为航班是国际航班而有所下降。由于特殊的国有所有制结构，亚洲航空公司之间的竞争可能比美国航空公司更为激烈。相较于私人投资者，身为航空公司所有者的政府可能对盈亏并不敏感，其就可能不会对航空公司的持续亏损感到不安。此外，大多数亚洲国家似乎将其航空公司视为国家的象征，因此单从财务角度来看是合情合理的事情，在亚洲地区几乎是不可能发生的。所以在我看来，借鉴自然界的趋同效应来理解亚洲航空业，是一种比较正当的投资方法。

在这种情况下，利用外部意见进行投资，给我们带来了两个不容忽视的好处。首先，我们成功避开了那些赚钱概率微乎其微的企业和行业。当然，我不能打包票说投资航空公司就一定不会赚钱，如果你能够以足够低的价格（请原谅我无法在此对“足够低的价格”做出明确的定义）买入航空公司的股票，然后等到其上涨一定程度后再出售，如此就能赚得一部分差价，这对你来说肯定是好事。但“我打算为自己的垃圾投资物色一个更愚蠢的接盘侠”的行为可算不上是投资，而是“投机”的另一种说法，而且这种做法并不适合那烂陀。

第二个好处是可以节省时间、金钱和精力。我们没有召开冗长且毫无成效的管理会议，没有和投资相关人员磨嘴皮子，没有向外部咨询顾问支付高昂的费用，也没有花几周时间来构建一个巨型 Excel 电子表格，而是在互联网上花了几个小时下载一些报告，并在读完之后在几分钟内做出了不投资的决定，由此而节省下来的时间，足以让我们早点下班回家享受天伦之乐。

运用趋同原则进行投资的一些实用方法

前面这些关于航空公司的讨论，不是让大家盲目地认为，只要将趋同原则和外部意见应用于具体的投资情况，就一定能够让自己的投资一本万利。趋同并不是万能药，也不能取代深思熟虑的分析和对企业综合情况的考量，但如果应用得当，它的确可以成为一种强大的投资工具。

我不知道世界其他地方的情况，但在印度，已婚人士会默认需要融入对方的家庭，无论他们喜欢与否，都要尽可能和睦相处。如果你不喜欢配偶的第一、第二，有时候甚至是第三代的表亲，那么你与配偶白头偕老的可能性也不会太高。在此特别声明，至少我的姻亲都非常好相处。

对企业进行投资也不例外，因为买入一家企业的股票也就意味着你一脚踏进了该企业所处的**行业**。例如，有时候你可能觉得自己投资的是一家生产和销售卫生洁具的**公司**，但这家公司继承了卫生洁具行业的所有优缺点，没有哪家公司是一座孤岛，所以永远不要忽视其周围各家企业的情况。

那烂陀实践趋同投资的一项原则是，如果某个**行业**能够让其中各家公司持续盈利，我们就会爱上它，但如果不是的话，它最好能提供一个**完美**的理由来说服我们哪怕花一分钟的时间，用对上文航空企业类似的方式，就业内某家公司的投资前景进行一番分析。毕竟人生苦短，我们没必要把时间浪费在无用功上。

一个行业是否具备投资吸引力和盈利能力，有三种可能的回答。第一种情况是，该行业中所有的公司都在努力维持生存，就像前文航空公司的情况那样。而电信塔、服装制造和日用化学品等行业则是臭名昭著的"价值破坏者"，因为这些行业中的大多数公司获得的收益，几乎没办法填补其资本成本支出。正如我反复强调的那样，任何策略（包括投资策略在内）都有一处被严重低估的价值所在，即此项策略建议我们**不要**去做的事情。趋同原则要求我不要投资这些行业。换句话说，如果此行业中的大多数公司都无法成功获利，那为什么要相信这家公司是独一无二、可以盈利的呢？

第二种可能的情况是，整个行业对所有的参与者都表现出了一致的吸引力。例如，信息技术（IT）外包行业中的埃森哲、高知特、印孚瑟斯和塔塔咨询服务公司等企业数十年来的已动用资本回报率都在 40%~50% 或更高。如果你像我们一样接受趋同投资的理念，你应该会迫不及待地想要对 IT 行业的公司做一番评估。例如，当我们对印度领先的中型 IT 服务企业心智树（Mindtree）的投资进行评估时，了解到该公司多年来的收益一直非常可观，但我们怎么能确定它将在未来持续保持成功呢？通过观察该行业内其他企业的趋同发展状况，那烂陀的研究发现，该行业的所有企业，几十年来都能够在不牺牲盈利能力的情况下，持续扩大收入规模。换句话说，如果那个市场中的这个行业能够盈利，在其他条件相同的情况下，在这个市场中投资这个行业，产生收益的可能性是很高的。

当然，我的这些乐观评价，并不意味着我会随便选一家 IT 服务行业内的公司进行投资。相反，我还是要根据企业的估值、财务风险、管理业绩、资本配置、客户集中度、市场份额等因素来决定是否投资。但这个行业的公司会像心智树一样，在我的投资意向名单上名列前茅。

你可能觉得，这些堪比“摇钱树”的行业会很罕见，至少这是微观经济理论主张的观点，但事实并非如此，那烂陀投资组合中的公司来自很多优质行业：酶制剂、涂料、炊具、业务流程外包、轴承、压缩机、消费电器、卫生洁具和蒸汽轮机等。

最后，趋同原则告诉我们，在特定行业中，只有部分公司才能赚到钱，剩下的大部分企业都无法盈利。例如，走在纽约曼哈顿第五大道上，金碧辉煌和琳琅满目的各类时装店简直令人目不暇接，但时尚是一个残酷的行业，很少有哪家时尚公司的收入和利润能够持续稳定增长，大多数公司犹如昙花一现，短暂地闪耀片刻之后就消失得无影无踪。零售和餐饮的情况也是如此，它们对我们来说也是最难评估的公司。所以，我们应该在某个没有吸引力的行业中选择单独的一家企业下注，还是应该头也不回地一走了之？如果我们在这些行业中选择的一家特定公司进行评估（那烂陀很少这样做，因为我们的要求特别高），那么除了无可争议的行业龙头企业外，我们不会考虑任何其他公司。

除了评估那些看起来有利可图的行业之外，趋同原则还被我们运用在许多其他业务领域上，但其主要被用来判断“什么是**不应该**做的”。

在此，请诸位简要回顾本书第 1 章的内容，即避免重大风险的重要性。我认为，对于大多数投资者来说，做好风险规避比做好投资更重要，也更困难。

让我们快速回顾一下第 1 章提出的一些要点，正如我所强调的，那烂陀必须不惜一切代价避免碰上以下六种类型的企业：

1. 那些由骗子把持和经营的企业
2. 陷入转型危机的企业
3. 债务水平高的企业
4. 并购狂热者
5. 处于快速变化行业内的企业
6. 不能“一碗水端平”地平等对待利益相关者的企业

我是如何列出这个企业黑名单的？无非是回顾自己惨败的投资经历（第 1、2、5 章），做一些事实性的数据分析（第 4、5、6 章），目睹他人的挫折和失败（第 2、3、6 章），以及向那烂陀投资组合公司的企业主学习（第 4、5 章）。贯穿所有这些经历的一个共同点，是我们对找到理想的投资模式和寻求趋同结果的渴望。

投资者可以在不同类型的企业中发现（或根据不同类型的企业创建）大量的经营模式，但我不打算在这里探讨所有这些模式，相反的，本章旨在提出一项简单的主张，即投资者可以提出的一个最重要的问题是："此种做法还在哪些地方取得了成功？"在继续回答这个问题之前，我们还要再讨论一下趋同投资另一个方面的要点，（我认为）它对我们的投资成功至关重要。

那烂陀对价格很敏感。在我们注资时，投资组合企业的动态市盈率的中位数一般都低于 15，而印度市场的平均市盈率约为 19~20。所以，那烂陀的开价很少超过 20 倍的市场平均动态市盈率。最重要的是，我们从来不会夸口说："这是一家如此优秀的企业，甚至 30 倍的市盈率也是合理的。"

正如我在前几章中明确表示的那般，不管价格多低，那烂陀都没有兴趣投资质量差或者平庸的企业。从历史财务状况、行业市场份额、资产负债表质量和客户满意度等可验证的经验数据方面，那烂陀投资组合内的公司都是真正的明星企业。而且，市场规律也发挥了有效的作用，即这类优质企业的股票是很难以抛售价格买入的。由于那烂陀选择只投资于各行各业的顶级企业，所以我们通常有两个选择：

1. 以高估值投资，希望价格会进一步上涨。
2. 长期持有，直到股价涨至我们期望的价格。

那烂陀一直选择第二个方案，为什么？还是趋同原则。从长期来看，估值对不同持有年份、不同国家和不同规模公司的股本回报率都很重要。估值越低，潜在的长期回报就越高。这一点在任何地方都是长期有效的，所以我们凭什么反对它呢？

在众多关于股票估值和回报的实证研究中，我最喜欢的一篇文章是路易斯·陈（Louis Chan）和约瑟夫·拉格尼沙克（Josef Lakonishok）写的《价值与成长投资：回顾和更新》（*Value and Growth Investing: Review and Update*）[14]。我喜欢这篇文章有两个原因：首先，它是一篇汇总型研究文章，总结了许多其他研究人员多年来在几个不同国家得出的研究结论；第二，虽然陈和拉格尼沙克都是学者（来自伊利诺伊大学厄巴纳 - 香槟分校），但拉格尼沙克也是一家名为 LSV 资产管理公司的 CEO 和首席投资官，主要负责旗下价值 1000 亿美元的基金管理。这就意味着他们的研究成果可能会直接影响到基金的投资收益，所以他们的意见总是很中肯的。

这篇汇总研究文章包含的大量表格提供了海量的数据，如果你没有太多时间，我建议你重点看看表 2，它罗列了 13 个国家 20 年中（1975 年至 1995 年）的“价值型股票”（value stocks，低估值的股票）和“热门股票”（glamour stocks，高估值的股票）在四种估值指标上的回报。对比的结果堪称一面倒，在几乎所有国家中，价值型股票的投资组合都战胜了热门股票的投资组合。而且两者之间的差距非常显著，从瑞士的 1.5 个百分点到美国的 6.7 个百分点不等（基于市盈率作为估值标准）。

我认为两位作者的观点具备很好的现实指导意义，所以在此特别援引文章结论部分第一段的完整内容：

> 大量的实证研究表明，平均而言，价值型股票比成长型股票能获得更高的回报。价值投资的回报在小盘股中更为明显，但它也存在于大盘股中。价值溢价也存在于美国以外的股票市场。

当我们明知投资结果**平均而言**会很差时，为什么要冒着高估值的风险去追涨呢？一些人可能已经发现了这里的悖论。与拉格尼沙克管理的LSV资产管理公司不同（它依赖于复杂的定量分析），我们会对行业和企业进行深入的定性研究。因此，那烂陀对手上投资组合中的公司和它们所处的行业了解甚多。鉴于我们已经对它们形成了明智且清晰的认知，所以当机会出现时，我们为什么不应该去积极出资呢？

的确是不应该，为什么？

因为我更尊重估值和潜在回报方面的趋同原则，而不是我的智商。尽管我希望自己能变得更聪明些，但遗憾的是，我并非万中无一的绝世天才。

现在，我们要回答一个显而易见的问题：趋同原则在何种情况下是**不适合**使用的呢？

看似寻常最奇崛，成如容易却艰辛

某位智者——据说是爱因斯坦（但存在争议）——曾经说过："凡事应力求简约，但不可一味地投机取巧。"既然生活都充满了五味杂陈，那么投资也是如此。趋同的原则或许看似浅显易懂（我希望如此），而且实施起来也很容易，但很抱歉让你失望了，这个看似简单易上手的评估工具，也暗含着一系列棘手的问题。

怎么说呢，只要给我一个你想要的结论，我就能够根据趋同原则将其合理化地精简提炼，我对这一点还是相当自信的。但投资界的一些奇闻轶事也很可能会被包装成一种投资模式而受到追捧，当有被包装得更漂亮的模式出现后，人们很可能会忽略一种模式，转而支持另一种模式，又或者，有人可能会仅仅通过虚构出一个精彩故事的方式，凭空捏造出所谓的外部意见。

如果你是一名投资者，或想要成为一名投资者，那么你就可能需要经历一系列痛苦的摸爬滚打之后才会学到经验教训，我在此分享一些个人的心得体会。

如果不同生物体在基因、发育过程和生态位方面有相似之处，那么它们趋同进化的概率就会更高。[15] 不出所料，企业的“生存条件”越相似，在投资中使用趋同原则的好处就越大。这里的“条件”可以指产业结构、地理位置、竞争态势、企业发展阶段、商业模式的相似性等。例如我们看到，当各岛屿的生态条件相似时，加勒比海地区的安乐蜥都进化出了类似的形态特征。因此，同样的原则对于企业界也是适用的。

下面我将以三种类型的企业为例，解释趋同原则在运用过程中的复杂性。

假设我正在评估的投资对象是一家德国的住宅房产建筑公司。为了在评估过程中纳入外部意见，我将从了解德国住宅房地产市场的动态开始，例如行业的主要参与者、增长和盈利的历史记录、行业集中程度以及其他任何能让我对整个德国住宅类房地产市场有深刻认识的信息。我可能并不会参考德国的商业或零售房地产（指用于商业零售的房地产，包括购物中心、商场、百货公司等）市场，因为这类细分市场的行业结构和“市场参与者”的类型，通常与住房建造行业不同。

我是否应该对法国、西班牙或巴西的住宅房地产市场也做一番研究？这取决于这些他国市场是否具有与德国类似的行业结构（例如，行业是分散的还是集中的），监管的法律法规是否具有可比性（例如，如果政府为公民的抵押贷款提供补贴，这将极大地影响消费者行为）。直观地说，鉴于法国和西班牙住宅市场的文化和历史与德国更为相似，我更倾向于从这些市场，而不是巴西的市场中吸取教训。但是，也许有人能找到一种可以从巴西市场吸取经验教训的方法。美国的住宅房地产市场是否值得研究和借鉴呢？我不确定。我需要先做一些调研，才能确定德国和美国的市场之间是否有任何相似之处。

再以一家制造工业机器人的德国公司为例。这家公司的产品主要销往世界各地的制造型企业。由于是一个全球性的业务，我不会在这里过多地担心德国国内因素的影响。相反，我会对中国、意大利以及新加坡等同样向全球供应相同或类似设备的企业进行研究，以了解其增长、盈利能力和市场份额的趋势。我还会“更进一步”地分析全球各类复杂工业机械供应企业的表现。我可能不会对第二项分析给予那么多的重视，但我还是会稍作研究，看看是否存在任何明显的趋势。

你们中的一些人可能会争辩说，我对德国工程企业的整体否定太过草率了。也许德国在工程方面的实力，可以作为工业机器人行业的参考模板。我对此是持怀疑态度的，但你有可能是对的，那么再研究一下也无妨。

第三，以德国医院业务为例。我们是否应该根据趋同投资的指导原则来评估英国、意大利和荷兰医院的经济和产业结构？事实上，大多数市场的卫生保健行业都是受到政府严格监管的，这可能会大大影响医院的经济效益。要评估各国法律对其国内医院的影响，是一件超级麻烦的事情。相反，我们可以通过一条捷径来获悉医院的整体经济状况——如果没有行业数据的话，不妨找一找每个国家排名前五或前十的顶尖医院的经济状况，看看它们是否具有可比性。既然医院属于服务行业，我们是否可以利用德国其他服务行业（比如酒店）的信息，来对我们的评估加以补充完善？这是一个很值得思考的方向。

对于新兴行业或快速变化的行业，我们一般都不会使用趋同原则来指导投资活动。趋同进化在植物和昆虫身上体现得更为明显，因为它们在地球上出现的时间比鸟类和哺乳动物要早得多。[16] 所以这一点同样适用于商业世界。

那烂陀注意到，一些传统行业（如油漆、服装、发动机、涡轮机、汽车）的趋同程度会比较大，而新兴行业（如虚拟现实、机器人、电动车、生物技术）的趋同程度则相对较小。只有在各个企业获得足够的时间来规划和实施其战略方针之后，在赢家和输家已经（基本上）决定之后，在行业变化的速度已经下降之后，各行各业的发展才会向类似的命运靠拢。因此，如果那烂陀正在探讨是否应该买入德国一家涂料公司的股票，那么研究西方世界的涂料行业会有帮助。但如果我们是在 2000 年以美国的电子商务行业为参考依据，来判断是否应该投资中国的网络零售商，这可能就有点不太合适了。

如你所见，趋同投资不是一个客观的、无偏见的、总是产生相同答案的数学公式。因此，你可能会对我给出一个或多个结论有不同看法，而这正是投资的所有乐趣和挑战所在。

这恰巧又让我们回到了本章开篇讲到的蒂姆 · 库珀和莫名混浊的 Ara-3 烧瓶的案例。

来自理查德 · 伦斯基的经验教训

1988 年 2 月 24 日，理查德 · 伦斯基（Richard Lenski）教授在 12 个装有 10 毫升葡萄糖溶液的无菌烧瓶中植入了常见的大肠杆菌（通常被简称为 E. coli）。

伦斯基教授开启的实验一直延续至今，后人在此基础上发表了数百篇研究文章，几十个博士专业也因此而设立，此项试验更是受到了全世界的关注。

同柳德米拉·特鲁特和德米特里·别利亚耶夫在银狐身上进行的实验一样，伦斯基教授的实验也和长期进化有关，但有两个关键区别：首先，他想使用繁殖时间只有二十分钟的微生物，以便让它们在我们人类的寿命范围内完成数万代的进化过程；其次，与狐狸（或狗、小麦）的人工选择实验不同——在实验中，实验者选择谁（或什么）来进行繁殖——伦斯基希望由实验环境来决定。

实验开始时，12个烧瓶中所有的大肠杆菌在基因上都是一样的，因为它们都是由一个母细胞增殖而来。每个烧瓶中都有数以亿计的细菌，因此有足够的机会出现突变。而有限的食物供应，则是实验的一个重要转折点。每天添加进烧瓶内的葡萄糖剂量可供大肠杆菌增殖大约六个小时。养分消耗殆尽后，细菌就停止分裂并进入“待机”状态。第二天，一位实验室成员——同蒂姆·库珀一样——会从每个烧瓶中取出0.1毫升液体（烧瓶液体的1%）并注入一个含有9.9毫升新鲜葡萄糖溶液的新烧瓶中。

然后一个新的周期就开始了，直到第二天，实验员还会重复同样的程序，后天也是如此，然后周复一周、月复一月、年复一年。

伦斯基在12个烧瓶中同时“重播”了古尔德所说的生命进化过程，他并没有对细菌进行人工选择，也没有改变培养的媒介。相反，他让12个烧瓶中的生命在数千代的时间里，平行地进行发展和演化。在2011年，经过五万代的进化后，伦斯基取得了惊人的发现：“令我惊讶的是，进化是相当可重复的……虽然这些大肠杆菌在许多细节上肯定出现了一定程度的谱系分化，但我对它们进化的平行轨迹感到十分震惊，根据我们的检测，它们在许多表型特征，甚至在基因序列上，都产生了类似的变化。”

这并不是说这些大肠杆菌没有进化。相反，它们已经有了一定程度的进化了。不同烧瓶中的大肠杆菌在应对“饥饿”方面都演化出了不同的适应方式：要么生长得更快，要么比前几代分裂得更多。但总体趋势是明确无误的——平均而言，大肠杆菌的增殖速度比”它们的“初代先祖”快了 70%。此外，研究人员还发现了另一个趋同进化的例子。12 个烧瓶内的所有大肠杆菌种群都失去了合成 D– 核糖的能力，因为它们都经历了同一类的遗传变化。

与古尔德的预测不同，伦斯基教授复刻的生命进化过程却产生了相同的结果。

直到实验开始 15 年后的某一天，蒂姆·库珀才发现了异常之处。

Ara–3 烧瓶变得不透明的原因是，它出现了“菌口爆炸”。Ara–3 内的菌群数量是其他烧瓶的 10 倍。所有烧瓶中的葡萄糖都是有限的，理论上可以养活的菌群数量也是有限的，怎么会发生这种情况呢？

原来 Ara–3 烧瓶中的细菌已经进化出了以溶液中的其他成分为食的能力，而唯一可能的新食物来源，是一种叫作柠檬酸盐的分子，它从实验的第一天起就存在于所有葡萄糖溶液中。然而，在实验开始时，人们明确知道，大肠杆菌在有氧气条件下是不会合成柠檬酸盐的。因此，这种特征也被广泛应用于大肠杆菌的鉴别！

伦斯基教授的第 33,127 代大肠杆菌已经大大偏离了“必然趋同”这个简单明了的进化故事主线，这堪称是生物学界有史以来发现的差异化程度最大的实验案例。伦斯基的实验室后来发现，Ara–3 细菌消化柠檬酸盐的能力，是在大约两万代之后产生的一系列突变的结果。不幸的是，任何一种突变都相当罕见，所以其他烧瓶中的大肠杆菌都没有进化出这种能力。

我们从伦斯基的长期实验中得出了两个尤为值得注意的关键教训：

1. 趋同是自然界的主导模式。
2. 它仅在少数情况下才不会产生作用。

只需替换一个词，就可以得出对我们投资者同样重要的两个关键教训：

1. 趋同是商业世界的主导模式。
2. 它仅在少数情况下才不会产生作用。

我从始至终都对趋同原则赞不绝口，认为它是一种强大的投资工具，因为事实就是如此。当然，企业取得成功的方式也只有寥寥几种，从我作为投资者的角度来看，能识别投资成功或失败的趋同模式，已经帮助我们选出了（自认为是）一些十分优秀的投资对象，同时也让那烂陀规避掉了许多糟糕的投资项目。

但偶尔的惨败经历也令我痛苦地意识到，趋同模式也会有失灵的时候，就像 Ara-3 烧瓶中大肠杆菌的成功突变偶尔也会出现那般。不幸的是，我们也会错过一个投资它的机会。

如果能把不同时期和国家的商业发展历史“重播”一遍，压倒性的趋同模式将体现为：业务少而精的企业将会走向成功。那烂陀投资组合中的大部分企业只专注于提供一种或一小套产品或服务，因为我们通常都拒绝投资于多元化的公司或大型企业集团。当任意一家被投资单位的管理团队，试图偏离既定的业务发展路线，并转而去发展其他业务（业务的多元化）时，那烂陀的态度就是：“我们对你很失望。”

如果我是美国的投资者，坚持上述投资理念就会错过亚马逊这块市值达到约**一万亿**美元的“金饽饽”。它最初只是一家电子书零售商，后来随着业务发展的持续多元化，其提供的产品种类也越来越多，而且许多商品之间几乎毫无关联。

在美国，你可能会在 Kindle 上购买一本杂志，然后看到里面一部电影的影评，对其产生兴趣后便在亚马逊的 Prime Video 上观看一番；你还可以穿着从亚马逊精选（Amazon Essentials）上买来的舒适家居服，对着亚马逊公司推出的智能语音助理 Alexa 下几句命令，然后便在家坐等亚马逊生鲜（Amazon Fresh）给你配送牛奶和鸡蛋；亚马逊的物流团队会将你订购的物品送到家门口，然后再通过亚马逊研发的智能门铃来提醒你签收；在播放亚马逊音乐时，你可以通过完成亚马逊网络服务上托管的 Mechanical Turk 调查来赚一些零花钱。亚马逊已经在全球 58 个国家推出了十分多元化的产品，不管你是其中哪个国家的公民，都能够享受到它的服务。

如果 Ara-3 烧瓶有大脑的话，它一定会对杰夫·贝佐斯（Jeff Bezos）嫉妒万分，因为他似乎打破了所有的商业规则，成为商业界中的一个“超级变种”。

2017 年，沃伦·巴菲特在美国消费者新闻与商业频道的《财经论谈》（*Squawk Box*）节目中承认，他没投资亚马逊确实是失策了。但我却没有类似的懊悔情绪，因为我知道，我在以前就错过了投资亚马逊的机会，那么我在将来也同样会错过其他类似亚马逊的企业投资机会，所以自然就没什么好遗憾的了。

虽然没能赶上“亚马逊”这趟超速飞车，但唯一值得庆幸的是，我觉得自己在有生之年，应该不会再看到另一个像贝佐斯这般万中无一的商业奇才出现了。

* * *

当我在鼓吹趋同投资策略的种种好处之时，也不得不承认我的个人能力或许尚有不足，因为青睐趋同策略实际上等于宣称："我不知道如何去评估这家特定的企业。"或许这就是为什么在坚持直截了当的投资风格的同时，收纳外部意见或采用趋同策略的方法没有得到广泛遵循的原因。然而，自2007年以来，那烂陀一直坚持在做我们喜欢的事情：提出问题，引导自己去了解公司的成功和失败模式。

在股票投资这个行业，获得正确的答案并不难，真正难的是如何提出正确的问题。

本章小结

进化论教会我的投资知识是：

要重构对投资的理解，一个重要因素是将商业世界中反复出现的成功和失败模式化为己所用。

1. 趋同进化——不相关的生物体，在面对类似的环境和生存问题时，演化出相同的解决方案——在自然界中无处不在。这种现象在动物、植物、真菌，甚至细菌中都可以看到。在自然界中，每个问题似乎都只有一小撮针对性的解决方案。
2. 例如，相比于全球其他地区，澳大利亚的植物群和动物群已经独自进化了三千五百多万年（自澳大利亚成为一个独立的大陆以来），但每一种澳大利亚有袋动物，似乎在其他地区都有一类对应的胎生物种。

3. 商业世界也同样存在趋同现象。公司的成功和失败都有明确的模式。我们充分利用了企业界的这一特性，并通过提出一个简单的问题，即“我们还在哪里看到过这种企业经营案例”，从而筛选区分优秀企业和劣质企业。
4. 那烂陀并非投资单个企业，而是投资经过实践检验的成功企业模板。
5. 我们是丹尼尔·卡尼曼“外部视角论”的忠实粉丝。因为它在概念上与趋同原则十分相似，所以我们在做出投资决策之前，必须从其他地方寻找类似的企业生存模式作为参照。
6. 然而，应用趋同原则并不容易，因为人类可能被根本不存在的模式所欺骗。那烂陀也可能错过像亚马逊这样千载难逢的绝佳投资对象，因为这些多元化经营的企业似乎违背了“少而精才是企业成功的关键”这一趋同概念。

第7章

莫将绿蛙作虹鳉

许多动物的雌雄两性，在繁殖季节都会不停地呼唤对方；而且在不少情况下，雄性会试图通过呼唤来吸引或激起雌性的交配欲望。事实上，这似乎是声音的最初用途和发展方法，正如我在《人类的由来》中试图说明的那样。

——查尔斯·达尔文《人类和动物的表情》

费切海默兄弟公司（Fechheimer）正是我们喜欢购买的那种企业。它有着超乎寻常的经济记录……你可能会觉得好笑，查理和我都没有去过辛辛那提，也就是费切海默兄弟公司的总部，去看他们的实际运作……如果我们的投资成功，需要取决于我们对持股企业的工厂的实地考察，那伯克希尔公司就会有大麻烦。相反，在考虑收购时，我们试图评估目标企业的经济特征——它的竞争优势和劣势，以及该企业员工的素质。

——沃伦·巴菲特《1985年致股东信》

1956年，来自奥马哈的巴菲特开始为家人和朋友管理105,000美元的资产，现如今，这笔钱已“滚”到了5万亿美元。巴菲特几十年来的投资生涯令他成为投资界的“先知”，也一并摘得了全球最佳投资者的桂冠。大家都知道他是全球排行第一的投资者，那排行第二的人是谁呢？

或许很多人并没听说过安东尼·博尔顿（Anthony Bolton）的大名，但在我看来，纵观整个投资界历史，他可以说是唯一一位“一人（巴菲特）之下，万人之上”的“投资伟人”。这位来自英国基金经理界的超级明星，其业绩与巴菲特相比都不遑多让。1979 年至 2007 年，博尔顿管理富达特殊情况基金（Fidelity Special Situations Fund）长达 28 年，他在市场收益率约为 13.5% 的情况下，实现了 19.5% 的年化回报。在他任职期间，1000 英镑的资金会被“滚”到 14.7 万英镑，“绝伦无双”就是他的最佳代名词。

2010 年，他决定结束退休生活，重返投资界，并推出了一支价值 4.6 亿英镑的基金。然而，由于表现明显落后于市场——该基金在接下来的三年里损失了 14%——博尔顿不得不引咎辞职，于 2014 年黯然退场。

一位在近三十年职业生涯中持续跑赢市场的天才，怎么会遭遇如此难堪的投资滑铁卢，是纯粹的运气不好，还是他看走了眼？如果是后者的话，他在哪些地方搞砸了？如果连博尔顿都一败涂地，试问还有谁能力挽狂澜呢？

投资信号暗藏的福与祸

如果你和我一样是国家地理频道的狂热粉丝，你应该会很熟悉下面的一些或所有场景：一头雄狮咆哮着宣示他在狮群中的统治地位；雌性狒狒在发情期红肿膨大的屁股，表示它们已经做好了交配的准备；蜜蜂通过摇臀舞来传达蜜源的方向和距离；一头雌性大象会通过抚摸来安抚小象；深海鱿鱼通过发光来吸引猎物；猫鼬会通过尖叫来警告家人躲避正在捕食的猎鹰。

上述的所有动物行为都属于信号。如果一本书没有对这些信号进行长篇大论地解析，那它就不配称为合格的进化理论教科书。[1]信号“发送者”已经明确地进化到了改变信号“接收者”行为的程度，其发出的信号通常被用来与猎物、捕食者、配偶、竞争对手、朋友和家人沟通，并影响它们的行为。信号可以有无数种形式：触摸、声音、颜色、动作、光线、气味或这些形式的组合。没有任何生物能在不发射和接收信号的情况下生存，但信号的误导或误读也可能会导致死亡。虽然经过数百万年的进化，动植物的信号发射和接收技能和本能已然得到了有效的磨炼，但通过信号来欺骗捕食者或击败竞争对手，以获得食物或配偶的生存竞赛却从未停止。

本书探讨的主题是投资，它是金融服务行业不可或缺的一个组成部分，但也因其“不够诚实”和“坑蒙拐骗”的特色和性质而闻名于世。论及投资行业的糜烂状况，没有人能比弗雷德·施韦德（Fred Schwed）那本鞭辟入里、永不过时的经典著作《客户的游艇在哪里？》（*Where Are the Customers' Yachts？*）描述得更贴切和生动了。那些经历过 2008 年全球金融危机的人，或许已经对我们这些金融从业者穷尽了所有的污言秽语。如果你不是一位进化生物学家，你或许会认为，“忽悠”是我们投资者这群狡猾物种的专属能力，但事实并非如此。

让我们先从绿蛙开始讲起吧！

同大多数动物一样，绿蛙每年的交配期都很短暂。在这个关键时期，雄蛙需要积极捍卫自己的领地，以最大限度地提高自身的繁殖成功率。大体形的雄蛙通过发出比小体形雄蛙更低频的叫声（在你听来就是“咕呱”声）来宣示它们的“身材优势”和统治地位。因此，一只雄性绿蛙在进化过程中学会了避开更大更强壮的绿蛙，不会贸然闯入一处充满低频蛙鸣声的求偶地。因为在其脑中，低频的呱呱声就等同于不可战胜的对手。

如果你是一只体格不够大的绿蛙，你会怎么做？直接放弃交配的权利，孤身来到这世界，然后孤寡地离去？当然不行了！你知道吗？一些体形较小的绿蛙，已经找到了一种方法来**降低**其叫声的音调，从而传达出欺骗性的信号，让其他绿蛙误以为它们的体形很大。[2] 这种能力使它们能够通过愚弄较大的雄性来维护其领地。一些小个头绿蛙通过利用低频的叫声来发送一种虚假的信号，从而获得了进化上的优势。发出这种“不诚实”的信号其实很容易，而且对“发报员”，即小个头的绿蛙来说，付出的成本也非常小。

如果你认为绿蛙不过是种狡猾的小生物，那么招潮蟹“不诚实”的鬼把戏一定会让你佩服得五体投地。

招潮蟹向雌性和其他雄性释放虚假信号的能力，比绿蛙更胜一筹。[3] 雄性招潮蟹进化出了一只巨大的前螯，主要用于与其他雄蟹争斗和吸引雌蟹。研究人员发现，雌蟹明显更青睐那些钳子更大的雄蟹，而在这方面更具“先天优势”的雄蟹，也更有可能击败其他雄性对手，进而赢得更多的繁育机会。每当雄蟹在争斗中受伤而失去前螯后，它们通常会长出一只比原来重量更轻、更小、更脆弱的新钳子。但是，新长出的前螯从外观上看起来依然非常“威武雄壮”，**乍看之下**同原本更沉重、更具致命杀伤力的旧螯一样孔武有力。

这只重新长出来的钳子同时欺骗了雌蟹和其他雄蟹，因为雌蟹根本就无法区分雄蟹的钳子是更厚实的“原版货”，还是银样镴枪头的“再版货”，而那些真正拥有“原版”前螯的雄蟹也会避免与这些长着“再版”钳子的雄蟹打架。研究人员发现，在招潮蟹群体中，多达 44% 的雄蟹都是顶着“再版”前螯的“纸老虎”。所以，靠不住的可不只有我们这些金融界人士！

但如果你认为只有动物才会发出“不诚实”的信号，那就太过天真啦！

植物也同样是诈骗专家。因为不能像动物一样逃跑或躲藏，植物的许多生存策略，都涉及如何欺骗其他植物或动物。澳大利亚某些品种的兰花成功创造了植物界最佳的诈骗案例——但对于被欺骗的动物来说就是最糟糕的体验了。[4] 澳大利亚本土大约生长着 1400 种兰花，其中大约有 250 种采用了同样的欺骗策略来诱使雄性黄蜂帮自己传粉。

这些兰花的行骗方式如下：雌性黄蜂一生中大部分时间都会躲在地下巢穴中产卵，然而当交配季节到来时，她们就会从地下钻出，并释放一种独特的信息素来吸引雄蜂。众多闻“香”而至的雄蜂便会落到雌性身上开始紧锣密鼓地交配。到目前为止，一切都很正常。当然，一大群密密麻麻的黄蜂扎堆的画面可能会有些吓人，对密集恐惧症患者而言不怎么友好。

接下来就轮到植物界的诈骗大师——兰花粉墨登场了。许多兰科植物已经“修炼出”了一种方法，可以释放出与雌性黄蜂相同的信息素。其结果是什么呢？雄性黄蜂最终被骗与兰花“亲热”并在此过程中沾上一身的花粉。当待它们再次受骗“临幸”另一朵花时，上一朵花的花粉自然被带到了这朵花，无意间也就帮助兰花完成了授粉！这就是兰花的高明骗局！

当然，我不想让你们误以为，整个生物界都是骗子当道。与绿蛙、招潮蟹和澳大利亚兰花不同，雄性孔雀鱼和珊瑚蛇要相对“正直”些。

孔雀鱼的老家在委内瑞拉、特立尼达和多巴哥的山林溪流中。雌鱼的长相平淡无奇，而雄鱼却有着绚烂多彩体色，而且两只雄性鱼之间不会长出相同的颜色和图案。在谷歌上搜索一下雄性孔雀鱼的图片，你就知道它们有多漂亮了。

科学家们已经通过实验证明，雌性孔雀鱼明显更青睐体内类胡萝卜素含量更高的、体色更明亮、更显眼的红色雄鱼（关于类胡萝卜素，我将在下文进一步探讨）。但是，更醒目的颜色也给雄鱼带来了足以危及生命的巨大风险。[5]因为体色更绚丽多彩的孔雀鱼更容易被捕食者发现。如果雄鱼体色黯淡，它们就会失去交配机会，但如果颜色过于鲜艳，则又可能会被天敌猎杀，真是典型的进退两难。因此，鲜艳的体色就是雄鱼为吸引雌鱼而发出的一种“诚实”信号。正如戈丁和麦克多诺简明扼要所指出的那般：“雄性孔雀鱼因鲜艳而醒目的体色而付出了生存代价，可对雌鱼来说，这种性选择特征作为雄性质量的指标的可靠性，却得到了潜在的加强。”[6]

尽管雄性孔雀鱼为了吸引雌性而进化出的绚丽体色可能会招来捕食者的袭击，但致命的珊瑚蛇却能凭借其鲜艳的体纹来威慑潜在的捕食者[7]。这类原产于热带地区，色彩艳丽的剧毒蛇约有 90 种，身上的图案通常由三种颜色交替组成：红黑黄或红黑白。这种充满“警示性的”（在生物学界中，这已经是一个相当“善意”的词了！）配色在许多有毒动植物身上都很常见，它们基本上是在“诚实”地警告潜在的捕食者：“有毒勿近！”

但如果没有这些离奇而迷人的进化，我们会看到什么？可以作为宠物饲养的无毒牛奶蛇与剧毒的珊瑚蛇有着近乎一模一样的颜色和带状条纹。我敢打赌，将这两种蛇的照片并排放在一起时，你很难将它们区分开来。

这种“不诚实”的信号，被称为贝式拟态（Batesian mimicry），由英国科学家亨利 · 沃尔特 · 贝茨（Henry Walter Bates）于 19 世纪 60 年代在对巴西蝴蝶的观察中首次发现。[9]贝式拟态指的是，一个无毒可食的物种会在颜色、形态和行为上模仿另一个有毒不可食的物种，从而抵御捕食者的猎杀。牛奶蛇通过自然选择，成功地进化出了模仿珊瑚蛇的能力，进而确保了自身的生存。

在这里，我需要稍作澄清，以避免将文中探讨的物种行为过于拟人化。在下文中，我可能会重复数次，即在迄今为止的论述中，“诚实”或“不诚实”这两个修饰词，并不涉及信号发出者的**主观意图**，它们均指向这些信号对接收者的**影响**。换而言之，如果一个信号成功地愚弄了接收者，它就是“不诚实”的信号；而如果接收者理解了信号的本质含义时，它就是一个诚实的信号。无论是孔雀鱼还是牛奶蛇，它们都不具备支配其身体颜色的能力；澳大利亚的兰花也不是“刻意”地释放信息素；招潮蟹也并非出于主观意愿而进化出“断肢再生”的能力：这些生物都是经过了数百万年的自然选择而产生的物种。

例如，无毒牛奶蛇的某个祖先，可能产生了随机突变，于是便形成了类似有毒珊瑚蛇的身体颜色和图案，然后这些突变体的存活率恰好高于那些没有突变的同类，它们进而又繁育出了更多拥有突变体颜色的小蛇。这些遗传了突变信号的小蛇能够更好地躲避捕食者，从而成功地存活下来，并繁衍出了更多拥有突变色彩和图案的后代。如此循环往复，经过许多代的遗传和进化之后，所有的牛奶蛇都会拥有与珊瑚蛇类似的身体颜色，这样一来，“不诚实”的遗传信号得以完善并继承下来。

不利条件原理说明了一切

尽管我自称为“投资者”，但在进化生物学家眼中，我就是一个纯粹的“信号解码器”，这是因为投资者评估一家公司是否值得投资的**唯**一凭据，就是它发出的信号：不管是直接的或是间接的、可理解的或匪夷所思的、持续不断地或是延迟滞后的、定量的或是定性的。

企业的新闻稿、媒体采访、分析师会议、盈利电话会议、年度报告、股息、回购、收购、提交给美国证券交易委员会（SEC）的文件、纸媒上的广告宣传等，都是企业传递信号的方式和渠道。由于资本市场监管机构已经明确了沟通的标准化和透明化，大多数投资者从企业那里收到的信号都是相同的。那么，为什么不同的投资者——尽管他们看起来都属于一个智力超群的精英小群体——他们的长期投资业绩表现存在显著差异呢？造成这种差异的原因可能繁杂不一，我个人认为最突出的一个原因是，不同的投资者从“不诚实”的信号中解析出“诚实”信息的能力不同（图 7.1）。在自然界中，依据不诚实的信号采取行动，而对诚实的信号视而不见，可能会导致生物饥饿或死亡。在投资领域，一家基金业绩未来的命运也与此十分相似。

但是，投资者应该如何区分“诚实”的信号和“不诚实”的信号呢？

让我们来看看以色列进化生物学家阿莫茨·扎哈维（Amotz Zahavi）给出的精辟答案。

但首先请允许我简要介绍一下有关“信号”的背景知识。在二十世纪的早期和中期，动物行为学家（动物行为学是研究动物行为的学科）认为，信号基本上是发送者传达潜在动机的“诚实”指标。然而，在 20 世纪 70 年代，两位英国科学家理查德·道金斯和约翰·克雷布斯（John Krebs）提出了一个几乎截然相反的观点。他们认为，我们最好将信号看作是发送者为了自身的利益，而改变接收者行为的一种欺骗性操纵。根据道金斯和克雷布斯的说法，这引发了生物界的一场军备竞赛，即信号的发送方和接收方都在不断试图超越对方。

7.1 雄赳赳、气昂昂的雄鹿：谁的信号更“诚实”？商人的，还是鹿的？

图片来源：Shutterstock 图库授权。

然而，阿莫茨·扎哈维对“信号”的悲观看法表达了反对意见。1975 年，他提出了著名的“不利条件原理”，解释了在动物可能试图相互欺骗的自然界中，“诚实”的信号是如何，以及为什么会演化出来的。[11] 扎哈维令人瞩目的观察结论是，当产生某一特定特征的成本很高时，他精确地将这种信号称为“不利条件”，并且它无法与另一个质量较低的信号相匹配时，这种“高成本”的信号便可以被视为是“诚实”的信号。这**听起来**很合乎逻辑，但科学与投资行业不同，不管是多么高屋建瓴的主张，都需要经验证据作为支撑。所以扎哈维发表文章提出的这个原理始终都没有被科学界完全接受，[12] 直到 15 年后的 1990 年，出自苏格兰生物学家艾伦·格拉芬（Alan Grafen）的两篇文章给扎哈维带来了转机，主流群体也终于认可了这一原理。

了解“不利条件原理”的最佳途径是通过类胡萝卜素。它是一类呈黄色、橙色以及红色的天然色素，因为有抗氧化及强化免疫系统的作用，所以能提供健康益处。动物自身是无法合成类胡萝卜素的，必须通过食用植物、细菌或真菌来摄取。类胡萝卜素发挥着强大的信号作用，而且科学家们已经在下列三个物种身上广泛研究了它们的作用：美洲家朱雀、三刺鱼和孔雀鱼。

如果“不利条件原理”是准确的，我们应该能够证实下面三个假设：

1. 雌性对体色偏红或偏亮的雄性有不同程度的“青睐”。
2. 体色偏红的雄性比体色较浅的雄性更健康。
3. 对于健康的雄性来说，产生深红色的色素需要付出高昂的代价。

在被研究的上述三类物种中，研究人员已经明确无误地证实，雌性对类胡萝卜素沉着度更深的雄性表现出了更明显的“青睐”。例如，雄性美洲家朱雀体表有三处类胡萝卜素斑块，分别位于冠部、喉咙和臀部。每处斑块的颜色从淡黄到鲜红不等。实验清楚地表明，雌性美洲家朱雀更愿意与较红的雄性家朱雀交配，无论这种红色是通过自然摄食还是人工染料得来的。这一发现支持了第一个假设：信号接收者的反应。

为了给第二项假设（信号的诚实性）提供支持，科学家已然证明，与那些摄取了低营养食物的家朱雀相比，“伙食较好”的个体羽毛颜色更红。当研究人员将三刺鱼放入存在寄生虫的环境中时，纤毛虫感染程度较为严重的三刺鱼，其身体颜色（红色）明显变淡了。在其他以孔雀鱼为研究对象的实验中，如戈丁和麦克多诺之前所做的实验，人们也发现了相同现象的证据。因此，更深的类胡萝卜素色素沉淀似乎意味着生物的整体健康状况更好。

现在，让我们分析最后一个也是最关键的假设：“诚实”的信号是否给信号发出者带来了额外的生存成本。基于多年的研究，生物学家已经发现，更深的类胡萝卜素色素沉着可能给生物增添了以下四种生存成本。首先，鱼类鳞片或鸟类羽毛中的类胡萝卜素水平，与它们消化系统中的类胡萝卜素含量直接相关。因此，动物摄入高营养食物的时间越久，体色也就越红，但更高的生存成本也会随之而来。第二，由于类胡萝卜素对健康有益，而且也是抵御疾病和寄生虫的必备物质，所以为了“表面功夫”而将其从肠道转移至鳞片或羽毛等非活性组织中，对动物来说是一种非常奢侈的操作。第三，要将类胡萝卜素转移至体表的羽毛或鳞片中，动物需先在肠道中对其进行处理，这一过程也会产生代谢成本。因此，只有那些营养充足的动物个体，才能有余力完成这项额外任务。第四项明显成本则是死亡风险增加，深红的颜色对雌性和敌人都具有吸引力。实验室内进行的实验已证明，鳟鱼更有可能会攻击身体颜色更红的三刺鱼，而蓝色图丽鱼也更有可能杀死类胡萝卜素更丰富的孔雀鱼。

因此，根据“不利条件原理”，体色较红的雄性家朱雀会吸引更多的配偶，大概是因为它们向雌性发出了信息：“看我多健康、多有活力，我拥有如此炫目的红色！”由于红色羽毛的形成需要大量资源的支持，如果一只本就虚弱或患病的家朱雀将更多类胡萝卜素转移至羽毛中，那么它就需要付出极其高昂的代价，此举无异于自杀。

显然，雄性家朱雀不能有意识地自主控制羽毛的成色——健康的家朱雀完全能够从足够的营养资源中获取红色素，而老弱病残者则没有。同理，在前面提到的例子中，那些色彩鲜艳的雄性孔雀鱼也是如此。切换到人类社会场景下，那些开着亮红色法拉利的家伙，也可能拥有更多可支配的财富资源。不论是人或其他动物，他们其实都是在炫耀自己拥有足够的能力和资源，来生产或购买非常昂贵的装饰品，并借此准确地向外界传达出，“信息发送者具备富足资源”的信号。

这就是扎哈维给投资者提供的经验教训：**要信就信那些高生产成本公司发出的信号**。

然而，这件事说起来容易做起来难。在企业环境中，“高生产成本”指的是什么呢？企业的哪些东西可以等同于孔雀的华丽装饰性尾巴？比如一栋闪亮的新总部大楼，一个行业奖项，一个不断增长的市值数据，还是公司的 CEO 荣登福布斯富豪榜，或者是其他什么信息？我是一位务实的投资者，不是所谓的“金融研究者”，因此我不能提供一个已得到证明的统计学回归模型，但我可以提供我和我的团队用于区分“诚实”和“不诚实”信号的实操方法。

层出不穷的“不诚实”信号

让我们从现实生活中无处不在的“不诚实”信号开始说起，即那些不能**可靠地**传达其应有特征的信号。一个“不诚实”的信号，并**不**意味着发送者是不诚实的（尽管他们有可能不诚实），只是说这个**信号**可能没有准确传达出其应该传达的东西。同自然界一样，在商业环境中，一个老实人也会发出“不诚实”的信号，但**不**一定有坏的意图。

在评估是否应该对一家企业采取投资或撤资行动时，那烂陀通常会忽略以下类型的信号，或者在整体评估中赋予它们**很**低的权重。

通过新闻发布的信息

2014 年 7 月 29 日，苹果公司在发布的新闻稿中声称，其新一代的笔记本电脑产品 MacBook Pro 将配置“视网膜显示屏”，投资者应该关注这个消息吗？

如果你是一个具备专业技术辨识能力的消费者，你或许会对这条新闻印象深刻，但这一公告如何帮助投资者判断苹果是不是一家值得投资的公司呢？你可以争辩说，新闻稿的内容表明苹果在紧跟最新技术趋势方面具备超强能力，事实上，这条新闻的信息量是相当大的。然而，有多少投资者——以及一般的非技术人员——知道或了解“视网膜显示屏”是什么技术呢？该技术意味着什么创新呢？反正我是不知道的。

不管它是什么东西，即使视网膜显示屏被证明是一项很酷的新技术，人们又是如何从这些信息中得出这款笔记本电脑会大卖的结论呢？为了更好地驳斥这个错误的观点，即便投资者确实对“视网膜显示屏”有所了解，并从各种渠道的消息中推断出它将取得巨大的市场成功，那此项新技术可以为这款笔记本带来多少销售量，销售增量又可以带来多少利润和现金流？除非他们能够对这两个问题做出准确预测，不然仅凭投资者所掌握的这部分信息和知识，又怎么能帮助他们做出是否购买苹果股票的决定呢？

新闻稿可能是企业最常用（或者我应该称其为被“滥用”）的发信方式。为什么呢？对企业来说，除了外部公关公司的聘请费用（通常被列入企业的年度固定支出）之外，定期在媒体上露一露脸并不需要花什么成本。许多公司都会借助定期的新闻发布和采访来对外透露新品发布、管理层变动、战略转变和组织变化等信息。

首先，我会对定期出现在新闻报道中的公司打上一个大大的问号。（难道他们就没有更好的事情可做吗？）但是，即便是那些不擅长借助公关顾问来管理媒体的公司，也很少对长期投资者透露些许有用的信息。

其次，新闻稿的潜在坏处，可能（而且经常）比苹果公司人畜无害的笔记本电脑新品公告更隐蔽。许多新闻稿**看似**透露了长期投资者必须获取的重要信息，但它们往好了说就是“胡吹神侃”，往坏了说就是“蓄意误导”。

以联合利华 2015 年 1 月 20 日的新闻稿为例，[14] 其标题《在愈发艰难的市场中实现盈利增长》传达出了满满的自信。待仔细看过新闻稿的内容后，我不禁有种“丈二和尚摸不着头脑”的感觉。我默认大家跟我一样，都同意将美国和西欧等发达市场归类为“艰难的”市场，因为这些成熟市场的竞争十分激烈，要实现增长会相对困难。但是，你仔细读完新闻稿的内容后就会发现，联合利华在 2014 年发达市场的销售额**下降了** 0.8%。虽然其新兴市场的销售额确实增长了 5.7%（可这一增长幅度仍低于 2013 年），但我肯定是不会用“艰难”这个词来形容新兴市场的。

有趣的是，联合利华并没有在这篇新闻稿中明确指出哪些市场是比较“难做的”，哪些市场又是比较“好做的”。或许你不同意我的观点，更愿意将新兴市场视作是比较“艰难的”市场。这也没问题，我们可以从你的角度继续分析这篇新闻稿。如果文中“艰难的”市场指的是新兴市场，那么如何解释联合利华在中国市场第四季度销售额**下降了** 20% 的事实呢？如此大幅度的下跌，尤其是在中国这样一个庞大市场中，对投资者来说可能是很关键的信息，但正如我们看到的那样，它并没有出现在新闻标题里。顺便说一下，联合利华 2014 年的整体销售额下降了 2.7%，难道这就是新闻稿暗示的、值得庆祝的理由吗？

最重要的是，根据新闻稿做出投资或撤资决定可能会危及基金的安全底线。本质上说，新闻稿就是企业为点燃竞争对手妒火，吸引投资者、员工和客户关注而发出的一种廉价信号。看透了这一点，也就没必要把它太当回事了。

因此，它们不值得我们重视。

管理层的媒体采访

2019 年 6 月 13 日，欧洲最负盛名的数字和技术会议在柏林隆重举行。在会议间隙，一位时年 51 岁且富有远见的 CEO 接受了彭博社记者马特·米勒（Matt Miller）的采访。他的公司是支付处理领域的巨头。作为一家于 21 世纪初成立的“奋斗型初创企业”，一路飙升的市值令它在 2018 年成功进入了不少企业都梦寐以求的 DAX 德国综合指数企业名单。该公司的股价在过去三年里翻了三番，估值约为 180 亿欧元。有 29 位研究分析师对其进行了分析和评级，其中 23 位给出了最高的“买入”评级。

多年来，《金融时报》等商业报纸和部分卖空者纷纷对这家公司的会计操作提出了一系列质疑，但对方就外界所有的指控都置之不理。在这种背景下，马特·米勒的采访确实令人难忘。因为他并没有借机向这位声名远扬的 CEO 大献殷勤，而是提出了一些一针见血的问题，涉及该公司的增长来源、疑问重重的企业治理方法，以及坊间关于该公司合规流程过于松散的长期传言产生的原因等。

这位姿态轻松、充满自信的 CEO 全程直视米勒的眼睛，非常清晰且准确地回答了每一个问题。他向米勒保证，亚洲是公司的增长的"主引擎"，其新增销售额达到了 160%，而且与大众的普遍认知相反的是，公司在欧洲也实现了业务增长。这位 CEO 怒斥了造谣者并提醒米勒，公司的股价在过去 14 年中实现了 36% 的年化回报！他表示，公司聘用了多达 200 名全球顶级的"合规专员"。他还解释称，公司正在大力开展技术投资，已实现对交易活动的数字监控。

但就在这次采访的一年后，即 2020 年 6 月 23 日，这位 CEO 因涉嫌刑事欺诈而被捕，公司也于 2020 年 6 月 25 日申请破产。

这位 CEO 是谁？马库斯·布劳恩（Markus Braun）。这家公司叫什么名字？Wirecard。

布劳恩和 Wirecard 公司多年来一直在通过撒谎来打造人设和企业形象，但在德国，对类似布劳恩之流的盲目崇拜是相当普遍且严重的，以至于国家监管机构德国联邦金融监管局在 2019 年都不得不以"操纵市场"为由，向《金融时报》的记者提起刑事诉讼。布劳恩是德国金融界的英雄人物，他怎么会犯错呢？你可以找到彭博社的这次采访。[15] 在这段访谈中，布劳恩将自己塑造成一个善意的、聪明的、有思想的领导者，并且他的公司显然也被"包装"成了在数字支付竞争中遥遥领先的头部企业。

没错，我需要承认，这的确是我精挑细选的一个案例，以证明企业的管理层作为一类特殊物种是多么的无用。但是，我希望你不会质疑布劳恩作为被采访者所表现出的非凡应对技巧。在访谈中，他成功地将 Wirecard 复杂的全球性业务简化为“可扩展”“数字支付”“风险管理”和“创新”等浅显易懂、朗朗上口的口号。我几乎可以肯定，这些表述成功地引起了观众的共鸣，而其中许多人肯定也是该公司的投资者。

尽管这是一个极端的例子，但它实际上凸显了几乎所有企业高管访谈所具备的两个共同特点：首先，企业高管的访谈本质上是一种“帮管理层树立良好形象”的表面工程，当然，很多知名企业的高层管理人员，的确是很优秀的人才，但你只要根据个人生活经验就会知道，有时候“看起来很不错的人，很可能“金玉其外，败絮其中”；其次，这种类型的访谈能为我们提供很多关于受访者（包括他们养的宠物狗叫什么名字，或最喜欢吃什么菜）及其企业的信息，但却无法提供太多对投资者有用的信息。例如，布劳恩在这次访谈中说，“我们在很多领域内都是先行者”，以及“我们正在专注于技术创新”。这样的表述可能从文学、学术、社会学或企业文化来看有点用，但它们能告诉我（一位投资者）什么信息？自然是毫无用处了！作为一名普通的观众，我或许会不明觉厉，并为布劳恩的表述深深折服，但对一个希望投资 Wirecard 的人来说，这些话就没有任何意义了。

不知道你是否见过这样的高管访谈，在访谈中，他们声称企业没有创新、没有最优秀的商业领袖、没有“充分利用”技术、没有以客户为中心、没有视员工如手足、没有积极采纳股东的意见、没有良性配置企业资本、忽略开展“可持续”投资的价值。我从未见过，因为这些都是高管们强调的千篇一律的东西。但事实上，在我最初的咨询以及后来的投资生涯中，我遇到的大多数企业在前述很多方面都存在严重不足，而这些高管们要么不知情，要么死鸭子嘴硬地不愿意承认。

在这个世界上，真正称得上“卓越”的人或事本来就是很罕见的，这一点在商业界也是如此。但如果你将企业高管的访谈作为唯一的信息来源和判断依据，那么你可能会以为卓越的事物无处不在。

当然，我并不是说自己从来不读（或听或看）商业领袖的访谈，我的确读过很多类似访谈的文字报道，但我阅读这些东西的动机，与阅读关于英国脱欧、跑步、电影和特朗普闹脾气的最新消息一样——为了跟朋友闲聊时有共同话题、为了打发周日下午的闲暇时间，以及对这个迷人世界里正在发生的各类精彩故事保持普遍的兴趣，但绝不可能是为了投资。

投资者会议和“路演”

让我暂且默认你是股票市场的门外汉。现在，股票行业面临着一个重大问题，而你则被要求负责解决这个问题。企业的管理团队似乎浪费了太多的时间去应对来自无数潜在投资者的试探性提问，导致那些真正想要投资的人抱怨他们给公司打的电话一直无人接听，因为管理团队已经厌倦了无数次地重复回答同样的问题。此外，投资者和公司的管理人员每年都要浪费大量的时间和成本，打着“飞的”奔波于各个城市之间进行线下会面。那么，有没有可能找到一个能确保公司信息可在所有感兴趣的投资者之间高效共享的最佳方式？

作为一个聪明人（别不好意思承认，因为你从茫茫纸海中慧眼如炬地选中了我写的书），你可能很快会想到下面这个绝佳的办法：邀请全球众多公司和投资者齐聚一堂——最好是一个交通便捷（海陆空）的城市——让他们通过演讲的方式进行正式的交流，再辅以午餐和晚餐时段的非正式交流。

恭喜你，你找到了正确的解决方案！这就是投资行业目前流行的操作，即举办时长 1~5 天的正式会议。数十家，有时甚至数百家公司将聚集在一起，向来访的投资者做一系列的演讲。

“路演”则是这些大型会议的缩小版。在路演期间，企业的管理人员通常会携带核心团队去拜访投资者。考虑到大多数重量级投资者在纽约、旧金山、伦敦和东京等大城市都设有办公室，一家公司通常可以在一天内拜访 6~8 位投资人。

在你看来，大多数企业的管理人员在会见投资者时想要达成什么目的？他们当然希望投资者能购买公司的股票来抬高股价。他们有可能理性且客观地评价自身的业务吗？与其相信他们会这么干，不如相信真的存在圣诞老人。基于我的个人经验，我可以很负责任地说，这些大型会议和小规模“路演”不过是这些企业自我炫耀的方式。假如演讲的时长是 30 分钟，相信我，这些企业的高管们会花 29.9 分钟的时间大肆吹嘘自家公司的发展战略，剩下的 0.1 分钟则用来喝水润嗓。又或者，等到气氛已经烘托到就算自己“坦诚”一些也无妨的程度时，他们便会用飞快的语速，轻描淡写地提上几个风险，快到你只要不巧打个喷嚏就可能就会错过这些要命的信息。

我知道这听起来有点夸大其词，但我可以保证，事实差不多就这么离谱。而且我也不怪他们，因为如果我处在他们的位置，也会这么干。因此，大型行业会议和小规模的“路演”都是一种不诚实的信号，因为“自卖自夸”，即对自家公司给出过度乐观的评价并不会给其管理团队带来任何成本，所以他们一定会这么干。由此可见，这类活动其实就是一场全体参与人员夸夸其谈的营销大会，而不是一个冷静评估投资机会的理性论坛。

那么，那烂陀公司是否会参加过这些会议？是否会见这些前来“路演”的企业管理团队？我们当然有过，但是我们会默认其企业介绍中必然有着高出天际的“注水成分”，并将这些会议和“路演”作为**出发点**，评估那些在我们看来还算有前景的企业，而不是将其视作一条获取稳健投资机会的捷径。

那烂陀充分利用这些大型行业的会议的一个方式，就是专门会见我们已注资企业的竞争对手，看看这些公司是否推出了新产品，是否打开了新的细分市场，采用了什么样的收购方式，计划如何配置企业资本，以及它们是否正在变得比我们手下的公司更好。但那烂陀**从来都没有**在参加完这种马戏团表演似的企业高管会议后就声称，我们已知道了投谁可以赢或输，进而做出购入或抛售股票的决定。

本质上看，投资者会议和“路演”都是不诚实的信号，不是因为管理层不诚实——他们中的大多数都是很正直的人，并且都只是在履行本职工作——而是因为在 45 分钟的演讲中，向听众编造最美丽动人的故事，不需要付出任何成本，而这些在一处又一处投资会议之间疲于赶场的观众，在听台上的企业高管们花式鼓吹时，大脑或许早已宕机，根本无法做出正确的判断。

盈利预期

许多上市公司都会对其下一个财政年度的税后利润（也被称为盈利）进行预测。例如，企业通常会在 2019 年 1 月的盈利电话会议上预测 2019 年全年的盈利，并在随后的下一次电话会议上（通常在每个季度结束后召开）根据最近的业绩和经营趋势，对整个

2019 年的盈利预期进行一次更新。分析师和投资者也会相当认真地关注企业的盈利预期，而企业的股价也会就盈利预期的超额实现或未达成做出迅速反应。

企业提供的盈利预期数据可是众多投资者和分析师的“心头好”。事实上，根据美通社发表的一篇文章，在接受调查的 180 名分析师中，有 77% 的人希望企业能提供预期盈利数据。[16] 分析师都是聪明人，所以你会认为，他们肯定能从公司发布的预测数据中得到很多信息，但遗憾的是，他们压根就做不到。

你认为一家企业的管理团队预测下一年的盈利，是基于何种原因？事实上，**不管是什么人**，预测一家企业中短期盈利总需要一些依据。最近的历史业绩，对美好前景的憧憬，伪造的业绩数据表，还是以上都有？随你挑一个吧！**即便**受到了企业管理层近乎狂热的吹捧和信任，但盈利预期的本质仍是一种“不诚实”的信号。人们选择相信它，不过是因为它很容易就能生成，既不需要什么成本，算起来也不费力。

在三十多年的投资职业生涯中，我曾在二十多家公司的董事会任职，这些公司的市值从 500 万美元到约 500 亿美元不等。在每个财年刚开始的时候，公司的管理团队通常都会提交一份年度预算，但我不记得有**哪一个**管理团队达成了这些预设的财务目标。我在此重复一遍：从未有过。我没有开玩笑。这些企业要么预算超支，要么业绩不达标，而且它们根本无法确定结果会怎样。

盈利为什么如此难以预测？其中的一个原因并不复杂——乘法概率。盈利（或税后利润）通常是企业损益表上的**最后一个**项目，从收入中扣除现金支出、非现金支出（如折旧和摊销）、财务费用和税收后，我们就能得出税后利润。因此，一家企业的管理层，需要先在**所有**这些涉及的项目上设定预期目标并实现后，才有希望得出准确的盈利预期。

而其中有许多项目甚至已经超出了管理层的可控范围。例如，一旦利率发生变化，利息收入或支出便会受到影响。一家在国际市场上销售产品或服务的跨国公司，也可能会因为货币汇率的变动，而导致实际支出大大低于或超过其预算。

虽然还有很多在你看来属于企业管理层控制范围内的项目，但对它们进行精准预测也不太可能。以收入为例，假设企业管理层自信满满地预测了下一年的销售水平，但如果经济增速快于预期或慢于预期呢？如果竞争对手发起价格战呢？如果公司旗下的一家工厂因火灾而关闭了呢？如果公司最好的销售经理（可以创造 7% 的销售额）突然病倒了怎么办？这些“意外”并不是我个人虚构的，它们都在我曾担任董事会成员或投过资的企业中真实地发生过。

现在你可能会说，企业产生的成本当然应在企业管理层的控制之下，毕竟成本都是内部发生的，不是吗？可实际情况恰恰相反。以原材料为例，一家需要买入各种塑料和金属材料的产品生产型企业，其成本就会受到原料价格波动的影响；一家物流供应商的经营成本，会受到石油价格的左右；而一家服务公司则需要屈从于变幻莫测的劳动力市场价格，尤其是在招聘兼职员工的情况下。销售和广告费用似乎更容易控制，毕竟市场经理一个人就可以拍板决定明年在广告上花费 1000 万美元，就这么简单，不是吗？请不要轻易下结论。如果市面上出现了一个（得到了风险投资者青睐的）新的竞争对手，以 75% 的价格销售同类产品，那么这位市场经理可能就不得不通过大幅增加营销预算等方式来应对危机了。

现在，让我们简单回顾一下基本的概率计算原理。你可能还记得，当许多事件同时发生时（X 和 Y 和 Z），累积概率（cumulative probability)[①] 是由所有单个概率相乘得出的。假设你正在评估的企业管理层，在预测能力方面确实非常优秀，他们的预测准确率高达80%。因此，如果我们只将盈利分成五个组成部分（收入、折扣、员工费用、制造费用和销售费用），那么获得正确盈利预测数据的概率将低于33%（0.8^5）！而在实际操作时，在我们得出盈利数据之前的细列项目数量远远超过五个。因此，哪怕这家企业的管理团队属于全球顶级，他们又怎么可能获得每个季度或每年的正确盈利预期数字呢？仅从数学计算的角度来看，这就是一个不可能实现的目标。所以，金融界对所谓盈利预期的狂热关注到底意义何在？

当然，我并没有责怪企业管理层或投资分析师催生出了这种莫名其妙的癔症。没错，我更愿意将其形容成一种疾病，因为它几乎感染了资产管理行业的每一个人，导致投资者无法充分发挥全部的潜力。这种弊病的成因，应该完全落在**我们这些投资界人士**身上，因为我们给企业和卖方公司施加了巨大的压力，即要求他们拿出一个单一的盈利数字。

麦肯锡在对企业的盈利预期开展分析后得出了以下令人不快的结论："我们对企业频繁发布盈利预期可能带来的好处进行分析，但没有任何证据表明它会影响企业估值倍数、提高股东回报或减少股价波动。"[17] 盈利预期的受益者似乎既不是投资者，也不是管理层，而是股票掮客！麦肯锡在这份报告中总结道："我们观察到的唯一显著影响是，当公司开始发布盈利预期时，股票交易量会有所增加。"

这还不是盈利预期的全部弊端，因为更具有讽刺性且令人悲哀

---

① 在统计学中，累积概率指某个随机变量小于或等于某个特定值的概率。累积概率可以用来描述随机变量的分布情况。

的是：如果一家企业宣称自己持续实现了盈利预期，我们反而应该对其持有更高的怀疑态度。

为什么呢？让我们看看通用电气的例子。

在二十世纪后半叶，通用电气堪称全球最令人尊敬的一家公司。在时任 CEO 杰克·韦尔奇（Jack Welch）的“励精图治”下，通用电气在 1981 年至 2001 年达到了地球上任何公司都无法企及的发展高度。[18] 在他的英明领导下，通用电气的市值在二十年间增长了四十多倍。2000 年 8 月，公司的市值达到了 6010 亿美元，一跃成为全球最有价值的公司。可到 2021 年年底，通用电气却只剩下一个空架子，其市值损失了大约 85%。

不可否认，通用电气如今的没落是诸多问题共同作用的结果，但在杰克·韦尔奇时代，通用电气最引人注目的一件事情，就是它能够季复一季、年复一年地实现其盈利目标。分析师和投资者都对通用电气“爱”得无以复加，因为在它宣布将于第二年实现其盈利预期后，公司总是能如期“兑现承诺”。正如韦尔奇在接受《财富》杂志的卡罗尔·卢米斯（Carol Loomis）采访时所说：“如果通用电气的未来收益无法预测，哪个投资者会想购买像我们这种大型企业集团的股票呢？”通用电气在“管理”盈利数字方面已经变得极度自信和傲慢，以至于其首席财务官丹尼斯·达默曼（Dennis Dammerman）大言不惭地向《财富》杂志坦诚道：“是的，我们会自行酌情决定通过‘企业内部重组’的方式来调整和抵消这些巨额利润。”他就这样明目张胆地承认自己对利润表做了手脚。

通用电气的管理层面临着实现盈利目标的巨大压力。在杰克·韦尔奇卸任之后，新任 CEO 杰夫·伊梅尔特（2001 年至 2017 年担任通用电气董事长兼 CEO）接管了通用电气的塑料部门，并发现之前的管理层一直在伪造利润，但他选择了保持沉默。因为他被视为通用电气内部冉冉升起的一颗管理新星，所以他心里很清楚，达不到预算目标，完全是不可接受的结果。

通用电气有一个名为爱迪生管材（Edison Conduit）的特殊目的公司，它本应该是一家独立机构，但实际上并不是。通用资本服务公司为爱迪生管材的债务提供了担保，使得后者实际上已经成为通用旗下的一家子公司。这家公司为什么会存在？其对外宣称的理由是发行商业票据，但其主要目的却是凭空创造利润。这家公司会定期以高于账面价值的价格购入通用资本服务公司的资产，从而让前者产生账面利润。你可能会疑惑，一家公司怎么能通过购买**自己**的资产来产生利润呢？问得好，因为自 2002 年安然公司由于长期精心策划的财务造假而轰然破产后，现如今的企业已经不允许如此操作了，否则便会被视为商业欺诈。不过，在此之前，通用电气公司已经充分利用了这个会计漏洞。

2002 年，受部分大企业财务欺诈破产案的影响，美国立法机构颁布了《萨班斯 – 奥克斯利法案》（Sarbanes–Oxley Act）①，通用电气曾经屡试不爽的许多会计操作方法自此成为非法行为。杰克 · 韦尔奇在 2001 年选择了退休，近乎完美地躲过了被问责的命运，而新任 CEO 杰夫 · 伊梅尔特（Jeffrey Immelt）由于再也没有机会像前任老板那样，利用财会方面的漏洞来给自己创造“辗转腾挪”的空间，因而在实现预期盈利方面败仗连连，投资者也是深感失望。这也导致通用电气的股价在韦尔奇退休后的二十多年里每况愈下，至今仍未止住颓势。

当然，这不是说通用电气的所有问题，都应该归咎于其一味追

---

① 始创于 2002 年，由美国证券交易委员会提交，经美国总统小布什签署，是在安然公司和世界通信公司（WorldCom）曝出财务破产的丑闻之后的一部历史性典型法规，旨在加强企业财务审计、消除企业欺诈和弊端。

求实现盈利预期的企业文化，但我认为它应该承担大部分的责任。原因在于，当企业管理者过度关注如何实现季度盈利预期时，企业的长期目标导向就会“退居二线”；当公司为了满足其盈利目标而进行急功近利地短期收购时，它就会为其中的不良资产支付过高的代价；当企业的管理者只能对灰色的会计操作三缄其口时，所有这些问题就会随着时间推移而堆积起来，最终造成“千里之堤毁于蚁穴”的后果。

最后，让我们再假设一下，有一家企业**能够**准确地预测其盈利，而且没有像通用电气那样采用任何欺诈性质的财会手段，又会怎么样呢？对于一位长期投资者来说，一家企业下一年的盈利将增长 5% 或下降 10%，这很重要吗？

那烂陀评估一家公司的基础，是它的风险性、竞争壁垒、财务质量和管理层的诚信度，而不是基于它是否能准确预测未来盈利的能力。既然我们**已经知道**，持续准确预测未来盈利是非常困难的，那为什么还要用这个指标来衡量任何公司呢？因此，那烂陀从来都懒得评估公司的盈利预期，并且还会试图说服我们注资的诸多公司停止发布类似的盈利预期信息。不得不承认，我们好言相劝的结果好坏参半，毕竟旧习难改。

与管理层面对面的会议

2015 年年中，由麦肯锡前员工迈克尔・皮尔森（Michael Pearson）经营的威朗制药公司（Valeant）迅速成为股市的宠儿，市值达到了约 900 亿美元。但就在 2010 年（短短五年前），其市值只有大概 50 亿美元。

由于自主研究新药需要投入海量的资源和时间，皮尔森便另辟蹊径，通过大规模收购药企的方式来“绕开”这一费力，还不一定能讨到好的研发流程。威朗制药公司这种在一时间取得了巨大成功的运营模式，博得了各大商业杂志的头版头条，没有什么能够阻挡这个野心勃勃的“大胃王”疯狂收购其他制药公司的脚步。另外，公司还通过最大限度削减成本的方式来提高利润。投资者对迈克尔和他看起来战无不胜的商业战略更是爱得无以复加，像潘兴广场资本（Pershing Square）、红杉资本和价值行动资本管理公司（ValueAct）等全球知名投资机构都是他的“头号粉丝”。

然而查理·芒格却不以为然。身为局中难得的明白人，芒格敏锐地发现，威朗制药举债收购的狂潮终将招致灾难性的后果。再加上公司许多不道德的商业行为（例如，在收购危重症救命药物生产企业后多次提高其产品售价），他认为威朗制药迟早会完蛋。在2016年5月接受福克斯商业频道的采访时，芒格称这家公司比下水道还要肮脏污秽！[19]

一直在“唱反调”的芒格让威朗制药的一些“大金主”们大动肝火，其中就有潘兴广场资本的首席信息官比尔·阿克曼（Bill Ackman）。他曾于2015年4月给芒格写了一封长信，要求他与迈克尔·皮尔森见面澄清，但芒格拒绝了，因为他不需要与这家公司的一把手会面，就能察觉到威朗制药发出的关于其腐败和无能的“诚实”信号。果不其然，报应很快就来到了威朗制药头上，到2016年年中，其市值已经损失了90%。比尔·阿克曼执掌的潘兴广场资本在对威朗制药的投资中损失了30亿美元。

为什么一众经验丰富的投资者对芒格公开强调的问题视而不见？当威朗制药公司的诸多董事会成员和投资者仍充满热忱地支持其战略时，芒格为什么在没有亲自见到迈克尔·皮尔森本人的情况下，就敢断言其终将倾覆？我个人的揣测是，迈克尔·皮尔森其实是一位十分优秀的“推销员”。更正一下，他可能是深受华尔街青睐的最佳销售员之一。

面对迈克尔·皮尔森的伶牙俐齿，这些“聪明绝顶”的投资者似乎都失去了应有的判断力。因此，即使迈克尔·皮尔森在同投资者的面对面会议上发出了诸多“不诚实”的信号，但威朗制药公司在其无数经营问题上所散发出的“诚实”信号，仍然能始终处在“未发现”或“被忽略”的状态。所以相比之下，这种“不诚实”信号产生的成本确实非常低廉。

再次申明，我不是指责迈克·皮尔森撒谎成性，也许他是发自内心地相信自己所说的话。他是不是在撒谎，其实并不重要。重要的是，芒格的判断是正确的，因为他知道，**任何**面对面的会议，也都有可能成为“不诚实”的信号源。

鉴于企业管理团队在大多数投资者，比如风险资本家、私募股权基金以及共同基金经理心目中的重要性，这种“与管理层进行面对面会议得到的企业信息，不是诚实的信号”的说法，乍看之下似乎有违常理。毕竟，许多投资者都经常吹嘘自己如何根据一次与管理团队的会议就做出了正确的判断，并争先恐后地以此为荣。如果你是这种类型的投资者，那这种面对面的会议对你而言可能有好处，但我不一样。

很多投资者会**误以为**自己很会看人，是天生的伯乐，但整体来说，事实恰好相反。假设我们遇到一个天才，他的确能够根据一次面对面的会议来准确地判断一个人的性格。但我要在这里提出的论断是，即使他拥有这种**罕见的**技能，在管理层的会面上也是毫无用处的，更不能使他成为更优秀的投资者。原因很简单，企业管理层在会议上放出的**任何**讯息，都是一种成本极低的“廉价”信号。正是因为这些信号的成本低廉，所以即便管理层都是“实诚人”，他们发出的**信号**也有可能是“不诚实”的。

举个例子，一家企业的管理层可能发自内心地认为自家产品的质量很高，因而会在面对面的会议上反复强调这一点，那么你会选择直接相信他们的说法，还是去做独立的第三方检测？又比如，企业的管理层可能真的认为，其公司在最近的国内竞争中表现不佳的原因，是公司将关注点放在了海外市场，从而忽视了国内市场的维护。如果你是一个慧眼如炬的人，并认定管理层没有说谎，那么你会相信其所说的话都是真的吗？你想知道些什么，这些高管心里都清楚得很，因此在大多数情况下，他们也只会说出你**想要**听到的话。

当然，我们也会跟一些公司的管理团队会面，但这些会议的目标是与之建立关系并了解他们的公司历史，以及在过去做出的一些经营决策。我们从未试图利用这些与管理层的会面来推动投资立项，或测试关键的投资可能性假设，毕竟我们深知，在此类会议上，我们只会听到**管理团队**希望我们听到的东西，而不是**我们**真正想要了解的东西。

从扎哈维研究结论的角度来解析企业发出的重要信号

看样子，我们似乎遇到了一个小困难，如果不能依靠企业发布的新闻稿、投资者会议、盈利预期或与管理层的会面来做判断，那么作为投资者，我们还能够相信哪些信号呢？

我们得再回顾一下阿莫茨·扎哈维的“不利条件原理”，他关于自然界的论断对投资界而言，也有着很好的借鉴意义。在投资时，我们应该只采信企业发出的**代价高昂**的信号，因为它们是我们唯一可以依赖的判断依据。但是，哪些才是“高度可靠”的“高成本”信号呢？大体上有两种信号是比较靠谱的。

其中第一种信号，我们在第 5 章已经论述过了。

经营表现和财务业绩的历史数据

了解历史数据以评估企业及其所在行业的方法逻辑，我已经在前文第 5 章中有所概述，此处就不再重申了。我另外想说的是，在那烂陀，我们对企业做出投资或撤资的决策，需要基于两种关键且可靠的信号，而历史信息就是其中之一。因为“历史”即已经发生的事件，这些数据信息就在那里，每个人都能看到。此类信号反映了公司的经营行为及其结果，是不可否认的既定事实。当然，投资界普遍存在的一个问题是，投资者似乎只专注于接收关于**未来**的信号。

让我们以投资界中一个无处不在的现象为例——电话会议。

我知道第 5 章中已经讨论过了关于电话会议的问题，但从信号“诚实”与否的角度来看，重新审视“电话会议”这一行为背后的逻辑和可靠性就变得非常重要了。季度电话会议是企业管理层向广大分析师和投资者群体发出的一种强烈信号。公司的 CEO、首席财务官和其他一些主要领导人通常都会参加此类会议。如果你对一家企业有很多疑问，那么电话会议就是你能够获取所有答案的地方。摩根大通的杰米・戴蒙（Jamie Dimon）、脸书的马克・扎克伯格（Mark Zuckerberg）、推特的杰克・多尔西（Jack Dorsey）、苹果的蒂姆・库克（Tim Cock）、特斯拉的埃隆・马斯克（Elon Musk），所有这些商业领袖都会定期参加公司的季度电话会议。

举一个具体的例子。美国雪佛龙是全球最大的石油公司之一，它在 2019 年的收入约为 1400 亿美元，市值约为 1900 亿美元。该公司的管理层在 2020 年 1 月 31 日为广大好奇的投资者和分析师举行了电话会议并通报了公司的业绩。[20] 参会的分析师和投资者共计提出了 29 个问题。你猜其中有多少是关于“未来”的？超过 20 个（约为七成）。

下面是这些“面向未来”的问题的部分示例：

- 您能否再谈一谈贵公司对 2020 年产品销量方面的看法？（**记住，这次电话会议是在 2020 年初召开的**。）
- 我想了解一下，贵公司哪些投资组合可能在 2020 年出现上升空间？
- 随着贵公司资产的持续剥离以及资本密集度的持续降低，我想知道从长期来看，贵公司的超额股息增长是否还有可能再度出现？

就问题本身而言，关于销量、潜在上升空间和潜在股息增长的问题确实都比较有分量。但即便提出的问题很有价值，也不代表它就能够引出一个好的或靠谱的回答。我也想知道明年自家基金的回报率，但如果我选择相信一个具体的数字，那就太愚蠢了。

让我们来看看美国雪佛龙公司是如何回答产品销量和潜在上升空间这两个问题的。雪佛龙管理层给出的回答既冗长又复杂，但他们基本上表示，销售量的增长将与往年持平。在当时，该公司的管理层，或者说全世界的人都没有意料到，新冠疫情即将暴发，石油价格和市场需求都将急剧下跌。预计到 2020 年末，雪佛龙公司将净**亏损** 55 亿美元，而其 2019 年的净利润仅为 29 亿美元。到 2020 年第四季度，公司收入已从一年前的 350 亿美元降至 250 亿美元，减幅近 30%。在这次电话会议上，雪佛龙的管理层预测 2020 年的资本支出为 210 亿美元，而实际数字是 130 亿美元。

事实证明，所有与雪佛龙公司在 2020 年及以后的业绩相关的问题，基本上没有任何用处。我知道，这样的举例有失公允，毕竟我选择了百年不遇的新冠大流行的年份来论述预测未来业绩的困难程度。但通过这样一个极端的案例，我想强调的是，金融行业对一家公司未来的关注实乃荒谬之举，因为全球没有任何企业能够预测到 2020 年的疫灾，雪佛龙这样的大公司也无能为力。

即使雪佛龙公司的管理层都是“实诚人”，愿意尽其所能地诚恳回答所有问题，但鉴于对未来事件进行预测根本就不需要花费太多功夫，完全可以信口开河，那么他们发出的任何关于未来情况的**信号**，除了成本低廉且毫无可信度之外，还有什么价值呢？归根结底，任何“未来之说”都是不可靠的，因为它们只是纯粹的猜测。

如果我是雪佛龙公司的高管，在面对这些提问时，我的回答也不会有什么不同。所以，问题不是出在雪佛龙公司，而是出在我们这些金融业人士身上。我们总是想要强迫企业管理层“明知不可为而为之”，然后在他们没有达到我们设定的不可能达到的标准时再对其百般苛责。

企业能够给出的一个诚实的信号，不是“我们明年的利润率将达到 15%”，而是“我们在过去十年中的平均利润率是 12%”；也不是“我们将在接下来的两年内产生稳健的自由现金流”，而是“我们在过去十年中只有一年产生了自由现金流”；更不是“我们明年将推出六款新产品”，而是“回顾最近几年的经营状况，我们平均每两年推出一款产品”。

不需要引人入胜的故事和振奋人心的预测，只需要关于过去的事实。

因为这就是自然界教给人类的道理

大多数人在评价自己和自家的孩子时总会戴着厚厚的滤镜，表现出明显的偏袒之意，但在分析其他人或他人的配偶时却可以拿出非常坦率和客观的态度。作为一名投资者，我们已然将这种所谓的“人之常情”充分利用了起来，即用于分析企业发出的积极或消极的信号。举个例子，良好的企业声誉就是一种成本**非常**高昂的信号，因此也是一个诚实的信号，因为在任何行业中树立良好口碑都需要企业花费大量的管理时间和精力，有时可能需要长达几十年的苦心经营。

因此，在投资之前，我们会花好几个月时间与目标企业的经销商、竞争对手、前雇员、供应商和行业专家交谈，以全面了解这家公司及其所处行业的情况。在我们看来，这些由第三方提供的“小道消息”也属于“诚实”信号，原因有以下两点。

首先，一般来说，我发现这些人很少有撒谎的动机，除非他们对这家公司“恨之入骨”。如果某位竞争对手对你正在评估的企业留有十分深刻的印象（不论好坏），那么他肯定会十分坦诚地表达自己的观点，并给出一大堆佐证的理由来。第二，与公司有关的人（但**不一定**是公司的人）进行足够深入的交谈之后，我们便会对管理层的声誉和素质形成较好的认知。

我之所以会重视这些“小道消息”，是因为 2008 年的一次投资经历给我留下了一个十分深刻的教训。当时那烂陀成立尚不足一年，还是投资行业中的萌新，我们对印度一家市值近 20 亿美元的制造公司产生了浓厚的兴趣。该公司有着十分悠久的历史，资本回报率也非常可观，更是声称有能力设计和制造其他公司无法生产的产品，而且还拥有一批鼎鼎有名的行业客户。此外，金融界对其也是赞不绝口。我们会见了该公司的管理层，他们对自身战略和理念的阐述着实令我们印象深刻，而且我们对这家公司以往业绩和表现的分析，也全都得出了非常积极正面的结果，真的是一条坏消息都没有。

我们随后便开始与该公司的客户约谈，他们主要是医疗保健领域的从业人士。令人惊讶的是，与我们聊过的所有客户都把这家公司定性为“商品供应商”，而不是“专业制造商”。这些受访客户告诉我们，他们之所以从这家公司购买产品，只是因为其价格最低，而不是因为它卖的是最新的高科技产品。在给这家公司的客户打了几次电话后，我们已然明白，该公司在对外介绍其产品质量和客户关系的深度时，一直在使用“夸张”的修辞手法。

我们还在其资产负债表中发现了一个奇怪的反常现象。对于一家声称与客户关系密切的公司来说，长达 270 天的应收账款回款周期似乎有点太久了。为什么客户要等九个月后再付款？当我们向这家公司指出这个问题时，对方轻描淡写地回答说，这是医疗保健行业的惯例。在我们打探消息的过程中，我们也向这家公司的客户们核实了付款周期的情况。客户们普遍表示，他们都严格按照协议，在 90 天内完成付款。那么在剩下的 180 天里，这些收到的现金被藏到哪里去了？

我们打探到第三个小道消息最为致命。我们想办法联系到了该公司已辞职数月的前任销售主管。当我们问起这家公司的业绩时，他打趣道：“你们是金融行业的专业人士，所以，或许你们可以向我解释一下这个反常现象。我原先是这家公司的全球销售主管，公司 100% 的收入都由我负责。但我在每个季度提交的实际销售数字，总是比公司在季度财务业绩报告中发布的数值要低得多。怎么会这样呢？”我想，我们已经不需要再继续打听消息了。

现如今，这家公司的市值比 2008 年初的峰值下降了 98%。

如果我们只依赖该公司陈述的历史财务和经营业绩信息作为评判依据，而没有广泛搜集“小道消息”，也许那烂陀早已破产，因为我们极可能将 1.5 亿 ~2 亿美元投进这家公司，然后从这么大一笔的不良投资损失中恢复过来。

顺便再提一句，伟大的投资家菲利普·费舍（Philips Fisher）在他 1958 年的经典作品《怎样选择成长股》（*Common Stocks and Uncommon Profits and Other Writings*）中首次推广了“小道消息”的调研方法。他在第二章《“闲聊”有妙处》中断言：“商业领域的‘小道消息’是一个了不起的东西。用这种或那种方式获取任何与特定公司有关之人的意见，我们就能把点连成面，从而得到某个行业中每家公司相对优劣势的准确图景，这真是令人惊讶。”

关于第三方信息的好处，没人比他描述得更精准了。

反思博尔顿的滑铁卢

让我们回到安东尼·博尔顿在 2010 年推出的 4.6 亿英镑的基金为何会表现不佳的谜团上来。我之前故意对你们隐瞒了一个关键信息：博尔顿是在中国，而非英国推出的这只基金。我不知道他是怎么想的，但在英国证实了他点石成金的能力之后，我猜想博尔顿或许只是想要来点新的挑战。

但中国不是英国，尤其是在涉及上市公司的行为和过往记录时（顺便说一下，印度在这方面与中国没有什么不同）。你可能听说过瑞幸咖啡，它被认为是中国本土版星巴克。瑞幸咖啡声称自己的经营模式比星巴克更具可扩展性，因为它主营的是廉价外卖咖啡。瑞幸将自己定位成了一家科技公司，因为客户可以通过其应用程序线上下单。许多著名的投资者，包括中国最大的风投公司之一愉悦资本以及新加坡主权财富基金新加坡政府投资公司，都以 10 亿美元的估值投资了瑞幸咖啡。

在资本的助推之下，瑞幸咖啡于 2019 年 5 月成功登陆美国股市。到 2020 年 1 月，其股价已达到 50 美元，公司估值超过 120 亿美元。到了当年 1 月下旬，以专门狙击在美上市中国公司而闻名的做空机构浑水调研公司发布了一份针对瑞幸咖啡的严厉报告，声称其销售数字被人为地虚假抬高了。[21] 雪上加霜的是，瑞幸咖啡的审计公司安永会计师事务所发现，瑞幸高层员工存在欺诈行为。到 2020 年 5 月，瑞幸的股票已然暴跌了 95% 以上。

不幸的是，瑞幸并不是个例，另有一些其他企业也被指控存在会计违规行为。

为什么安东尼·博尔顿在中国遭遇了滑铁卢？一千个“专家”就有一千种解释。我个人的理解是，博尔顿把中国的市场信号和英国的市场信号给混淆了。[23]

晨星公司的一名分析师在接受《南华早报》采访时指出，博尔顿中国基金所投资的企业都深陷会计和产品召回丑闻，暴雷的公司并非一两家，而是一共有三家。博尔顿习惯于接受来自英国公司的“诚实”信号，但用这名分析师的话说：“显然，他在投资那些未经证实的小型中国公司时，没有充分地将潜在风险纳入考虑范围。”

这就是可怜的黄蜂和澳大利亚兰花案例在投资界的翻版。

* * *

在自然界中，信号发送者和接收者之间的“军备竞赛”几乎从来都没有出现过单方面压倒性胜利的情况。你可能听说过，杜鹃鸟会把它们的蛋下在其他鸟类的巢里，让寄主来孵化并喂养它们的雏鸟。杜鹃蛋的大小、形状和颜色与其他一些鸟类的蛋十分相似，这就是杜鹃鸟发出的信号。然而科学家们发现，一些被当成“免费保姆”的鸟类为了不让自己继续被杜鹃鸟利用，已经进化出了独特的解决方案：产下外观明显特殊的蛋，甚至与其他同类产下的蛋相比也截然不同。[24] 因此，它们便能辨别出窝里的杜鹃蛋。所以，这些鸟类已经进化出了一种方法来检测杜鹃鸟发出的“不诚实”信号。由此可见，自然界的进化比赛没有真正的赢家，而且可能永远都不会有赢家。

与之形成鲜明对比的是，在商业世界中，信号的发送者（公司）显然压过了信号接收者（我们这些易受骗的投资者）。难怪投资者的整体表现总是赶不上更广泛的市场水平。那么作为长期投资者，我们应该怎么做呢？

无视绿色的青蛙，小心那些色彩绚丽的孔雀鱼。

本章小结

进化论教会我的投资知识是：

要重构对投资的理解，我们就需要对来自企业的“诚实”和“不诚实”的信号进行区分。

1. 在自然界中，信号的“发送者”总是在试图影响信号“接收者”的行为。对于信号接收者来说，能否区分“诚实”和“不诚实”的信号关乎生死。
2. 小体形雄性绿蛙模仿大体形雄性同类低沉的叫声是一种“不诚实”的信号，而雄性孔雀鱼绚丽的体色颜色则是健康和“生殖力强”的诚实象征。

3. 根据扎哈维的“不利条件原理”，生产成本很高的信号通常是比较“诚实”的，因此接收者可以采信；而“成本”可能指的是产生信号所需的额外资源，或者是可能增加的死亡风险。
4. 作为投资者，我们也会被各种信号炸弹狂轰，而且其中有许多都是“不诚实”的，比如企业发布的新闻、管理层会议和采访、投资者会议和盈利预期等。所有这些信号都在试图给投资者留下良好的印象，而且其产生成本通常很低。投资者也很容易忽略此类“不诚实”的信号。
5. 同自然界一样，我们需要完全根据企业高成本的诚实信号来做出决策。此类信号包括企业的历史经营表现和财务业绩，以及来自供应商、客户、竞争对手、前雇员和行业专家的第三方“小道消息”。

第三部分

不轻易买入，更不轻易卖出

如果你已经读到这里，我希望你点头赞同本书观点的次数，能多于对那些劝你购买或借阅本书的书评家的埋汰次数。毕竟，一本教你如何规避重大投资风险以及如何买进高质量企业股票的宝典，能有什么不讨喜之处呢？当然，通过与企业管理层会面而获得的信息应该在企业评估中占多大的权重？20% 的已动用资本回报率是否可接受？在企业转型期的哪个阶段可以进行投资？这些问题都好商量，对你我来说都可以视情况而定。然而，假如你是一位长期投资者，或希望成为一名长期投资者，那我会默认我们已经在大方向上“英雄所见略同”了，即承担本可以避免的风险是很糟糕的，而投资“优秀”企业就是很赞的做法。

不幸的是，我们之间这种薄如蝉翼的认同感，都不一定能坚持到你读完本页的内容。

谈到企业股票的买卖，我们在这一块上不仅不积极，甚至称得上是慵懒至极，因为我们很少买进，也很少卖出。许多（可能是大多数）长期投资者最终都会抛售手头持有的股票，尤其是在股价飙升到比较“离谱”的水平时，但我们不会这样做。因为我们是企业的永久持股者，既然看中了这些企业，我们就不会出售其任何股份（在这一方面还有一些小的注意事项，我下面会讲到）。诸位或许能够接受“不轻易买入”的概念，但“永不出售”的想法，在你们看来是可能错误的，甚至是愚蠢的。这也没关系，毕竟我撰写本书的目的，并不是告诉**你**应该怎么做，而是同大家分享**我们的**做法。

本书第 8 章和第 9 章将援引进化论中两个相对不为人知的原理来支持“慎买更慎卖”的观点。本书第 10 章将通过阐述一个众所周知但未被重视的概念，将进化论和长期投资结合起来，进而对股票的“售出”，或者说“**永不**售出”的做法可行性进行集中探讨。最后，我将在本书的结论章重点强调进化论教给投资者的一个最重要教训，即简单的过程也可能带来令人意想不到的丰厚结果。

本篇将以兔子和蜜蜂的案例作为结尾，但我们得先从达尔文地雀和库尔滕棕熊开始讲起。

第 8 章

达尔文地雀和库尔滕棕熊——异常的进化

我们可以打个比方，自然选择在世界上每日每时都在仔细检查着最微细的变异，把坏的排斥掉，把好的保存下来加以积累，无论什么时候，无论什么地方，只要有机会，它就静静地、极其缓慢地进行工作，把各种生物同有机的和无机的生活条件的关系加以改进。

——查尔斯 · 达尔文《物种起源》

尽管我们在准备金和行业的商品经济方面遇到了困难，但我们期望保险业务既能增长，又能赚大钱——但市场的变化必定有起有落，而且会不时地出现重大的负面意外情况。

——沃伦 · 巴菲特《1986 年度致股东信》

这个小岛看起来就像一个惨烈的战场，其中的一方输得很惨，死去鸟儿的尸体七零八落地散了一地。

彼得 · 博格（Peter Boag）和劳伦拉 · 拉特克利夫（Laurene Ratcliffe）于 1978 年 1 月返回小岛时，发现几乎 80% 的雀鸟都在 1977 年的干旱中死去，只有大约 290 只侥幸生存了下来。他们开始四处寻找最喜欢的那只雀鸟，一只在 1977 年跟着他们在营地周围活动的雌鸟，但他们找不到它的尸体。这个小岛上主要生活着两种鸟类，其中中喙地雀在这场干旱中的折损尤为严重——1977 年，岛上没有一只中喙地雀成功产蛋或筑巢，因而也没有幼鸟诞生。此外，所有在旱灾发生前一年（1976 年）出生的幼鸟也都已死亡。彼得和劳伦拉对鸟儿的死亡和存活情况进行了仔细的勘测，之后便怀着沉重的心情前往普林斯顿，并将收集到的数据制成了表格。

最终的数据令人万分震惊。

难道达尔文的理论是错误的？

美联储利率、中国港口和德国监管机构有何联系？

20 世纪 70 年代，宝莱坞最出名的一部大片当属《衣食住行》（*Roti Kapda Aur Makaan*）。这部电影时长超过两个半小时（没错，超长时间是宝莱坞电影的一个标志），主要讲述了马斯洛需求层次理论中最底层需求（最基本的生理需求）的重要性。按照这个思路，放到今天来拍这样一部讲述最低层次需求的电影，影片名字或许会变成《Wi-Fi+ 衣食住行》。在我看来，互联网问世以前的时代沉闷得几乎难以想象。在那个时候，世界上肯定也在时刻发生着很多事情，但现在已是信息社会，所以在这些事件发生的一秒钟后，我就能够了解到相关动态。

对于医院护士、巧克力销售员或汽车工程师来说，如滔滔江水般源源不断的新闻在其耳中，很可能如同背景噪声，他们可以根据自己的心情好坏和空闲时间的多寡，来选择性地调高或调低对新闻动态的关注度。还有些人可能会选择只关注社交媒体上的特定新闻话题，对这些生活在特定圈层中的人而言，他们的工作和日常的新闻流之间，仿佛就是两个没有交集的平行世界。

投资者则恰恰相反，大多数人会告诉你，不断涌现的新闻流，尤其是商业新闻，是投资者做出决策的一大关键信息源。因此，如果你发现投资者没有在办公室里静音播放美国消费者新闻与商业频道的新闻，或者没有在办公桌上安装一个闪着灯的彭博终端（专业人士访问“彭博专业服务”的系统，可查阅实时金融数据和进行交易）这就很不正常了。

为什么大家都觉得投资者要时刻关注新闻资讯呢？请允许我以2021年6月22日《金融时报》网络版上的一些头条新闻为例来解释一番：

《华尔街股市反弹，市场对美联储加息前景作出调整》

《中国港口暴发新冠疫情，全球供应链延误加剧》

《德国监管机构对苹果展开反垄断调查》

《新兴市场对资本流动的担忧准确无误》

《太阳能投资者因原材料成本上升受到重创》

当你看到关于太阳能的新闻标题时，有没有开始因为紧张而心跳加速？以我对该行业的了解，我确信这是许多投资者在看到一条或多条此类新闻标题后会做出的反应，然后再对手头的投资组合做出微小但影响深远的重要调整。

首先来看第一条关于美联储升息前景的新闻。还记得我们在第5章提到的现金流折现模型吗？我敢打赌，**全世界的**大多数投资者（不仅仅是美国的投资者）都会调整他们的现金流折现模型，以反映利率可能的变化。作为全球通用货币，美元或美国的任何利率变动，对全球任何一个国家的利率都有着至关重要的影响。我不确定**实际**情况是否如此（汇率变动这个话题，对我而言太过深奥了），但我知道，至少人们都是这样认为的。每当美联储调整或计划将要调整利率时，我的收件箱都会收到印度分析家的详细评论。那么，现金流折现模型被调整后会发生什么呢？股价会随之下跌或上升，这也就成了股票买入或卖出的触发因素。

你看，一条关于美国利率变动的新闻，就足以引发全球股市的变动。

下面，让我们来看看第二条关于中国港口暴发新冠疫情的新闻。这篇文章报道了全球最大的集装箱码头之一——中国深圳港——因部分工作人员新冠病毒检测结果呈阳性而关闭一周的情况。通过新闻，我们了解到，自上一年（2020 年）10 月以来，集装箱运费已经翻了五倍。广州的一家服装厂老板感叹道，这种情况“就像一场噩梦”。对于重度依赖出口的服装厂老板来说，这肯定是一场噩梦般的经历，但对投资者来说也是吗？几乎可以确定也是。如果以下行业的公司股票在上述消息见报后发生了剧烈的波动，我不会感到惊讶——集装箱运输公司、消费品制造商、港口、服装制造商、物流公司、世界上任何一家从中国进口大量产品的公司，以及世界上任何一家**没有**从中国进口大量产品的公司——毕竟，与那些从中国进口产品的公司相比，港口的停摆不就意味着他们减少了损失吗？

所以，一则关于中国港口的头条新闻，也引发了全球的股市波动。

关于下一条新闻，你可能会很疑惑，为什么德国监管机构对苹果发起反垄断调查会影响到其他公司的股价？不难想象，像亚马逊、脸书、谷歌和推特等准垄断企业的股价，很可能会对这一消息做出反应，因为美国和其他国家或地区的基金经理认为，由于德国监管机构的行为已经“突破了界限”，这将导致大规模的股票买卖交易，是买进还是抛售，则需要取决于基金经理的判断——德国监管机构针对苹果的此次出手，会对**他们**投资组合内的消费技术和媒体类企业带来正面还是负面影响？毕竟，如果这样的反垄断调查都能够在德国发生，谁能保证其他国家不会有样学样呢？

一则关于德国监管机构对一家美国公司采取调查行动的头条新闻，同样能引发全球股市的震荡。

好吧，我知道自己的观点有些站不住脚，毕竟我在没有提供证据的情况下就宣称世界各地的基金经理们会受上述三条新闻报道的影响，而在全球范围内掀起各类企业股票买卖的狂潮。我不知道我个人关于这三条新闻对股市影响的具体看法是否属实，但不可否认的是，这些年来共同基金变得越来越"听风就是雨"了。根据摩根士丹利 2018 年一篇题为《短期世界中的长期信念》（*Long-Term Conviction in a Short-Term World*）的报告，共同基金的平均持股期已从 1960 年的 7 年降至不到 1 年。[1] 基金的买进和卖出并不是凭空发生的，基金经理必须基于**某些依据**来做出买进或卖出的决定，而这种依据往往是一份声誉卓著、真实可靠的财经报纸上刊登的最新消息。

至于前面还剩下的两条新闻可能会给股市带来什么样的影响，我将留给你自行分析，一条是关于新兴市场的资本流动，另一条则是太阳能行业原材料成本的上涨问题，所以应该不是很难。

根据我在第 4 章讨论的内容（成功的近因和终极因）和本书第三部分的标题（建议投资者不要轻易买入卖出），你就能得出正确的结论，即我们在 2021 年 6 月没有对这五条新闻中的任何一条做出反应，我们的投资活跃度为零。

但是，那烂陀不采取任何买卖操作行动的做法，难道就不会出错吗？为什么我不应该根据美联储的利率变动，来调整那烂陀在印度股市的投资组合？毕竟，那烂陀投资组合中的许多公司也从中国进口商品，既然它们的利润必然会因为深圳港口的停运而缩水，我们难道不应该卖掉它们的股票吗？还有，既然我们同时持有三家互联网企业的股票，而它们都在各自的市场范围内几乎处于独家垄断的地位，我们为什么不“优化”掉其中一家呢？毕竟，万一印度的监管机构也照搬德国监管机构的做法呢？而且，还有什么能比流向印度市场的资本减少的阴影，更值得令我们担心的呢？

不要着急，我会在下文中逐一解答这些疑惑，但在此之前，让我们来看看另一种新闻流[①]，它更贴近日常生活，也更**难以**忽视。

没完没了的动荡消息会营造恐慌情绪

在前面的案例中，我们已经看到，仅仅是一份报纸在短短一天内发布的寥寥几条新闻，就能对股市产生重大影响。然而通过报纸、电视频道、社交媒体平台、经纪人和基金经理的窃窃私语以及其他无数渠道，这种现象总是在日复一日、一刻不停地上演着。

尽管存在特殊目的收购公司和 WeWork 等经营模式比较特殊的企业，但基金经理还是在用真金白银给真正的企业投资。如果我们没有像刚才那样去研究一堆普通新闻，而是去跟踪一家公司在一段时间内的新闻流，会发生什么呢？

下面让我们一起做一个简短的思维实验。假设你是一位长期投资者。2009 年 1 月初，在全球仍处于金融危机之际，你选择对法国欧莱雅公司（这是一家全球规模最大和最成功的化妆品公司）进行投资。你做出这项决定的出发点是，像欧莱雅这样的优质企业，应该能够克服金融危机带来的任何短期阵痛，于是你以大约 60 欧元 / 股的价格买入其股票。因为是长期投资者，你已经做好了长期

① 指新闻媒体中不断涌现的新闻报道和信息。

持有欧莱雅股票的打算。在接下来的几年里，除了公司的季度和年度财务业绩报告外，你还会受到有关该公司的各种新闻信息的轰炸。表 8.1 列出了 2009 年至 2021 年各大新闻媒体发布的关于欧莱雅公司的头条文章。请诸位在阅读后续文字之前，快速浏览一下表格内容。

大家看完之后，那我就要开始提问了。首先，你会在 2009 年底继续投资欧莱雅吗？毕竟，历年发布的 5 篇新闻从标题上看都不太乐观。让我们看看 2009 年的第三篇新闻。首先，易贝似乎在针对欧莱雅的诉讼案中大获全胜，英国法院裁定易贝对其网站上销售的任何欧莱雅旗下品牌的假冒伪劣产品，不承担任何责任。这样的裁决，是否会导致欧莱雅在电子商务的竞争中败下阵来？其次，更令人担忧的是，丹麦消费者委员会宣布，欧莱雅旗下护肤品牌碧欧泉的产品中含有害物质，这篇报告会令欧莱雅在欧洲其他地区遭受什么样的声誉和实际损害？第三条，其董事会主席陷入了欧莱雅集团控股家族成员之间的法律纠纷。据称，时任欧莱雅董事会主席林赛·欧文·琼斯（Lindsay Owen-Jones）爵士从拥有公司 31% 股份的利莉亚娜·贝当古（Liliane Bettencourt，欧莱雅集团继承人、欧洲女首富，以 240 亿美元的身价被列入 2011 年福布斯全球富豪榜名录）处获得了约 1 亿欧元作为他对公司长期服务的回报。从投资者的角度来看，考虑到这段恩怨的公众影响，我们是否应该担心这位主席会因陷入司法纠纷，而无法全身心地管理欧莱雅呢？

表 8.1　2009 年 1 月至 2021 年 12 月关于欧莱雅公司的新闻头条（摘录）

年份	月份	新闻
2009	5 月	蜜蜂的灭绝威胁到化妆品行业发展
	5 月	易贝胜诉欧莱雅集团，欧莱雅在英国法庭诉讼案中败于易贝
	8 月	欧莱雅声称产品被人为从赌场转运至药店
	11 月	丹麦宣称妮维雅和碧欧泉品牌产品存在潜在健康危害
	12 月	欧莱雅集团董事长因赠品事件陷入法律纠纷

续表

2010	2 月	欧莱雅致力于开发十亿新客户
	3 月	雀巢被视为欧莱雅股票的卖家而非买家
	4 月	欧莱雅集团收购美甲品牌 Essie
	7 月	欧莱雅丑闻升级，警方逮捕四人
	12 月	睫毛液成为一个蓬勃发展的新市场
2011	2 月	林赛 · 欧文 · 琼斯结束执掌欧莱雅主席的生涯
	3 月	欧莱雅集团和宝洁集团因化妆品价格垄断受罚
	7 月	欧莱雅产品广告因“过度夸大效果”被禁
	8 月	欧莱雅利润率因成本增加而下降
	10 月	欧莱雅美化新兴市场收益，股价“看上去”很美
2012	3 月	欧莱雅集团重组奢侈品部门
	8 月	让 · 保罗 · 阿贡（欧莱雅）对 2012 年下半年充满信心
	9 月	美国食品和药物管理局对欧莱雅抗衰老产品广告虚假宣传实施处罚
	10 月	欧莱雅正式面向印度消费者
	11 月	欧莱雅将收购柯梦波丹化妆品公司
2013	2 月	继 2012 年销售额增长后，欧莱雅集团 2013 年业绩有望超越市场预期
	4 月	“法国制造”奢华美妆推动欧莱雅业绩增长
	4 月	精明的社交网络战略助推欧莱雅中国市场回报
	8 月	欧莱雅斥资 8.43 亿美元收购中国护肤品牌
	10 月	欧莱雅收入因汇率影响和美国经济放缓而下降
2014	1 月	欧莱雅退出中国市场
	3 月	欧莱雅被评为全球最具道德企业之一
	6 月	欧莱雅雄心勃勃，致力于到 2020 年实现消费者人数翻一番
	7 月	雀巢抛售欧莱雅大部分股份
	8 月	欧莱雅抗衰老产品被指误导消费者
2015	5 月	欧莱雅占领生物打印皮肤市场
	6 月	欧莱雅降价吸引中国消费者
	7 月	影响欧莱雅估值两极分化的两种情况
	8 月	欧莱雅为何更加重视印度市场？
	11 月	欧莱雅本年度前 9 个月销售增长 13.2%，达 204 亿美元

续表

2016	5 月	巴黎欧莱雅被评为全球最具价值美妆品牌
	7 月	欧莱雅将斥资 12 亿美元收购 IT 化妆品公司
	9 月	检测发现欧莱雅产品含汞：马哈拉施特拉邦食品与药物管理局
	11 月	高档化妆品需求增长推动欧莱雅股价大涨
	12 月	欧莱雅加大对新成立数字公司的投资力度
2017	1 月	欧莱雅将斥资 13 亿美元收购三个美国护肤品牌
	2 月	数字消费增长使欧莱雅受益
	3 月	巴黎欧莱雅推出最大规模的忠诚奖励计划
	6 月	欧莱雅敲定美体小铺出售事宜
	8 月	聚焦奢侈品：欧莱雅业绩增长反映市场对高端产品的巨大需求
2018	5 月	欧莱雅收购韩国 Nanda 化妆品公司
	7 月	大众市场药妆品牌陷入困境，欧莱雅股价下跌
	8 月	亚洲需求强劲，助推欧莱雅销售反弹
	8 月	欧莱雅 CEO 认为，尽管美国加征贸易关税，中国市场增长不会放缓
	11 月	欧莱雅实施“有机”战略，提升大众市场销售额
2019	2 月	欧莱雅业绩增长得益于中国消费者的强劲需求
	2 月	欧莱雅取得近十年来最佳销售增长
	6 月	欧莱雅与亚马逊将携手共同研究人工智能与美容的结合
	9 月	欧莱雅押宝 Hair.com，将其视为护发产品的电子商务主页
	12 月	时尚品牌普拉达委托欧莱雅运营其奢华美容产品
2020	4 月	欧莱雅第一季度销售额下滑
	7 月	欧莱雅销售额下滑，只因彩妆在疫情封控期间失去魅力
2020	8 月	疫情解封后，欧莱雅销售强势反弹
	11 月	新冠病毒触发虚拟彩妆市场新趋势，欧莱雅向谷歌求助
	12 月	欧莱雅收购高见（Takami）加强亚洲业务
2021	1 月	老年消费者成为消费品牌的新热点
	2 月	欧莱雅利润下滑，但出现复苏迹象
	4 月	中国海南免税店需求助力欧莱雅销售额增长
	6 月	全球企业纷纷撤离香港
	6 月	疫情之下，欧莱雅如何实现电子商务翻番增长

接下来，让我们看看 2011 年的新闻，它们揭示了许多导致欧莱雅股价下跌的潜在问题。比如，监管机构因欧莱雅的价格垄断行为对其处以罚款，并禁播了欧莱雅公司的许多广告。欧莱雅第二季度的财报明确显示，因为无法将上涨的成本转嫁给消费者，其利润率出现了下跌。但这是否表明欧莱雅丧失了品牌吸引力，进而让其竞争对手有了可乘之机呢？此外，尽管林赛·欧文·琼斯的总裁任期应该持续到 2014 年，但他却在 2011 年突然离职了。他是欧莱雅公司全球商业成功背后公认的关键推手，也是法国最受尊敬的一位商业领袖。在他于 1988 年至 2006 年担任欧莱雅集团 CEO 期间，公司保持了近 20 年的两位数利润增长。看到他突然离职的新闻，并考虑到新上任的领导人估计会很难复制他创造的辉煌历史，你是否应该抛售手中持有的欧莱雅股份，还是趁着欧莱雅股价下跌之际买入更多？

浏览表 8.1 的内容时，你可能会注意到，表中有几十条类似的头条新闻都直接指向了欧莱雅集团发展历史中发生的潜在重大事件，有些新闻内容看起来甚至是自相矛盾的。例如，2013 年 8 月，欧莱雅集团还在为收购一家中国公司积极竞标，但到了 2014 年 1 月，伴随着旗下品牌卡尼尔（Garnier）的全面停售，它似乎已经选择了撤出中国市场。然后在 2015 年 6 月，欧莱雅又积极采取了降价措施，以试图抢占更多的市场份额。

尽管我们没有在法国投资，但假设我们买入了欧莱雅的股票，是否应该对这些头条新闻做出反应？如果选择“不为所动”，理由是什么？如果决定做出响应，又该如何反应？是卖出或是买进？

我们不在法国投资，但如果我们在那里投资，我们是否应该对这些头条新闻做出反应？如果没有，为什么？如果是，又该如何？

让我们从库尔滕棕熊和达尔文地雀身上获取答案吧。

进化不能只看表面

“切莫从封面来判断一本书的好坏”这个说法，也应该适用于标题为《根据化石论哺乳动物的进化速度》（*Rates of Evolution in Fossil Mammals*）这类看似平淡无奇的研究文章。你可能认为这是一篇无聊至极的学术研究论文，但与你想的完全相反，在我这个生物进化论的门外汉看来，它堪称是进化论发展史上最令人兴奋的一篇文章。

1959 年，在达尔文的《物种起源》发表整整一个世纪之后，一位名叫比约恩·库尔滕（Björn Kurtén）的芬兰科学家在一份生物学杂志上发表了这篇文章。[2] 库尔滕不仅没有庆祝达尔文进化理论的“百年华诞”，反而找出了它的严重漏洞。为了理解库尔滕的惊人观点，我们需要重新审视达尔文在《物种起源》中的论断：

> 我确信自然选择的作用一般是极其缓慢的，需经过长久的时间，并且只能作用于同一地方的少数生物。我进一步相信此等缓慢的、断续的结果，和地质学告诉我们的这世界生物变化的速度和方式很相符合。

回顾第 5 章中，达尔文受到了著名地质学家查尔斯·莱尔的启发（莱尔提出了著名的地质均变说理论）。莱尔认为，几千年来，地球一直在缓慢而均匀地变化，因此了解现在的地质结构是解读地球历史的关键。他的研究直接驳斥了主流的灾难主义理论——认为地球的地貌特征（如山脉）是由大范围且突然的变化或灾难造成的。达尔文将莱尔的均变地质进化理论应用于生物世界。他认为，正如地球在非常长的时期内缓慢演化那样，动物和植物进化也是一种漫长的均变过程。

达尔文提出的物种进化理论得出的结果是，假设我们要测量物种进化的速率，它将与测量的周期**成比例相关**，即进化在短期内的速率非常快速，但从长期来看，进化的速率是很缓慢的。根据达尔文的学说，物种进化是一个缓慢的过程，而这一理论在 1959 年库尔滕的文章发表之前，一直都被学术界奉为圭臬。

库尔滕绘制了欧洲棕熊在更新世（Pleistocene epoch）时期（260 万年前至 11,700 年前）第二颗下臼齿的长度演化图。让我们研究一下表 8.2 中以达尔文进化速率为单位的臼齿变化速率研究（一达尔文进化速率单位为 1000 年中发生 1/1000 的变化）及其测量的周期。

表 8.2　测量周期与演化变化呈反比关系

测量周期（年）	进化速率（达尔文进化速率）
400,000	0.41
100,000	0.90
80,000	0.76
50,000	2.20
22,000	3.20
8000	13.80

你能看出表中数据的变化趋势吗？库尔滕的研究数据显示，在较短周期内测量进化速度时，进化似乎发生得相当快；而当测量周期被拉长时，进化反而变得缓慢了。因此，以 40 万年为周期进行测量时，棕熊的臼齿变化的速度为 0.41 个达尔文速率，但以 8000 年为测量周期，进化速率则达到了惊人的 13.80。库尔滕在包括马在内的其他哺乳动物化石中也发现了类似的趋势。

第一次读到库尔滕的研究结论时，我感到很不可思议。假设所有人都接受了达尔文关于进化速率的理论，即目前生物世界的多样性是物种在整个漫长的进化过程中缓慢（但坚定地）演化的结果，我们又怎么能够相信，进化的速度在较长的时间跨度内是较慢的，而在较短的时间跨度内反而更快呢？

库尔滕的文章并非异类。密歇根大学古生物学家菲利普·金格里奇（Philip D. Gingerich）在 2009 年发表的一篇题为《进化速率》（*Rates of Evolution*）的文章就支持了库尔滕提出的观点。[3] 在这篇文章中，金格里奇通过用数学模型和实证研究证明，生物的表型变化（物种身体特征的变化）可能很快就会在上一代和下一代之间发生，而在漫长的时间跨度下，进化相较之下可能反而相对缓慢。

那么身体表征的进化速率，与测量周期之间的这种反比关系，是否也适用于基因的演化呢？答案是肯定的。澳大利亚进化生物学家西蒙·何（Simon Ho）和他的同事在 2011 年发表的文章《随时间变化的分子进化速率》（*Time-Dependent Rates of Molecular Evolution*）中就很好地概述了这种看似有悖于达尔文进化论的现象。[4] 他们总结了一些科学家对人类、昆虫、鸟类、鱼类，甚至细菌和病毒的基因组所做的研究，而得出的结果表明，这些研究大多都指向了同一个方向：与预期相反的是，基因进化的速度与测量的周期长短成反比。

格兰特夫妇的进一步论证

目前提及的所有研究都是以数百或数千年的进化过程为时间跨度的，那么它们得出的结论，是否也适用于几年或几十年的时间跨度？

再次回到本章开篇提到的彼得·博格和劳伦·拉特克利夫身上，他们对达尔文地雀的分析结果十分令人震惊。在加拉帕戈斯的大达夫尼岛上，他们目睹了从未有人见过的现象：自然选择和进化正同时发生在两种雀鸟身上。正如博格在他在 1981 年发表于《科学》杂志上那篇著名文章中所说，鸟类的自然选择强度是“自有记录以来在脊椎动物种群中最高的”。[5]

根据化石显示，进化是已经发生的事实，而达尔文无可辩驳的逻辑也对自然选择可以推动进化进行了论证。然而，自然选择和进化虽然“正在进行中”，但却从未有人亲眼看见过。达尔文认为，没有人可以见证这一缓慢而漫长的过程。1893 年，德国进化生物学家奥古斯特·魏斯曼同样写道：“我们很难想象这种自然选择过程的细节；而且直到今天，也不可能在任何一个时间节点上证明它。”

英国进化论生物学家盖伊·罗宾逊（Guy C. Robson）和欧文·理查兹（Owain W. Richards）在 1936 年发表的共同著作《自然界中的动物变异》（*The Variation of Animals in Nature*）一书中写道：“在达尔文对动物的进化和演化的论述中，他没有举出证据来证明在自然界中曾经发现过某种自然选择过程……某个一流理论仍然主导着生物科学研究领域，在很大程度上，人们是出于‘信仰’（在没有证据的情况下选择相信）而接受它，或者又是出于偏见而反对它，这确实是一个令人十分不满的状况。”

现在，这种不尽如人意的状态终于结束了，因为博格丹和特克利夫的观察结果给进化论领域带来了永久性的变革。两人从事的研究，隶属彼得和罗斯玛丽·格兰特（Rosemary Grant）夫妇发起的长期研究项目的一部分。彼得和罗斯玛丽是一对已婚的英国夫妇，目前是普林斯顿大学的名誉教授。格兰特夫妇想研究野外生物的进化过程，并试图找到导致新物种产生的关键因素。所以他们便决定对达尔文地雀（也叫加拉帕戈斯地雀）开展研究。图 8.1 展示了四种达尔文地雀（总共有 14 种），这些雀鸟是由 200 万到 300 万年前登陆加拉帕戈斯群岛的一个母种在自然适应当地环境的过程中进化而来的。

1. 大嘴地雀　　2. 小嘴地雀
3. 中喙地雀　　4. 阿列布莺雀

图 8.1　十四种达尔文地雀的中的四种

（请注意，为适应加拉帕戈斯群岛的各种动植物群，它们的喙已经进化出了不同的大小和形状。这种现象，即一个单一物种进化成许多适应于各自独特生活方式的专门物种，被称为“适应性辐射”。）

图片来源：科学图片库授权。

格兰特夫妇自 1973 年首次登上大达夫尼岛后便启动了这个研究项目。[7] 正如我在第 5 章中论述的那样，达尔文曾在 1835 年到访距离厄瓜多尔西海岸近 1000 千米远的加拉帕戈斯岛。得益于其偏远的位置，这里成了一些特有物种（在世界其他地方没有发现的物种）的唯一家园。整个岛群大约由十几个中央岛屿和附属岛屿组成。

大达夫尼岛小到非常不起眼，即便从加拉帕戈斯岛群的地理范围标准来看，它所处的位置也很偏远（达尔文甚至都没有看到这个岛屿），且面积几乎不足一平方千米。

等下次我打算抱怨酒店房间里的床垫太硬，或枕头不够柔软时，我希望自己能够想起格兰特夫妇为了科学研究而付出的艰辛：

连续**四十年**来，他们每年都要在大达夫尼岛这块弹丸之地待上六个月。在格兰特夫妇和团队中的其他研究人员来此安家之前，岛上从来都没有人类居住。很难想象他们每年 6 个月的孤岛生活都是怎么熬过来的。而且登陆小岛只有一个方法，那就是从悬崖底部攀岩而上，因为这个岛连海岸线都没有。

格兰特夫妇及其团队每年都需要登岛重新搭建营地。在靠近岛屿后，他们就得放弃大船，然而趁着退潮，乘坐一艘独木舟来到悬崖底部。悬崖上一处长满藤壶且只有大号运动垫大小的黑色岩架就是唯一的落脚点。所有人必须从那艘随着海浪剧烈摇摆的独木舟上，看准时机跃上这处岩架，然后一路沿着坚硬且潮湿的岩石爬上悬崖，直到抵达被他们称为另一处“落脚点”的岩架。然后，所有人组成一条人肉运输链，把帐篷、杆子、水、食物和未来六个月所需的一切东西都运上去，因为大达夫尼岛上根本就没有饮用水和食物。上岛之后，他们只能在一个稍微平坦的地方搭帐篷，但面积也只有一张桌子那么大，还紧靠着火山边缘。所以，所有生活必需的物资，都得靠着人力从悬崖底部一点一点地运送到营地。整个团队都挤在一个小山洞里做饭，仅用一块布来遮挡刺眼的阳光。完成了安营扎寨的工作后，他们将在接下来整整六个月的时间里测量岛上每只达尔文地雀的体形、鸟喙大小和形状，并抽取血样来做基因分析。

我想，没有哪个正常人会愿意每年在条件如此恶劣的岛上待上半年吧。他们到底为什么要选择这里？因为这座岛有着得天独厚的研究优势。

大达夫尼岛与其他岛屿相距甚远，这就决定了岛上的雀鸟或其他物种逃离此处，或其他岛屿的生物来到岛上的概率非常小。这使它成为进化研究的一个完美的培养皿，因为它不会被外来生物“污染”。此外，格兰特夫妇还意识到，加拉帕戈斯群岛是一处检验和完善达尔文理论的黄金之地，因为这里经历过极端的气候波动——从极端干旱到严重的涝灾，因而为自然选择提供了充分的“施展”机会。最后，大达夫尼岛的面积小到可以让研究人员连续多年追踪岛上每一只鸟的生存情况，而格兰特夫妇最终也做到了这一点。1973 年至 2012 年，夫妇二人标记了八代共计大约两万只雀鸟，他们几乎跟踪了每一对雀鸟夫妇及其繁育出来的后代。

在他们研究的头四年（1973 年至 1976 年）中，岛上的降雨量尚处在正常或较为丰沛的水平。但到了 1977 年，在一月份短暂的降雨之后，大达夫尼岛便迎来了严重干旱。岛上几乎所有的绿色植物都消失了，仙人掌丛成了唯一的幸存植物。岛上的雀鸟主要以各种植物的种子为食。由于干旱导致中小型植物绝迹，它们的种子很快也随之消失，岛上于是就只剩下个大而坚硬的植物种子可供食用。但只有那些拥有大型喙的雀鸟才能磕开这些大种子的坚硬外壳，而那些长着中小型喙的雀鸟由于无法破开这些种子，最终都被活活饿死，整个种族也因此而消亡了。

岛上主要生活着两种雀鸟。在 1977 年初，大约有 1200 只中喙地雀和 280 只仙人掌地雀栖息在这里。可到了 1977 年末，在经历了严重的干旱之后，只有大约 180 只中喙地雀和 110 只仙人掌地雀存活了下来，几乎 85% 的中喙地雀和 65% 的仙人掌地雀都在此次气候巨变中丧生了。

格兰特夫妇的研究数据显示，幸存的中喙地雀在体形上平均要比死亡的雀鸟大 5%~6%，其平均喙长为 11.07 毫米，而干旱发生前，同种雀鸟的平均喙长为 10.68 毫米，其喙的平均厚度也从 9.42 毫米增加到了 9.96 毫米。这些差异在我们看来可能很小，但它们可能直接决定了野生动物的生死存亡。例如，一只喙长为 11 毫米的地雀可以嗑开一种蒺藜属植物的种子，但喙长为 10.5 毫米的地雀甚至都不可能去尝试。仅仅 0.5 毫米的差异，就能直接决定生死。

格兰特夫妇发现，自然选择的力量并不仅仅体现在喙的长度和厚度上。在 1977 年初，岛上共有 600 只雄性和 600 只雌性中喙地雀，等干旱结束后，只剩下 150 多只雄鸟和寥寥几只雌鸟存活，而雄鸟的体形通常要比雌鸟大 5% 左右，所以雄鸟挺过旱灾的概率会更大。这也意味着，中喙地雀于灾后的雌雄比例达到了 1:6。

在一个代际的时间跨度内，我们就可以看到自然选择的力量，而进化则只会发生在无数代际的积累之上。鉴于格兰特夫妇已经观察到地雀喙的大小和性别比例的巨大变化，我们因此可以确定，自然选择已经发生了。那么，进化是否发生了呢？格兰特夫妇需要再耐心地等上一整年，待 1977 年旱灾幸存者产下后代之后，再测量新一代喙的大小和形状。一年之后，他们成功发现了进化的迹象，即新生代地雀的体形整体要比遭干旱侵袭前的同类大 4%~5%。

他们很快意识到，1977 年的观察结果并不是偶然的意外。在 1983 年，由于厄尔尼诺现象，岛上出现了一场强降雨，整个岛变得郁郁葱葱，绿色的葡萄属爬藤植物甚至盖过了仙人掌丛。当干旱于两年后再度来袭时，这段“丰水期”造成的植被变化对地雀的存活率再次造成了显著影响。在这一次的干旱中，岛上小种子的存量较为丰富（由 1983 年岛上大量的藤蔓植物产生），大种子则变得相对稀少，这就导致大喙地雀很难找到大种子为食，因而有很大一部分小喙地雀成了此次气候事件的幸存者。自然而然地，它们的后代也继承了较小的喙。自然选择和进化的证据再次显现出来，但与 1977 年那场干旱不一样的是，这次，地雀的喙进化得更小了。

因此，在短短不到十年的时间里，由于自然选择的作用，地雀的喙先是变大了，然后又变小了。如果以十年为一个观察周期，那么地雀的喙或许看起来并没有什么明显变化，但由于其间出现了两次极端气候，它们的喙在这两次气候变化的短暂周期里，则出现了明显的变化。

2002 年 4 月，格兰特夫妇在《科学》杂志上发表了他们对两种雀鸟（中喙地雀和仙人掌地雀）进化过程的长期研究结果，题目是《达尔文地雀不可预测的进化——以 30 年为期的研究》（*Unpredictable Evolution in a 30-Year Study of Darwin's Finches*）。[8] 在研究启动之前，他们曾假设雀鸟的身体特征于研究期间会在一个狭窄的范围内变化，但事实正如他们在文章的开头所说的那般："实际研究数据并不支持'保持不变'的预期。"

如果你在格兰特夫妇发表的文章中仔细查看过中喙地雀和仙人掌地雀体形、喙部大小和形状变化的对比图，你就会注意到，库尔滕在棕熊研究中发现的关于测量周期与进化速度之间的反比关系，在这里也同样成立。因此，尽管在 20 世纪 80 年代中期至 21 世纪初这段时间里，中喙地雀的体形大小出现了较大波动，但从整体来看，其体形在这 20 年内并没有太大变化。同样，仙人掌地雀喙型大小的年度变化，似乎比 20 世纪 70 年代中期至 21 世纪初的周期整体变化更为显著，而中喙地雀的喙形在这 20 年内实际上也基本保持不变，但其年度变化也同样要明显得多。

从这些现象中，我们可以得出一个类似的结论：不管测量周期是数千年（棕熊）还是几十年（地雀），这似乎并不重要。因为进化的速度，在较短时期内总是更快，而在较长周期内总是更慢。

但这又如何呢？为什么长期投资者要了解库尔滕关于棕熊以及格兰特夫妇关于达尔文地雀的研究结论呢？

格兰特夫妇和库尔滕的研究结论决定了投资者买卖的时机

尽管我个人对股市的观察，远不如格兰特夫妇或库尔滕在生物进化方面的科学研究，但我知道，卓越企业每日、每周、每月和每季度的变化速度，似乎比数年或几十年的变化速度要显著得多。

这一认知也帮助我制定了一项投资原则，我将其称为**格兰特－库尔滕投资法**（GKPI），具体原理如下：

> 当我们发现在长期内不会从根本上改变其经营特征的优质企业时，就应该充分利用其业务不可避免的短期波动作为购入的良机，而非抛售。

格兰特－库尔滕投资法要求我们**持有长期内不会从根本上改变其经营特征的高质量企业**。“高质量企业”是一个含义丰富的特指术语，对不同的投资者或在不同的语境下，可能意味着不同的东西。如果你已经读到了这里，我默认你已经了解了我们对“高质量企业”的定义。对我来说，高质量企业的关键特征包括：出色的经营和财务记录、稳定的行业、高治理标准、较高的竞争壁垒、不断增加的市场份额，以及较低的商业和财务风险。

我们如何利用格兰特－库尔滕投资法来买入高质量企业的股票？答案就是股价的短期波动。

那烂陀筛选高质量企业的标准非常严苛——我们希望这家公司由一个诚实的管理团队经营，并能提供多年来可靠有效的经营和财务记录。它需要在市场竞争中保持领先，并且没有债务；我们还希望它能不断承担经过理性评估的合理风险，同时又能在企业运营过程中规避掉不必要的负担。此外，如果你觉得这些条件还不够苛刻，那我们还希望这些“珍宝型企业”的股价处在一个合理的区间！这怎么可能呢？对于这些高质量企业的股票，股市可不是傻子，它几乎永远都不可能给我们放出一个“相当有吸引力”的价格。你错了，这样的市场机会的确存在！

这是因为在极少数情况下，那些没有遵循格兰特－库尔滕投资法的投资者，会屈服于暂时性的宏观、行业或企业自身问题的压力，而在低价抛售优质股票，这时候我们就可以抓住千载难逢的机会，大量买进这些优质企业的股份。理论上说，这种情况不会经常发生，也不应该发生，所以只要它一出现，我们就会全力以赴地买进。

以沃思控股为例，它是我们迄今为止最大的一笔投资。该公司是印度领先的业务流程外包（BPO）企业之一，现已在纽约证券交易所上市。沃思成立于 1996 年，是英国航空的专属后台服务公司，从 1999 年开始为第三方客户提供服务。2002 年，华平投资获得了沃思的控股权（我个人没有参与此次收购）。虽然在 2002 年被华平收购时，英国航空为沃思公司贡献了约 90% 的收入，但到 2008 年初，其份额已降至不足 10%。沃思公司的管理层在脱离英国航空公司和旅游行业限制，以及拓展多元化业务方面做得非常出色。通过将财会、抵押贷款处理和客户分析等后台工作外包给沃思，客户通常能够以更低的成本获得更高质量的服务（例如更快的周转时间和更低的错误率等）。

2008 年 1 月，沃思的股价从之前的 35 美元高点急剧回落至 13 美元。股价暴跌背后的原因疑似有三：首先，由于美国持续的次贷危机，沃思的一位大客户——第一麦格纳斯金融公司（First Magnus，主营大型抵押贷款业务）在 2007 年底宣布破产，它一度为沃思公司贡献了约 5% 的收入，因此沃思的管理层调低了下一年度的收入预期；其次，沃思管理层透露，如果另一位来自保险行业的大客户——英杰华集团于 2008 年 5 月将沃思向其提供的那部分服务版块成功“购入麾下”的话，那么公司也就失去了约 8% 的收入来源；最后，卢比的持续升值让分析师们感到十分担忧，因为沃思的大部分业务都在印度境内（卢比走高可能会削减沃思的竞争力和利润率）。

我们现在需要搞清楚的是，上述问题都只是暂时性的，还是会导致可实现收入和利润增长的永久性下跌？经过分析，那烂陀认为是前者。失去第一麦格纳斯金融公司并不是沃思的错，即便英杰华集团会带来潜在损失，这也是由于英杰华集团调整自身运营战略所造成的结果，而不是因为沃思没有为其提供良好的服务。另外，我们也不认为沃思的长期竞争优势会受到汇率短期波动的不利影响。2004 年至 2007 年，沃思的年化收入增长了 64%，这足以证明，它仍能以十分有竞争力的价格，向客户提供高质量的后台处理服务。

另外，我们非常看好印度的业务流程外包行业。对于业内历史悠久的老牌企业来说，这块市场“蛋糕”中的利润是十分丰厚的，因为对“新玩家”来说，该市场的准入门槛很高（大多数企业都不会愿意将关键业务流程外包给没什么根底的新公司），而且现有客户退出的门槛也很高（考虑到后台处理业务的高黏着度，沃思和业务流程外包行业的其他几家领头羊公司几乎很少失去客户）。我想你肯定听过老鹰乐队的《加州旅馆》这首老歌，用它最后一句歌词“你可以随时结束，但你永远无法挣脱”来描述印度业务流程外包行业头部公司的客户是再贴切不过了。不论是过去还是现在，沃思始终占据着绝佳的经营优势。

因此，那烂陀得出的结论是，尽管市场不看好沃思，但我们没有任何理由确定这家公司的业务发生了任何根本性的变化。

于是那烂陀便在 2008 年初以每股 15.2 美元的均价，果断买下了沃思价值共计 4100 万美元的股票。到 2022 年 3 月，这只股票的价格已经上涨了 462%（85.5 美元），而孟买敏感 30 指数以及恒生中型股指数以美元计算的话只上涨了 97%。

然后，自我们于 2008 年初首次买入沃思股份几乎整整 12 年后，在 2020 年 3 月至 5 月的新冠大流行初期，市场**再次**给那烂陀提供了一个绝佳的买入机会。就在全球股市似乎认为世界末日已然到来的时候，我们迅速地以每股 46.1 美元的价格向沃思公司追加了 9800 万美元的投资。对我们来说，这样的“意外之喜”似乎再次来临了。

那么，我们如何将格兰特 – 库尔滕投资法用于对股票出售的判断呢？通过**忽略**短期的股价波动即可。

如果那烂陀很幸运地持有了类似沃思公司这样的高质量企业的股份，按照格兰特 – 库尔滕投资法的要求，我们就**不应**再度出售。为什么呢？因为正如格兰特夫妇和库尔滕的研究显示的那样，短期波动通常不会影响一家优秀企业的长期特质。只要回头看看上文欧莱雅的案例，我们就能再次感受到格兰特 – 库尔滕投资法的无上魅力。

表 8.3 简述了欧莱雅集团在 2009 年和 2020 年的业务状况。[9] 如果你翻阅过这几年的年度报告，就会有一种似曾相识的感觉，因为尽管相隔了 11 年，但这两份年报的表述、语气和业务重点似乎非常相似。

表 8.3　欧莱雅集团 2009 年与 2020 年财报对比：重要内容总是恒定不变

	2009	2020
业务重点	聚焦于美容美妆产品	聚焦于美容美妆产品
客户细分	从大众到高端客户	从大众到高端客户

续表

	2009	2020
经营范围	全球	全球
销售额（单位：十亿欧元）	17.5	28
利润（单位：十亿欧元）	1.8	4
产品细分	专业品牌、消费品牌、奢侈品牌产品、活力品牌	专业品牌、消费品牌、奢侈品牌产品、活力品牌
消费品牌和奢侈品牌	77% 销售额	78% 销售额
西欧和美国市场	66% 销售额	52% 销售额
亚洲市场销售额	13% 销售额	35% 销售额
专业品牌	卡诗、丽得康、欧莱雅	卡诗、丽得康、创世新肌源系列
	专业品牌	卡诗耀光凝色系列
消费品牌	巴黎欧莱雅、加尼尔、美宝莲	巴黎欧莱雅、加尼尔
奢侈品牌	兰蔻、圣罗兰、科颜氏	兰蔻、科颜氏、赫莲娜
活力品牌①	理肤泉、薇姿	理肤泉、薇姿、丝塔芙
营业利润率	14.8% 销售额	18.6% 销售额
自由现金流	>100% 净利润	>100% 净利润
净负债	20 亿欧元	净现金 39 亿欧元

尽管在此期间，欧莱雅集团的销售额从 175 亿欧元增长到了 280 亿欧元，但它仍然是一家全球性的美容美妆企业，其大部分收入都来自西欧和美国。欧莱雅没有开拓任何与现有业务不相关的多元化业务，也没有进行任何重大的、有风险的企业收购。在这 11 年间，其四大主线业务——专业品牌、消费品牌、奢侈品牌和活力品牌——也保持不变。其中最大的两条主要业务线，即消费品牌和

① 指在市场上以积极、充满活力的形象和风格为主打的品牌。

奢侈品牌，贡献了 80% 左右的销售额，而且各条业务线的关键产品也基本上没有发现变化。欧莱雅仍然是一台运行良好的“赚钱机器”，这使它能够在 2009 年负债的情况下，于 2020 年成功扭亏为盈，甚至还有现金盈余。

从表中可以看出，亚洲市场（中国）销售额的急剧增长似乎是这段时间内发生的显著变化。2009 年至 2020 年，亚洲市场的收入贡献从 13% 增加到了 35%，但亚洲市场的成功并非一蹴而就，我们从这 11 年内欧莱雅集团的亚洲市场收入贡献占总收入的趋势就可以看出——13%、18%、19%、21%、21%、22%、22%、24%、27%、32%、35%——亚洲市场的收入贡献值平稳上升，说明欧莱雅的步子走得很稳。

假设你回到 2009 年并以每股 60 欧元的价格购买了欧莱雅的股票，如果你是一位践行格兰特 – 库尔滕投资法的长期投资者，你就能够对表 8.1 中各大新闻媒体发布的每条坏消息视而不见。此外，你还可以看穿这些新闻的真面目：它们都不重要，而且与企业的长期业绩无关。事实上，在这些负面新闻爆出之后，当发现股价跌到了令你十分“心动”的程度时，你反而可以择机加仓。

你觉得到了 2022 年 6 月底，欧莱雅的股价应该有多少？它暴涨到了每股 329 欧元。这就意味着，你在 2009 年的投资实现了 450% 的收益，已经远远地甩开了法国 CAC40 指数（该指数在此期间仅增长了 80%）。

当然，我不是在给欧莱雅的股票打广告，但这的确是对正确应用格兰特 – 库尔滕投资法的一种褒奖。从长期投资的角度来看，按兵不动反而是最好的做法。

格兰特 – 库尔滕投资法是我们的信仰，它也反映在了那烂陀工作过程中的方方面面。我们的办公室里没有不间断播放美国消费者新闻与商业频道新闻，或任何其他媒体新闻的电视屏幕，公司唯一的一台电视屏只用于视频会议。我们虽然也装了一个彭博新闻终端，但被放在了办公室茶水间的角落处，可能 99% 的时间里都没人使用。我们在团队会议上从不讨论最近的企业新闻或股票价格。我主要的信息来源是报纸，而上面的信息总是会滞后一天。我们以前从来没有，将来也永远不会根据新闻流购买或出售过任何一家企业的股份。

格兰特 – 库尔滕投资法要求我们不轻易买入，更不轻易卖出，这就是我们的黄金原则，而它也给我们带来了丰厚的收益。

截至 2022 年 6 月（不包括前两年的购入的股份），我们总共买入了二十八家企业的股份：其中一家让我们赚得了一百多倍的投资回报（佩吉工业公司）；其中两家让我们的投资翻了二十五倍以上［伯杰涂料和拉特纳曼尼公司（Ratnamani）］；还有六家给我们带来了十倍以上的收益（以印度卢比计）。不幸的是，这九家企业的股价都曾经历过小规模但显著的下跌，有几家的跌幅甚至一度持续了好多年（如拉特纳曼尼公司和佩吉工业公司），但我们对格兰特 – 库尔滕投资法的坚持，确保我们能够不慌不忙地保持好对“股票买卖”的耐心和谨慎。

那烂陀出售股票的原因和时机

如果格兰特 – 库尔滕投资法要求我们不要轻易卖出股票，那么我们会出于什么原因而决定出售呢？

那烂陀不会根据估值出售股票，这也是很多投资者放弃持股，选择卖出的关键原因。这是因为，我们并没有为手中持有的诸多股票设定一个出售的目标价格。我**曾经**根据股票的估值出售过股份，但仅有一次。因为事实证明，这实乃愚蠢之举，我至今还懊恼不已。鉴于我将在第 10 章中对这次鲁莽的卖出行为进行详细剖析，在此暂且略过。

我们会基于以下三种情况选择出售股份（括号里的数字表示已被我们“抛弃”的企业数量）：

1. 企业治理标准下降（0）
2. 资本配置严重出错（3）
3. 企业遭遇了不可挽回的重大损失（6）

自 2007 年以来，我们共计出售了 10 家企业的股份（前面列出的 9 家加上我误卖的一家），其中还排除了“战略性企业买主”收购的三家公司。这意味着我们每一年半就会抛售一家企业的股票，这算得上是“懒惰”吗？

如前所述，在九次抛售中，有六次是因为那烂陀认定该企业的业务遭受了无法挽回的破坏。我们是如何得出这个结论的？下面这个例子可以说明问题。

那烂陀曾经投资过一家旧世界（泛指亚非欧三大洲）制造企业，它在印度某个寡头垄断行业中占据了领导地位。它符合我们提出的所有投资条件——令人羡慕的企业治理标准、无可挑剔的财务状况、稳定的行业大环境以及零杠杆，而且还能够以我们认为有吸引力的价格买入其股票。在最初的几年里，一切都很顺利。然而在持股的第三年，我们惊讶地发现，该公司连续两个季度都在失去市场份额。我们花了不少时间与管理层沟通以了解原因。经历了一番波折之后，他们才不情愿地承认，公司的确“暂时性地”失去了部分市场份额，并坚称这只是短期现象。

但事实并非如此。这家公司正在持续不断地失去市场份额，而且在其中一块规模较小的（但利润很高的）细分市场中，其市场占有率也在接下来的几个季度里加速流失。在这种情况下，该公司的管理层再次拿出了一套令人信服的解释，而且听起来都很有道理。他们声称，公司在产品制造、销售和营销方面已经做了诸多调整，投资者将很快看到公司颓势的扭转，但市场份额丢失的现象仍在继续。在发现最初的不良苗头后，我们又耐心等了**三年**，最后才不得不决定全盘抛售。由于立志成为企业的永久持股者，我们对企业业绩在相对和绝对方面的表现设定了十分苛刻的标准。在那烂陀果断撤资时，该公司的经营表现其实并不算差——可动用资本回报率达到了约 35%，收入和利润也有适度增长。但我们的考量是，那烂陀不想成为一家持续落后于竞争对手的企业股份持有者。

在等其业务好转的三年里，关于这家公司的若干正面和负面的新闻报告也在不断涌现。我们并没有理会这些报道，而是专注于其实际市场占有率的发展趋势。为什么在发现问题之后，我们依然决定继续持股三年？为什么不选择早点出售？因为格兰特 – 库尔滕投资法告诉我们，**任何**企业的股价起伏波动都应该是意料之中的事情。在那烂陀持股的诸多企业中，没有哪家的股票是只升不降的。是的，从来都没有！从长远来看，那烂陀投资组合中的大多数企业都表现得很好，但如果按几周或几个季度来衡量的话，每家公司的股票都出现过剧烈上涨或下跌情况。我们的默认选择是，忽略这些暂时性的业务动荡。

然而在某些情况下（就像前面这个案例），我们一开始认为的“暂时性不良状况”会逐渐转变成长期趋势。幸运的是，纵观那烂陀的整个投资历史，这样的情况只出现过六次。因此，那烂陀心照不宣的选择，将始终是继续遵守格兰特 – 库尔滕投资法。

在考虑是否卖出股票时，请记住，我们投资可能会面临的最大损失，撑死了也不过是购股时支出的那部分初始资本金，但股价上涨却是没有上限的。考虑到那烂陀投资的都是各行各业中最卓越和优质的企业，所以我们宁可冒着晚点抛售而损失一部分本金的风险，也不愿早早卖出而失去获得无限收益的可能。

六十年，沧海桑田；又或者，什么都没变?

借鉴进化论的思维，我们可以忽略企业经营过程中大大小小的短期挫折，并聚焦于长期发展。尽管我在本章中讲述了欧莱雅的案例，也分享了那烂陀在投资中应用格兰特－库尔滕投资法的经验教训，你心中说不定仍有疑虑，并可能还会提出以下两个合理的质疑：(1)“长期”到底指多长时间？(2)由于行业内的“旧玩家”会不断地被“新玩家”挑战甚至取代，如果我们坚持长期持股的策略，过个几十年，我们手上不就只剩下那些被淘汰企业的股票了吗？

美国企业研究所网站在2015年10月发布的一篇新闻可以帮助我们回答这两个问题，新闻题为《在助长经济繁荣的“创造性破坏”作用下，1955年的财富500强企业在2015年的财富500强企业名单中仅剩12%》。[10] 文章接着列出了持续60年“榜上有名”的61家美国公司。

与文章对老牌企业在熊彼特式创新①的冲击下纷纷陨落的哀悼基调相反，我为这61家持续霸榜长达60年的企业感到十分惊喜。因

① 熊彼特被誉为“创新理论”的鼻祖。他提出的五种创新模式被后人归纳为五个创新，依次对应产品创新、技术创新、市场创新、资源配置创新、组织创新，而这里的“组织创新”也可以看成部分的制度创新。

为在我看来，能做到这一点的企业只会有寥寥几家。毕竟从 1955 年到 2015 年，美国和整个世界都经历了多次难以预测的动荡。此外，2015 年似乎已与 1955 年是截然不同的两个世界了。

在这 60 年里，我们见证了冷战的开始和结束、苏联的解体、太空时代的到来、美国民权法案的出台、石油危机、储蓄和贷款危机、中东地区的多重危机、中国的飞速崛起、欧盟的成立、互联网的繁荣和萧条、移动电话的指数级增长、遍布全球的冲突与战争、2008 年的全球金融危机、技术类公司主导地位的日益增强以及所有企业的快速数字化等时代大事件。若不是篇幅有限，我还可以列出上百个对美国大大小小的公司产生了显著影响的重要历史事件。然而，像 3M 公司、美国铝业公司、雅芳公司、卡特彼勒公司、家乐氏公司、百事可乐公司、辉瑞公司和其他众多企业，不仅仅是安稳地度过了这些大规模的地方性和全球性冲击的负面影响，它们还牢牢地在 500 强公司榜单中持续占得了一席之地，从而实现了繁荣发展。

但 61 也是个被低估了的数字，因为作者犯了一个失实性错误，他漏掉了同时出现在这两张榜单中的 11 家企业，其中包括高露洁公司、康宁公司、亨氏公司和 PPG 工业集团等。文章作者可能是漏看了，所以这份清单上应该总共有 72 家公司。

数字少估的另一个可能原因是，作者没有将 1955 年至 2015 年期间被财富 500 强企业收购的其他上榜公司纳入计算范围。以吉列为例，2005 年，宝洁公司以 570 亿美元的价格收购了吉列公司（吉列公司在 1955 年之后的 50 年里一直都是财富 500 强企业，被收购时的排名是 215 位）。我们应该把吉列认作是一家“失败”企业（未能守住 500 强的地位）吗？它是“被创新颠覆的老牌企业”吗？我可不这么认为。我今天早上才用过他们家的高端刮胡刀片。

考虑到它已经成了宝洁集团旗下的品牌，而宝洁公司在2015年的《财富》500强名单中排名32，所以我也会认为，吉列公司完全可以进入2015年的《财富》500强名单。

联合技术公司在1975年收购了奥的斯电梯公司（因此奥的斯公司在1955年之后的20年里也一直在榜单上）。联合技术公司在2015年《财富》500强榜单中排名第45位，我可以合理地认为，奥的斯电梯公司作为联合技术公司的下属公司，也应该被算作是一家持续上榜的企业。对于像箭牌、桂格燕麦公司、美国空调制造商开利、百事可乐和麦当劳这样的企业，我们更是可以给予同等的“待遇”，因为它们已经分别被财富500强企业伯克希尔、百事可乐集团、联合技术公司、联合利华和波音收购了。

2015年《财富》500强名单中的企业总共收购了1955年财富500强企业中的73家，吉列和奥的斯就是其中之二。我在这里还要提一句，像英国石油公司和联合利华等大型海外收购者，如果它们是美国公司的话，也必定会成为2015年美国财富500强的上榜企业。因此，1955年美国企业500强榜单上的145家公司其实完全可以跻身2015年的榜单，只是其中有72家企业独立“幸存”了下来，而剩余73家则成为这些幸存企业的一部分。

1955年的500强企业中，总共有63家公司最终破产或无法追查到任何信息（找到20世纪五六十年代的企业信息可并不容易）。它们已然不幸沦为了资本主义毁灭过程的受害者。

1955年《财富》500强名单中剩下的292家企业到底发生了什么？它们要么跌出了500强榜单，要么被其他公司并购。这是否意味着其中的208家企业都失败了？其中的一些可能的确经营不良，但许多企业仍有可能会继续存续并繁荣发展下去。当然，还有**很多**高质量企业没有进入财富500强榜单，毕竟单一的选拔门槛具备了高度的限制性（只按照企业财力大小作为筛选标准）。

例如，伊顿公司曾在 1955 年的《财富》榜单上排名 189，但于 2013 年跌出 500 强。2021 年 6 月，其市值仍高达 600 亿美元，所以我并不会给它贴上“失败”的标签。另外，这家公司在 1955 年之后的 58 年里连续做到了榜上有名，这可是相当了不起的成就。美国倍腾化工集团（Borden Chemical）于 1995 年被私募股权巨头科尔伯格·克莱维斯·罗伯特公司收购，然后又在 2004 年被阿波罗（Apollo）收购。倍腾化工集团至今依然“健在”，只是已经被瀚森特种化学品公司收归了旗下。USG 是 1955 年财富 500 强名单上的一家建筑产品公司，但已于 2018 年被德国可耐福公司以 70 亿美元的价格收购了。

如果我们假设这 292 家企业中有 20%~25% 被其他公司收购或跌出 1955 年的 500 强榜单，但它们仍能一如既往地提供产品和服务，那么我们就可以往 1955 年的名单中再额外添上 60~75 家经营比较成功的企业。

因此，1955 年《财富》500 强榜单上企业的存续情况总结如下：

- 有 72 家企业（14%）连续 60 年登榜美国企业财富 500 强。
- 有 73 家企业（15%）在 2015 年之前都是财富 500 强名单中的一员。
- 有 60~75 家企业（12%~15%）在被收购或跌出财富 500 强的情况下，仍能继续保持原有的良好业绩。
- 1955 年名单上的 280~295 家（55%~60%）企业宣告经营失败。

在第 9 章和第 10 章中，我介绍了 1926 年至 2016 年间美国上市企业股票价格变化的研究结果。数据显示，在这 90 年的时间跨度内，约有 60% 的上市股票的收益率低于美国国债收益率。因此，我对美国财富 500 强企业在 60 年内 55%~60% 的经营失败率估值（如前面计算结果所示）可能是偏高的。纠结无益，所以我们还是继续采用这一数值好了。

我们完全可以确定，1955 年的财富 500 强企业都是高质量公司。当然，按照我提出的严苛投资标准，它们或许算不上高质量（例如，有些公司可能存在合理程度的负债）。但不可否认的是，它们都是非常优秀的公司，毕竟如果没有出色的业绩表现，它们也不可能在竞争激烈的资本主义市场中脱颖而出，成为榜单中的一员。

我们已经看到，其中约有 30%（72+73=145）的企业能继续保持高质量的发展步调，这一点从它们 60 年来始终能在财富 500 强的位置上站稳脚跟就可以看出。如果将在此期间表现良好，但却没能杀进 2015 年 500 强名单的公司（60~75 家）纳入计算范围，我们就会发现，1955 年财富 500 强中有 40%~45% 的公司（205~220 家）在 **60 年**间成功保持住了出色的经营表现。这可不是一个小数目，而且这一点也充分说明，资本主义和创造性破坏确实有效，但也没**那么**有效。

所以，我要就诸位在本节内容开始处提出的两大质疑给出答案：一方面，“长期”是真正的长期，意味着至少要跨越 50 年或更久的时间；另一方面，新企业的确会取代旧企业，但新旧更迭的速度会比我们想象得要慢很多。

这又将我们拉回到了格兰特夫妇和库尔滕的实验。我们从中得出的经验教训是，浪费时间、精力和脑力去过分担心高质量企业股票的日常波动是没有意义的，因为从长期来看，它们都具备超强的“弹性”。

所以，为什么要抛售高质量企业的股票呢？

* * *

在过去的摄影行业中，柯达的地位就相当于当今互联网时代的脸书或谷歌，只要提起摄影，你的脑中很难蹦出柯达之外的第二个品牌。1976 年，柯达在胶卷和照相机销售市场中分别占据着 90% 和 85% 的份额。[11] 现在呢？智能手机已经成为相机的代名词，而柯达公司也已经是“名存实亡”的状态了。但颇具讽刺意味的是，全球第一台数码相机竟是柯达公司的一位美国电气工程师史蒂文·赛尚在 1975 年发明的！如果对 1975 年的柯达进行分析，我们会得出这样的结论：胶卷行业非常稳定，而且在可预见的未来，柯达的行业统治地位不太可能会受到挑战。可在目睹了数码摄影的飞速发展后，我会卖掉它的股票吗？也许会，也许不会，我不确定。但可以肯定的是，我可能会因为迟迟不做反应而最终赔钱收场。

这个问题有什么好的解决办法吗？我要如何确定，忽略眼前这个特殊的“小”事件，是不会给我带来长期亏损的？事实上，我也不知道！

我需要在此重申一下我之前提到过的观点：**所有的**投资模式都存在缺陷。在我看来，没有哪种投资策略是稳赚不赔的。如果你知道有这么一个万无一失的投资策略，请写一本书来将其广而告之（或者最好给我私发一封邮件，咱们一起闷声发大财）。我们对格兰特 – 库尔滕投资法的应用会产生类似柯达公司般的弊端，但以我个人的经验来看，**它在大多数时候的表现都不差**，而且这也是我们对任何投资模式所能期望的最好结果了。

行动迅速敏捷且天性警觉的羚羊几乎不可能被抓住，但有很多个体确实会被印度豹、美洲豹和狮子捕获并杀死。这是否意味着造物主对羚羊的“设计”存在缺陷？当然不是了。羚羊对其生存环境有着很强的适应能力，虽然不是所有的羚羊都能够安然活到老，但肯定有足够多的个体能存活下来，从而确保这一物种可以在数百万年的时间跨度内存续下去。

同理，那烂陀做出的每一笔企业投资都是在格兰特 – 库尔滕投资法指导下进行的，虽然没有取得百分之百的成功，但从一整个**投资组合**的角度上看，这种方法在那烂陀的发展过程中被证明是非常奏效的。

所以，那烂陀不仅在投资界幸运地“存活”下来，而且日子过得还不算差。

本章小结

进化论教会我的投资知识是：

要重构对投资的理解，我们就需要坚信以下理念：高质量企业的长期特征不会受到经济起伏、行业变化甚至企业自身的短期波动影响。

1. 与达尔文的预期相反的是，进化在较短的周期内反而显得更快，在较长的时间周期内反而显得更慢。比约恩·库尔滕对欧洲棕熊牙齿的进化研究已经证明了这一点。
2. 当我们以几天、几周或几个月作为衡量周期时，高质量企业似乎会显示出许多剧烈的经营波动，而当衡量周期被拉长到几年或几十年时，其表现就会稳定得多。
3. 美国财富 500 强企业寿命的经验数据表明，“杰出”企业面对经营波动往往具有长期的“弹性”。1955 年的财富 500 强企业中，有 40%~45% 的公司在接下来的 60 年里继续取得了经营上的成功。

4. 我们会在高质量企业遭遇不可避免的“短期挫折”期间，以一个对我们而言十分“有吸引力”的估值对其进行投资。然而，由于此类机会难得一见，我们也就很少出手购买，所以在这方面我们表现得确实很“懒”。
5. 投资完成之后，我们会忽略该企业股价的短期波动，因为优质企业的基本特性会在长期内持续保持稳定。对于已经吃下的企业股票，我们也从不“待价而沽”——所以在这方面我们会表现得“更**懒**”。
6. 只有当企业的资本配置极其糟糕或遭受了不可挽回的损失时，那烂陀才会破例出售其股份。

第 9 章

从化石中挖出的黄金投资准则

为什么从这一构造到另一构造“自然界”不采取突然的飞跃呢？依照自然选择的学说，我们就能够明白地理解“自然界”为什么应当不是这样的，因为自然选择只是利用细微的、连续的变异而发生作用；她从来不能采取巨大而突然的飞跃，而一定是以短的、确实的、虽然是缓慢的步骤前进。

——查尔斯 · 达尔文 《物种起源》

查理与我很久之前就决定，在漫长的投资生涯中，要确保每一次都明智，而做出数百个明智的决定实在是太难了。随着伯克希尔公司的资本如雨后春笋般涌现，能对我们的业绩产生重大影响的投资领域也在急剧缩小，做出明智的判断也变得越来越艰难。因此，我们采取了一种策略，要求我们只在极少数情况下表现得聪明，而且也不用太聪明。事实上，我们现在只要求每年想出一个好的投资主意就可以了（查理说今年该轮到我了）。

——沃伦 · 巴菲特 《1993 年致股东信》

请回顾一下你的人生，没错，我知道这需要让你暂时停下手头的工作，反思过去的岁月。那就暂且放下本书，思考那些把你塑造成当今模样的重要事件或时刻，不管是生活、工作还是生意上的事情。来吧，深吸一口气，暂停一下，好好地回过头看看自己是如何一路走到现在的。

回忆完了？好的，你想到了什么呢？我先来分享一下自己在回顾过去人生时发现的一些印象深刻的片段。我在这个美丽的星球上已经度过了五十个春秋，大部分时间仿佛都在浑浑噩噩中度过了，只有寥寥几个瞬间仍然记忆犹新：我母亲因外婆逝去而悲伤哭泣的画面；历史老师表扬我时的欣喜；父亲第一次允许我开他汽车时的激动；被面试的第一家公司拒绝的痛苦；在南非野生动物园被一群野象追逐的惊惶；投资的第一家公司成功上市时的狂喜；儿子出生时的感动等。相信你能体会我当时的心情。

我或许还能再列出三十个记忆深刻的人生画面，但三千个肯定是不用想了，听起来有点奇怪不是吗？我已经在这个星球上活了大约 3000 万分钟，剩下所有这些时间都去哪了？它们都是苍白无趣的吗？难道我的人生只是一段漫长的虚无时光，偶尔穿插几个值得回忆的时刻？那你的生命又是怎么样的呢？

除我之外，地球上其他人的生活又是怎样的呢？他们肯定也经历过一些重要的时刻，而且即便在一个世纪之后也不可能被遗忘。

新冠疫情便是我们人生中的这么一段“难忘”经历。2020 年 1 月 30 日，世界卫生组织宣布将新型冠状病毒疫情列为“国际关注的突发公共卫生事件”，并于 2 月 11 日正式将这种未知病毒命名为“COVID-19”。

到了 2020 年 3 月，整个世界都进入了前所未有的紧急态势——全球彻底“停摆”。假如我们的子孙后代看到了 2020 年孟买、伦敦、罗马和纽约的街景照片，他们或许会认为，是我们故意把街道上的人群 PS 掉的。但他们或许并未想过，这些其实都是当年的真实场景，毕竟任何照片都无法捕捉到人类在疫情中所受苦难的广度和深度。

因为疫情暴发，全球股市开始断崖式下跌，在 2020 年 3 月和 4 月，股市跌得仿佛都没有尽头。印度的孟买敏感 30 指数在 3 月暴跌了 23%。

面对这个前所未有的严峻时期，我们那烂陀该怎么做?

也许进化论可以给我们一个提示。

“证据不足”就等于“没有证据”

1972 年，古生物学家斯蒂芬·杰·古尔德和尼尔斯·艾崔奇（Niles Eldredge）发表了一篇文章，他们似乎在由经典达尔文主义垒起的学术高墙上，成功炸开了一个大洞。

达尔文的自然选择理论为“种系渐变演化论”（phyletic gradualism）提供了有力的证据。达尔文认为，自然选择理论上会淘汰掉不适合生存的个体，以确保只有适应性更强的个体才能繁衍后代。如果这种情况持续足够长的时间，一个新的物种就会不知不觉地产生，而原来的物种则会灭绝。他在《物种起源》的最后一章中明确提出了自己对种系渐变的看法：“由于自然选择只是利用微细的、连续的变异而发生作用；它从来不会产生巨大而突然的飞跃，而一定是以非常短小且缓慢的步子前进。”

如果达尔文的理论是正确的，那么我们应该能在化石记录中发现物种进化的过渡形态，这样就可以为种系渐变演化论提供证据。让我们以鲸鱼为例，鲸类是在大约 5000 万年前由一种被称为巴基鲸的四足陆生脊椎动物进化而来的。[1] 图 9.1 列出了巴基鲸的一些后代，比如游走鲸、雷明顿鲸、原鲸和矛齿鲸等，它们最终进化成

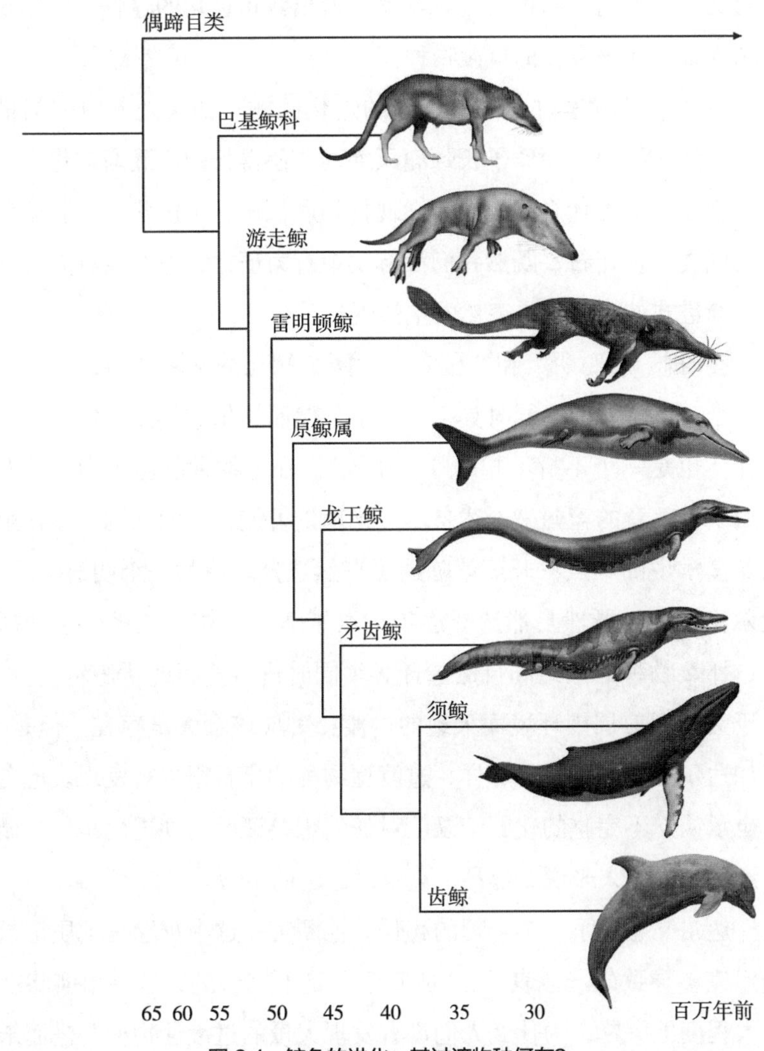

图 9.1　鲸鱼的进化：其过渡物种何在？

图片来源：科学图片库授权。

了今天的鲸鱼和海豚。鉴于鲸类庞大的体形，我们应该能够找到数百甚至数千个过渡物种。但问题是，我们并没有找到它们。例如，雷明顿鲸和原鲸之间的过渡物种化石在哪里？我们已经寻获了相当充足的化石素材来帮助古生物学家拼凑出鲸鱼进化的过程，但却缺失了大部分应该存在的过渡物种。

我在第 5 章里讨论了长颈鹿的进化问题。如果随着时间的推移，自然选择使得短脖子长颈鹿灭绝，并使得长颈鹿逐渐进化出更长的脖子，那为什么我们没有发现长颈鹿从短脖子进化到长脖子期间的同类物种化石？既然我们没有发现有力证据，怎么会有人说进化是渐进式的，而不是突然发生的呢？

有时候，“聪明”和“诚实”是两个相互冲突的特质，存在其中一个，就不能保证同时具备另一个。然而达尔文却是举世罕见的天才，也是一个不折不扣的“实诚人”。在《物种起源》中，他专门用了一整章的篇幅来论述自然进化理论可能存在的问题。他在第六章《学说的难点》开篇就陈述了自然选择理论的一个明显缺陷。达尔文认为，既然自然选择逐步淘汰了适应性相对低劣的生命形态，那么物种的灭绝和自然选择必须同时进行。因此从逻辑上讲，由于无法适应周围环境而灭绝的过渡物种应该会大量存在。但是，正如达尔文自己指出的那样，过渡型物种的化石很少被发现。他自己也承认，不完整的化石记录，对任何想要证明物种进化是一个循序渐变过程的人来说，都是一重难以逾越的障碍。

达尔文想到了一个合理的解释。他断言，这个难题是地质记录的不完整导致的。他表示：“地质记录是不完善的，这一事实将在很大程度上解释，为什么人们没有发现大量的过渡性物种，进而未能将所有已灭绝的物种和现存生命形式以最精细的渐进式分级步骤连接起来。谁能对此类关于地质记录不完整的观点提出反对意见，谁就能合理地拒绝相信**整个**进化论。”

达尔文认为，缺乏过渡型物种作为进化证据的缺陷，对自然选择理论有着“毁灭性”的破坏力，以至于他在《物种起源》的第

10 章专门讨论了这个问题，章节标题为《论地质记录的不完全》非常贴切）。为证明自己的观点，他在这一章中提出了几个令人信服的论据：地球上只有一小部分地方被地质勘探过；全部由软组织构成生物体无法形成化石；贝类和水生生物遗骸沉到海底后，如果没有沉积物覆盖的话，很快就会消失；许多物种（如陆地贝类）在遥远的过去就出现了，但几乎找不到任何化石。

如果达尔文的渐进式进化理论是正确的，那么古生物学家应该可以在化石记录中找到物种数百万年来逐步演化的证据，但他们的发现并没有支持这一观点。相反，在达尔文提出这个理论之前和之后，大量的古生物学家通过化石记录发现，大多数物种都是突然出现的，然后就持续保持不变，直至最终灭绝。[2]

休·法尔科纳（Hugh Falconer）是 19 世纪最伟大的古生物学家之一。[3] 他曾于 1830 年以外科医生的身份前往印度，但其大部分时间都被花在了化石挖掘上。他在喜马拉雅山南部发现了一处十分古老的化石层，并发掘出了一些已经灭绝的古生物化石，比如乳齿象和剑齿虎。他还对欧洲象的化石进行过研究。达尔文对法尔科纳怀有极大的敬意，并于 1859 年 11 月给他寄去了一本附有签名的《物种起源》第一版纸质书。

法尔科纳发现，即使经历了重大的环境变化，大多数已经成为化石的物种仍能在非常长的一段时期内保持稳定。他在 1863 年的专著中不仅对猛犸象经历的极端的气候变化进行了描述，而且也提出了自己的疑问："如果物种是如此不稳定，如此容易受这种环境的巨变而发生变异，为什么已灭绝物种在形态上的长期稳定特性会如此明显呢？"

1903 年，著名的古生物学家克莱兰德（H.F. Cleland）注意到，泥盆纪的生物化石（4.2 亿到 3.6 亿年前）也显示出了类似的进化停滞现象。他表示："由下至上对所有区域内的化石进行仔细检查后，我们没有发现任何进化方面变化，但一种名为 Ambocoelia praeumbona 的露脐贝属生物可能是个例外……腕足类、腹足类和双壳类要么根本没有发生进化，要么就很少发生进化。”许多其他古生物学家也得出了类似的观察结论。

这些考古研究人员都不是达尔文渐变理论的反对者，尽管他们的实地考察似乎恰恰得出了相反的结果。1972 年，尼尔斯・艾崔奇和斯蒂芬・杰・古尔德发表了著名文章《间断平衡学说：种系渐变演化论的替代》(*Punctuated Equilibria: An Alternative to Phyletic Gradualism*)，理论与实践之间这种看似对立的关系才最终被打破。[4]

二人认为，整个有机生物世界的发展史好比是一段很长的进化停滞期（没有明显形态变化），但其间却穿插着短暂的新物种快速进化期。用文章原作者的话说就是：“间断平衡进化理论的核心命题是，化石记录提供的解剖学和地质历史证据可以证明，绝大多数物种都是在各个地质年代中（间断期）诞生的，然后便在很长的时间跨度内保持进化停滞状态。”

古尔德和艾崔奇一直在告诫同行：不要将“化石证据不足”和“化石证据不存在”混为一谈。古尔德曾对西印度陆地蜗牛进行过广泛的研究。艾崔奇目前是美国自然历史博物馆的名誉馆长，专门从事三叶虫（现已灭绝）的研究。古生物学家研究化石的目的，是了解某种生物的进化史，以及它与其他生物和环境的关系。事实上，在现代 DNA 提取技术出现之前，古生物学是唯一能够研究古代生命的学科。但即便是最新且最现代的 DNA 提取技术，也只能研究大约 100 万年前的生物样本。[5] 因此，化石以及古生物学是我们了解古代生物进化史的唯一可靠途径。

古尔德和艾崔奇杰出的研究成果指出了一个在目前看来很明显的问题：化石记录中的空白并非漏洞，而是物种进化的一个重要特征。他们认为，当古生物学家发现某一物种的形态发生突然变化时，他们应该假定生物形态的变化是突然发生的，而不是陷入达尔文式思维错误，即试图用化石记录的空白，来“搪塞性解释”这一突然变化。

按照他们的思路，“没有证据可以证明过渡物种的存在”等同于“过渡物种压根不存在”，因此也就没有必要再去拿“化石记录不完整”的理由来硬撑达尔文的渐进式进化理论。如果化石记录表明，生物的形态演化在长期停滞之后出现了突然而短暂的变化，那么我们就不应该试图去寻找任何过渡物种，因为它们可能根本不存在。

在这篇开创性的文章中，古尔德通过分析百慕大地区一种名叫“Poecilozonites bermudensis”的蜗牛在三十万年内分化为三个物种（P.b. fasolti, P.b. sieglindae 和 P.b. bermudensis）的案例，给出了物种进化长期停滞后突然产生变化的证据。他指出，上述三种蜗牛在颜色、背壳尖部的形状、背壳厚度和壳口形状等方面存在的显著差异并不是逐渐产生的。相反，它们是由于“异地种分化”（某生物种群中的一小部分个体，由于地理因素而被分隔出来，并在无法同原种群产生基因交流的隔离状态下，分化成了新物种）而迅速诞生的新物种。同样地，艾崔奇在文中对一种三叶虫的进化历史进行了概述，并给出了证据证明，三叶虫各个亚种眼睛形态发生的急剧变化也是“突然形成”的，而不是通过渐进式进化来实现的。

在艾崔奇和古尔德发表了他们关于蜗牛和三叶虫化石研究的开创性文章之后，科学家们于包括动物、植物、细菌，甚至病毒（科学界就病毒是否有“生命”仍存在争议）在内的各类生命形态中发现了更多“间断平衡进化”的例子。

约翰逊（A.L.A. Johnson）在 1985 年发表的文章中对其研究的

34 种侏罗纪（2 亿至 1.45 亿年前）扇贝进行了描述，他也发现了大量的进化停滞证据和一份突然变异的标本。[6] 他在文章结尾处总结道："研究发现了一个案例……其中某个变异后代性状的突然出现，可以合理地归因于快速进化（不超过一百万年），而且在对另一个扇贝谱系的研究中，我们发现了关于大约 2500 万年内渐进式变化的不确定性证据。但在其余的 32 个扇贝谱系中，其生物形态似乎处在长期的停滞状态。"

补充解释：两种学说并未相互冲突

间断平衡理论的观点看似与第 8 章中论述的库尔滕以及其他人的研究结果相矛盾。库尔滕曾表示，生物体的进化速率在短期内较快，在长期内较慢。但间断平衡理论则断言，生物在经过长时间跨度的进化停滞后，会突然发生剧变（新物种诞生）。这到底是怎么回事呢？你仔细审读之后就会发现，它们实际上是相辅相成的。

库尔滕的观察是针对单一物种在几千年周期内的变化，他观察到的变化在合理的范围内。格兰特夫妇对地雀喙部的长期监测，虽然是一项很了不起的研究，但也只有几十年的时间跨度，鸟喙大小和形状变化，还不足以证明新物种的诞生。反观艾崔奇和古尔德的研究，二者讨论的是在原物种进化停滞了数百万年后，某一新物种突然现世的过程。这两种观点其实都是正确的——他们不过是在解释不同时期的不同进化现象。

颇具戏剧性的是，有关间断平衡理论最详尽的研究资料，竟然出自一项旨在驳斥其正确性的科研项目！华盛顿史密森国家自然历史博物馆的艾伦·奇塔姆（Alan H. Cheetham）是一位研究苔藓虫化石的专家（苔藓虫是一种固着生活的群生动物，其体形微小，状似蠕虫，虫体前端生有许多触手）。为了论证达尔文的种系渐变演化论，他最初选取了一类名为“Metrarabdotos”的苔藓虫化石作为研究对象。[7] 奇塔姆对该类目下 17 种苔藓虫的 46 项特征，在 1500 万年内的演化过程进行了研究。他发现，17 种苔藓虫中有 11 种在 200 万到 600 万年内都没有任何变化，但却在随后的 16 万年内产生了突然性的变化。奇塔姆着重指出：“有非常明确的证据表明，这些苔藓虫的进化模式是‘断断续续’的。”

后续出现的许多类似研究也都发现了“间断平衡进化”的证据，其中最有趣且最具说服力的，是瑞典于默奥大学的蒂纳·马提拉（Tiina Mattila）和福尔默·波克马（Folmer Bokma）在 2008 年《皇家学会报告》（*Proceedings of the Royal Society*）上发表的一篇文章。[8] 马提拉和波克马没有专注于化石记录，而是选择了现存总共 4510 种哺乳动物中的 2143 种作为研究对象。他们通过分析这两千多种哺乳动物的体重变化，来判断其进化方式是“间断式”的还是“渐进式”的。二人得出以下结论：“我们对哺乳纲下的单独亚纲，比如灵长目和食肉目动物的贝叶斯估计数据表明，渐进式进化只对哺乳动物物种之间的体形大小变化‘负有一小部分的责任’。”他们的研究证实，“间断平衡”在部分哺乳动物物种的体重进化中发挥了很大作用。大多数关于间断平衡理论的研究——包括古尔德和艾崔奇的研究——通常一次只专注于单个物种。与此相反的是，马提拉和波克马的研究表明，间断平衡理论也同样适用于整个哺乳动物家族。

古尔德和艾崔奇的文章发表后引发了大量争议，同时也招来了众多的支持者和反对者。[9] 许多研究人员的确在物种进化研究中发现了间断平衡的证据，但一无所获的也大有人在。双方的争论十分激烈，后来甚至变成了人身攻击——渐进主义者称间断平衡为“混蛋们提出的进化理论”，而另一方则将渐进主义反讥为“爬虫们提出的进化理论”！[10] 由此可见，受过高等教育的研究人员吵起架来也不怎么讲体面。

双方最大的争议主要源自两位作者在讨论新物种的诞生时使用的两个术语，即“快速”和“突然”。间断平衡理论的反对者指责古尔德和艾崔奇“新瓶装旧酒”地套用了雨果·德弗里斯（Hugo de Vries）备受争议的突变主义理论，以及理查德·高德施密特（Richard Goldschmidt）的大突变理论。[11] 高德施密特是德国出生的美国动物学家，他在 1940 年出版的《进化的物质基础》（*The Material Basis of Evolution*）一书中提出，物种的产生，不是通过积累微小的变异，而是通过单代的重大突变（跳跃式演化）。然而，科学界已经否定了这种突然进化的理论，并将其戏称为“有希望的怪物理论”（theory of hopeful monsters）。

古尔德在他的诸多著作中明确指出，间断平衡不是跳跃式的演化。这一理论是专门为古生物学家准备的，因为只有他们才知道，“瞬间”一词指的是以数万年为跨度单位的地质时间，不应该与人类的时间尺度相混淆。在他的书《进化论的结构》（*The Structure of Evolutionary Theory*）中，古尔德用人类的妊娠期作了非常形象的比喻：“由于人类的妊娠时间一般只占整个生命周期 1%~2%，所以相对于后来漫长的进化停滞期而言，也许我们应该允许给予‘间断性物种形成’一段类似的时间范围。因此我们可以认为，在以四百万年为一个单位的生物进化周期中，1%的标准即意味着其中有四万年的时间可供形成新物种。”

生物学家之间激烈的争吵引发了外界一个令人意外的奇怪反应，即神创造者突然横插一腿，直接搅黄了双方“热火朝天”的学术交流！[12] 神创论者一直在以化石记录中缺乏过渡物种为由，来抨击达尔文进化理论，而在古尔德和艾崔奇强调“进化的停滞就是最好的数据”这一理念后，间断平衡的思想似乎又证实了他们的主张。神创论者认为，动植物新种之所以在化石记录中突然出现，是因为它们都是由上帝瞬间创造出来的，而不是自然进化而来的。他们于是便把间断平衡拿来当作自己的理论武器，因为他们认为，该理论似乎肯定了物种的突然出现源自上帝的创造。

古尔德对神创论者进行了严厉的抨击，我们从他的措辞中就可以明显看出其愤怒：“……间断平衡为这种‘知性上的不诚实’（如果有人觉得用“不诚实”这个词来形容还是太抬举了他们的话，那不如称之为“简单粗暴的愚蠢”）提供了一扇更容易被打开的大门，我们的观点成了他们用来扭曲事实的工具，真的是不足为奇。”

我不是进化生物学家，但正如我在本书引言中所说，我至少具备了一定的阅读能力。我知道，像理查德·道金斯和丹尼尔·丹尼特（Daniel Dennett）这样的著名生物学家和生物哲学家都不太看得上间断平衡理论，他们称该理论与达尔文理论相比，无异于萤火之光与皓月争辉。或许他们是对的。

对我来说，问题不在于古尔德和艾崔奇是否提出了革命性的见解，而在于他们提出的理论是不是一种看待生物进化的新方法，以及它是否经得起实证的考验。在谷歌学术网站（只搜索科学文章的引擎）上搜索“间断平衡”，你会得到超过 85,000 个检索结果，但并非所有的搜索结果都是相关的。只要扫一眼这些搜索结果的前几页，你就可以清楚地看到，多年来科学家已经为这个理论收集了足够的证据。对于我这样的门外汉来说，似乎间断平衡理论**确实**推动了达尔文理论的发展（正如本章描述的研究文章证明的那样）。

许多年前，当我第一次读到间断平衡理论时，映入脑中的第一个想法便是，生命的全部意义，并不在于生理上的“**活着**”，而是在于“**生活**”。因此，一部时长两个小时的电影便足以讲述完（或似乎捕捉了）圣雄甘地（Mahatma Gandhi）、弗里达·卡洛（Frida Kahlo）、拳王穆罕默德·阿里（Muhammad Ali）或时尚设计师可可·香奈儿（Coco Chanel）的整个人生，也就不足为奇了。电影制作者会利用“间断平衡”的原理来模糊掉这些英雄人物和名人生命中较为漫长的停滞期，只着重刻出其人生中的重大转折点。史书也采用了同样的记录方式，将一个文明横跨几千年的发展过程，精简到了短短几百页的篇幅。我的书桌上放着一本达夫·麦克唐纳（Duff McDonald）的新书《麦肯锡经验：成就全球顶级公司的 11 条经营法则》（*The Firm: The Story of McKinsey and Its Secret Influence on American Business*）。麦肯锡咨询公司近一个世纪的经营历史，被压缩在了短短四百页内的纸张上。在了解和认识了间断平衡理论之后，我再也无法将其从脑海中清除，因为它似乎适用于我视野所及的任何地方。不过，我也不能过于得意忘形。

现在让我们回到投资的话题上，下面就是我从间断平衡理论中学到的主要投资经验：

1. 如果说商业停滞是一种默认状态，我们为什么还要积极活跃地调整投资呢？

2. 股价的波动不等于业务间断。

3. 充分利用罕见的股价波动时期，将新企业纳入自己的投资组合。

既然停滞是商业的默认状态，为什么还要积极地调整投资?

在商业世界——就像在自然世界一样——停滞是默认的。

是的，没错，我知道，你的脑子里现在肯定蹦出了一家原本很卓越，但后来却深陷困境的企业（我也可以，比如说软银），以及一家突然间奇迹般起死回生的企业（没错，我也能想到，还是软银）。然而在这里，我提出关于商业处于长期停滞状态的论断，并不是为了挑起一场正反双方穷尽案例的争辩赛。

我的观点不是说反例不存在，而是提倡我们应该更关注“主导性的相对频率”，这是我从古尔德的代表性著作《进化论的结构》（*The Strwture of Evolutionary Theory*）中学到的一个术语。他认为，间断平衡“不仅仅是断言一种进化现象的存在，而是大胆提出了一个更有力的主张，即在地质时间中作为宏观进化模式的主导作用”。同样，我在企业界长达三十年的工作经历使我相信，伟大的企业会持续保持伟大，**而且在绝大多数情况下**，糟糕的企业也会一直糟糕下去。

首先，请允许我在此澄清一些术语的含义，“停滞”并**不意味**着“一成不变”。打个比方，你家附近街角的商店，从你刚学会走路起就一直在销售同样的产品，这就是“一成不变”，因为它没有任何改变。这家名为达乐零售店（Dollar General）的店铺，其实是一家日用杂货连锁店，在全球总共有 1.6 万家门店，主要销售高折扣的日用消费品。其营业收入在 2011 年到 2021 年间增长了 2.5 倍，达到 330 亿美元，但目前仍处于“**停滞状态**”，因为达乐公司的运营特色没有任何改变。

我排除了一些特定的行业，因为其中哪些企业是“伟大”的，哪些又是“糟糕”的，目前尚未有定论，比如人工智能、太空旅行、自动驾驶汽车、食品配送、类似 WeWork 的共享办公空间服务、量子计算、纳米技术以及其他风险资本正在大量涌入的领域。

就“优秀的企业和不够优秀的企业，都将在很长一段时间内保持停滞状态”的观点，我很希望能运用类似演绎推理（比如：“人终有一死”——苏格拉底也是人——所以他也一定会死）的方法来轻松且确凿无疑地将其证明。但不幸的是，我根本就找不到这样的论证方法，所以我只得一如既往地向你展示多条证据，以期通过归纳总结法得出令你信服的结论。

我在下文中将这个论证过程分为了四个部分，每个部分都将分别论证“为何优秀的企业将持续保持优秀，而不够优秀的企业将继续表现不佳”。当然，我不能保证每个部分提供的观点都是无懈可击的（毕竟我们探讨的东西是瞬息万变的投资，而不是按部就班的线性代数计算）。然而，我希望这四部分的内容**综合**起来，能为我们的投资理念的第三条原则——不轻易买入，更不轻易卖出——提供令人信服的理由。

第一部分：来自个人经验的证据

我猜，你肯定很讨厌那些以个人轶事为基础提出的论证理由，毕竟找到各种原因来对任何事情进行“推理”（应该说是“辩解”）是我们**智人**的天赋神通。有人声称亲眼见过 UFO，有人目睹过选举舞弊，有人宣称在新冠大流行的时候不戴口罩也没事儿，还有人相信棒球在某种程度上要比板球更高级。

然而在这里，我需要证明的是：停滞是企业的默认状态。因此我请求诸位给我一些时间，允许我先从个人经验中拿出两个论据：首先，我已经是在商业界混了近三十五年的老油条了，所以我深知，

在某些时候，“奇闻逸事”也可以摇身一变而成为“商业模式”；其次，这种信念并不是纸上谈兵的哲学，而是我们如何为客户和自己管理资金的根本基础。我几乎将全部身家都投到了自己的基金里，因此一旦信奉了错误的理财方式，我必将付出极为惨重的代价。

我人生的第一份工作，是 1989 年在联合利华印度分公司做生产管理培训生。联合利华以前都会为新加入的管理人员定制一套非常优秀的培训计划，我相信它现在也应该没有丢掉这个传统。入职之后，我先在联合利华主要负责茶叶和咖啡产销的子公司——布鲁克邦德（Brooke Bond）的所有核心部门中轮岗了一年。我记得我曾在南印度哥印拜陀市的销售办公室上过四个星期的班，公司的销售主管每天都会带我一起去市场，而他应该被称作“无需主动出击的销售人员”。他名义上的工作是对外推销布鲁克邦德公司的茶叶，但实际上，布鲁克邦德在印度市场的绝对主导地位，让各个零售商主动恳求他能为自己拨下更多的订单份额。他从零售商处获得的尊重和敬畏，甚至会让许多的地方政治领导人羡慕不已。

几十年来，联合利华在印度的茶叶和其他几十种消费品市场内一直保持着卓越的地位。它早在 1989 年就是非常出类拔萃的企业，直到今天也是如此。例如，联合利华在印度上市的子公司——印度联合利华公司（Hindustan Unilever）的市值几乎是其英国上市的母公司的一半。二十多年来，同样的现象也被证实出现在了联合利华许多其他产品和服务的销售市场中，比如牙膏（高露洁）、巧克力（雀巢）、汽车（马鲁蒂铃木）、内衣（佩吉工业）、消费电器（哈维尔斯）、饼干（帕乐、大不列颠饼干）、发油（马力可）、油漆（亚洲油漆、伯格油漆）、轮胎（MRF）、医疗诊断服务（拉尔博士）、IT 外包（塔塔咨询服务、印孚瑟斯）、厨房用具和炊具（霍金斯、TTK Prestige）、草药补充剂（达布尔）。

无论你身在哪个国家，我敢肯定，你可能已经注意到了许多行业的趋同现象：20 世纪 90 年代或 21 世纪初的大部分领先企业，在今天依然是行业的领导者，而新时代的互联网企业则将这种持续的行业主导效应，提升到了几乎任何其他时代都无法比拟的空前水平。无论是亚马逊、脸书、谷歌、推特还是优步，它们在各自行业内的统治地位仿佛“停滞”在了永远都无法被撼动的状态。

由于伟大的企业将永远保持伟大，每个人对它们都耳熟能详，而投资者则抬高了它们的股价，这也是理所当然的事。印度一些头部消费品企业的十年平均市盈率倍数都是天文数字。例如，亚洲油漆 56 倍；高露洁（印度）43 倍；达布尔 44 倍；印度联合利华公司 51 倍；佩吉工业 65 倍。作为对价格十分敏感的投资者，我们不应该购买这些企业的股票，因为它们的估值对我们来说几乎总是太高，然而我们却选择择机买入。从前面几章提供的投资名单来看，自 2007 年以来，我们能够买入的公司只有佩吉工业、哈维尔斯和 TTK Prestige。我们购买这三家公司股票的契机，在近 15 年里总共只有两到三个月的时间，这就是一桩典型的“突然性波动”事件，因为这两三个月在 15 年的停滞期中只占 1%~2% 的比例。

优质企业的数量很少，而且其股票几乎总是很难买到手。因此我们实际上很少进行“购入”操作，而一旦做出了购股的决定，我们就会尽可能地多买进。那么，在购买了这些“行业赢家”的股票之后，考虑到其业务和行业成功者地位的长期“停滞性”，我们为什么还要卖出呢？

第二部分：财富 500 强企业的命运

在这里，我想重温一下第 8 章中提到的两个榜单，分别是 1955

年和 2015 年的美国财富 500 强企业名单。你可以看到，1955 年的财富 500 强中有 40%~45% 的企业，在随后的 60 年内成功保持住了卓越的经营业绩，我想其中必有它的道理。当然，这并不是完美的停滞状态（正如我们在本章前面论述的那样，有机生命体也不会百分之百地处于静止状态），但它确实是“长期停滞”的一个**极佳**案例。

因此，**假设**我们集齐了所有这些优质企业的股票——我知道，这是一个**非常**美好的假设——那么出售股份和撤资将毫无意义。若从**投资组合**的角度，而不是从单个企业的角度进行分析的话，对这类企业的投资必将为投资者带来丰厚的回报。基于这个合理的论断，我们可以充满信心地说，在 1955 年的美国财富 500 强中，至少有 40%~45% 的企业在后续 60 年中具有非常出色的表现。所以，在“经营良好”阶段上的“长期停滞”便成了这类企业的默认状态。

除了正面论证，我们还可以看一看停滞状态在反面案例中的表现，比如那些**未能**成功跻身 500 强榜单的企业。在 1955 年的榜单中，至少有 40% 的企业（约两百家）在后续六十年内（截至 2015 年）成功守住了其卓越的行业地位。在 1955 年的企业中（包括私企和国企），有多少**本可以**在 2015 年进入财富 500 强名单的企业失败了？按一万家来估算是不是比较合理？这一估值可能还是非常保守的，因为企业将有 **60 年**的发展时间来让自己跻身 500 强名单，而且我们还没有将 1955 年**后**成立的、很可能会在 2015 年进入榜单的成千上万家企业纳入计算范围。无论如何，让我们暂且按一万家来算好了。在 1955 年已经成立且**本可**进入 2015 年财富 500 强榜单的一万家企业中，最终能登上 2015 年榜单的实际只有 300 家（因为有两百家已经持续霸榜了六十年）。很显然，成功率仅有 3%（300/10000），而实际数字可能更接近 1%~2%，甚至会更低。所以我们得出的结论是，对 97%~99% 的“非顶尖”企业来说，即便有

60 年的发展时间，它们也不可能“成功”登榜。因此，对于那些不怎么优秀的企业而言，这种在“经营水平不拔尖”阶段上的长期停滞，便也成了它们的默认状态。

我知道，我在这里设定了一项极为不公平的条件，将杀进全球财富 500 强名单作为衡量企业“是否成功”的标准，无疑是一桩非常苛刻且不合理的要求。在 1955 年就已经成立的一万家企业中，可能有许多已然取得了商业上的巨大成功，但其规模或市值不一定会进一步扩大（至可以登上 2015 年财务 500 强榜单的程度）。它们可能更加注重利润，或者已经被其他企业合并或收购，但都为股东创造了巨大的价值。我在这里举这个例子的目的，只是为了提供一个**指向性**的证据来证明，优秀企业保持优秀的时间，远比我们想象的要长得多。而随着时间的推移，对一家不那么优秀的企业而言，突然变优秀的概率也是微乎其微的。

因此，那烂陀的投资策略就非常简单了：

1. 由于绝大多数企业都没有成为行业的佼佼者，因此我们默认的投资策略是“不轻易买入”。所以，那烂陀是“懒惰的买家”。

2. **只有**当我们能够找到一家高质量企业，并确定它能够在未来几十年内保持“长期停滞状态”（一直很优秀）时，那烂陀才会买入其股票。而且，如果我们认为自己投资组合中的企业都是这样的情况，那么就不会出售其股份。所以，那烂陀还是“**更加**懒惰的卖家”。

第三部分：根据不断攀升的行业集中度得出的结论

在《金融评论》（*Review of Finance*）2019 年 7 月的一篇文章中，

格鲁里翁（Grullon）、拉金（Larkin）和麦凯利（Michaely）提出了这样一个问题："美国的各个行业是否变得更加集中了？"[13] 事实证明，这就是一个无需思索的反问句。美国的各个产业当然变得更集中了，而且文章作者们援引的大量数据确实证明了这一点。他们在文章中写道，从 1997 年到 2014 年，美国的诸多产业似乎出现了两种相辅相成的趋势：（1）自 20 世纪 90 年代以来，在超过四分之三的美国行业中，"主力玩家们"的市场份额都有所增加；（2）这些头部公司有着更高的利润率，为股东提供了更高的回报，这反过来又使它们能够进一步增强自身的市场势力①。

虽然文章没有明确指出，但这些数据也从侧面反映出，规模较小、实力较弱的企业在此期间的市场势力有所下降。作者表示，每个行业中最大的四家公共和私营公司的收入份额几乎都有增加，而且在这段跟踪测量周期中，各行业头部公司的平均规模实际上也增加了**两倍**。

这个现象并不是近期才发生的。事实证明，自 20 世纪初以来，那些业务规模更大、经营更成功的企业，其市场势力始终在不断增强，这个问题也一直困扰着企业界。1977 年，莱斯利 · 汉纳（Leslie Hannah）和 J.A. 凯（J.A. Kay）出版了《现代工业的集中：理论、测量和英国的经验》（*Concentration in Modern Industry: Theory, Measurement, and the U.K. Experience*）。二人的研究证明，从 20 世纪初到 20 世纪 70 年代中期，美国和英国最大公司的市场份额都呈现出了不可阻挡的上升趋势。该书中的第一张图表列出了这一时期内规模最大的一百家公司，在制造业净产出中所占的份额。在长达

① 也称市场权力，是指卖方或买方不适当地影响商品价格的能力。对于卖方来说，市场势力也就是卖方的垄断倾向。

70 年的跟踪测量周期里，这些大公司在英国的市场份额从 15% 上升到了 50%，在美国的市场份额也从 20% 上升到了 30% 以上。汉纳和凯表示，这种现象反映的是大企业市场势力的不断增加（跨越了不同行业和领域），而不是行业集中度的持续提升（衡量了一家公司在一个行业内势力的增强）。我的本意是想通过证明行业集中度的提升，来支持我在前面提出的观点，但我注意到，美国和英国一些规模最大的公司有效地实现了长期的成功，这一点就已经足够有启发性了。

2019 年 1 月，世界经合组织发布了一份题为《欧洲和北美的行业集中度》（*Industry Concentration in Europe and North America*）的工作文件，文章着重提出了更成功企业市场势力不断增加的证据。[14] 2001 年至 2012 年期间，在十个欧洲国家的一般性行业中，规模排在前 10% 的公司所占据的市场份额，均增加了 2%~3%，而美国一般性行业头部公司的市场份额，在 2000 年至 2014 年间也增加了 4%~8%。这份文件还澄清说，这些增幅并不是由数字密集型行业（如搜索引擎、社交媒体、电子商务）推动的，而是来自旧世界的制造业和服务业公司。

2016 年 3 月，《经济学人》在其杂志封面上赫然刊登了一条充满了哀叹之意的文章标题——《赢家通吃：为何企业的高利润成为美国面临的一个问题》（*Winners Take All: Why High Profits Are a Problem for America*）。[15] 当然，我没有资格评判巨头公司的高出天际的利润是否合适，但我确实想要借鉴这篇文章对企业停滞状态的看法。

文章先是讨论了促使利润在更成功的企业中持续累积的三个关键原因——技术、全球化和工会成员的减少。然后又继续写道："但这些说法都不能解释美国企业利润问题中最令人不安的方面——持久性。”文章提到，2003 年赚到大钱的公司，在 2013 年继续获得超高盈利的概率高达 83%。文章给出了一张图表，直观地展示了 1997 年到 2012 年间美国 893 个行业部门中排名前四的企业所占市场份额的上升趋势，我们可以很明显地看出，大型企业的市场力量始终都在不断增强。

该文章中关于行业和市场集中度的所有研究结论总结如下：

1. 大部分行业中都会存在少数大获成功的巨头公司。

2. 强者愈强：这些成功的行业巨头正在变得越来越成功。

3. 弱者愈弱：行业内实力比较弱小的公司也正在变得越来越弱。

其中，结论 1 和结论 2 是研究给出的直接结论，结论 3 则是根据前二者合理推论后得出的结果。

正如我在前面章节中论述的那样，那烂陀在印度的投资经验，与美国、英国或欧洲的研究结果如出一辙。那烂陀投资的公司几十年来一直都能在竞争中胜出并持续赢得市场份额，包括涂料行业的伯杰涂料公司、塑料管材行业的至尊工业公司、工业变压器行业的伏安光电（Voltamp）公司、内衣行业的佩吉工业公司、电器消费品领域的哈维尔斯和卫观（V-Guard）公司、电池领域的 Amara Raja 公司、招聘网站行业的 Info Edge、轮胎行业的 MRF 公司以及特种钢管行业的拉特纳曼尼公司。

优秀的企业将持续保持优秀，而实力不济的企业则会继续在生存线上苦苦挣扎，这种行业现状在印度也是如此。所以，“长期停滞是自然界运行的默认法则”这一观点在商业界也是放之四海皆准的。

作为企业股份的永久持有者，那烂陀希望可以获得成功企业的股份，因为它们一贯以来的运营模式，能够持续为股东带来可观回报。这个投资策略听起来简单明了，但问题是，市场上的成功企业很少。从商业领域内五花八门的企业中，像扔飞镖一样凭运气选取投资目标，只会让我们陷入真正的麻烦。所以那烂陀很少盲目地买入股票，基本不会频频出手投资。

一旦我们拥有了像哈维尔斯或拉特纳曼尼这样的“市场赢家”，我们就不应该出售它们，因为它们很可能会持续不断地收割更多市场份额，所以我们也不会轻易出售其股份。那烂陀抛掉企业股票的次数，甚至比买入的次数还要少。

第四部分：从一项长达九十年的研究中学到的经验教训

2018 年 5 月，亚利桑那州立大学凯瑞商学院的亨德里克·贝森宾德（Hendrik Bessembinder）发表了一篇题为《股票表现优于国库券吗？》（*Do Stocks Outperform Treasury Bills?*）的文章。[16] 在文章中，他分析了 1926 年至 2016 年在纽约证券交易所、美国证券交易所和纳斯达克上市的约 26,000 只普通股票的价格表现。

不出所料，其中 51% 的股票在退市前就已经丧失了全部价值。这就意味着，发行这些股票的大部分企业，或许根本就不应该成立。贝森宾德的研究表明，由于普通股一般都会随着时间的推移而逐渐贬值，持有它们只会导致个人财富的损失。因此，我们的默认投资立场就是：能不买则不买。那烂陀一直以来也是这么做的，毕竟我们是非常“懒惰”的投资者。

如果你在 1926 年购入上述所有 26,000 只股票并持有至 2016 年（在此期间它们或被收购或被合并），你猜其中会有多少能跑赢市场平均水平？答案是大约 8000 只，约占股票总数的 31%。[17] 如此之高的比例，再次让我吃惊不小。请记住，我们谈论的，是那些不仅业绩亮眼，而且在 **90 年内**（或直到它们被兼并或收购前）持续击败了市场平均表现的公司。这些卓越企业在**非常长的**一段时间内始终保持着自身的卓越性。对它们而言，“停滞的优秀”就是默认的经营状态，一旦我们持有了此类企业的股票，抛售就会成为一种不可原谅的罪行。

股票价格的波动不等于企业质变

间隔平衡理论的一个关键要素是，波动不等于“突然的质变”。在长时间的停滞期内，生物体的性状确实有变化，但都在有限的范围内。

而那烂陀投资理念的一个关键因素是：我们不把**股票价格**的波动，与**企业的质变**混为一谈。在长期的停滞期内，虽然股票价格会有所变化，但**优秀企业**的本质特征往往会保持在一定的合理范围内。

正如古尔德所说：“停滞并不意味着绝对的稳定，而是指无方向的波动，这种波动一般不会超出类似物种内部地理变异的界限，特别是不会朝着任何特定的方向发展，尤其是在后代性状的模式形态发展方面。”物种的特征性状在停滞期内确实会有波动，但它们都在有限范围内，因而不会产生新的物种。

投资圈内广泛存在着一种误导性的倾向，即把**股票价格**的变动看作衡量企业未来**业务**好坏的标准。这个逻辑，难道不是应该反过来才正确吗？难道不是马拉车，而是车拉马？我敢肯定，你也产生过这样的想法，而拥有这种想法的人，远比想象中的更多。这种本末倒置的思维，甚至影响了一些最优秀的投资机构。投资者群体的确给予了股价一定程度的重视，而它们并不值得。

让我给你讲一个真实的故事。一天下午，我和一位风投家朋友在孟买共进午餐。你或许知道，风投家的主要投资目标是一些初创企业和新成立的私人企业。用餐期间，他每隔几分钟就要看一眼手机，然后再回过头跟我继续聊天。我们相识已经十几年了，以前从没见过他有这种奇怪的举动。几分钟后，我对他时不时看手机的行为着实有些恼火，并忍不住问他为什么会如此魂不守舍。他立刻道了歉，并不好意思地解释道，他投资的两家公司在过去两周里成功上市了。此后，他总是无法控制自己每隔几分钟就要查看其股票价格的冲动。他表示自己知道这种行为不妥当，但就是控制不了。

我这位朋友是个聪明人，他当然知道，自己投资的这两家上市公司的业务并不会随时间而变化。几周前当这两家公司还没有上市时，他基本没有将其放在心上。但现在，两家公司都有了各自的股票代码，它们的股价每天都会产生几个百分点的波动，他也随之患上了以过度关注股价为外在表现形式的“投资强迫症”。诸位不妨想象一下，如果让他去管理一家像那烂陀一样经营着公开市场基金的投资公司，而且投资组合内的**每一家**公司都是上市企业，那么光是每天时刻关注这么多家公司的股价波动就能把他累死，但这恰恰就是许多投资者正在干的事。

关于被股票价格牵着鼻子走的一个绝佳案例，就出在亚马逊身上。这家公司于 1997 年 5 月上市时的股价只有 18 美元。到 1998 年 12 月，当互联网热潮席卷美国市场时，亚马逊的股价已经攀升了近 **14 倍**，达到 243 美元。加拿大帝国商业银行奥本海默控股公司（CIBC Oppenheimer）的明星分析师亨利 · 布洛吉特（Henry Blodget）发表了一份针对亚马逊的股价预测，称其将在 12 个月内涨到**400 美元**。[18] 消息一经发出，亚马逊的股价在一天内跳涨近 20%，达到了 289 美元。1999 年 1 月，布洛吉特写道："与其他著名的经济泡沫不同的是……互联网泡沫有着坚如磐石的基本面，其体魄也许比全球股市以前出现过的任何泡沫都要强健。"那么，证据在哪里呢？事实就是证据，在所有看似正在冉冉升起的互联网新贵中，没有一家企业能够产生任何利润。更糟糕的是，它们都在大把大把地烧钱，仿佛市场将永远为它们提供取之不尽用之不竭的现金流，而支持布洛吉特"商业基本面很坚实"这一看法的**唯**一现实依据，似乎就只有这些互联网新贵不断上涨的**股价**。

到 2000 年的夏季互联网泡沫破灭之时，亚马逊的股价较其峰值已经下跌了 60% 以上。来自雷曼公司的年轻债券分析师拉维·苏里亚（Ravi Suria）发表了一份长达 27 页的唱衰报告，声称亚马逊注定要走向失败。他还表示，如果该公司不改变其经营方式，账上的现金将会在一年内耗尽。[19] 在这种对所有互联网公司高度不看好的大环境下，亚马逊的股价在一天内下跌了 19%。贝索斯将这些批评之声抛在了一边，让亚马逊继续按照其一贯的经营方式开展业务，即更关心现金流而不是利润。苏里亚曾预测，到 2001 年底，亚马逊的银行存款只会剩下 1.25 亿美元。但事实恰恰相反，公司在 2001 年底的收入达到了 10 亿美元。苏里亚还预言称，亚马逊的债券会崩溃，但它却反而逆势上涨了 50%。

布洛吉特因预言亚马逊的冉冉崛起而一举成名，苏里亚同样因预言亚马逊的"注定失败"而成为金融专家的宠儿。唯一的区别是什么？布洛吉特是在所有股票都在上涨的时候做了一番"锦上添花"，而苏里亚却是在灾难性的熊市期间"落井下石"。

仅仅把布洛吉特和苏里亚两个人拎出来挑刺是不公平的，因为在千千万万个被互联网泡沫时代的股价涨跌冲昏了头脑的分析师和投资者中，他们只是其中两位代表人物。在 2008 年全球金融危机期间，同样的故事重演了。当时，高杠杆贷款机构市值的不断上升，使得大部分金融专家对日益严重的市场弊病视而不见，最终导致全球经济陷入困境。

在我看来，投资者很容易犯以下两种严重的错误。

首先，他们可能会将股价的不良波动视为企业经营不力的拐点信号，这种心态迫使投资者在企业股价因负面新闻下跌时，要么抛售一家优质企业的股票，要么放弃买入一家优质企业股票。我在上一章讨论格兰特 – 库尔滕投资法时，就谈到了这种类型的错误。让我们重温一下格兰特 – 库尔滕投资法的要义：**当投资者找到那些在长期内不会从根本上改变其特征的高质量企业时，就应该利用其经营过程中不可避免的短期波动，抓紧购入其股份，而不是出售**。鉴于本书第 8 章已经详细讨论过这个原则，在此就不赘述了。

第二个错误是将股票价格的上涨视为企业发展向好的拐点信号。这种误解可能会导致投资者盲目购入一家不良企业的股份（因为股价的上涨看起来像是企业的经营状况有了永久性的改善），或没能抓住时机抛售不良企业的股票。当任意一位长期投资者被问及使用什么样的投资策略时，几乎所有人都会宣称，他们只会购买并持有高质量企业的股票。我敢肯定，没有人会承认自己购买了劣质企业的股票，以便在之后股价上涨时抛售盈利。这些投资者并没有说谎。但为什么那么多的基金投资组合中，还会充斥着由查马斯·帕利哈皮蒂亚（Chamath Palihapitiya）最新创立的特殊目的并购公司的资产？谁知道呢？或许是错失恐惧症、嫉妒、贪婪，或者一些类似的其他人类“天性”在发挥作用。但这并不重要，因为这些投资者对股价可能会上涨的积极预测，改变了他们对企业质量的看法。

我们跟其他人关注同样的新闻流，也经常看到同行们为了“赚大钱”而一窝蜂地投资航空公司、房地产、基础设施、教育、公共部门银行（政府所有的银行）或其他一些被过分吹捧的印度行业。然而，这些行业的实际表现却并没有达到投资者的预期。

在股市（甚至是私人市场①）节节攀升时，我们如何抵制住投资于不良企业的诱惑？只需要遵循下面这三个简单的原则。

“冰箱里不放甜食”

我的妻子很爱吃甜食，但她也非常注重身体健康。二十多年来，她一直遵循着一个简单但有效的方法来抵制甜食的诱惑——冰箱里不放任何甜食。

借鉴这个逻辑，在我看来，避免投资不良企业的最佳方法，就是彻底忽略它们的动态和股价。那烂陀从不会在团队会议上讨论大家一致认为质量不佳的公司或行业，从不！不管哪家航空公司最近是否对外公布了惊人的业绩，又或者金融行业的所有分析师都在推荐购买航空公司的股票，这些在我们眼里都不重要。就算有一家国有银行最近从私营单位挖来的一位新 CEO，将其股价推到了历史最高点，那烂陀也不为所动。一家获得数十亿美元新合同的基建企业，以及一家在最新季度业绩中宣布股权收益率达到 30%，而且被买空者们吹捧为下一个十亿美元级投资机会的黄金贷款企业，同样也会被那烂陀无视。“相信我，这次会有所不同！”是许多投资者在做出投资决定时，经常会在最后拿出来说服自己和他人的一句口

① 私人市场指非公开交易的市场，通常是指不对公众开放的交易场所或交易方式。在私人市场中，交易双方可以直接进行交易，而不需要通过公开的交易所或市场。

号，而我则根本就不给团队中的任何人说这句话的机会。既然那烂陀从不讨论关于一家企业是否值得投资的问题，那又怎么可能会买入其股票呢？就好像如果冰箱里压根没有甜食，你自然也不会受到任何诱惑了。

投资行业血淋淋的案例会告诉你，所有一败涂地的投资，一开始都是一个美好的故事。表 9.1 显示了印度各行各业内许多企业在股票价格上涨或私人市场估值飙升后，新闻价值也随之暴涨的例子。

以基础设施为例，任何到过印度的人都知道，这个国家对高质量道路、电力、港口、机场和水利等基础设施的需求量很大。虽然现在印度的国家公路比美国的要好，但也没有好到哪里去。在 20 世纪中后期，许多投资者开始垂涎于印度基建的发展前景。他们认为，投资印度的基础设施会带来数十亿（或数万亿）美元的收益。与基础设施相关的私营和国有公司的估值因而迅速飙升，整个市场似乎达成了一种共识，即“基础设施”行业的淘金热正式开启了。在这波“基建投资狂潮”中，信实电力公司（Reliance Power）于 2008 年 1 月启动的首次公开募股获得了 72 倍的超额认购！这使得该公司的所有者阿尼尔·安巴尼（Anil Ambani）一跃成为印度首富。

尽管信实电力在上市时的供电量还不到 1000 兆瓦，但该公司的市值却达到了约 350 亿美元。这是否导致了大量基础设施企业的首次公开募股被投资者如饥似渴地疯狂抢购？这个问题就好比在问：太阳是否从东方升起？在这场印度基建投资的炒作大戏中，私人和公共股权投资者都忘记了，或者说是选择性忽视了一些令人不舒服的事实：每一家基础设施企业都要听命于政府；政府不喜欢成为付费客户，因此“少付”或“迟付”都是常规操作；即使政府表现良好，这些项目的回报也被依法设定了上限。所以，我们为何要浪费时间来讨论哪家电力企业是否值得投资？哪怕只花一分钟，都是对宝贵生命的浪费！

表 9.1　我们会忽视不景气行业或地区的股价上涨信号

新闻或事件	日期
外国基金追捧 DLF（印度最大的房地产公司）	2007 年 6 月
信实电力的首次公开募股将使阿尼尔·安巴尼成为印度首富	2008 年 1 月
基础设施的私募股权投资：投资者因增长潜力而寻求中高价位的回报	2009 年 12 月
黄金贷款如何在这些年里变得流行起来	2010 年 10 月
私募股权投资加强对绿色能源的关注	2010 年 12 月
私募股权投资公司着眼于投资印度农业和食品行业	2011 年 9 月
印度将在 21 世纪引领教育科技的三个原因	2012 年 8 月
基础设施刺激措施的诸多益处	2013 年 2 月
走向天空航空公司（GoAir）加入盈利航空联盟	2013 年 11 月
黑石集团（全球最大私募基金公司）看好印度房地产的转机	2014 年 6 月
拉胡尔·巴蒂亚如何将 InterGlobe 及其航空公司靛蓝航空打造成一流的企业	2014 年 9 月
在线教育：印度的下一个大事件	2015 年 2 月
葛兰素史克在印度投资 10 亿美元，大举进军新兴市场	2016 年 3 月
到 2020 年，教育行业市值将以 7.5% 的速度增长至 1440 亿美元	2017 年 10 月
健康技术行业在未来十年将产生巨大的价值	2018 年 9 月
燃油价格下降和卢比贬值，喷气式飞机和香料航空（SpiceJet）的竞争对手靛蓝航空实现了盈利	2019 年 1 月
航空业如何在十年内实现盈利	2019 年 12 月
私募股权公司在“最后一英里”的房地产融资中感受到了充足的机会	2019 年 12 月
印度医疗行业——到 2025 年有望达到 3530 亿美元	2020 年 11 月

那烂陀在团队会议上没有讨论过表 9.1 中所列的任何一则新闻故事，而且被那烂陀所反感企业股价和业务信息，也会被直接无视。顺便说一句，这并不意味着那烂陀这样做就永远不会出错，因为一些投资者可能具备了从低质量企业股票交易中获利的技能，这

也是很好的，我要对他们表示钦佩和祝福。

2021 年底，信实电力公司的市值仅剩下 6 亿美元，较其顶峰期暴跌了 95%。

要注重商业知识，而不是股价数据

如前所述，那烂陀无视了许多明显质量很差的行业，如电力、基础设施和航空。但大多数行业和企业的情况都是好坏掺杂，并不完全属于这一类。那么，在看到我们以前没有遇到过的企业或行业的估值节节攀升时，我们该怎么做呢?

那烂陀会无视围绕估值的炒作，只关注企业自身的质量。我在本书的第二部分中专门用几个章节的内容探讨了这个主题。所以，我将再度以一个简单的案例，简要回顾一下这项投资原则。

上表 9.1 中有一条新闻的标题是《到 2020 年，教育行业市值将以 7.5% 的速度增长至 1440 亿美元》，这条新闻出现在 2017 年底，而当时印度的许多新时代教育公司［名字里大多包含了“教育技术”（EdTech）这个时髦的词汇］已经开始以前所未有的估值获得来自私人市场的融资。

据我们所知，美欧任何一家上市的教育企业都能够在印度市场实现长期盈利。然而多年来，虽然许多教育企业的股价一直都在飞涨，但对于那些胆大无畏的投资者来说，这些公司所承诺的无尽财富回报，自始至终也从未兑现。尽管市场上曾出现过一家似乎打破了这个魔咒的教育企业，但可悲的是，它后来被证明是一场骗局。当我对美国等大型市场中的上市教育企业财务状况进行评估时，我发现大多数企业甚至都没有回本。以美国教育企业中市值最可观的大峡谷教育公司（Grand Canyon Education）为例，其市值在 2021

年只有大约 40 亿美元。由此可见，这是一个令人望而却步的危险投资领域。

那么，我们应该如何看待几十家印度教育科技领域的“独角兽”企业，或即将成为“独角兽”的企业？我无法回答这个问题，因为我还没有掌握足够的信息。按照它们当前甚至会令“短跑飞人”博尔特都感到汗颜的疯狂烧钱速度，这些教育科技企业很可能要到 2032 年才会进入那烂陀的筛选视野（因为它们至少需要证明自己具备连续五年的超高盈利历史记录）。对那烂陀来说，这些企业飙升的估值，**并不**代表它们是伟大的企业，仅能表明它们已经掌握了非常高明的融资手段。

在一家企业实打实的**业绩**数字（如已动用资本回报率和自由现金流，而不是收入增长）变得有吸引力之前，那烂陀会拒绝与其接触，名字里有“教育科技”四字的公司也不例外。

我们是否想要永久持股？

防止我们被那些虚假的利好因素——例如股价的上涨会使一家劣质企业看起来比实际更好——误导的一个最佳措施，是那烂陀在每次投资前都会提出的一些问题：那烂陀是否想成为这家企业的永久股东？那烂陀是否**百分之百地**确定，我们愿意同它永远捆绑在一起？那烂陀是否愿意永远持股、**永不**出售？

在判断一家企业是否值得投资时，那烂陀会采取“有罪推定”的方法，即在能证明其“值得投资”前，我们都会假定其是“不值得投资的”。因此，那烂陀对每家企业的初始假设是，我们**不想**持有其股票。正如你在本书的前面章节中看到的那样，在被身为永久持股者的那烂陀相中之前，一家企业需要通过好几项严苛的测试。

印度最大的一家房地产公司曾在 2007 年 7 月的首次公开募股中斩获了 20 亿美元，其股价也因而在年底前飙升了 70%。新闻主播们更是在节目中声嘶力竭地鼓吹印度房地产的无限潜力。一位记者朋友甚至告诉我，当时约见房地产企业家，比约见宝莱坞明星都要难上不少。

当我们在 2007 年 6 月成立那烂陀时，整个市场恰好处于房地产狂热中。但我们没有进行任何一项房地产投资，因为我们不想成为房地产企业的永久持股者。原因有很多，但只说其中的第一项就足够了——剩下的原因已然不必多加赘述——说好听点儿就是，印度房地产公司管理者的企业治理能力，可远远没有圣雄甘地的治国能力来得那么出名。

那家地产公司现在怎么样了？其股价从最高点下跌了 75%。由于资产负债表过于臃肿，该公司在过去几年中还不得不进行了多轮股权融资，最终稀释了现有股东的股份。这家企业的股东所遭受的痛苦，仿佛永远都没有尽头。

专注于业务质量而非股票价格让那烂陀幸运地躲过了许多令人犯怵投资陷阱。就好像找对象时，一门心思奔着结婚去的人，总是能够成功避开各种不走心的搭讪；而一个只想着四处留情的人，可能很难注意到一个适婚的候选人，即使这位候选人可能已经盯着他看了几十年。恰恰是因为同行的三心二意，我们获得了一项之前从未奢望过，可能也受之有愧的独家竞争优势。

但我们会欣然接受它，在此感谢诸位投资界同仁的帮衬。

利用罕见且短暂的股价下跌期来创造新的投资机会

艾崔奇和古尔德大胆地提出，生物体在经过长期的“进化停滞期”后，便会迎来短暂的“进化跃进期”，而这种“进化跃进期”不仅会改变它们的形态，还会创造出新的物种。正如他们的阐述：“间断平衡理论试图解释在地质学时间中表现出的物种和物种形成的宏观进化作用。”他们不同意达尔文关于物种通过渐变实现进化的主张（生物学家称这一过程为“前进演化”）。相反，他们将古生物学家和进化生物学家的注意力都集中在了诞生新物种的“进化跃进期”上。

假设你同意这样的前提，即股市的运作通常是十分高效的，所以你很难以有吸引力的价格买到高质量企业的股票。在这种情况下，像那烂陀这样的长期投资者，就必须充分利用股价突然产生波动的短暂时机来创造一个新的，或者进一步优化投资组合。

现在，让我们回到我在本章开篇处提出的问题：在新冠疫情造成全球恐慌之际，**那烂陀公司要怎么做**？我们会大力买进优质股，几乎是倾尽所有地买进。

自 2007 年成立以来，那烂陀**只在**股价出现下行波动时买入。换句话说，只有当一支（优质企业的）股票由于不利的宏观事件、行业问题或公司前景不被投资者看好而被抛弃时，那烂陀才会选择购入。在三大危机事件（全球金融危机、欧元危机和新冠疫情）爆发期间，那烂陀反而获得了前所未有的购股良机。

空口无凭，所以让我分享一些实际的数字。下表 9.2 展示了从 2007 年 6 月到 2021 年 6 月这 14 年内，那烂陀于上述三大危机爆发期间，利用股价波动来极大优化投资组合结构的情况。

从 2007 年 6 月 1 日到 2021 年 6 月 30 日的 169 个月内，那烂陀总共投资了 18.6 亿美元。然而，正如你从表 9.2 中看到的，那烂陀的投资速度呈现高度间断性——我们只用了 26 个月的时间（占总月数的 15%），就完成了 8.51 亿美元的投资，占 2007 年至 2021

年投资总额的 46%。因为在断断续续的 26 个月里，股市都出现了暴跌。

新冠疫情暴发不仅给股市造成了严重冲击，而且对那烂陀购买行为的影响也更加明显。正如表 9.2 所示，我们在 2020 年 3 月至 5 月（占那烂陀公司 169 个月存续时间的 2%）这短短三个月内就对外投资了 4.05 亿美元（占那烂陀十四年来总投资资本的 22%）。

表 9.2 没有显示那烂陀在 2020 年 3 月的投资速度，所以在此特地做个补充。由于印度中型股指数在 2020 年 3 月下降了 28%，那烂陀便趁势在这个月的短短 17 天 [占 14 年（约 3500 个工作日）的 0.5%] 内迅速完成了 2.88 亿美元的投资量（占 2021 年 6 月前总投资额的 16%）。2020 年 3 月的对外投资额，即 2.88 亿美元，超过了那烂陀成立以来 14 个自然年中 12 个自然年的投资金额——而那烂陀对外投资超过 2.88 亿美元的唯一两个自然年，是 2011 年（3.2 亿美元）和 2020 年（4.86 亿美元）。你或许觉得我们太疯狂，但我们根本就不怕！

表 9.2　短暂的股价下跌期，给那烂陀创造了“新的投资机会”

投资周期	股市跌幅	投资总额
2008 年 1 月—2009 年 3 月	73%	$1.82 亿
2011 年 4 月—2011 年 12 月	28%	$2.64 亿
2020 年 3 月—2020 年 5 月	26%（2 月到 5 月）	$4.05 亿

想必诸位都同意，那烂陀的“摆烂”程度，恐怕连树懒见了都会不禁汗颜。那么，在不做任何投资举动的漫长时间里，那烂陀做什么呢？一个字，等。有时，我们不得不等上许多年。例如，那烂陀在 2018 年和 2019 年的投资量分别只有 3400 万美元和 6600 万美元，而且在 2020 年投资额竟然比前五年的**总和**还要多 45%。

但我本可以做得更好。你可能已经注意到，当全球金融危机引发的市场恐慌开始逐渐积聚时，那烂陀确实投出去了相当多的资金（1.82 亿美元），但我们本可以，也应该能够投更多。当时之所以没有继续大胆追加投资量，是因为我的这只基金才刚刚创立（2007 年 6 月），而且我个人在之前的职业生涯中所积累下的经验，也还不足以让我充分发掘并利用此次金融危机中潜藏的商机。

用奥卡姆剃刀定律来解释的话，我（当年）是个白痴。（我妻子还忠实地提醒我："这句话不要使用过去式。"或许是在她看来，我现在也没有变得更聪明。）

表 9.2 显示了三大危机爆发（全球金融危机、欧元危机和新冠大流行）期间市场的整体跌幅水平。但那烂陀会跟随市场的起伏来投资，我们只对优质企业感兴趣。因此，如果能知道那烂陀买入的企业股票价格负面波动的范围，那就更好了。那烂陀多年来持续跟踪了许多企业，在 2020 年 3 月新冠大流行的阴云来临时，我们就已经做好了充分的准备。

2020 年 3 月至 5 月，那烂陀相继买进了 8 家企业的股票。而在此之前的最高月度投资纪录还是在 2008 年 10 月创下的，当时那烂陀一口气买进了 6 家企业的股票［雷曼兄弟宣布倒闭（2008 年 9 月 15 日）的几周后，我们迅速开始了对市面上优质企业股份的大肆"搜刮"］。没错，在蛰伏了将近 12 年后，那烂陀的投资团队才开始再度活跃起来。现在，你或许会觉得，将那烂陀比作树懒并没有夸大其词！

表 9.3 列出了那烂陀在 2020 年 3 月至 5 月间购入的八家企业。MRF、桑德拉姆（Sundaram）、特马克斯（Thermax）和泰罗医疗（Thyrocare）这四家公司是我们投资组合中的新成员，其余四家则是现有公司。那烂陀耐心地等了好多年才成功将这八家企业的股份收入囊中，而且为了其中少数几家企业的股票，我们的等待甚至超

过了十年。

表 9.3　新冠大流行作为突发性事件，为我们创造了一个新的投资组合（价格以印度卢比计算，除非另有说明）

企业名称	2020 年 3 月前历史最高点	前历史最高点出现日期	那烂陀的平均买入价（2020 年 3 月—5 月）	较历史最高点下降幅度
Cera 洁具	3796	2017 年 12 月	2383	–33%
简伯特	$44.3	2020 年 1 月	$27.7	–37%
MRF	78,477	2018 年 8 月	55,487	–29%
桑德拉姆	2033	2018 年 1 月	1218	–40%
特马克斯	1293	2018 年 1 月	708	–45%
泰罗医疗	753	2017 年 4 月	507	–33%
特里维尼	151	2017 年 7 月	87	–42%
沃思控股	$73.4	2020 年 2 月	$46.1	–37%

正如自然界一样，这些罕见的突发性事件极大地改变了那烂陀手中的投资组合的性质，也让那烂陀能够以从未想过的低价和数量入手优质企业的股票。例如在表 9.3 中，你可以看到那烂陀在买入沃思控股的股票时所享受到的“超低折扣”。自 2008 年以来，我们就一直在关注沃思控股（因为我们已经持有其部分股票）。2020 年 2 月，沃思控股的股价仍处在高位，接近每股 74 美元。然而在短短几个星期后（到 2020 年 3 月），新冠大流行导致的恐慌就彻底击垮了这只股票，让那烂陀能够以每股仅 46 美元的低价一口吃下其近 1 亿美元总额的股份！在同一时期，我们还买入了特马克斯的股份，这是一家我们跟踪了十多年的优质企业，其股价比 2018 年初的高点下跌了约 45%。

请记住，在 2020 年 3 月时，新型冠状病毒疫苗还没有任何研究成功的苗头，全球正因为一场传播范围前所未有的疫病而陷入恐慌，没有人知道会如何发展下去。所以不出所料，全世界都被打了个措手不及。但 2020 年 3 月却成了那烂陀的“疯狂购物节”，在此期间，经常有人问我们：“为什么不再观望一下，或许股价会随着疫情的持续恶化而进一步下跌呢？”

以下是我的回答：“我们不能再等了，毕竟机不可失，时不再来。”

那烂陀有一条非常直接明了的投资规则：在**股价**合适时买进。不幸的是，它并不能被所有投资者都严格遵循。正如前面的问题暗示的那样，大部分人采用的买进规则实际上是：在时机“恰当”时买进。当然，这也是一项简单明了的规则，但它实际操作起来是否容易呢？那烂陀当然是选择遵循前者，因为我们通常会给心仪的企业提前预设一个心理价位。那烂陀的开价在其他投资者看来可能并不“合适”，但我们确信的是，对那烂陀而言，这就是正确的价格，毕竟我们没有办法预测买进的“正确时间”。或许其他投资者有这个本事，那就祝他们好运吧。

当然，这个问题还有另一个版本的答案，即包括那烂陀在内长期投资者总是在对外宣称：“我们买的不是股票价格，而是优质企业。”，因为这就是巴菲特几十年来一直提倡的投资策略。从哲学角度上看，它也是公认的一种较为明智的投资策略。

但这句话到底是什么意思呢？对那烂陀而言，其含义有以下几点。假设我们给一家企业股票的估值是每股 100 美元，如果其股价跌到 100 美元，而且我们对这家公司的投资评估结果（优等）保持不变，我们就会以 100 美元或低于 100 美元的股价，尽可能多地买入该企业的股份。然后我们会告诉自己，虽然是一家私企，但我们已经买下了它的股票，今后也就要致力于成为其永久持股者，尽管它刚好上市了，但从今往后，我们对这家公司的判断，便不再受不断波动的市场股价左右。因此，那烂陀并不关心这家企业在股市上的报价是 50 美元、75 美元或是 500 美元。虽然那烂陀是公开市场的投资者，但出于各种现实目的，我们的行为就好像是在投资私人企业。

事后的回顾分析表明，在我们的投资组合中，几乎没有以绝对的“抄底价”买入的企业，包括表 9.3 中所列的企业。如果你想要在一个“无下限”公开市场中寻找所谓的“底线”，那纯粹是浪费力气。

那烂陀在 2008 年至 2009 年和 2011 年的这两波投资，大部分都取得了令人满意的收益。在 2020 年完成的大批量投资是否会取得可喜的成果，目前犹未可知。但我对整个**操作过程**还算满意，因为它尚在我们控制范围内，**结果**就顺其自然吧。十年八年后我们就会知道，这些投资决策到底是“聪明”，还是“愚蠢”了。如果你连这点儿耐心都没有，那还谈得上喜欢长期投资吗？

* * *

家蝇的寿命通常是一个月，蚊子是一到三个月，而蟑螂则能活六个月。不幸的是，大多数昆虫的寿命都很短。不过也有例外，在美国发现的三种周期蝉就可以活上 17 年。

这种周期蝉的幼虫（又称为若虫）孵化后就会直接潜入土中，靠吸食植物和树木的根部的汁液在地下蛰伏 17 年。期满之后，数十亿（有些人说甚至是数万亿）成虫纷纷于五月的第二周破土而出并迅速开始疯狂交配。在树上产完卵后，所有成虫都会在六月底之前死亡。大约六周后，新孵化出的若虫将再度从树上返回地下，继续开启下一个 17 年的生命轮回。这种被称为“捕食者饱和效应”（prey satiation）的进化策略，在过去的岁月中一直非常成功，因为没有任何捕食者能在短短几周内吃掉如此多的猎物。

北美的 17 年蝉目前一共被分为了 12 个“群”。2021 年 5 月和 6 月主要在宾夕法尼亚州、弗吉尼亚州、印第安纳州和田纳西州暴发的大规模蝉群就被称作是“Brood X”（“群 10 号”），而它们下一次回归的时间将是 2038 年。

与周期蝉超乎寻常的克制与忍耐相比，那烂陀对一个突发性事件的耐心似乎不值一提。它们为了一生仅有一次的繁衍机会，可以默默等待 **17 年**，而那烂陀在短短 14 年的等待期中，至少遇到了 3 次绝佳的投资时机。那下一次的投资良机什么时候才会到来呢？我没有任何头绪。但我知道的一点是：作为一个**物种**，人类投资者远不具备周期蝉那样的自律与克制。而人类唯一能体现出“规律性”的方面是：人类社会总是会把事态的发展一路推向极端，直到一切都濒临崩溃，待危机过去后，人们将换个形式重蹈覆辙。

所以，我们只需要耐心等待下一轮投资“人祸”的到来。

本章小结

进化论教会我的投资知识是：

要重构对投资的认识，需要我们接受企业发展状态的“长期停滞”这一普遍现实。换句话说，优秀的企业**通常**能长久地保持优秀，而表现不佳的企业在长时间内**通常**也很难有起色。

1. 间断平衡理论认为，生物进化会在长期停滞后突然产生暴发式加速，而不是像达尔文所构想的渐变过程。在自然界中，“进化停滞”是默认的长期状态，而其中短暂出现的生物爆发式进化期才是创造新物种的契机。
2. 停滞状态也是商业世界的默认状态。优质企业通常会长期优质，而劣质企业一般也会持续劣质。这不仅是对我本人在印度投资几十年的经验总结，美国高质量企业存续寿命的实证数据也证明了这点。

3. 在生物体的长期进化过程中，并非所有的变化都是突发性的剧烈变化。在一个漫长停滞期内，生物体确实会在一定范围内变化，但范围很有限，不会达到产生新物种的质变程度。
4. 那烂陀不会将**股票价格**的波动与企业业务的本质性剧变混为一谈。所以我们在过去十几年的投资历史中，只积极出手过3次，包括利用新冠大流行导致的全球股市恐慌大胆买进优质企业的股份。
5. 由于那烂陀只关注企业的质量好坏，而且还会就“我们是否想成为这家公司的永久持股者？”这一问题进行反思，所以即便劣质企业的股价一涨再涨，我们也不会跟风买进。

第10章

兔子都跑哪儿去了？

我们的家养物种的最显著的特色之一，是我们所看到的它们确实不是适应动物或植物自身的利益，而是适应人的使用或爱好……这关键就在于人类的积累选择的力量；自然给予了连续的变异，人类在对他们自己有用的一定方向上积累了这些变异。在这种意义上，才可以说人类为自己制造了有用的品种。

——查尔斯·达尔文《物种起源》

尽管这种对并购案的狂热横扫整个美国的金融界与企业界，但我们还是坚持这种“至死不分离”的政策，这是查理跟我唯一能够感到自在的方式，事实证明这种方式长期下来让我们有不错的获利，也让我们的经理人与被投资公司专注于本业之上而免于分心。

——沃伦·巴菲特《1986年致股东信》

1988年10月，《福布斯》杂志公布了美国前400位富豪排行榜。[1] 山姆·沃尔顿以67亿美元的财富值荣登榜首，巴菲特则以22亿美元的身价位列第十。这份名单上的人大家都耳熟能详，其中包括了盖茨、赫尔姆斯利、希尔曼、克鲁格、马尔斯、纽豪斯、帕卡德、佩罗、普利兹克和雷德斯通等。

名单中的谢尔比·库洛姆·戴维斯（Shelby Cullom Davis）是何许人也？几乎没有人听说过。作为新晋黑马，他是如何挤进榜单，位列第 197 名，挤在了美国领先的食品零售商艾伯森连锁店的创始人乔·艾伯森（Jeo Alberson）和美国跨国化工企业罗门哈斯的创始人弗里茨·奥托·哈斯（Fritz Otto Haas）之间的？他创立了什么公司呢？根据《福布斯》杂志的介绍，此人来自纽约塔利敦，利用投行业务创下了 3.7 亿美元的身价。然而，《福布斯》的叙述并非完全正确，谢尔比·戴维斯根本就不是什么投资银行家，与榜单上的其他富豪不同，他不是企业家，也没有自己的公司。

他是巴菲特的同类，一个股票投资者，但二者相似之处似乎也仅限于此了。首先，巴菲特是一位专业的投资者，主要是为他人管理资金，而戴维斯是拿自己的钱（或他妻子的嫁妆）来投资。其次，巴菲特 20 岁出头就开启了职业投资生涯，而戴维斯直到 38 岁时才入行。第三，巴菲特曾师从有“华尔街教父”之称的本杰明·格雷厄姆学习金融和投资，而戴维斯在大学期间压根就没接触过经济学和金融学，他主修的是历史，对俄国革命兴趣盎然。最后，巴菲特干了一辈子投资，而戴维斯在四十岁之前至少换过五种不同的职业——他曾在哥伦比亚广播公司电台上过班［第一项任务就是采访美国第一位独自飞越大西洋的女飞行员阿米莉亚·埃尔哈特（Amelia Earhart）］，当过自由撰稿人，也做过股票分析师（所谓的“统计学家”）。第二次世界大战期间，他还加入了华盛顿的战争生产委员会，并在纽约州保险部门担任副主管一职。

此外，戴维斯的投资风格也与巴菲特截然不同。巴菲特的投资领域相当广泛，而戴维斯的巨额财富仅仅来源于单一行业。巴菲特在美国投资的企业很少，戴维斯则在全球范围内投了至少 1600 家企业，偶尔也会进行巨额投资。

但正是双方存在的一个共同点，让戴维斯比地球上大多数人都要富有。

达尔文：蒙尘的数学奇才

达尔文是个数学天才，他本人却不自知。

1828 年 7 月 29 日，19 岁的查尔斯 · 达尔文给他的密友兼堂兄威廉 · 达尔文 · 福克斯（William Darwin Fox）写了一封信。他先是抱怨了一番，然后又感叹自己缺乏数学才能："你为什么这么长时间没给我回信？我希望你纯粹就是懒得写信，而不是发生了什么糟糕的事儿。或者往好了想就是，我希望这是因为你在数学方面有十分深厚的造诣，因为沉迷于算术而忘了写信。如果是这样，那可真的是谢天谢地，都是好消息。我也深陷数学的泥潭，但与你不同，我没有任何进展或享受，目前还牢牢地被困在其中，百思不得其解，现状依旧没有任何改变。"[2]

达尔文在其自传中重申了他在数学方面的薄弱："尽管过去了很多年，但我仍旧深感遗憾的是，我没有取得足够的进步，至少没能理解数学领域一些伟大的重要原理；因为有这方面天赋的人，似乎对此都有一种独特的感知。"他还承认，数学这个学科，"令我十分反感"。[3] 他很讨厌复杂的数学公式，并曾在给朋友的信中写道："除了实际测量和三法则之外，我不相信任何东西。""三法则"是一种简单的数学计算，用于处理诸如"如果 10 个芒果 8 美元，那么一个人用 40 美元可以买多少个芒果？"之类的问题。

但在我看来，达尔文是一位不折不扣的数学天才，因为他仅凭直觉就掌握了大多数同龄人都无法理解的"长期复利"的巨大力量。事实上，其理论的众多“继承者”也没能掌握其精髓。在《物种起源》第 3 章《生存的斗争》中，达尔文对“复利计算”的精妙把握，在著名的大象实例分析中得到了体现。他写道：“大象被认为是所有已知动物中，繁殖速度最慢的，我花了一些精力估算出了其可能的最低繁殖率。假设共有四十三对年轻大象夫妇，它们的生育年龄为 30~90 岁，果真如此的话，那么到五世纪末，第一对大象的后代数量就会达到 1500 万头。”

达尔文和他之前的任何一位生物学者都不一样，他明白，生物数量的指数增长，只是存在理论上的可能性，在现实世界中几乎无法实现——疾病、食肉动物、食物匮乏、自然灾害和许多其他因素都发挥着限制作用。认识到这一点后，他便得出一个结论：只有最适合的变种才能生存下来，并将其特征传递给后代。然后，这些适应能力更强的变种数量，将开始呈现指数式增长，从而通过自然选择引发进化。正如他在《物种起源》第 4 章中所写的那样：“我把这种对有利的个体差异和变异的保存，以及对那些有害变异的毁灭，叫作‘自然选择’。”

正如我之前讨论过的，达尔文的自然选择理论，并不支持突发性和戏剧性的变化。根据他的理论，变化应该是微小而连续的，自然选择需在很长一段时间内，通过**逐渐积累**变化的条件发挥作用。达尔文的理论非常简单，且具有很强的解释力。或许正因为如此，在其有生之年，达尔文的理论一直处于生物科学领域的末流，并没有得到科学界认可和接受。[4]

1900 年，待格雷戈尔·孟德尔（Gregor Mendel）关于遗传定律的著作被“重新发掘”出来后，享有盛誉的荷兰植物学家和遗传学家雨果·德弗里斯提出了一项全新的进化理论，即“突变论”（mutationism）。[5] 根据这一理论，达尔文提出的轻微的连续变异，无法带来物种的进化和创造，只有显著的突变才能实现。德弗里斯在他的著作《突变理论》（*The Mutation Theory*）中声称：新物种是由不连续的变化而突然产生的。他写道："新物种就是这样突然出现的，它是从现存物种中产生的，既没有明显的前期准备，也没有过渡阶段。"[6]

现在，大家都应该知道这是不正确的**理解**，理智地讲，这是一种比达尔文理论**更**容易理解的学说，因为它可以实现"具象化"——达尔文的渐进主义却不能。投资界也有着惊人的相似性：似乎所有人都知道，2021 年 5 月，美国 AMC 影院公司的股价上涨至原先的三倍，但有多少人知道，1990 年至 2020 年，美国家得宝公司的股价在 30 年间增长了 140 倍呢？

根据突变论，新物种的产生，不是因为微小的变异，而是源于一些明显且奇怪的事情，它们的发生，使有机体出现了改变。直到 20 世纪 20 年代，突变论和达尔文学说之间的矛盾才得以平息，因为数学最终在生物学领域扮演了大救星的角色（谁会想到呢！）20 世纪二三十年代，理论遗传学家罗纳德 · 费希尔（R. A. Fisher）、J. B. S. 霍尔丹（J. B. S. Haldane）和休厄尔 · 赖特（Sewall Wright）等人利用复杂的数学语言，解释了连续变异与孟德尔定律的相容性。自然选择，即微小变异持续**累积**到一定程度，便可在极短的时间内激起重大的进化式变革。

这些公认的数学天才，重新验证了达尔文在近 50 年前提出的设想。

达尔文曾说过，如果一种特殊的变异（比如色觉），能让某一个体拥有优于其同类的**轻微**优势，那么族群里的几乎所有个体，都能在几代后具备同样的辨色能力，而且所需的时间比我们想象的更短。我们假设色觉方面的"选择优势"有 1%，这意味着具备这种特征的个体，产生的可存活后代数量应为101个而非100个（也许色觉上的“微弱优势”能帮助该个体在森林中发现质量更高的水果）。因此，生物进化过程中的“选择优势”就相当于金融领域的“复利”或“年化回报”，这种优势会在代际更迭中**持续积累**并**呈指数级**增长。

因此，101个具备色觉的第二代，将产生10,201个能够看到颜色的后代（101×101），而100个“普通”的第二代，则只能产生10,000个“普通”后代（100×100）。随着时间的推移，这一微小的优势，将以每代1%的速度持续叠加，到一定程度后，即可引发质变。

假设个体中具备这种特征（色觉）的个体比例达到8‰。你认为在多少代之后，90%的个体都会拥有这一性状？答案是3000！[8] 因此，如果某个生物个体的寿命只有一个月，那么仅凭这1%的选择优势，拥有色觉的个体将在250年内，成为整个种群的主流。从进化的角度来看，这几乎是瞬间转换，并非理论，而是事实。

19世纪的科学家们在英国曼彻斯特观察到了胡椒飞蛾的快速进化过程。[9] 为抵御主要天敌（鸟类）的捕食，胡椒飞蛾一般通体呈白色，翅膀上长有黑色的小斑点，当白天在覆有地衣的树干上休息时，身上的伪装色便可以让其同树干完美融合。该物种还有一种罕见的黑色突变体，但无法存活太久，因为在浅色树干的衬托下，黑色个体在捕食者眼中就是活靶子。所以，这一物种大部分都是带斑点的白色个体。然而随着曼彻斯特从19世纪中叶开始工业化，空气污染使树干变成了黑色，双方的优势出现了逆转——黑色突变体在鸟类眼中变得越发“隐形”，而白色个体则成了“显眼包”。1848年，人们在曼彻斯特发现了第一只黑色胡椒飞蛾。到1895年的时候，98%的蛾子都变成了黑色。由此可见，一种十分微弱的优势累积起来后的影响力，足以把本来十分罕见的个体，变成这一种群的优势种。更有趣的是，由于英国在 20 世纪中期出台了十分严格的环境保护法，树木纷纷恢复本色，黑色的蛾子也随之变得越发少见，带斑点的白色个体目前又重新成了“大多数”！

只要给予这种“**微进化**”（比如个体颜色的变化）足够的时间，那么它便可以引发“**宏进化**”（比如创造一个新物种）。虽然达尔文在《物种起源》中没有用单一的数学公式表达出来，但相比于遗传学家的复杂公式，他却更好地抓住了长期型“复利”的力量和本质。

令人惊讶的是，一位在数学方面有所欠缺的博物学家，可以通过将一个简单而深刻的数学概念应用于自然界，从而解决困扰了科学家们几千年的问题：“复利”创造了生命——所有类型的生命。

但这与我们投资者有什么关系呢？因为“复利”也能创造财富，几乎是全部类型的财富。

澳大利亚的“狂兔之灾”

我们总是自认为很懂“复利”，但其实不然。此处的“我们”是指投资界，其中还包括我自己。虽然那烂陀的整个投资策略，都建立在了几十年来缓慢而稳定的复利基础上，但就连我也因其长期应用下产生的惊人结果，甚至可以说是超现实的结果，而倍感震撼。

在进入后续内容之前，我想先让诸位领略一下它蕴含的“无穷力量”。然后，我还要强调其中一大一小两个有关于“累积增长”的“惊喜”，这是特地为学习生物进化和投资专业的学生们准备的。

在本部分故事中，我将回到 19 世纪，并化身成一位博学多才的顾问（除此之外，难道还有其他类型的职业可选吗？），而你将是一位十分聪明的、来自 1925 年的时间旅行者（穿越者）！所以，谁说投资故事不能充满惊险刺激的元素呢？

现在，让我们回到 1859 年澳大利亚的温切尔西，我在那里成了托马斯·奥斯汀（Thomas Austin）先生的顾问。为了满足自己的打猎喜好，他打算把从英国运来的 24 只兔子放归野外。作为一位非常睿智的英国贵族，他对兔子惊人的繁殖能力很警惕。因为他不希望看到温切尔西的农田成为兔子的天下，所以来找我寻求建议。

当我正准备建议他将兔子野放之时，你通过时空穿梭，突然出现并严厉警告我们："我来自 1925 年，目睹了将来的生态灾难，不要把这些兔子放归野外！"在进一步交谈后，你告诉我们，这二十四只兔子会使整个澳大利亚的生态环境陷入危机。我只当你的话是危言耸听，而一笑置之，然后无视你的警告，坚持请奥斯汀先生把兔子放掉。你承诺每五到十年会到访一次，以持续提醒我要消灭兔子。你履行了自己的诺言，每次来看我的时候，我都问了同样的问题。表 10.1 是自 1859 年起 35 年内双方每次见面的沟通记录。

35 年过去了，我仍然沾沾自喜，因为事实证明你错了。在大约 800 万平方千米的土地上，兔子数量还不到 100 万只，它们似乎不会带来任何迫在眉睫的危险。但是你警告说，兔子每年会以 35% 左右的速率增殖，按照这个速度，在不久的将来，它们就会在澳大利亚泛滥成灾。和以往一样，我选择无视了来自未来的你提出的警告。表 10.2 记录了再之后 31 年内的"兔口"情况。

这是一个真实的历史故事。不幸的是，1859 年奥斯汀先生在澳大利亚放生的 24 只兔子，到 1925 年就繁殖到 100 亿只，并给澳大利亚的陆生动植物带来了空前的灾难。[10]150 多年来，澳大利亚政府招式百出，施展了包括修建围栏、陷阱诱捕、组织打猎和投放生化武器（释放携带致命黏液瘤病毒的苍蝇）等一系列手段，但仍旧未能彻底消灭这一害兽。

表 10.1　自 1859 年起的头 35 年

1859 年后的年度间隔	兔子数量	你的建议	我的回复
第 5 年	108	趁早杀光	哪有兔子?
第 10 年	482	趁早杀光	哪有兔子?
第 20 年	9,700	趁早杀光	哪有兔子?
第 35 年	900,000	趁早杀光	哪有兔子?

表 10.2　再之后的 31 年

1859 年后的年度间隔	兔子数量	你的建议	我的回复
第 45 年	1750 万	趁早杀光	我看到了几只兔子
第 55 年	3.5 亿	是不是为时已晚了?	没事，不着急
第 66 年	100 亿	我早警告过你了	@#$%*！

我说过，这个故事中藏有两个“惊喜”。24 只兔子变成 100 亿只兔子，至少对我来说是个“小惊喜”。在某种直觉层面上，我们投资者都明白，如果时间足够，“复利”便可以带来天文数字般的财富。但即便如此，我认为大多数投资者很难想象到，在 1895 年还不到 100 万只的兔子，能在 20 世纪 20 年代疯狂增殖到 100 亿。

更大的惊喜（也是有违常理的）则是完全相反的观察结果：**很长一段时间什么都没有发生！**在 24 只兔子放归野外后的 20 年里，澳大利亚的广袤土地上仍难觅兔影，甚至在 45 年后，每平方千米土地的兔子数量依旧不足两只，所以澳大利亚人几十年来一直没把它当回事，因为兔子问题尚未成为他们的“心腹大患”。

“复利”的这种特性——其影响似乎在很长一段时间内都是隐而不发的——同样会严重影响投资者的表现，因为大多数人都过早卖掉了手上的股票。投资者可能持有一家优秀企业的股票达到五年，等价格翻上三倍后抛售。这种操作有两个可能的原因：首先，他们认为自己已经赚够了，市场上还有更好的企业股票可供选择；第二，他们已经厌倦了“慢节奏”的增长（毕竟全球规模最大的电视游戏和娱乐软件零售业巨头游戏驿站的股价在短短一个月内上涨了 17 倍！）。但他们没有意识到的是，如果股价以同样的（慢节奏的）速度继续攀升，坚持持股 25 年，他们就能赚到 243 倍的财富！我知道这个假设很“如果”（概率渺茫），但对一家高质量企业而言，这并不是一个不可逾越的目标，因为我们很快就能在下文看到真实的例子。此外，即便在上述例子中，从第 5 年到第 25 年的增值性收益下降超过 5 个百分点，投资者仍可从原投资额中获得 100 倍的收益！就像我说的，“复利”的神秘之处，不在于它能生成某个大额数字，而在于它在很长一段时间内，都不会生成大额数字。

大多数基金的资产持有期都是按月计，更别说长期持有多年了。如果你向智商在线的非投资人士解释此类行为（我曾经这样做过），他们会觉得很奇怪，而且还会发问：“照你的说法，既然市面上值得投资的好企业很难找，而且这些公司可以在很长一段时间内，提供合理且可预测的利润增长。那么在你有幸持有此类公司的股票之后，为什么还要迫不及待地卖掉呢？”关于这个问题，除了“投资者不愿意等太长时间”之外，我找不到更好的答案。

有幸买入了一家优质企业的股份，并在获得 50% 到 100% 的利润后“急流勇退”抛售，这类人我见过太多太多。我们投资者向来以数学高手自居，但凡提起“复利”这个词，你总能收到会意的微笑。不过不幸的是，大多数露出会心一笑的投资人似乎并不明白，他们认知范围内的“复利”，在随着时间的推移而生成惊人数字的同时，还隐藏着两个巨大的“未知数”。

首先，“复利”在**很长**一段时间内，并**不会**生成足以引起关注或影响结果的数量级变化。第二，如果企业能够轻松实现可预测的“复利”，投资就不会如此困难了。但可叹的是，总是能够获得预期复利的企业，堪称凤毛麟角。因此，现实世界就是一团乱麻，通往长期成功的道路往往危险重重、不可预测且充斥着失望。

成为一名成功的投资者所需的不是智慧（这是可以花钱买到的东西），而是耐心。

那烂陀不急于抛售的其他原因

如果诸位还不相信的话，在论述进化论中的“复利”效应的基础上，让我再罗列几个理由，说明为什么那烂陀是优质企业的永久所有者。“我永远不会出售手上的股票”，这句话要是由某个充满激情的企业家说出来，我想大家是可以理解的，但出自一个基金经理之口就有些不同寻常了——有些人甚至会批评说，这种做法是“大错特错”的。要解释其合理性，请看下面的几个理由。

原因 1：谁最有钱？那些从不抛售资产的人

你看过《福布斯》杂志公布的 2022 年全球排名前 25 的富豪名单吗？[11] 如果你碰巧关注过，就会知道榜单的第一名，是坐拥 2190 亿美元身价的埃隆 · 马斯克，第 25 名则是张一鸣（500 亿美元）。

这份名单上的**所有人**，都从未出售过自己的资产。

假设富豪名单扩大到了 50 人，那么其中便会有 48 位企业所有者（或他们的家人），从未卖出过手中的资产。举个例子，詹姆斯 · 西蒙斯（James Simons）和苏世民（Stephen. A. Schwarzma）是两名入了富豪榜的理财经理，他们也可能会为了自身基金管理业务的需要，而进行股票买卖的操作。即便如此，二人并没有出售他们自己企业的资产（分别是“文艺复兴科技公司”和“黑石集团”），这反而使他们赚了数十亿美元。

如果靠“**把住不卖**”就能在全球范围内创造如此庞大的财富，那么基金经理们为何还会认为，自己可以通过股票交易变得更富有呢？我很清楚，我自己的聪明才智和能力还比不上那些世界级富豪。但是，既然他们能通过长期持有优质企业的股票不放而获得好处，我们何不直接照做呢？

富豪榜上的许多企业家，在其职业生涯中都碰到过十分诱人的卖出“报价”。他们之所以还能榜上有名，正是因为经受住了诱惑。直觉告诉他们，他们正在做一件非同寻常的事，而出售资产带来的将是价值破坏，而非价值创造。例如美国第三大传媒公司维亚康姆集团曾于 2005 年开价 7500 万美元买下“脸书”，倘若事成，彼时年仅 21 岁的马克・扎克伯格便可轻松坐拥 3500 万美元的身家。[12] 无独有偶，雅虎又在同一年内向脸书开出了 10 亿美元的价格，但扎克伯格拒绝了包括这两家公司在内的诸多收购意向。那么到 2022 年，扎克伯格身价几何呢？其掌握的净资产已然超过 500 亿美元。

虽然那烂陀可能无法像那些心性之坚定有如“超凡入圣”般的传奇大佬一样，创造如此巨额的财富，但在某种程度上，我们比他们更加优秀，因为他们把赌注都押在了自己的企业上，而我们却无比奢侈地掌握着一大群优质企业的股票资产。执之在手，夫复何求？

原因 2：有证据表明，长期优质企业的股票资产能赚钱（很多钱！）

让我们再回顾一下前一章中贝森宾德教授的研究。[13] 他对 1926

年至 2016 年共计 26,000 只美国上市股票的价格表现进行了分析，同时还分享了 1926 年至 2019 年的相关原始数据。欲知详情，请访问以下网站：

https://wpcarey.asu.edu/department-finance/faculty-research/do-stocks-outperform-treasury-bills.

我们先来看一看 1926 年至 2019 年的数据。贝森宾德将“股市财富创造”定义为“高于一月期的美国国债回报”。在他研究的 2.6 万家企业中，约有 60%（1.5 万家）的企业存在价值受损情况，但这并不奇怪。毕竟经营企业也要承担亏损的风险，而且研究数据也支持了这一论断。

不过，我却对下列两桩事实**备感惊讶**。首先，尽管财富破坏者的数量，要比财富创造者多出近 40%，但财富的创造额几乎是损失额的 **8 倍**（以美元价值计），即约有 11,000 家企业创造了 54 万亿美元的财富，但另有大概 15,000 家公司损失了 7 万亿美元（因而财富创造净值为 47 万亿美元）。当公司经营良好的时候，其前途自然是一片光明。

第二，大部分财富都是由少数几家公司创造的，即便在财富创造者中，也是如此（详见表 10.3）。

因此，排名前 10% 的企业，即大约 2600 家公司，几乎贡献了 26,000 家企业的**全部**收益（实际上还要多 10%）。其中排名前 1% 的企业，其财富创造的贡献率为四分之三，而排名前 30 位的公司收益，就达到了 93 年来前述所有企业创造的财富总和的近三分之一。

表 10.3　财富创造高度集中在少数没有频繁更换资产所有权的企业中

	企业数量	财富值（万亿美元）	总百分比	资产持有年数（中位数）
前 10%	2617	52	110	25
前 1%	262	35	74	47
前 30	30	15	32	59

表 10.3 的最后一列揭示了一项更有趣的发现：绝大部分的财富主要是由那些没有频繁更换资产所有权的企业创造的。这不意味着长期持有一家企业的资产就能创造价值——因为事实并非这般美好；对于一家表现平平的企业来说，最终的价值归零几乎是不可避免的结局。根据表 10.3，**如果**我们持有的是一家优质企业的资产，那么**一般来说**，它就可能会随着时间的推移，在**长期**创造更多令人难以置信的财富。

但眼下还有一个棘手问题需要处理：我们如何知道某家企业是否“优质”，以便尽可能长时间地持有其资产？（希望你不是从本章开始阅读本书——因为我已经在第 1 章到第 7 章中详尽地回答过这个问题了）。

我们不会随随便便估个价，然后投资于那些普普通通或质量低劣的企业。因为如表 10.3 所示，投资“中下等”的企业纯属浪费时间。只有少部分公司才会在很长的一段时间内创造财富。所以，顾名思义，所有优质的企业，都需要具备与众不同的特性。所以，当我们认为某家公司真的很“出类拔萃”时，我们才会投资。如果这家企业确实很优秀，那么以表 10.3 揭示的严酷现实为标准，我们既然好不容易买进了它们的股票，为什么要急匆匆地出售呢？

需要承认的是，我在评估那烂陀曾持股的企业的质量优劣上，**曾犯下**过一些错误，但身为企业的永久持股者，那烂陀能从少数几家企业中获得丰厚的收益和价值的“连续复利”，就足以填补我因为犯蠢而造成的损失。你想要具体数字？没问题！

原因 3：既然无懈可击的创富公式已然存在，为何不直接照搬？

在麦肯锡任职期间，我们曾通过“最佳实例分享”的方法来帮助客户解决问题，提出的建议范围涵盖了企业并购后的整合、战略制定过程、组织设计以及营销费用分配等各个环节。当然，作为一名咨询顾问，我还必须学会“因材施教”，即将各个客户独有的特点充分考虑在内。然而我发现，探讨“最优秀的企业是如何做到某件事情”这一话题，是促使客户找到“更优解”的不二法门。

此处还有个不解之谜供诸位思考。所有基金经理都希望在长期跑赢市场的同时，又能获得可观的回报，这一点想必大家都不反对，那么请诸位想象下面这个场景：一位身价万亿的投资者，每年都会发布一封内容翔实的信函，来同我们分享他的致富秘诀。他完成的“最佳投资实例”广为流传，每个人都可以拿来借鉴，而且其中要诀 50 多年来都一成不变。我们知道，他提出的建议堪称无价之宝，因为他在近 60 年的投资生涯中，始终坚持遵循自己的“投资教义”，从而持续积累起了巨额财富。我们也知道，他所做的事情不难理解，甚至不难实现，至少在专业人士眼中就是这么个情况。但大部分人的反应却是一边赞美，一边忽视。

这个伟大而成功的投资者，自然是大名鼎鼎的沃伦·巴菲特，他的“致富经”很简单——以合理的价格购入“非凡”企业的资产，并永远持有它们，这令他成了世界上最富有的人之一。那为什么他的建议都被投资者当成了耳边风呢？看起来好像有点不可思议，因为投资者似乎自愿放弃了致富的机会。然而，只要你仔细思考一番就会意识到，要真正领悟巴菲特的建议其实很难，**就像**达尔文看似浅显的见解被束之高阁几十年一样，因为人们并不能充分理解“复利”背后隐藏的力量，虽然我们都自觉懂了，但实际上不过是一知半解。

巴菲特好比是投资界的达尔文——他同样永远地改变了投资领域的方法，并使之朝着更好的方向发展。但是，如果连19世纪末和20世纪初的杰出科学家们，都无法理解“累积式增长”的力量，那么我们又怎能指望那些在智力方面整体上都要逊色前者一大截的投资者，去破解其中的奥秘呢？但问题比诸位想象中的还要不堪。广大投资者不仅毫不在乎地忽视了巴菲特的“金玉良言”，而且他们过去50年的投资行为表明，他们信奉的原则，跟巴菲特的理念截然相反！在1960年，共同基金的股票持有期还有七年，但目前已缩短至不到一年了。

让我们回到谢尔比·卡勒姆·戴维斯的投资故事中来。既然他在几乎所有方面都与巴菲特截然不同，那么他是如何创造财富的呢？在这一点上，他同巴菲特一样，几十年来始终持有着少数几家优质企业的资产。

与早就计划在投资领域大干一场的巴菲特不同，戴维斯是在运气加持下，阴差阳错地成了一名投资者。他结婚那年（1932年1月），道琼斯指数跌至史上最低的41点，和1929年的峰值相比，跌幅达到了89%。戴维斯很幸运，因为他的妻子凯瑟琳（Kathryn）给了他多年后进军投资领域的启动资金，而且他的岳父约瑟夫·沃瑟曼（Joseph Wasserman）正好把钱都投在了政府债券上，幸运地在1929年的华尔街大崩盘中毫发无损。

在哥伦比亚广播公司担任记者期间，夫妻二人共同获得了日内瓦大学的政治学博士学位（凯瑟琳的成绩要优于他）。1934年，戴维斯收到了日本东京的英语报社《广告人报》（*the Advertiser*）的入职邀请，但就在两人整装待发之际，东京发生了地震，他们被迫取消了行程，入职《广告人报》的机会自然也就落空了。当时的他迫切需要一份工作，但在美国经济一片惨淡的情况下，新闻类的岗位压根就找不到，凯思琳便请她兄弟比尔雇用戴维斯到自己的投资公司上班。

戴维斯于是就在比尔的公司里做起了“统计分析师”，并在美国飞来飞去，实地考察那些看似具备投资前景的公司。由于和比尔相处不顺，戴维斯辞去了工作，转而成了一名自由作者。在此期间，他出版了一本名为《面向 40 年代的美国》（*America Faces the Forties*）的书，对美国大萧条（1929 年至 1933 年）的原因以及 20 世纪 40 年代经济迎来复苏的可能性进行了探讨。这本书一度成为当时的畅销书，并幸运地引起了纽约州州长、共和党总统候选人托马斯·杜威（Thomas Dewey）的兴趣。1938 年，杜威任命戴维斯为他的演讲撰稿人和经济顾问。

1944 年，在总统竞选中惜败于杜鲁门后，杜威重新担任纽约州州长一职，其随后任命戴维斯为纽约州保险部门的副主管，这令戴维斯在不知不觉中走上了致富之路。虽然这是一份无聊至极的工作，但戴维斯对此十分认真。他大力支持保险公司将经营方向从债券转向房地产、抵押贷款和股票等领域。与当时的流行观念相反，在戴维斯看来，债券存在极高的风险。后来的事实证明，他确实非常有先见之明——从 20 世纪 40 年代中期开始，债券迎来了长达 35 年的熊市。1946 年时售价 101 美元的政府债券，在 1981 年跌到了 17 美元。

当时的情况是，投资者通常对只在中小盘股上市的保险公司不屑一顾，而相关政府机构却要求保险公司定期提交最新的财务报告。通过仔细研究这些报告，戴维斯逐渐成为保险公司内部运营方面的行家里手。他发现，如果一家典型的保险公司，以低于其“真实”账面价值的价格出售资产，那么其投资组合中的债券和抵押贷款的价值，就很有可能远远高于其市场价值。他意识到，客户的保费一般都是预先支付的，而保险公司恰恰可以利用这笔“浮存金”[①]来购买债券和抵押贷款。如果客户的理赔额度没有超额，那么这笔“隐藏的浮存金”可能会随着时间的推移，而无声无息地缓慢“膨胀”。投资者只要报以一定耐心，静静等待这笔隐藏资产产生“复利”，待日后市场“发觉”它们之日，也就是回报来临之时。

1947 年，戴维斯再次辞职，向妻子凯瑟琳“借来”5 万美元，开始对一些经营良好、有能力支付股息，且所售股价低于账面价值的保险公司进行投资。他甚至还通过差额贷款来获取购股资金。1952 年，在对纽约保险经纪人协会的一次演讲中，戴维斯概述了他购买保险公司股票的三项选择标准：（1）保险公司必须盈利；（2）其资产（债券、抵押贷款、股票）必须具备最高的质量；（3）其市场价格必须低于其私人市场价。由此可见，戴维斯是高质量保险公司领域的价值型投资者，他将这些企业紧紧抓在了手中。

在他去世前两年（1992 年），戴维斯手中排名前 12 位的资产价值，达到了 2.61 亿美元，约占他投资组合总量的一半。除了房利美外，其他资产都来源于保险公司，而且都是他在几十年前就早早购入的股份。其投资排行榜中的第一名，是美国国际集团，价值达到了 7200 万美元，第三位则是巴菲特的伯克希尔公司，价值为 2700 万美元。他只要买下一家优质公司的股票，就绝不会轻易

---

① 保户交纳的保费并非保险公司的资产，在财务报表中应列入“应付账款”中，属于公司的债务，当保户出险时，拿出来付给保户进行理赔。这些资金，保险公司在留有一定比例的近期理赔或支付金额后，其余的可以拿出去进行投资。而投资收益则归保险公司所有（若与保户另有约定，则投资收益按约定比例由二者分享）。

卖掉。

既然有巴菲特和戴维斯这样令人瞩目的成功案例可以效仿，那我们为什么还要花费大量时间和精力，去另辟蹊径呢？正如我将要在下文中提到的，戴维斯的成功表明，我们即便没有机会买到如此优秀的企业的股份，也同样能够从投资中成功获利，只要具备足够耐心，而那烂陀就是个“放长线钓大鱼”的很好示例。

原因 4：除了复利，还有为自己的投资错误买单的更好方法吗？

戴维斯曾经买下了大约 100 家保险公司的股票，占其投资组合总量的四分之三，其余部分则来自全球大约 1500 家企业，但这些投资中的**大部分**，最后都打了水漂！他犯的另一项重大失误，是购入了价值 2300 万美元的**垃圾债券**——到最后几乎都变成了一文不值的废纸。

戴维斯所有的财富，都是通过投资几家高质量的保险公司，然后拒绝出售这些优质资产而获得的。所以，依靠手上几笔优质投资带来的长期“复利”，他犯下的数百个错误，已然变得无足轻重。约翰·罗斯柴尔德（John Rothchild）在他的著作《戴维斯王朝》（*Davis Dynasty*）中生动地写道：“归根结底，戴维斯所犯错误给其成功造成的阻碍，就好比是一只围着一头水牛嗡嗡乱转的小蚊蚋。然而，他的投资组合再次证明，从他的整个投资生涯来看，成功地投资于少数几家卓越企业的回报，就足以为一大堆失败的投资买单。”

我犯过很多投资决策错误，而且深知自己还可能会继续犯错。这并非个人的自谦，而是不折不扣的残酷现实。不过，耐心地等待一些优质企业产生的“复利”，便足以为这些错误买单。接下来我要和诸位分享一些具体的数据。

2007 年 6 月至 2011 年 6 月，那烂陀的第一只基金向 17 家企业总计投资了约 180 亿印度卢比（按当时汇率折算约为 4 亿美元）。到 2022 年 6 月，鉴于投资时间已经足够长久，我们终于能可靠地评估该基金中每家公司的股价表现了。结果表明，这一笔投资组合中，有一笔投资产生了亏损。此外，任何年化回报率低于 10% 的企业（或者更确切地说是企业市值），也会被我贴上“失败”的标签。截至 2022 年 6 月，这 17 家企业中有 6 家的年化回报率没有达到 10%。因此，在我们的 17 笔投资中，最终有 7 笔失败（1 家亏损，6 家年化回报率低于 10%），“失败率”为 40%。

但这只基金的投资整体表现，却要好于我原本设想的最佳目标。那么在七笔投资表现不佳的情况下，我们是如何取得了超乎想象的好结果呢？答案是，我们没有卖掉那些“下金蛋的母鸡”。

下面，请容我把这七家“失败”的企业简称为“七小灾”，毕竟我们给它们投了 78 亿印度卢比。接下来我将让诸位看一看，长期持有一家优秀企业股票会收获什么样的巨大惊喜。以印度领先的塑料制品企业至尊工业为例，那烂陀于 2010 年出资 10 亿印度卢比购入了该企业的股票，截至 2022 年 6 月，经过将近 12 年的持有期后，这部分资产的价值已增至 139 亿。我们从中获得的**收益**达到了 129 亿印度卢比，是“七小灾”投资**总额的 1.7 倍**（129 ÷ 78）。

投资优质企业的好处远不止于此。到 2022 年 6 月，共有 6 笔投资的收益，分别超过了我们对“七小灾”的投资总额。欲知我们的“六大福星”是哪家，请参见下表 10.4。

只需持有佩吉工业公司的股票 14 年，其回报就能达到 **7 笔**失败投资总额的 **5 倍**有余，这听起来是不是近乎离谱？如果长期持有优质企业股票的好处如此显著，投资者为什么不这么做呢？其中一个关键原因就是对“复利”效应的低估，这使得基金经理只关注年化收益率数值的高低，而非注重复利，但实际上这是本末倒置。

在金融术语中，IRR（Internal Rate of Return）指的是内部收益率，即我们前文提过的年化收益率。如果一只股票价格在四年内翻一倍，那么其年化收益率就是 19%，在三年内翻一倍的话就是 26%。翻倍的周期越短，年化收益率的值也就越高。投资者的问题在于，他们往往对“复利”隐含的奥妙之处不屑一顾，反而更喜欢吹嘘自己投资的年化收益率有多高，而且低估了较长一段时间后复利翻倍带来的巨大好处。

表 10.4　那烂陀长期持有优质企业资产所获收益额与失败投资总额倍数对照表（截至 2022 年 6 月 30 日，以印度卢比计）

收益 ÷ 总投资			
企业名称	资产持有年限	倍数	收益额与“七小灾”的投资总额的倍数
印度伯爵涂料	13.3	32.2 ×	3.3
心智树	9.6	8.2 ×	1.7
佩吉工业公司	13.7	82.2 ×	5.2
印度拉特纳曼尼金属管有限公司	11.7	16.2 ×	1.0
至尊工业	11.6	13.6 ×	1.7
沃思控股	13	10.6 ×	3.2

如果我们是年化收益率的脑残粉，那么表 10.4 中的“六大福星”早就被我们卖得一干二净了。从佩吉工业公司的例子中可以明显看出，抛售将存在巨大的弊端。2012 年 12 月，在我们购入佩吉工业的股票四年之后，其年化收益率达到了 65%！对大多数投资者而言，四年的持有期似乎已经够久了。而且如果我们还认为，在未来 5 到 10 年里，佩吉工业仍可以**累计获得 65% 的年化收益率**，这就不太明智了。如果我们盲目崇拜年化收益率，我们便会于

2012 年 12 月卖掉佩吉工业的股票，就四年后获得天文数字般的回报而欢呼雀跃，然后在那烂陀的宣传手册上（其实那烂陀并没有所谓的宣传手册，但这不是重点）用黑体加粗，凸显我们在这笔投资中获得的收益额。

2012 年 12 月，佩吉工业年化收益率的翻倍数是 7.8（截至 2022 年 6 月增至 82.2），那烂陀的投资收益，因而“仅仅”达到了 34 亿印度卢比。请记住，不管我们对佩吉工业的资产持有期有多长，花在“七小灾”身上的 78 亿印度卢比的总投资成本，始终是固定的。因此，假设那烂陀在 2012 年 12 月就将佩吉工业的股票出售，那么那烂陀只能填平先前的投资损失至 44%（34 ÷ 78），剩下 56% 的亏空，将不得不从其他企业身上找补回来。但是，由于那烂陀长期持有佩吉工业的资产，收益已经逐渐攀升至 408 亿印度卢比，达到了“七小灾”投资损失总额的 5.2 倍（408 ÷ 78）。

还记得前文中那个罕见色觉突变个体（千分之八）的例子吗？其一开始只占种族 1% 的选择优势，却在 3000 代之后，成为整个族群中的绝对优势种。所以，哪怕投资组合中只有少数几家企业的增长率，比其他公司只高出一点点，那么只要给予充足的时间，最后也将收获丰硕的果实。

那烂陀只投资那些被认定为卓越的企业。但我也知道，有些人可能无法分辨企业的优劣，所以不得不交一些“学费”。因此，对于像我们这样的长期投资者来说，光是产生“出售手中持有的优质企业股票”的念头，就是一种原罪，因为这实在是愚蠢至极。

原因 5：从复利中获益的唯一方法，就是长期持有投资

从逻辑上讲，如果我们在股价下跌时大胆买入后，就应在股价

突然上涨时积极卖出。不过值得庆幸的是，人生中那些必经的重大选择，比如相信我们的孩子是独一无二的天才、坠入爱河、在新冠大流行期间成为一名无私奉献的医护人员以及自愿服兵役等，都不是由逻辑驱动的。

所以我们也不会在股价突然上涨时抛售股票。在市场上行时期的不为所动，与我们在市场下行时期的疯狂买入行为同等重要，甚至还要更加关键。正如之前所述，截至 2022 年 6 月，那烂陀的投资组合总共包含了 24 家企业（不包括前两年买入的企业资产），其中有 9 家公司的收益（按印度卢布计）翻了 10 倍不止（最高的一笔来自佩吉工业公司，达到了 82 倍，而最小的也有 13 倍，来自印度本土互联网行业巨头 Info Edge 公司）。在这 9 只股票中，持有期超过 11 年的有 5 只，而其余 4 只十倍股的持有期，也都超过了 8 年。

在股价大幅上涨的时候，我们为什么**不卖出**呢？

答案如表 10.5 所示。我特地从九家增长率超过 10 倍企业中选择了最具代表性的两家来说明。

在此先说明一下我们对哈维尔斯公司的持股情况。截至 2022 年 6 月，那烂陀持有其股票已长达八年半，即 2724 个交易日（不包括假期），在此期间的收益为 1270%。从表 10.5 中便可看出以下事实：

在 1270% 的涨幅中，有 90% 是在短短 35 天内实现的，而这 35 天仅占那烂陀持有哈维尔斯公司股票的总交易天数的 1.3%。如果我们选择在这一个多月的某一天或几天里将其股票卖掉会怎么样呢？但需要知道的是，这 35 天其实是我们在 2724 个交易日中筛选出来的。例如，该股涨幅最大的三个交易日分别是 2014 年 6 月 5 日、2019 年 9 月 20 日和 2021 年 1 月

21日。如果我们因股价突然上涨，而激动地于2014年6月5日就将其卖出，那么2019年9月20日和2021年1月21日的两拨大幅上涨就与我们无缘了。正如你所见，佩吉公司的股票数据也差不多，其总收益的90%都源于仅仅2%的交易日里的上涨。

哈维尔斯的股票仅在44天内就上涨了至少5%，占那烂陀持股期间总交易日的1.6%。如果我们把这些股价上涨日获得的收益加起来，其总和就是1800%，即8.5年来的总收益为1.42倍。因此，44天内5%出头的股价涨幅带来的收益，几乎涵盖了那烂陀持股近9年的总收益！在这些“重要日子”里，假如你未能持有哈维尔斯的股票，那么因此而损失的机会成本，将会高得惊人。相比之下，佩吉公司则更是有过之而无不及，5%出头的股价涨幅产生的收益，可谓是天文数字——达到了持股期总收益的3倍以上！如果没有坚持长期投资佩奇公司，我们注入的资金就不可能实现“复利”。

最后，诸位可以看一下行情低迷期（股价下跌阶段）的数据。在下列公司中，股价下跌的日子，几乎占了总交易日的一半，这个发现一度令我十分惊讶。但是，正如你所看到的，股价下行日其实并不重要，因为那烂陀在这段时间里没有放弃持有这些公司的股票。

表10.5　股价上行日发挥的巨大作用（2007年6月至2022年6月）

评估项	哈维尔斯公司	佩吉工业
股票持有期		
年数	8.5	13.7
总交易日	2724	3586
总收益（%）	+1270%	+8890%

续表

评估项	哈维尔斯公司	佩吉工业
总收益的 90%		
天数	35	58
占总交易日的百分比（%）	1.3	1.6
+5% 的股价上涨幅度		
天数	44	83
占总交易日的百分比（%）	1.6	2.3
其间收益 / 总收益	1.42	3.30
股价下行		
天数	1293	1685
占总交易日的百分比（%）	47	47

注：表 10.4 中，佩吉工业的数值要略低于表 10.5。后者记录的是股票价格的涨幅，而前者显示的则是那烂陀所持股票的增值。由于表 10.4 描述的是基金的赎回情况（这会迫使那烂陀按照股票市场公布的价格出售所有股票），因而两者的价值略有不同。但正如你所看到的那样，二者之间的差距其实非常小。

诸位是否明白上述分析的含义？如果那烂陀在哈维尔斯或其他优质公司的股价大幅上涨的任何一天，卖掉它们的股票，我们确实能大赚一笔并大肆庆祝一番。但是，在股价长期持续上涨的情况下，我们未来必然会后悔不迭。

但我怎么知道哈维尔斯的股价会继续上涨呢？我当然不知道，因为我没本事预测股票价格，但我可以从另外两个方面入手。首先，如果我们持有一家高质量企业的股票，那么其股价从长期来看很可能（但并不一定）就会有积极变化。其次，优质企业的股价很少会产生大幅波动，如果我在其股价下跌的特殊时期没有投资股票，我就无缘获得大量的潜在收益。

要说我们做对了什么，那就是当抛售股票似乎是最合乎逻辑的行为时，我们选择按兵不动。

原因 6：我欣赏那烂陀持股企业的所有者

我很欣赏那些能吸引那烂陀投资的企业主。行为经济学家为投资者的这种“毛病”取了一个非常古怪的名字：禀赋效应。这种非理性的思维方式，为自己所拥有的物品赋予了过高的价值。

投资本应是一种枯燥乏味的职业，就像《星际迷航》（*Star Trek*）中完全以逻辑方式思考问题的斯波克先生（Mr. Spock）一样，基金经理需根据自己的智慧、本能或洞察力，就股票买卖做出不带个人感情的理性判断。可不幸的是，我们在买入股票和卖出一**部分**股票时，才会遵循上述原则。

正如我在本书前七章所讲的那样，我们在投资之前所做的决定，**完全**基于经验证据。但在我们投资之后，如果一家企业的经营表现保持优秀，那么我就会对它产生情感上的偏爱。印度的经营环境，对企业来说并不算友好（我相信所有国家或多或少都是这样，但印度是我唯一熟悉市场），因为几乎所有行业的竞争都十分激烈。在这种残酷的市场环境中，任何能够在保持高盈利能力和低负债的同时，又能通过承担合理的风险来获得行业领先地位的企业家，都是真正值得钦佩的优秀人物。

我知道，诸多科技公司已经成了新时代企业界的主流，每个人似乎都对其不吝赞美之辞，而它们却脸不红心不跳地大肆挥霍着他人投资的数百万或数十亿美元的资金。（但是，把 1 美元买进的东西，80 美分卖出有什么好得意的？也许我的观念已经跟不上时代了。）以 Ahluwalia、DB 集团（DB Corp）、Triveni Turbine 和 Voltamp 为例，与那些花钱如流水的公司相比，我们投资组合中的这四家公司都是各自行业内的领导者，其赚取的现金比支出要多得多，每年都是如此，就像钟表一样准时且稳定。然而，我们从中获得的投资回报，在过去 10 年甚至更长的时间里，都低于市场平均水平。这是我的错，不是他们的错。继续持有这些企业的股票的部分原因在于，我们希望形势会随着时间变化，最终等到“风水轮流转”的转机（就像那烂陀投资的许多其他企业一样）。此外，我个人对这些企业领导者的“偏爱”也是另一项重要原因。从几十年来的经营和财务记录可以看出，他们确实非常优秀。

从事投资行业的最大乐趣，就是可以了解并与肖巴希特·乌普帕尔（Shobhit Uppal）、素提·阿加瓦尔（Sudhir Agarwal）、杜罗夫·萨瓦尼（Dhruv Sawhney）和帕特尔（K. S. Patel）这样的优秀企业领导人建立联系。因为我很敬佩他们，所以为什么要为了区区几美元而放弃这种愉悦感呢?

原因 7：“不卖”让那烂陀成为更优质的“买家”

这个理由似乎过于马虎了，毕竟没有“卖”的话，更好地“买”又该从何谈起呢？其解决方法如下。

你认为基金经理会花多少时间来为手中的企业股票定一个“合适”售价？你要是一位基金经理的话，心中必定有数。如果不是，找他们问一下也就知道了。答案可能在 30%~70%。一些基金经理辩称：“如果我们不做买家，那么就只能做卖家。”所以，这些人很可能**无时无刻**不在打着出售股票的算盘。

印度拉特纳曼尼金属管有限公司是那烂陀的投资组合公司之一，也是印度最重要的特种钢生产企业。拉特纳曼尼的客户主要是炼油厂和石化厂，而这两大企业所属的行业都是周期性的。因此，拉特纳曼尼的收入和利润也具备了周期性特点。假设我们想评估是否应该从该公司撤资，接下来该怎么做呢？

我们首先要确定一个计算“**增量回报**”的时间范围，可以是一年、三年、五年或者其他时限。在上述时间节点到来时，我们需要预测拉特纳曼尼的利润和估值倍数（比如市盈率、企业价值倍数或其他指标）。

假如想计算三年的增量回报，我们就需要对拉特纳曼尼未来三年的收入、支出和税率进行预测。对于具有明显周期性的企业而言，这是一项非常重要的工作。首先，我们得让一位倒霉的分析师在周末加班，整理所有炼油厂和石化厂发布的资本支出公告，其中可能包含有拉特纳曼尼的客户。接下来则是要为拉特纳曼尼预设一个特定的市场份额，以预测公司的收入（如何设置？我不知道——去问问分析师吧）。最后再对重要开支项进行一系列的详细核算，包含折旧费、原材料费、人工费、销售费用、一般性行政管理支出以及税收等，在此仅举几例。我们甚至用不着讨论三年后估值倍数的各种预估方法。

一些资产管理公司可能不会算得如此精细，只要市盈率或股价达到一定水平，他们或许就会选择出售。但即便是专业人士也需要持续关注那些将要达到出售价格标准的企业股票的走势，并进一步讨论关于其股价的最初设想，是否仍然有效。（例如，假如公司的主要竞争对手陷入困境，我们该采取怎样的行动？）

所有这些工作都需要付出时间和精力，最重要的是，还需要耗费大量的脑力。不过，那烂陀不需要做这样的分析，因为我们的“买进”绝不是为了“卖出”。除非我们持股的企业的资本配置产生了严重失误，或者其业务经营遭遇了不可逆转的损失（以我们的判断为准），否则任何一位在那烂陀任职的专业投资人，都不会花哪怕一分钟的时间，去考虑出售已经购入的股票。

上一章的表 9.2 表明，无论是 2008 年金融危机、2011 年欧元危机（始于 2009 年的欧洲主权债务危机导致 2011 年 3 月至 2012 年 5 月大多数欧元区国家政府更替或垮台），[14] 或是新冠疫情的全球肆虐——我们在上述 3 次"至暗时期"里，始终都是非常积极且活跃的"买家"。既然我们多年来始终秉持着"按兵不动"的做派，那又是什么原因让我们在 2020 年 3 月的短短 17 天内，购入了价值 2.88 亿美元（占那烂陀自 2007 年成立以来对外投资总额的 16%）的股票呢？我们之所以会采取如此果断且颠覆性的买入行动，是因为我们已然做好了充分准备。那烂陀时时刻刻都在准备着买入股票，因为我们根本就不需要考虑"卖出"的问题。

仅仅因为我大部分的时间都在思考如何买进，并不意味着我得出的决策都是正确的，我虽然曾在"买入"的环节上犯过很多错误，却依然无法保证以后不会重蹈覆辙。不过，摆脱对"售出"的担忧之后，那烂陀的全体投资人，都能够做到高度聚焦于"买入"过程，并严格遵循那烂陀一贯的投资原则了。如此一来，我还能要求什么呢？

"这不合理！"

买下一家卓越企业的股票，然后以逸待劳，安心坐等无尽"钞票"滚滚来。这看起来简直易如反掌，不是吗？

但它没有你想象中的那么简单。在几十年的投资生涯中，很多基金经理和投资人朋友，也就我的投资理念提出过反对意见。他们拒绝给那烂陀投资，因为他们并不认同那烂陀的"永久股东"的投资方式，所以自然不愿意把钱投给我们。在表明那烂陀打算成为被投资企业的“永久股东”之后，“这不合理！”这四个字，便成了司空见惯的回应。

下面列出了一些他们的反对意见和我的解答。

反对意见1：我为什么要坚持60倍的市盈率？

那烂陀对价格很敏感，如果价格过高，我们就不会投资。那么，一个符合逻辑的问题是，当股票价格走高的时候，我们为什么还不卖出呢？

以那烂陀投资组合中一家企业的具体情况为例，在那烂陀持有其股票的5年里，该公司的市盈率从15倍升到了60倍。假设该公司的收益在5年里翻了一番，那么那烂陀手中的股票价值，将变成最初投资额的8倍，即4倍的股价增长，再乘上两倍的收益增长。

一旦股价涨到这个节点上，许多投资者便会选择将其出售。因为假设该企业在未来5年的收益还会翻一倍（与过去5年相同），并且市盈率保持不变，那么会翻倍的只是我们手中的股票价格。所以，如果原来（翻倍前）市盈率是30倍（这并非不可能，因为市场的长期市盈率通常是19~20倍），我们在未来5年里，就不会获得任何回报，这时候难道不应该卖出去吗？

这是一个符合逻辑、听起来很有道理的操作。在这种情况下，大多数基金经理选择出售股票并退出，既合情又合理。但那烂陀不会，这种偏好主要基于下面三个方面的原因。

首先，我发现，优质企业通常会附带意想不到的“好处”。如果它未来5年的收益，会变成三倍或四倍呢？请记住，我们只购买“卓越企业”的股票。它们之所以会在行业中脱颖而出，是因为他们比竞争对手更优秀，而且通常会持续获得市场份额。更重要的是，它们具备一定的“市场支配力”，而我们在上一章中，便论述了大多数行业领先企业正变得日益集中化的趋势。

其次，对于优质企业来说，其估值倍数通常不会长期维持在四平八稳的状态。就在我撰写本章内容期间，市值 4000 亿美元的沃尔玛的市盈率为 33 倍，而市值 2600 亿美元的欧莱雅的市盈率则达到了 61 倍！这就是为什么我们只对“顶尖企业”感兴趣了，因为其估值倍数，可能会在未来很长一段时间持续走高。

最后，为什么我要把计算范围限制在未来五年？假设我对未来五年的盈利增长和市盈率翻倍数的预测并不正确，盈利和之前持平，估值倍数变成一半，该怎么办呢？我在五年内的损失会达到 50% 又该如何呢？如果 5 年期满后，企业的业绩在后续的 10 年里始终保持原样，又该怎么办呢？ 5 年后，如果我在高市盈率的情况下卖出，那么我将无法获得其在第 5 年至第 15 年间产生的价值收益。接下来我将通过一个虚构的案例和一个真实案例来说明我的观点。

先回到本章开头的案例：在 2000 年，我以 1 美元的价格买入 A 公司的股票，市盈率是 15 倍。到了 2005 年，该公司盈利翻了一番，市盈率也随之涨至 60 倍，目前的股价已达到 8 美元。如果出售，我将以 52% 的年化回报率，赚到 8 倍的钱。这非常划算，但我选择了不出售。

在接下来的 5 年里，A 公司盈利表现没有变化，其市盈率减半至 30 倍，那么它在 2010 年的股价便跌到了 4 美元。同 2005 年相比，我损失了一半的资金，所以我被当成了傻瓜，但是请诸位耐心等待。

如果 A 公司表现良好，未来 10 年（2010 年至 2020 年）的收益翻了两番（年化增长率达到 15%，这对于一家优秀企业来说，算不上是一个过于激进的目标），市盈率增长 50%，达到 45 倍，那么到 2020 年，其股价就会涨至 24 美元。因此，A 公司在 20 年内的年化回报率就为 17%，这意味着我在 20 年里赚到了 24 倍的钱。对我来说，这比 5 年赚 8 倍的钱要好得多，为什么呢？因为我可能会犯错误，正如在本章前文中讨论的那样，我们需要从其他地方将犯错的损失找补回来。谢尔比·戴维斯的投资经历则告诉我们，我们不需要投资组合中的所有企业都在第 5 年到第 15 年间持续保持良好经营状态，只要其中的少数几家表现优越，就绰绰有余了。

我还要同大家分享那烂陀投资组合中出现的一个实际案例。从 2010 年底到 2011 年初，我们以每股 128 印度卢比的价格，持续购入印度拉特纳曼尼金属管有限公司的股票。在后续三年里，其股价并没有明显波动。到 2014 年 1 月，该公司股价也才堪堪升至 135 卢比。我们始终平心静气地攥着这只股票没放，因为公司的经营状况良好。到 2015 年 1 月，其股价迅速飙升至 700 卢比，在短短一年内上涨了五倍。由于收益猛增，估值倍数也随之水涨船高。

如此大好时机，是不是应该卖掉那些股票？但我们没有这么做，因为拉特纳曼尼始终占据着行业一流地位。在接下来的两年里，公司股价一直保持在 700 卢比左右的水平，直至 2017 年 1 月才开始继续缓慢上涨。到 2021 年 1 月，其股价已涨至 1600 卢比。假如我们在 2015 年以每股 700 卢比的价格出售，那么未来 6 年涨至 1600 卢比的“天降横财”，也就与我们无缘了。更重要的是，我们最初的买入价才 128 卢比，10 年后增至 1600 卢比，这笔买卖似乎一点都不亏（年化回报率有 29%）。但有人可能会说，我们要是在 2015 年 1 月卖出的话，就能获得超过 50% 的年化回报率。虽然有一定道理，但我更喜欢 10 年 29% 的年化回报（12.5 倍），而不是 4 年 53% 的回报（5.5 倍），所以我们选择了继续持有拉特纳曼尼的股票。

“我为什么要坚持 60 倍的市盈率？”这个问题的答案到现在，

已经很简单明确了。从长远角度来看，好的企业总有办法能让我们赚到超乎想象的大钱。

反对意见 2：我的“增量回报”从现在开始将会很低

我虽然已经成功地释怀了自己在“买入”环节上的诸多失误，但永远不会原谅自己在“卖出”环节上犯下过的唯一一次误判。我当时之所以昏了头地卖出，是因为担心那烂陀的“增量回报”会逐渐消失。

2011 年底，那烂陀以每股 1700 卢比的价格投资了一家名为什里水泥（Shree Cement）的公司。它是印度最顶尖的水泥生产企业，可能也是全球最优秀的水泥企业之一。水泥行业的周期性特点十分明显，而那烂陀则在行业形势跌至谷底时，抄底买入了该公司的股票。在投资后的几个月内，意外之喜悄然降临，水泥行情开始回暖，该公司的股价翻了一倍有余。

虽然我确实相信我们要永久地持有企业的股票，但我错误地认为，我们应该对具备高周期性特点的企业“破例一次”。在我看来，“下行买入，上行卖出”应是能够“玩转”周期性行业投资的好方法。虽然我们不可能完美地确定周期性上行和下行的时间段，但我认为估算得大差不差即可。2012 年 10 月，我以每股约 3800 印度卢比的价格，出售了什里水泥的股票，因为从长远来看，其“增量回报”已然不会给我们带来太多惊喜。相反地，果断地卖出意味着我们在不到一年的时间里赚取了大约 2.2 倍投资额的收益。抛售之后，我们便向投资者返还了 8 千万美元的获益，并为自己此次击败市场的投资感到万分欣喜。

事实证明，这是我做过的最愚蠢的决定。我们撤资的代价有多少呢？四亿美元，而且只会越来越多。2022 年 6 月，什里水泥的股价涨至 19,009 印度卢比，是十年前的五倍多，太扎心了！

吸取了此次“昂贵”的教训后，如果还有人对我们的“永久持股”策略表示反对，我便会反问道：计算增量回报的周期是多久呢？是一天、一个月、一年、三年还是二十年？如果我们投资的企业一直十分出色，那又何必追涨杀跌忙个不停呢？

关于是否要出售一家优质企业的股票，我们需遵循一个十分简单的法则，那就是：想都别想。

反对意见 3：存在更好的资本配置机会

在过去几十年中，股票的持有期一直在呈缩短趋势。当然，投资者并非为了交易而交易（这也是我所希望的）。他们卖掉 X 后再买入 Y，因为他们认为 Y 比 X 有更好的“钱途”。不久之后，出于同样的原因，他们卖掉了 Y，转而购入了 Z，因为貌似更好的选择，**永远**都在前头。他们这种行为好比是跑轮上的仓鼠，虽然从未停歇，但却没有前进一步。但有人会说，在高位出售一家市盈率达到 50 倍的企业股票，然后购入一家市盈率只有 15 倍的企业，难道不就赚到了差额吗？但那烂陀不会这么干！

我们从不大肆进行“低进高出”的交易活动。只有在对一家企业彻底失去信心时，我们才会出售其股票，而且一旦撤资，我们便会把钱返还给投资人。获取一家优秀企业股票的机会其实非常难得，如果我们中了大奖，为什么还要做杀鸡取卵之事呢？（是的，是的，我知道！我就是那个卖掉什里水泥股票的罪魁祸首，不要再提醒我这段不堪的往事了。）

换个方式来看，我想诸位都有自己的房子，或者认识有房产的人，那么你知道有哪位房主会频繁倒手换房吗？他是否每天、每个月，甚至每年都要查看房子的价格，以便伺机高价卖出，然后用较低的价格再买一套？如果不是，那我觉得我们也没有理由来区别对待手中持有的任意一家企业的股票。

经验证据表明，“快进快出”的投资策略是很难行得通的。[15] 如前文所述，基金表现不佳与其投资组合周转率之间存在很强的相关性。我不知道二者之间谁为因，谁为果，但坦白说，我也不想知道。

我很乐意买进一家优质企业（的股票），并把它当成是永久居住的房子，长长久久地持有下去。

反对意见 4：那我一整天都该做些什么？

信不信由你，多年前一位曾在对冲基金工作的朋友告诉我：“这是一种懒人的赚钱方式！”他是一个非常理性的人，也认同通过长期持有一些优质企业资产，利用“复利”来获益，但他认为，在缺乏“流动性”的情况下赚钱，这种方式几乎有些“不道德”了，全方位的活跃才是正解。然而，他不久之后便离开了对冲基金行业，因为每天要花 12~14 个小时盯着彭博财经的屏幕，同时又要为自己的每日损益提心吊胆，这种高强度的工作令他心力交瘁。

另一位基金经理问：“不买进卖出的话，那我一整天都该做些什么呢？”此人表示，他所有的钱都是通过持有几家高质量企业的股票赚到的，但依然想要保持忙碌的状态！我本想说：“去度个假吧！”但实际没有说出口——毕竟各有各的活法。

投资是一种相当独特的职业，因为“不积极”可能反而会带来巨大的回报，至少对那烂陀而言就是如此。我们将继续坚定地执行“懒得买进，更懒得卖出”的投资政策。

* * *

《摩诃婆罗多》是古印度两大史诗之一（另一部是《罗摩衍那》），其成书年代约始于公元前 4 世纪，并在后续的几百年内持续增补完善。作为人类文学史上篇幅最长的诗歌，《摩诃婆罗多》全书约有 180 万字，是《伊利亚特》和《奥德赛》字数总和的七倍。这部史诗主要描述了两个表兄弟之间围绕王位继承的争斗，但也是一部关于道德哲学和人类行为心理学的专著。

在《摩诃婆罗多》著名的《森林篇》中，药叉（正法神阎摩变化而成）曾向表兄弟中最年长和最聪明的坚战连续发问。双方对话的回报很高，因为一旦回答正确，被药叉杀死的四个兄弟便能复活一人。

“这个世界上最大的奇迹是什么？”是药叉所提出的最著名的问题之一。坚战的回答则是：“每个人每天都会看到无数人逝去，但从他们的行为和想法上来看，好像他们会永远活着。”坚战的见解关键点在于，我们很容易莫名其妙地忽略身边显而易见的某个事实。

对我们来说，这个故事中最有价值的问题应该是：“投资界最大的奇迹是什么？”我的回答是：“每个人都能看到，那些从不出售手中股票的人，创造了不可估量的财富，但从他们的想法和行为来看，其财富却好像是通过出售股票而获得的。”在此就我这种拙劣的“引经据典”，请容我向伟大的坚战道歉。

本章小结

进化论教会我的投资知识是：

要重构对投资的认识，我们需要保持充足的耐心，而且还不能在任何价位上，出售优秀企业的股票。

1. 达尔文认为，如果一个有机体比它的同类多出一点点优势（比如跑得更快），那么只要给予足够的时间，这一优势性状将会传播至整个种群，而这个观点正是进化论的基础。达尔文比他之前的任何科学家都明白，在长期“复利”的作用下，“微进化”终将创造“宏进化”。
2. 精通数学的投资者都认为自己了解复利，但有证据显示，他们的股票持有期仅有几个月。投资者通常无法或不愿表现出足够的耐心，但凡出现收益微薄或资金损失的情况，他们便会打退堂鼓，迅速卖出。
3. 我们已经从达尔文进化论的“长期复利”中充分吸取了经验教训，如果一家企业表现良好，那么我们在任何价位上，都不会出售其股票。
4. 我们坚持做永久性投资的部分关键原因有以下几点：世界上最富有的人都是那些“不乱卖”的人；一项长达90年的研究表明，只有优秀的企业才能创造巨大的财富；巴菲特的亲身实践已经证明，“永久性持股”的策略非常有效；基金经理可以从优质企业资产价值的成倍增长中，获得巨额收益，从而填补因犯错而造成的投资损失；只有那些坚持做长期投资的人，才能从“复利”中受益。
5. 大多数投资者都拒绝接受“永久性持有企业股票”的理念。然而在我看来，这是个严重错误。
6. 那烂陀之所以成功，不在于我们是个优秀的“买手”，而是因为我们抵住了“卖出”的诱惑。

结语

蜜蜂通过重复一个简单的过程就能成功生存下来，投资者同样也可以！

凡是考察过蜂窠的精巧构造的人，看到它如此美妙地适应它的目的，而不热烈地加以赞赏，他必定是一个愚钝的人。我们听到数学家说蜜蜂已实际解决了深奥的问题，它们把蜂房造成适当的形状，来容纳最大可能容量的蜜，而在建造中则用最小限度的贵重蜡质。

——查尔斯 · 达尔文 《物种起源》

作为一个投资者，你的目标应该是以合理的价格，购买一个容易理解的业务的部分权益，该业务的收益，几乎肯定会在五年、十年和二十年后有实质性的提高。随着时间的推移，你会发现只有少数企业符合这些标准——所以当你看到一个符合条件的企业时，就应该毫不犹豫地购买一定数量的股票。你还必须抵制诱惑，不要偏离这个准则。

——沃伦 · 巴菲特 《1996 年度致股东信》

本书开篇以黄蜂趋利避害的本能为引子，从生物学角度开启了我们对投资知识的探讨之旅。因此以蜜蜂的独特生存方式为例来对本书内容进行一番总结，也算是有始有终、首尾呼应了。

如何理解一个充满不确定的世界

1953 年，随着二十世纪最重要的一项发现，即 DNA 双螺旋分子模型的提出，生物学，特别是进化生物学的发展也向前迈进了一大步。凭借这一研究成果，沃森和克里克共同获得了 1962 年的诺贝尔生理或医学奖。DNA 结构的发现开启了分子生物学时代，也揭开了遗传信息的构成和传递途径。

那么，真的是这样吗？

虽然这一具有开创性意义的生命大发现已经问世了数十年，但科学家们远未完全了解自身的基因组。[1] 人体总共有 22,500 个基因，一些科学家认为，人体中只有不到 2% 的基因是“有用”的，而其他科学家则断言称，“有用”基因的比例超过了 50%。因此，人体内大部分 DNA（一共约由 60 多亿个碱基 [A、G、C、T] 构成）的作用，我们根本就一无所知。更令人惊讶的是，尽管科学界已经就某一特定 DNA 片段的功能达成了一致意见，但它如何进行表型转化，或者说如何形成可观察到的生理特征，至今仍然是个谜。

尽管全球无数专业科研人员每年在基因研究方面投入了数十亿美元的经费，但就“进化在分子层面是如何运作的？”这一问题，人们目前依然无法找到答案也是一个不争的事实。[2] 但在我看来，这是好事，或称得上是一件天大的好事，因为它将促使科学家们提出正确的问题，继而推动对未知事物的进一步探索，而大多数生物学领域的科研文章讨论的都是已经发现或提出的问题，以及应该进一步进行探索的问题或疑点。不幸的是，这些研究人员似乎从来没有得到任何问题的明确答案。他们现在最擅长的事情，反而是提出更多的问题！

在外界看来，我们这些投资者应该对各类企业和各个行业有着很深刻的洞察力，所以人们普遍要求投资者必须充分了解所投资企业的业务，因为其中蕴含着一个隐藏逻辑：能够更好地了解一家企业的人，一定会成为一位更优秀的投资者。当然，人们还要求投资者能够回答任何人提出的、关于已投资企业的任何疑问。但问题是，如果全球那么多优秀的生物学家在经过长达七十年的苦心研究后，仍然没有揭开一个低级的、离散的有机分子（DNA）的神秘面纱，又怎么能够要求投资者，在短短七十天或七百天内，将一家时刻都处在动态变化中的企业实体彻头彻尾地分析完毕呢？

不知你是否发现，本书的每一章内容都遵循了一个统一的论述模式，即投资是一门十分博大精深的学问，由于能力有限，我们承认自己仍是一位“极度无知”的从业者。所以，那烂陀的整体投资方法，就是尽可能地去弥补我们在这方面的不足。

- 我们会避免承担多种类别的风险，因为在这些情况下出现的结果很可能是不确定的，会超出我们的控制范围。
- 我们只投资于尤为杰出和优秀的企业，因为大多数企业最终都会失败，而我们则希望能减少投资结果的不确定性。
- 我们会以一个十分有吸引力的估价买入企业股票，因为虽然我们不知道会在**什么**地方出错，但我们预先给自己做了心理预设，即**问题**一定会出现。
- 我们平时不轻易买入，**更是很少**卖出，因为每一次的股票买卖，都可能会给我们带来无法预料的意外后果。

在这个复杂不可知且充满不确定性的世界中，我们并不想要成为最好的投资者，因为我们对大多数事情都一无所知。我们不知道什么才是最好的投资，因此，我们只希望竭尽全力做好投资。市面上存在着许多各式各样的投资方法，因此也带来了截然不同的投资模式。那烂陀的投资模式则旨在确保我们能“做好投资”，并试图在不确定性中实现以下一个目标：提高我们投资的**预测准确性**。

我们是如何做到这一点的？答案就在蜜蜂身上。

舞蹈中的成功之道

蜜蜂重量只有0.1克，已经在地球上生存了三千万年。它们挨过了多个冰河时期、成千上万次的环境灾难，各类大小型捕食者源源不断的围追堵截，更是见证了地球历史上最具破坏性生物——**人类的到来**。

蜜蜂一生中最重要的决策，是选定蜂巢的位置。我将其称为“决定”，因为这就是一项群体性的决策：它似乎遵循了一套特定的流程，可能需要好几个小时，甚至好几天的时间才能完成，而且蜂群中的每只蜜蜂似乎都有发言权。与进食、交配或争斗不同，选择家园对蜜蜂来说，似乎是一个需要认真商讨和“深思熟虑”的过程。为什么呢？请容我简单解释一下这个论断。

蜜蜂是社会性很强的昆虫，成千上万的个体会聚集在一起共同生活。一个蜂巢通常有且只有一只蜂后，由工蜂负责喂养和保护，这些工蜂都是无法生育的雌蜂。[3] 一个大蜂群通常会在冬末分裂成几个小蜂群。每个“另起炉灶”的小蜂群，首先要做的就是找到一处新地方来建造蜂巢、培养工蜂，并为下一个冬天储存蜂蜜。

因此，当一个新的小蜂群诞生后，它们最重要的任务，就是为自己寻找合适的筑巢位置。新家的建造需要足够大的空间，这样才能容纳足够多的蜂蜜来保障整个冬天的生存所需。此外，蜂巢入口处需要离地面足够高，以防陆生捕食者的侵扰。为了保障整个巢穴的隐蔽性和保暖性，以及避免大风等极端天气的影响，入口也要造得足够小才行。

那么，蜜蜂是如何为自己选择合适居所的呢？通过舞蹈。

假设你决定就“蜜蜂如何选择新的筑巢地点”这一问题开展研究，那么你将会从它们身上观察到以下行为。当新蜂群准备从母巢中分离出去时，几十只侦察蜂便会向四面八方飞去，它们的任务就是在方圆五千米的范围内，寻找新的筑巢地点。其中一只侦察蜂在找到一处可能合适的地点后，它就会飞回蜂群中，通过跳摇摆舞的方式将该地点的距离、方向和质量传达给其他雌性工蜂（在蜜蜂王国里，雄性都是游手好闲的懒汉，它们唯一的工作就是使蜂后受孕）。舞蹈的持续时间与母巢到新筑巢地的距离成正比，跳舞时头的方向则代表了新地点相对于太阳角度的方向，而摇摆的力度（舞蹈的圈数）则代表了新地点的质量。

侦察蜂先行检查过一大片区域后，它们会把自己发现的多个合适筑巢位置传递给蜂群内的其他伙伴。然后，这些蜜蜂便会根据各个侦察蜂提供的指引，分头查看那些零零散散的地点。待任务完成后，它们就会回到蜂群中，再次用摇摆舞来分享信息。

因此，侦察蜂最初带回来的几个可能的筑巢地点信息，似乎是想引诱蜂群中的其他小伙伴前往每个待定的地点再次查看，这似乎是一个相当混乱的沟通过程。然而，待几小时或几天之后，所有蜜蜂的舞蹈都开始指向了同一处。一旦达成共识，蜂群就会直接飞往选定的地点。当然了，蜂群中并不存在所谓的“行动领袖”（蜂后只是一台需要完全依靠工蜂提供食物和照护的活体繁殖机器）。所以，你必定会得出一条结论：蜂巢的选址是通过一个类似“民主”过程来决定的，而且每只蜜蜂都有所参与。

观察到这些现象后，你可能会提出以下一系列问题——蜂群中这种几乎达成了百分之百共识的“民主决策”流程，到底是如何运作的？随着时间的推移，蜜蜂的**舞蹈**是如何给它们带来共识的？蜜蜂们是否做出了“正确”的决定？这种决策过程是简单的还是复杂的？少安毋躁，我会在下面逐一解答。

正如我前面提到的，蜜蜂显然需要选择一处高质量的筑巢地点来保证它们的生存。但其中暗含的一个问题是，如果蜜蜂需要在多个高质量筑巢点中进行选择，为什么它们几乎**总能**选出最佳的场所？对于这些挑剔的蜜蜂来说，“足够好”显然不符合它们对完美的追求。为了解开这个谜团，科学家们特地做了一项实验，他们在蜜蜂的活动范围内人为设置了一些优良备选筑巢点。最后他们发现，蜜蜂几乎总是能聚集在最佳地点。更令人惊讶的是，它们很少在一开始就直接前往最好的筑巢点。但随着时间的推移，即使蜜蜂发现最佳地点的时间比其他稍差的地点晚得多，但最终还是会围绕最佳地点达成共识。

研究人员已经明确证明，蜜蜂有一个评估筑巢地点质量的绝对标准。它们通过将摇摆舞的力度转化为舞蹈的圈数来表明一个**特定**地点的质量。一只蜜蜂需要 15 分钟到 1 小时来评估一处潜在筑巢地的好坏。它会检查筑巢地的外部环境，并在里面花大量时间进行走动和短距离飞行。如果蜜蜂在第一次检查时发现，此处巢穴的质量是比较理想的，它就会回到小蜂群中，并以摇摆舞的方式传递相关信息。如果有另一只蜜蜂跟随它来到这个地点，那么后者在返回蜂群后也会表演几乎相同的摇摆舞（在持续时长和力度方面）。这说明，蜜蜂内部存在着一个评估巢穴质量的通用标准。

在选择巢址时，所有蜜蜂的利益都是一致的。它们的共识，也将随着时间的推移而逐步建立，因而到最后，所有蜜蜂都会一致支持同一个地点，而这些地方几乎总是最好的筑巢点。但蜂群如何做到这一点呢？

科学家们一开始的假设是，蜜蜂侦察员会将旧巢址与新巢址（其他跳舞的侦察蜂影响了她）进行比较。如果发现新地点的质量更高，她就会停止对旧地点的支持，并以更加卖力的舞蹈来表明对新地点的认可。因此，更多的舞蹈圈数意味着新巢址比旧巢址要更好。随着时间的推移，这个筛选和比较的过程让蜂群逐步建立了共识，因为蜜蜂会不断比较各个巢址的优劣，直到选出最好的那一个。虽然看起来完全说得通，但事实证明，这个假设是错误的。大多数蜜蜂只会检查一个巢址，它们很少去探访两个或更多的巢址。

那么到底是怎么回事呢？通过一系列艰苦而细致的研究，托马斯·塞利（Thomas Seeley）成功解开了蜂群达成选址共识背后的奥秘。[4]首先，我们已经知道，蜜蜂在描述质量较好的筑巢地时会跳更多圈的舞蹈。第二，蜂群中的蜜蜂会随机选择一只跳舞的蜜蜂，并前往这个新的地点进行二次探索。

但是，这两个简单的行动，是如何让蜂群对可能的最佳巢址达成近 100% 的共识的呢？首先，让我们简单看一看蜜蜂在野外环境下的选巢行为。

我们假设一开始有三只侦察蜂分别对三处质量不一的新巢址——A、B 和 C 进行了查探。假设 A 地是最好的，C 地是最差的。在检查完 A 地后，第一只侦察蜂回到蜂群并跳了 20 圈的舞。第二只侦察蜂评估了 B 地，回巢后跳了 10 圈的舞。最后一只侦察蜂从 C 地返回后只跳了 5 圈。

让我们假设蜂群中有一百只蜜蜂在等待它们的侦察员返回。请记住，它们会随机选择接收任何一只侦察蜂发出的舞蹈信息，然后前往其选定的地点进行二次探察。由于第一只蜜蜂贡献了 57%（20 ÷ 35）的舞蹈圈数，所以一百只蜜蜂中会有 57 只会跟着第一只蜜蜂去探索 A 地。按照同样的逻辑，29 只蜜蜂最终会前往 B 地，前往 C 地的则只剩下 14 只。当这一百只蜜蜂返回后，会发生什么呢？

从 A 地返回的 57 只蜜蜂各跳了 20 圈舞蹈，总圈数即为 1140。

从 B 地返回的 29 只蜜蜂各跳了 10 圈舞蹈，总圈数即为 290。

从 C 地返回的 14 只蜜蜂各跳了 5 圈舞蹈，总圈数即为 70。

因此，A 地现在贡献了所有蜜蜂舞蹈总圈数的 76%（1140 ÷ 1500），而在第一轮侦察蜂的探察中，A 地在总圈数中所占的比例是 57%。在第二轮中，蜂群的其他蜜蜂，将随机选择任何一只跳舞的第一轮侦察蜂进行二次探查。于是，第二次便会有 76% 的蜜蜂前去探索 A 地。

如果这个探索—跳舞—再探索的过程一直持续下去，你就可以看到，对最佳地点 A 的支持率将持续呈指数级增长——按照同样的逻辑来计算的话，待到第三轮时，蜂群对地点 A 的支持率将增加到 88%——直到几乎所有蜜蜂都只支持地点 A。

当第一次了解到蜜蜂的这种决策过程时，我被震惊得无以复加，不知诸位现在是否和当时的我有同样的感受？你看到其中发生了什么吗？蜂群准备要做出一项异常复杂且十分具有挑战性的决定。然而，它们却通过一个非常简单而直接的过程就完成了任务——为了一个更好的新巢址而更努力地跳舞，并让自己随机接收一只侦察蜂发出的舞蹈信号。没错，就是这么简单。

简单且可重复的投资决策过程，与蜜蜂如出一辙

投资界寻找“最佳”投资的脚步始终都没有停止过，而这恰恰是一种故步自封的行为。我见过有人通过非常复杂的算法和数千兆字节的电子表格来评估一家企业的价值和质量。但在那烂陀，我们只对执行一套健全的投资**流程**感兴趣。

我们的“算法”，虽然远没有蜜蜂的算法那么生动优雅，但也只有三个步骤：

1. 排除重大风险。
2. **只在**股价合理时买入高质量企业的股份。
3. 永远地持有它们。

蜜蜂选择新巢址的“算法”，并不能直接带来百分之百的成功结果，而它们也不需要确保百分之百的成功率。虽然有些蜂群会因为无法找到合适的居住地点而灭亡，但那又怎样呢？这是一个**统计学**上的稳健过程①，因为蜜蜂这一物种的寻巢行为模式虽然很简单，但**整体上**的运作效果还是相当不错的。它之所以稳健，是因为除了算法合理之外，它还具有**可复制性**。所以，偏离这么一个简单好用的决策模型，对蜜蜂种群来说没有必要，在实际运行过程中也得不到其他蜜蜂的允许，而且它们还成功地将这种简单易操作的寻巢决

① 一个在各种条件下都能保持稳定性能的过程，通常指生产、管理或技术过程。

策过程一季又一季、一年又一年、一千年又一千年地重复沿用了下来。

大多数投资者失败的原因并不在于遵循了一个错误的投资模式，而在于没有重复性地遵循一个好的投资模式。“投资于优质管理团队经营的优质企业，会带来长期的成功”，即便没有天才般的头脑，投资者也能总结出这个道理，但有多少投资者能够日复一日、年复一年地将这一理论转化为实践呢？

私以为那烂陀的投资模式还是比较稳健的，这一点想必诸位应该不会强烈反对吧。虽然那烂陀在成立的最初几年里出过几手偏离了既定投资模式的昏招（比如出售了什里水泥公司的股份），但大体上始终都在沿着一条笔直的投资路线前进。显然（且可悲的是），那烂陀的评估流程也并不能保证百分之百的成功。那烂陀的一些投资已经被证明是失败的，或许今后还有更多的投资无法成功，但我们不会质疑自己的投资过程。无论结果如何，我们都会不断地重复这个过程。

那烂陀一直在努力成为像蜜蜂一样“成功”的投资者（尽管我们知道自己可能永远不可能做到）。

* * *

与生物学家不同，投资者很少产生疑虑和不确定的表现。当然，我在这里说的，不是人们在电视上经常看见的那类“投资专家”——他们上媒体的目的是娱乐大众，而不是授人以渔。有些科学家可能一生只干了一件事，比如研究玉米类植物的遗传［1983 年诺贝尔生理学或医学奖得主芭芭拉·麦克林托克（Barbara McClintock）］、破译嗅觉系统的组织结构［2004 年诺贝尔生理学或医学奖得主琳达·巴克（Linda Buck）］，或者发明一种基因编辑技术［2020 年诺贝尔化学奖得主珍妮弗·道德纳（Jennifer Doudna）

和埃玛纽埃勒·沙尔庞捷（Emmanuelle Charpentier）]，但他们会坦然承认，可知事物仍然蕴藏着极深的秘密，而自己几乎只触及其表面而已。与之形成鲜明对比的是，一名投资者在与一家从未接触过的公司管理层进行了一小时的小组会议后，就敢信誓旦旦地宣布自己已经找到了下一个堪比宝洁的“千里马”企业。

在我还是个年轻的麦肯锡咨询顾问时，我认为自己无所不知。然而随着年龄的增长，我反而感觉自己的无知面正在逐渐扩大。等成了一位上了些年纪的老投资人，我脑子里冒出来的全是各种问题，却一个答案都没有。我多希望手头能有现成的解决方案，但这只是一种幻想。因此我唯一的选择就是，内化并实施一套能够将复杂的世界简单化的流程，以期弥补自身智力与学识方面的不足。

如果那烂陀在许多年后还能生存下来，并超越市场的平均表现，那并不是因为我们“懂得多”，而是因为我们心存谦逊，知道自己并非无所不知、无所不能。

本章小结

进化论教会我的投资知识是：

我们可以通过执行一个简单的、可重复的投资过程，来重构我们对投资的看法。

1. 蜜蜂对新巢址的选择是极其重视的（一个选择不当就可能会导致整个群体的死亡），而且选择的过程看起来很复杂。
2. 蜂群不存在一个发号施令的“行动领袖”，它们通过一套建立共识的流程来共同做出决定，而这个流程实行起来却出奇地简单。当然，这个流程并不能保证蜂群每次都能在第一时间内找到最佳的筑巢地点，但从整体上来说，它在三千多万年的时间跨度内，为蜜蜂这一物种的成功生存提供了极大的助力。

3. 商业和投资世界是非常复杂的，鉴于自身智力有限，我不可能做到对这一行业无所不知、无所不晓。
4. 因此，那烂陀对寻找“最佳的投资目标”不感兴趣，而是专注于执行一套稳健的投资评估流程。
5. 那烂陀的投资“三步走”评估流程，既简单明了又具备可重复性：

   （1）排除重大风险。

   （2）**只在**股价合理时买入高质量企业的股份。

   （3）永远地持有它们。
6. 我们知道，这套评估流程并不能保证每次投资都能成功，但**整体而言**，它确实给我们带来了丰厚的回报。
7. 不管每一次的投资结果如何，那烂陀于过去、现在和未来，都将继续坚持这套简单易行的评估流程。

致　谢

这本书虽由我执笔，但自出生以来，是鄙人同这个世界无数的联系和影响最终造就了现在的我。尽管其中绝大部分的记忆已然湮灭，仍有一些我**仍未**忘怀，本节就是为他们而写。

在此，我要对来自那烂陀的优秀员工阿南德·斯里德兰（Anand Sridharan）、阿西什·帕蒂尔（Ashish Patil）、阿亚卢尔·塞萨德里（Ayalur Seshadri）、高拉夫·科萨里（Gaurav Kothari）和姆昆德·东吉（Mukund Dhondge）表示衷心的感谢。没有他们，就不会有那烂陀，更遑论本书的面世了。他们各自独特的努力和奉献，共同成就了今日的那烂陀。阿南德提出了一条好建议，即让我在本书每一章的末尾，添加一段章节内容小结，以加强本书的可读性（这也是我所期望的）。我也要感谢公司助理岗职员俊山素（Choon San Soh）、克里斯蒂娜·丹（Christina Tan）、汉丽埃塔·佩蕾拉（Henrietta Pereira）和艾百素（Oi Bek Soh）等人，正是他们的付出，确保我们能专注于公司的投资业务（并顺便写完本书！）。

撰写本书的初始动机源于一次会面。在 2020 年 2 月时，我在新加坡的一家中餐馆，会见了那烂陀资本的投资人（也是我的朋友）丽莎·帕蒂斯（Lisa Pattis）和马克·帕蒂斯（Mark Pattis）。自 2007 年那烂陀资本创立以来，我一直在尝试从进化论的角度对季度报告进行分析，并希望从中得出投资类比数据和经验教训。与写一封致股东信，提供简短的观点陈述相比，写一整本书是完全不同的概念，我知道这将是一段漫长而艰辛的旅程。如果没有丽莎和马克最初的鼓励和指导，本书能否问世都要打个问号。

我们所有人在生活中都需要一些运气的加持——而我的运气则来源于自身敏锐的洞察力，以及知识渊博的代理人约翰·威林（John Willing）。我第一次联系约翰时，只写完了一个章节（本书第 7 章）的内容，所以约翰也没办法提供太多的建议。谢天谢地，这并没有阻碍约翰发挥他的聪明才智。凭借长久的耐心和坚持不懈的毅力，约翰帮我制订了一套专业的出版计划，这是我仅凭个人力量永远都无法做到的。

在这里，我也要感谢哥伦比亚大学出版社出版商迈尔斯·汤普森（Myles Thompson）先生。鉴于迈尔斯先生在出版界的地位，以及他对长期性投资的关注，他对本书的出版十分看好，我也为自己这次的“天降馅饼”而喜出望外。事实证明，我最初的狂喜，并非误判。在过去几年里，同迈尔斯先生的交往，使我对他的智慧、投资敏锐性和慷慨感到万分钦佩。“晚上能睡个好觉”是我的投资策略；但令我没想到的是，对迈尔斯先生而言，这项策略也同样适用于本书的出版。我还要感谢他优秀的同事布莱恩·史密斯（Brian Smith），我敢说，正是他面面俱到的付出和建议，让这本书变得更具可读性和趣味性。

我还要感谢来自“环球知识工厂”（KnowledgeWorks Global）的凯莉·科西莱克（Kalie Koscielak）、卡拉·科万（Kara Cowan）

和劳拉·鲍曼（Laura Bowman）对本书出版的帮助，他们对作品的一丝不苟和对细节的关注堪称行业典范。

我进入投资行业其实是个意外。不论如何，我将永远感激我在华平投资任职时的领导达利普·帕塔克（Dalip Pathak）和纪杰（Chip Kaye）先生，是他们说服我从咨询行业转入投资领域，让我放手一搏，从错误中吸取经验教训和成长。对我而言，他们的引领和指导，是真正的无价之宝。

我要感谢我的父母乌彭德拉（Upendra）和维娜（Veena）的所有付出，以及我的兄弟姐妹罗利（Roli）和拉胡尔（Raoul）长久以来的支持和厚爱。此外，如果没有我生命中最爱的两个人，我的妻子迪帕（Deepa）和儿子安什（Ansh），我也不可能会有如此奇妙的人生旅程。感恩有你们同在！

注　释

引言

1. 2/20 是大多数对冲基金的薪酬结构：他们收取资产的 2% 和基金利润的 20% 作为管理费（被奇怪地称为业绩分成）。
2. Tsuyoshi Ito, Sreetharan Kanthaswamy, Srichan Bunlungsup, Robert F. Oldt, Paul Houghton, Yuzuru Hamada, and Suchinda Malaivijitnond, "Secondary Contact and Genomic Admixture Between Rhesus and Long-Tailed Macaques in the Indochina Peninsula, " *Journal of Evolutionary Biology* 33, no.9(2020):1164–79, https://doi.org/10.1111/jeb.13681.
3. Andrea Rasche, Anna-Lena Sander, Victor Max Corman, and Jan Felix Drexler, "Evolutionary Biology of Human Hepatitis Viruses, " *Journal of Hepatology* 70, no 3 (2019):501–20, https://doi.org/10.1016/j.jhep.2018.11.010; Robin M. Hare and Leigh W. Simmons, "Sexual Selection and Its Evolutionary Consequences in Female Animals, " *Biological Reviews* 94, no. 3 (2019): 929–56, https://doi.org/10.1111/brv.12484; Sarah M. Hird, "Evolutionary Biology Needs Wild Microbiomes, " *Frontiers in Microbiology* 8 (2017): 725, https://doi.org/10.3389/fmicb.2017.00725; Andrew Whitten, "Culture Extends the Scope of Evolutionary Biology in the Great Apes, " *Proceedings of the National Academy of Sciences* 114, no.30 (2017):7790–97, https://doi.org/10.1073/ pnas.1620733114; Norman C. Ellstrand and Loren H. Riesberg, "When Gene Flow Really Matters: Gene Flow in Applied Evolutionary Biology, " *Evolutionary Applications* 9,

no.7(2016):833–36, https://doi.org/10.1111/eva.12402.

4. Berlinda Liu and Gaurav Sinha, *SPIVA U.S. Scorecard*: *Year-End* 2021 (New York: S&P Dow Jones Indices, 2021), https://www.spglobal.com/spdji/en/documents/spiva/spiva-us-year-end-2021.pdf.
5. Liuand Sinha, *SPIVA U.S. Scorecard*.
6. Akash Jain, *SPIVA India Scorecard*: *Year-End* 2017 (New York: S&P Dow Jones Indices, 2018), https://www.spglobal.com/spdji/en/documents/spiva/spiva-india-year-end-2017.pdf?force_download=true.
7. Akash Jain and Arpit Gupta, *SPIVA India Scorecard*: *Mid-Year* 2020 (New York: S&P Dow Jones Indices, 2020), https://www.spglobal.com/spdji/en/documents/spiva/spiva-india-mid-year-2020.pdf?force_download=true.
8. Krissy Davis, Cary Stier, and Tony Gaughan, "2020 Investment Management Outlook, " Deloitte, November 17, 2021, https://www2.deloitte.com/us/en/insights/industry/financial-services/financial-services-industry-outlooks/investment-management-industry-outlook.html.
9. Mary Jane West-Eberhard, *Developmental Plasticity and Evolution* (Oxford: Oxford University Press, 2003), viii. 韦斯特 - 埃伯哈德的专长是自然历史和群居黄蜂的行为，但她的书提出了与进化理论核心原则相关的重要问题。她认为，通过借鉴其他研究成果，她在一个主题上的狭窄专业知识并不妨碍她对更大的问题形成自己的认识。
10. Paladinvest, "Wesco Meeting, " Motley Fool (forum), May 7, 2000, https://boards.fool.com/wesco-meeting-12529248.aspx; Ikoborso, "Re: Wesco Meeting, " Motley Fool (forum), May 7, 2000, https://boards.fool.com/here-are-neuroberks-notes-from-the-wesco-12529644.aspx.
11. 如果想要了解更多关于进化理论和相关学科的知识，以下是我推荐的几本有用的书籍：
    - 一本让我开始研究进化论的畅销书：理查德 · 道金斯《自私的基因》。
    - 在你继续阅读之前，请一定要读一本最伟大的书：查尔斯 · 达尔文《物种起源》。
    - 一部经典：卡尔 · 齐默《演化的故事》。
    - 一本研究生水平的书，涵盖了进化理论的大多数主题：马克 · 里德利《进化》。
    - 这是我最喜欢的关于进化论的通论 (这本书很厚，但它的价值远远超过它的重量 !) ：斯蒂芬 · 杰 · 古尔德《进化论的结构》。
    - 一本关于遗传学的通俗易懂的书：悉达多 · 穆克吉《基因传》。

- 如果让我选一本书作为进化哲学的开始，那一定是这本：埃利奥特·索伯 *Evidence and Evolution: The Logic Behind the Science*。
- 这本书涉及关于人类进化和生物学背后的科学和争议（比如，定义人类"种族"有意义吗？）：大卫·里奇 *Who We Are and How We Got Here: Ancient DNA and the New Science of the Human Past*。

12. 这篇文章很好地表达了生物学几乎没有"法则"的观点：Pawan K. Dhar and Alessandro Giuliani, "Laws of Biology: Why So Few?, " *Systems and Synthetic Biology* 4, no 1 (2010): 7–13, https://doi.org/10.1007/s11693-009-9049-0。
13. 关于科学家们对什么构成了一个物种的定义的分歧，参阅 Ben Panko, "What Does It Mean to Be a Species? Genetics Is Changing the Answer, " *Smithsonian Magazine*, May 19, 2017, https://www.smithsonianmag.com/science-nature/what-does-it-mean-be-species-genetics-changing-answer-180963380/。关于"基因"一词的演变，参阅 Petter Portin and Adam Wilkins, "The Evolving Definition of the Term 'Gene'," *Genetics* 205, no.4(2017): 1353–64, https://doi.org/10.1534/genetics.116.196956。

第 1 章　趋利避害的熊蜂

1. 当我们拒绝原假设为真时，就会发生第一类错误。对于投资者来说，原假设应该被设定为一项投资是糟糕的。这是因为大多数投资都是糟糕的。现在，假设我们遇到了一笔糟糕的投资。如果我们错误地假设这项投资是好的，我们就会拒绝原假设。因此，在这种情况下，拒绝原假设意味着我们将进行一次糟糕的投资。我们会赔钱的。现在，让我们来看一项好的投资。在这种情况下，当我们接受原假设为假时，就会发生第二类错误。这里，原假设为假，因为投资是好的。但我们接受了原假设，因此将投资标记为糟糕的投资，而不进行投资。所以，当我把钱投在不好的投资上时，就会出现第一类错误，而当我选择不把钱投在好的投资上时，就会出现第二类错误。参阅"What Are Type I and Type IIErrors?, " Minitab 21 Support, accessed January 2021, https://support.minitab.com/en-us/minitab-express/1/help-and-how-to/basic-statistics/inference/supporting-topics/basics/type-i-and-type-ii-error/。
2. 有关第一类和第二类错误之间的反比关系的描述及示例，参阅"What Are Type I and Type II Errors?"。
3. 有关鹿进化的简要说明，参阅"Deer (Overview) – Evolution, " Wildlife Online, accessed January 2021, https://www.wildlifeonline.me.uk/animals/article/deer-overview-evolution。

4. 关于鹿的繁殖行为的详细描述可以参阅“Red Deer Breeding Biology,” Wildlife Online, accessed January 2021, https://www.wildlifeonline.me.uk/animals/article/red-deer-breeding-biology。
5. 想了解更多关于渡渡鸟灭绝的信息，参阅 Editors of *Encyclopaedia Britannica*, “Dodo,” *Encyclopaedia Britannica*, May 17, 2022, https://www.britannica.com/animal/dodo-extinct-bird。
6. 想了解更多关于猎豹的体形和威力，参阅 Warren Johnson, “Cheetah,” *Encyclopaedia Britannica*, August 26, 2021, https://www.britannica.com/animal/cheetah-mammal.
7. 关于植物的历史，参阅 James A. Doyle, “Plant Evolution,” McGraw Hill, last reviewed August 2019, https://www.accessscience.com/content/article/a522800. 另可参阅 Rebecca Morelle, “Kew Report Makes New Tally for Number of World's Plants,” BBC News, May 10, 2016, https://www.bbc.com/news/science-environment-36230858。
8. Abdul Rashid War, Michael Gabriel Paulraj, Tariq Ahmad, Abdul Ahad Buhroo, Barkat Hussain, Savarimuthu Ignacimuthu, and Hari Chand Sharma, “Mechanisms of Plant Defense Against Insect Herbivores,” *Plant Signaling & Behavior* 7, no. 10 (2012): 1306–20, https://doi.org/10.4161/psb.21663.
9. Mike Newland, “When Plants Go to War,” Nautilus, December 14, 2015, http://nautil.us/when-plants-go-to-war-rp-235729/. Spy Games 这一节描述了植物如何模仿它们天敌的天敌。
10. Janet Lowe, *Warren Buffett Speaks: Wit and Wisdom from the World's Greatest Investor* (Hoboken, NJ: John Wiley, 2007), 85.
11. Sergei Klebnikov, “Warren Buffett Sells Airline Stocks Amid Coronavirus: 'I Made a Mistake,'” *Forbes*, May 2, 2020, https://www.forbes.com/sites/sergeiklebnikov/2020/05/02/warren-buffett-sells-airline-stocks-amid-coronavirus-i-made-a-mistake/?sh=4da74fc15c74.
12. 关于“风险”的经典定义，参见 James Chen, “Risk,” Investopedia, last updated September 20, 2022, https://www.investopedia.com/terms/r/risk.asp#:~:text= Risk%20is%20defined%20in%20financial, all%20of%20an%20original%20investment。
13. “Listed Domestic Companies, Total,” World Bank, accessed February 2021, https://data.worldbank.org/indicator/ CM. MKT. LDOM. NO.
14. KPMG, *Returns from Indian Private Equity: Willthe Industry Deliver to Expectations?* (Mumbai: KPMG, 2011), https://spectruminvestors.files.wordpress.

com/2011/12/return-from-indian-private-equity_1.pdf, 2.

15. 了解 2001 年至 2013 年印度私募行业的糟糕回报，参见 Vivek Pandit, “Private Equity in India: Once Overestimated, Now Underserved, ” McKinsey & Company, February 1, 2015, https://www.mckinsey.com/industries/private-equity-and-principal-investors/our-insights/private-equity-in-india。虽然本文没有具体讨论房地产或基础设施，但它确实提供了关于这些行业糟糕回报的数据。关于印度私募行业的欠佳表现，参见 Neha Bothra, “With Poor Returns, India Loses Sheen for Private Equity Firms, ” *Financial Express*, last updated April 5, 2015, https://www.financialexpress.com/market/with-poor-returns-india-loses-sheen-for-private-equity-firms/60582/。有关印度房地产和基础设施所占份额的数据，参见 Vivek Pandit, Toshan Tamhane, and Rohit Kapur, *Indian Private Equity*: *Route to Resurgence* (Mumbai: McKinsey & Company, 2015), https://www.mckinsey.com/~/media/mckinsey/business%20functions/strategy%20and%20corporate%20finance/our%20insights/private%20equity%20and%20indias%20economic%20development/mckinsey_indian_private%20equity.pdf, 19。另见表 2.10，其中显示了不同行业的私募回报。
16. 下面这些资料介绍了郭士纳如何使 IBM 扭亏为盈：Shah Mohammed, “IBM’s Turnaround Under Lou Gerstner, Business and Management Lessons, Case Study, ” Medium, May 29, 2019, https://shahmm.medium.com/ibms-turnaround-under-lou-gerstner-case-study-business-management-lessons-a0dcce04612d; “Lou Gerstner’s Turnaround Talesat IBM, ” Knowledge at Wharton, December 18, 2002, https://knowledge.wharton.upenn.edu/article/lou-gerstners-turnaround-tales-at-ibm/; Sabina Gesmin, Bernard Henderson, Syed Irtiza, and Ahmed Y. Mahfouz, “An Analysis of Historical Transformation of an IT Giant Based on Sound Strategic Vision, ” *Communications of the IIMA* 11, no. 3 (2011): 11–20, https://core.ac.uk/download/pdf/55330343.pdf; Louis V. Gerstner Jr., *Who Says Elephants Can’t Dance? Inside IBM’s Historic Turnaround* (New York: Harper Collins, 2002)。
17. 有关杰西潘尼的历史股价，参见 “J. C. Penney” at Trading Economics, https://tradingeconomics.com/jcp:us。杰西潘尼 2006 年和 2010 年年报可见于 JCPenney, *Annual Report* 2006 (Plano, TX: JCPenney, 2006), https://www.annualreports.com/ Hosted Data/ Annual Report Archive/j/ NYSE_ JCP_2006.pdf, and JCPenney, *Summary Annual Report* 2010(Plano, TX: JCPenney, 2010), https://www.annualreports.com/ Hosted Data/ Annual Report Archive/j/ NYSE_ JCP_2010.pdf。关于罗恩 · 约翰逊在塔吉特的成就，参见 Adam

Levine-Weinberg, “Target Corporation Should Give Ron Johnson a Chance at Redemption, ” *Motley Fool*, May 14, 2014, https://www.fool.com/investing/general/2014/05/14/target-corporation-should-give-ron-johnson-a-chanc.aspx. On Johnson’s success at Apple, see Adria Cheng, “Ron Johnson Made Apple Stores the Envy of Retail and Target Hip, but This Startup May Be His Crowning Achievement, ” *Forbes*, January17, 2020, https://www.forbes.com/sites/andriacheng/2020/01/17/he-made-apple-stores-envy-of-retail-and-target-hip-but-his-biggest—career-chapter-may-be-just-starting/?sh=44edc5c60bbb。关于约翰逊在杰西潘尼的更多失误，参见 Margaret Bogenrief, “JCPenney’s Turnaround Has Already Failed, ” *Insider*, December 30, 2012, https://www.businessinsider.com/jc-penney-the-turnaround-disaster-2012-12; Aimee Growth, “Here’s Ron Johnson’s Complete Failed Plan to Turn Around JCPenney, ” *Insider*, April 8, 2013, https://www.businessinsider.com/ron-johnsons-failed-plan-to-turn-around-jcpenney-2013-4; Nathaniel Meyersohn, “How It All Went Wrong at JCPenney, ” CNN Business, September 27, 2018, https://edition.cnn.com/2018/09/27/business/jcpenney-history/index.html; and James Surowiecki, “The Turnaround Trap, ” *New Yorker*, March 18, 2013, https://www.newyorker.com/magazine/2013/03/25/the-turnaround-trap。关于杰西潘尼申请破产，参见 Chris Isidore and Nathaniel Meyersohn, “JCPenney Files for Bankruptcy,” CNN Business, May 16, 2020, https://edition.cnn.com/2020/05/15/business/jcpenney-bankruptcy/index.html。

18. 有关杠杆的讨论，参见 Troy Adkins, “Optimal Use of Financial Leverage-ina Corporate Capital Structure, ” Investopedia, last updated April 30, 2021, https://www.investopedia.com/articles/investing/111813/optimal-use-financial-leverage-corporate-capital-structure.asp#:~:text= In%20essence%2C%20corporate%20management%20utilizes, financial%20distress%2C%20perhaps%20even%20bankruptcy.
19. Katherine Doherty and Steven Church, “Gold’s Gym Files for Bankruptcy Protection Amid Fitness Closures, ” Bloomberg, May 4, 2020, https://www.bloomberg.com/news/articles/2020-05-04/gold-s-gym-files-for-bankruptcy-protection-amid-fitness-closures#:~:text= Gold’s%20Gym%20International%20Inc., liabilities%2C%20according%20to%20court%20papers; Robert Ferris, “Why Hertz Landed in Bankruptcy Court When Its Rivals Didn’t, ” CNBC, August 17, 2020, https://www.cnbc.com/2020/08/17/why-hertz-landed-in-bankruptcy-court-when-its-rivals-didnt.html; Debra Werner, “Intelsat Reveals Plan

to Reorganize and Trim Debt, " *Space News*, February 14, 2021, https://spacenews.com/intelsat-files-reorganization-plan/#:~:text= Intelsat%20filed%20 for%20bankruptcy%20court, U.S.%20 Federal%20Communications%20 Commission%20auction; "Fact Sheet: J. Crew Succumbs to Bankruptcy After Private Equity Debt, Finance Looting, " Americans for Financial Reform, May 4, 2020, https://ourfinancialsecurity.org/2020/05/jcrew-private-equity-fact-sheet/; Reuters, "J. C. Penney Rescue Deal Approved in Bankruptcy Court, Saving Close to 60, 000 Jobs, " CNBC, November10, 2020, https://www.cnbc.com/2020/11/10/jc-penney-rescue-deal-approved-in-bankruptcy-court-saving-close-to-60000-jobs.html#:~:text= J. C.%20Penney%20filed%20for%20 bankruptcy, protection%20amid%20the%20coronavirus%20pandemic; Lauren Hirsch and Lauren Thomas, "Luxury Retailer Neiman Marcus Filesfor Bankruptcy as It Struggles with Debt and Coronavirus Fallout, " CNBC, May 7, 2020, https://www.cnbc.com/2020/05/07/neiman-marcus-files-for-bankruptcy.html; Rami Grunbaum, "Sur La Table Creditors Signal Doubts About the Seattle Kitchenware Retailer's Financial Outlook, " *Seattle Times*, May 13, 2020, https://www.seattletimes.com/business/retail/sur-la-table-creditors-signal-doubts-about-the-seattle-kitchenware-retailers-financial-outlook/.

20. Jeff Desjardins, "The 20 Biggest Bankruptcies in U. S. History, " Visual Capitalist, June 25, 2019, https://www.visualcapitalist.com/the-20-biggest-bankruptcies-in-u-s-history/.
21. Prerna Sindwani, "No Layoffs, Asian Paints Will Give Salary Increments to Boost Employees Morale, " *Business Insider*: *India*, May 15, 2020, https://www.businessinsider.in/business/corporates/news/asian-paints-will-hike-salaries-and-not-lay-off-to-boost-employee-morale/articleshow/75754451.cms; Drishti Pant, "Asian Paints Raises Pay to Boost Employees' Morale, " People Matters, May 15, 2020, https://www.peoplematters.in/news/compensation-benefits/asian-paints-raises-pay-to-boost-employees-morale-25685.
22. Kala Vijayraghavan and Rajesh Mascarenhas, "Asian Paints Raises Staff Salariesto Boost Morale, " *The Economic Times*, last updated May 15, 2020, https://economictimes.indiatimes.com/news/company/corporate-trends/asian-paints-raises-staff-salaries-to-boost-morale/articleshow/75746239.cms.
23. Rita Gunther McGrath, "15 Years Later, Lessons from the Failed AOL-Time Warner Merger, " *Fortune*, January 10, 2015, https://fortune.com/2015/01/10/15-years-later-lessons-from-the-failed-aol-time-warner-merger/; Marvin Dumont,

"4 Biggest Mergerand Acquisition Disasters, " Investopedia, last updated February 21, 2022, https://www.investopedia.com/articles/financial-theory/08/merger-acquisition-disasters.asp#:~:text= America%20Online%20and%20Time%20 Warner, combination%20up%20until%20that%20time; Kison Patel, "The 8 Biggest M&A Failures of All Time," Deal Room, last updated November 8, 2021, https://dealroom.net/blog/biggest-mergers-and-acquisitions-failures; "Verizon to Acquire AOL, " Verizon News Center, May 12, 2015, https://www.verizon.com/about/news/verizon-acquire-aol.

24. Clayton M. Christensen, Richard Alton, Curtis Rising, and Andrew Waldeck, "The Big Idea: The New M&A Playbook, " *Harvard Business Review*, March 2011, https://hbr.org/2011/03/the-big-idea-the-new-ma-playbook#:~:text= Executive%20Summary&text= Companies%20spend%20more%20than%20 %242, and%20how%20to%20integrate%20them; George Bradt, "83% of Mergers Fail—Leverage a 100-Day Action Planfor Success Instead, " *Forbes*, January 27, 2015, https://www.forbes.com/sites/georgebradt/2015/01/27/83-mergers-fail-leverage-a-100-day-value-acceleration-plan-for-success-instead/?sh=647b5a765b86; Linda Canina and Jin-Young Kim, *Commentary: Success and Failure of Mergers and Acquisitions*(Ithaca, NY: Cornell School of Hotel Administration), July 2010, https://ecommons.cornell.edu/bitstream/handle/1813/72320/ Canina12_ Success_and_ Failure.pdf?sequence=1; Toby J. Tetenbaum, "Beating the Odds of Merger & Acquisition Failure: Seven Key Practices That Improve the Chance for Expected Integration and Synergies, " *Organizational Dynamics*(Autumn1999):22, https://go.gale.com/ps/anonymous?id= GALE%7CA56959356&sid=googleScholar&v=2.1&it=r&linkaccess=abs&issn=00902616&p= AONE&sw=w; "Why M&A Deals Fail, " Great Prairie Group, June 2018, https://greatprairiegroup.com/why-ma-deals-fail/#. See also Shobhit Seth, "Top Reasons Why M&A Deals Fail, " Investopedia, last updated May 25, 2021, https://www.investopedia.com/articles/investing/111014/top-reasons-why-ma-deals-fail.asp.

25. "Railways in Early Nineteenth Century Britain," UK Parliament, accessed January 2021, https://www.parliament.uk/about/living-heritage/transformingsociety/transportcomms/roadsrail/kent-case-study/introduction/railways-in-early-nineteenth-century-britain/; "Railroad History, " *Encyclopaedia Britannica*, last updated September 4, 2020, https://www.britannica.com/technology/railroad/ Railroad-history; Gareth Campbell and John Turner, "*The Greatest Bubble*

in History" : *Stock Prices During the British Railway Mania*, MPRA Paper No. 21820 (Belfast: Queen's University Belfast, 2010), https://mpra.ub.uni-muenchen.de/21820/1/ MPRA_paper_21820.pdf.

26. Michael Aaron Dennis, "Explosive Growth, " *Encyclopaedia Britannica*, last updated September 12, 2019, https://www.britannica.com/place/ Silicon-Valley-region-California/ Explosive-growth; Brian McCullough, "A Revealing Look at the Dot-Com Bubble of 2000—and How It Shapes Our Lives Today, " Ideas. Ted.com, December 4, 2018, https://ideas.ted.com/an-eye-opening-look-at-the-dot-com-bubble-of-2000-and-how-it-shapes-our-lives-today/; Adam Hayes, "Dotcom Bubble, " Investopedia, last updated June 25, 2019, https://www.investopedia.com/terms/d/dotcom-bubble.asp; Chris Morris, "Failed IPOs of the Dot-Com Bubble, " CNBC, last updated September 13, 2013, https://www.cnbc.com/2012/05/17/ Failed-IPOs-of-the-Dot-Com-Bubble.html; Jean Folger, "5 Successful Companies That Survived the Dot-Com Bubble, " Investopedia, last updated August 15, 2021, https://www.investopedia.com/financial-edge/0711/5-successful-companies-that-survived-the-dotcom-bubble.aspx; Jake Ulick, "1999: Yearof the IPO," CNN Money, December 27, 1999, https://money.cnn.com/1999/12/27/investing/century_ipos/#:~:text= Initial%20public%20offerings%20raised%20more, s%20record%20first%2Dday%20gains.
27. Wayne Gretzky, "Wayne Gretzky Quotes, " Goodreads, accessed January 2021, https://www.goodreads.com/author/quotes/240132. Wayne_ Gretzky.
28. Ganga Narayan Rath, "Loan Waivers Are a Double-Edged Sword, " Business Line, last updated June 9, 2020, https://www.thehindubusinessline.com/opinion/loan-waivers-are-a-double-edged-sword/article31789331.ece; Anjani Kumarand Seema Bathla, "Loan Waivers Are No Panacea for India's Farmers, " International Food Policy Research Institute, January 22, 2019, https://www.ifpri.org/blog/loan-waivers-are-no-panacea-indias-farmers.
29. "Group Companies, " Tata, accessed January 2021, https://www.tata.com/investors/companies#:~:text=ten%20business%20verticals-, Founded%20by%20Jamsetji%20Tata%20in%201868%2C%20the%20Tata%20group%20is, 30%20companies%20across%2010%20clusters.
30. Lijee Philip, "Meet Siddhartha Lal, the Man Who Turned Around Royal Enfield Into Eicher Motors' Profit Engine, " *Economic Times*, last updated September 9, 2015, https://economictimes.indiatimes.com/meet-siddhartha-lal-the-man-

who-turned-around-royal-enfield-into-eicher-motors-profit-engine/articleshow/46461712.cms?from=mdr.

31. "What Is a Bumblebee?, " Bumbleebee.org, accessed February 2021, http://bumblebee.org/; "Artificial Meadows and Robot Spiders Reveal Secret Life of Bees," *ScienceDaily*, September 7, 2008, https://www.sciencedaily.com/releases/2008/09/080902225431.htm.

第 2 章 来自西伯利亚的解决方案

1. 巴菲特在 2013 年的年度信中向个人投资者提供了有关指数基金的建议。他写道："非专业人士的目标不应该是挑选赢家——他和他的'帮手'都做不到这一点——而应该是拥有一个整体上一定会做得很好的跨部门企业。低成本的标普 500 指数基金将实现这一目标。"他在许多其他信件中也重复了这一建议。参见 Warren Buffett, Berkshire Hathaway 2013 annual letter (Omaha, NE: Berkshire Hathaway, 2013), https://berkshirehathaway.com/letters/2013ltr.pdf。
2. Nathan Gregory, "Analyst's Conference January 2000 Pt 1, " YouTube video, 1:32:36, uploaded 2017.
3. Biography.com editors, "Jeffrey Skilling Biography, " Biography, last updated May 10, 2021, https://www.biography.com/crime-figure/jeffrey-skilling.
4. David Kleinbard, "The 1.7 Trillion Dot. Com Lesson, " CNN Money, November 9, 2000, https://money.cnn.com/2000/11/09/technology/overview/.
5. Alex Castro, "This Is What Really Brought Down We Work, " *Fast Company*, December 20, 2019, https://www.fastcompany.com/90444597/this-is-what-really-brought-down-wework; Jonathon Trugman, "WeWork IPO Fail Is Unique, " *New York Post*, October 5, 2019, https://nypost.com/2019/10/05/wework-ipo-fail-is-unique/; Statista Research Department, "Revenue of WeWork Worldwide from 2016 to 2020(in Million U. S. Dollars), " Statista, July 6, 2022, https://www.statista.com/statistics/880069/wework-revenue-worldwide/. 有关 WeWork 和 IWG 的财务信息，参见 https://statista.com。
6. "Lehman Brothers Holdings, Inc. Form10-K for Fiscal Year Ended November 30, 2007, " EDGAR, Securities and Exchange Commission, https://www.sec.gov/ Archives/edgar/data/806085/000110465908005476/a08-3530_110k.htm.
7. "Bear Stearns Companies Inc. Form 10-K for Fiscal Year Ended November 30, 2004, " Filings.com, 2004, http://getfilings.com/o0001169232-05-000947.html; "Schedule I: Condensed Financial Information of Registrant the Bear Stearns

Company Inc. (Parent Company Only), ” EDGAR, Securities and Exchange Commission, January 28, 2008, https://sec.edgar-online.com/bear-stearns-companies-inc/10-k-annual-report/2008/01/29/section27.aspx.

8. Derek Lidow, “Why Two-Thirds of the Fastest-Growing Companies Fail, ” *Fortune*, March 7, 2016, https://fortune.com/2016/03/07/fast-growth-companies-fail/.
9. 开市客和蒂芙尼的营业利润率、ROCE 和库存天数参见 https://gurufocus.com。
10. Editors of *Encyclopaedia Britannica*, “Collectivization, ” *Encyclopaedia Britannica*, last updated May 20, 2020, https://www.britannica.com/topic/collectivization.
11. 关于德米特里与柳德米拉的长期实验的详细描述，参见 Lee Alan Dugatkin and Lyudmila Trut, *How to Tame a Fox* (*and Build a Dog*): *Visionary Scientists and a Siberian Tale of Jump-Started Evolution* (Chicago: University of Chicago Press, 2017)。关于褪黑素的影响，见 116—120；关于基因表达，见 124—125；关于催产素对人和狗的影响，见 114；关于血清素对早期发展的影响，见 166；关于繁殖周期的变化，见 167；关于家养动物的相似性，见 162。关于狐狸幼崽的分组标准，参见 Lyudmila N. Trut, “Early Canid Domestication: The Farm-Fox Experiment, ” *American Scientist* 87, no. 2 (1999): 163, https://www.jstor.org/stable/27857815?seq=1。为了解实验其他细节，参见 Jason G. Goldman, “Man’s New Best Friend? A Forgotten Russian Experiment in Fox Domestication, ” *Scientific American*, September 6, 2020, https://blogs.scientificamerican.com/guest-blog/mans-new-best-friend-a-forgotten-russian-experiment-in-fox-domestication/。
12. Trut, “Early Canid Domestication, ” 160–69.
13. Baijnath Ramraika and Prashant Trivedi, “Sources of Sustainable Competitive Advantage, ” *SSRN*(January5, 2016), https://papers.ssrn.com/sol3/papers.cfm?abstract_id=2713675.
14. Matt Haig, *Brand Failures*: *The Truth About the* 100 *Biggest Branding Mistakes of All Time* (London: Kogan Page, 2003); Kurt Schroeder, “Why So Many New Products Fail(and It’s Not the Product), ” *Business Journals*, March 14, 2017, https://www.bizjournals.com/bizjournals/how-to/marketing/2017/03/why-so-many-new-products-fail-and-it-s-not-the.html.
15. 关于哈维尔斯收购劳埃德，参见 Ashutosh R. Shyam and Arijit Barman, “Havells Acquires Consumer Biz of Lloyd Electric for Rs 1600 cr, ” *Econom-*

ic Times, last updated February 19, 2017, https://economictimes.indiatimes.com/industry/indl-goods/svs/engineering/havells-acquires-consumer-biz-of-lloyd-electric-for-rs-1600-cr/articleshow/57233192.cms?from=mdr#:~:text=Read%20more%20news%20on&text=ADD%20COMMENT-, MUMBAI%3A%20Havells%20India%2C%20India's%20leading%20makers%20of%20branded%20electrical%20products, %2415%20billion%20consumer%20appliances%20market。关于哈维尔斯的创立和历史，参见 Havells, *Deeper Into Homes*: *Havells India Limited* 34*th Annual Report* 2016–17(New Delhi: Havells, 2017), https://www.havells.com/content/dam/havells/annual_reports/2016-2017/Havells%20AR%202016-17.pdf。关于哈维尔斯的新空调厂，参见 Havells, *The Future Has Already Begun*: *Havells India Limited* 35*th Annual Report* 2017–18 (New Delhi: Havells, 2018), https://www.havells.com/ Havells Product Images/ Havells India/pdf/ About-Havells/ Investor-Relations/ Financial/ Annual-Reports/2017-2018/ Havells_ AR_2017-18.pdf。关于分析师下调哈维尔斯的评级，参见 ET Bureau, "Analysts Downgrade Havells as Lloyd Numbers Disappoint, " *Economic Times*, last updated October 26, 2019, https://economictimes.indiatimes.com/markets/stocks/news/analysts-downgrade-havells-as-lloyd-numbers-disappoint/articleshow/71770087.cms。

第 3 章　麦肯锡和海胆的矛盾之处

1. 关于麦肯锡的历史，参见 Duff McDonald, *The Firm*: *The Story of McKinsey and Its Secret Influence on American Business* (New York: Simon & Schus-ter, 2013)。马文·鲍尔的讣告也很好地介绍了麦肯锡：Douglas Martin, "Marvin Bower, 99; Built McKinsey & Co., " *New York Times*, January 24, 2003, https://www.nytimes.com/2003/01/24/business/marvin-bower-99-built-mckinsey-co.html。麦肯锡与艾斯康的亲密关系在 2018 年遭到了破坏，参见 Walt Bogdanich and Michael Forsythe, "How McKinsey Lost Its Wayin South Africa, " *New York Times*, June 26, 2018, https://www.nytimes.com/2018/06/26/world/africa/mckinsey-south-africa-eskom.html。2020 年初，麦肯锡同意支付约 6 亿美元，以解决与普渡制药工作有关的索赔，该公司对美国阿片类药物的流行负有主要责任。参见 Chris Hughes, "McKinsey's Opioid Settlement Is a Warning to All Consultants, " Bloomberg, February 5, 2021, https://www.bloomberg.com/opinion/articles/2021-02-05/opioid-epidemic-mckinsey-s-settlement-is-a-warning-to-all-consultants。
2. Andreas Wagner, *Robustness and Evolvability in Living Systems* (Princeton, NJ:

Prince-ton University Press, 2005).

3. Wagner, *Robustness and Evolvability*.
4. Mark Ridley, *Evolution*, 3rd ed. (Hoboken, NJ: Wiley, 2003). 具体见第 2 章"Molecular and Mendelian Genetics"和表 2.1"on mRNA codons"。
5. Wagner, *Robustnessand Evolvability*, chapter 3, "The Genetic Code."
6. Stephen J. Freelandand Laurence D. Hurst, "The Genetic Code Is One in a Million," *Journal of Molecular Evolution* 47(1998):238–48, https://doi.org/10.1007/pl00006381.
7. John Carl Villanueva, "How Many Atoms Are There in the Universe?, " Universe Today, July 30, 2009, http://www.universetoday.com/36302/atoms-in-the-universe/. 宇宙中约有 1 × 10^80 个原子。
8. Douglas J. Futuyma, *Evolutionary Biology*, 3rd ed. (Sunderland, MA: Sinauer, 1997), chapter 11.
9. "WNS (Holdings) Limited. Form 20-F for Fiscal Year Ended March 31, 2007, " EDGAR, Securities and Exchange Commission, 2007, https://www.sec.gov/Archives/edgar/data/0001356570/000114554907002102/u93119e20vf.htm#104; "WNS (Holdings) Limited. Form 20-F for Fiscal Year Ended March 31, 2020, " EDGAR, Securities and Exchange Commission, 2020, https://www.sec.gov/Archives/edgar/data/0001356570/000119312520131094/d863476d20f.htm.
10. Stephen Jay Gould, *The Structure of Evolutionary Theory* (Cambridge, MA: Belknap, 2002), 1270–71; Michael E. Palmerand Marcus W. Feldman, "Survivability Is More Fundamentalthan Evolvability, " *PLoS One* 7, no.6(2012):e38025, https://doi.org/10.1371/journal.pone.0038025; Joseph Reisinger, Kenneth O. Stanley, and Risto Miikkulainen, *Towards An Empirical Measure of Evolvability* (Austin: University of Texas at Austin Department of Computer Sciences, 2005), http://nn.cs.utexas.edu/downloads/papers/reisinger.gecco05.pdf. Reisinger, Stanley, and Miikkulainenstate, "Currently nobenchmarks exist to measure evolvability."
11. "Corporate Information, " Page Industries Limited, accessed March 2021, https://pageind.com/corporate-information; "Annual Reports," Page Industries Limited, accessed March 2021, https://pageind.com/annual-reports.
12. Keith Cooper, "Looking for LUCA, the Last Universal Common Ancestor, " Astrobiology at NASA, March 30, 2017, https://astrobiology.nasa.gov/news/looking-for-luca-the-last-universal-common-ancestor/.
13. Sam Walton with John Huey, *Made in America*: *My Story*(New York: Doubleday, 1992). 关于沃尔顿早年的经历以及他对可估算风险的评价，参见该书第 2

章。关于特级市场和其他失败，山姆会员店和收购 Mohr Value，见该书第 13 章。

14. "History, " Walmart, accessed March 2021, https://corporate.walmart.com/our-story/our-history.
15. "Walmart Inc.(WMT), " Yahoo! Finance, https://finance.yahoo.com/quote/WMT/financials?p= WMT; Walmart Inc., *Walmart Inc.2020 Annual Report*(Bentonville, Arkansas, 2020), https://s2.q4cdn.com/056532643/files/doc_financials/2020/ar/ Walmart_2020_ Annual_ Report.pdf.
16. Michael Arrington, "Accel Partners' Extraordinary 2005 Fund IX, " Tech Crunch, November 22, 2010, https://techcrunch.com/2010/11/22/accel-partners-fund-ix-facebook-extraordinary/?guccounter=1.
17. Carl Zimmer, *Evolution*: *The Triumph of an Idea* (New York: Harper Collins, 2001). 关于恐龙时代及其灭绝，参见 84 页、190 页。关于 2.25 亿年前哺乳动物的进化，参见 166 页。关于哺乳动物与恐龙共存的分子证据，参见 Ridley, *Evolution*, 671–72。
18. "Chapter 43: Jesus Brings Lazarus Back to Life, " Church of Jesus Christ of Latter-Day Saints, accessed March 2021, https://www.churchofjesuschrist.org/study/manual/new-testament-stories/chapter-43-jesus-brings-lazarus-back-to-life?lang=eng. See also the Gospel according to Luke in the New Testament.
19. Joan Verdon, "Toys R Us Timeline: History of the Nation's Top Toy Chain," *USA Today*, last updated March 15, 2018, https://www.usatoday.com/story/money/business/2018/03/09/toys-r-us-timeline-history-nations-top-toy-chain/409230002/; Barbara Kahn, "What Went Wrong: The Demise of Toys R Us, " Knowledge at Wharton, March 14, 2018, https://knowledge.wharton.upenn.edu/article/the-demise-of-toys-r-us/#:~:text= Though%20Toys%20R%20Us's%20business, an%20Era%20of%20Endless%20Disruption; *Entrepreneur* staff, "Charles Lazarus: Toy Titan, " *Entrepreneur*, October 10, 2008, https://www.entrepreneur.com/article/197660; Erin Blakemore, "Inside the Rise and Fall of Toys' R' Us, " History, March 19, 2018, https://www.history.com/news/toys-r-us-closing-legacy; Dave Canal, "Frank Thoughts: The Retailing Genius, " Contravisory, June 16, 2015, https://www.contravisory.com/blog/posts/frank-thoughts-retailing-genius; Merrill Brown, "Shop on 18th Street Grows Into a Giant, " *Washington Post*, November 14, 1982, https://www.washingtonpost.com/archive/business/1982/11/14/shop-on-18th-street-grows-into-a-giant/c-ba05ab5-28aa-46a4-8faa-9a230cb3f7f2/; Ed Bruske, "Play Merchant to the

Masses, " *Washington Post*, December 18, 1981, https://www.washingtonpost.com/archive/local/1981/12/18/play-merchant-to-the-masses/afdba3a4-a483-4bc7-91cd-716b0707459a/; Rachel Beck, "Wal-Mart Dethrones Toys RUs, " *APNews*, March 29, 1999, https://apnews.com/article/6e6082b522082a0d-782052046c75b0b2; Julia Horowitz, "How Toys ' R' Us Went from Big Kid in the Block to Bust," CNN Business, March 17, 2018, https://money.cnn.com/2018/03/17/news/companies/toys-r-us-history/index.html; "Toys ' R' Us, Inc. History, " Funding Universe, accessed March 2021, http://www.fundinguniverse.com/company-histories/toys-r-us-inc-history/; Joseph Pereira, Rob Tomsho, and Ann Zimmerman, "Toys ' Were' Us?; Undercut by Big Discounters, Toys' R' Us Is Indicating It May Get Out of the Business, " *Wall Street Journal*, August 12, 2004, http://www.homeworkgain.com/wp-content/uploads/edd/2019/08/20190603204438bus520articletoysrus.pdf.

20. Mark Dunbar, "How Private Equity Killed Toys ' R' Us, " *In These Times*, October 10, 2017, https://inthesetimes.com/article/how-private-equity-killed-toys-r-us; Toys "R" Us, "Toys ' R' Us, Inc. Announces Agreement to Be Acquired by KKR, Bain Capital and Vornado for $26.75 per Share in $6.6 Billion Transaction, " press release, EDGAR, Securities and Exchange Commission, March 17, 2005, https://www.sec.gov/ Archives/edgar/data/1005414/000119312505057773/dex991.htm; Jeff Spross, "How Vulture Capitalists Ate Toys 'R' Us," *The Week*, March 16, 2018, https://theweek.com/articles/761124/how-vulture-capitalists-ate-toys-r; Michael Barbaro and Ben White, "Toys R Somebody Else, " *Washington Post*, March 18, 2005, https://www.washingtonpost.com/wp-dyn/articles/ A45446-2005 Mar17.html; Nathan Vardi, "The Big Investment Firms That Lost $1.3 Billion in the Toys' R' Us Bankruptcy, " *Forbes*, September 19, 2017, https://www.forbes.com/sites/nathanvardi/2017/09/19/the-big-investment-firms-that-lost-1-3-billion-on-the-toys-r-us-bankruptcy/?sh=3eb163f2308f; Miriam Gottfried and Lillian Rizzo, "Heavy Debt Crushed Owners of Toys ' R' Us, " *Wall Street Journal*, September 19, 2017, https://www.wsj.com/articles/heavy-debt-crushed-owners-of-toys-r-us-1505863033; Bryce Covert, "The Demise of Toys ' R' Us Is a Warning, " *The Atlantic*, June 13, 2018, https://www.theatlantic.com/magazine/archive/2018/07/toys-r-us-bankruptcy-private-equity/561758/.
21. See Covert, "The Demiseof Toys' R' Us."
22. Drea Knufken, "Toys' R' Us Buys FAOSchwarz, " *Business Pundit*, May 28, 2009, https://www.businesspundit.com/toys-r-us-buys-fao-schwarz/; John Kell,

"Exclusive: Toys ' R' Us Is Selling Off Iconic FAO Schwarz Brand, " *Fortune*, October 4, 2016, https://fortune.com/2016/10/04/toys-r-us-sells-fao-schwarz/.

第 4 章 巴甫洛夫式反应的危害性

1. Christian Cotroneo, "10 Divine Facts About Dung Beetles, " Treehugger, last updated December 4, 2020, https://www.treehugger.com/dung-beetles-facts-4862309; Editors of *Encyclopaedia Britannica*, "Dung Beetle, " *Encyclopaedia Britannica*, last updated April 19, 2020, https://www.britannica.com/animal/dung-beetle; Erica Tennehouse, "Dung Beetles Borrowed Wing Genes to Grow Their Horns, " *Science*, November 21, 2019, https://www.sciencemag.org/news/2019/11/dung-beetles-borrowed-wing-genes-grow-their-horns; Roberta Kwok, "Little Beetle, Big Horns, " *Science News Explores*, May 14, 2007, https://www.sciencenewsforstudents.org/article/little-beetle-big-horns; Douglas J. Emlen and H. Frederick Nijhout, "Hormonal Control of Male Horn Length Dimorphism in the Dung Beetle *Onthophagus taurus* (Coleoptera: Scarabaeidae), " *Journal of Insect Physiology* 45, no. 1 (1999): 45–53, https://doi.org/10.1016/ S0022-1910(98)00096-1; Martha Cummings, Haley K. Evans, and Johel Chaves-Campos, "Male Horn Dimorphism and Its Function in the Neotropical Dung Beetle *Sulcophanaeus velutinus*," *Journal of Insect Behavior* 31 (2018): 471–89, https://doi.org/10.1007/s10905-018-9693-x.
2. Yonggang Hu, David M. Linz, and Armin P. Moczek, "Beetle Horns Evolved from Wing Serial Homologs, " *Science* 366, no.6468(2019):1004–7, https://www.science.org/doi/abs/10.1126/science.aaw2980.
3. Douglas J. Emlen and H. Frederik Nijhout, "Hormonal Control of Male Horn Length Dimorphism in the Dung Beetle *Onthophagus taurus* (Coleoptera: Scarabaeidae), " *Journal of Insect Physiology* 45, no. 1 (1999): 45–53, https://www.sciencedirect.com/science/article/abs/pii/ S0022191098000961.
4. Peter Schausberger, J. David Patiño-Ruiz, Masahiro Osakabe, Yasumasa Murata, Naoya Sugimoto, Ryuji Uesugi, and Andreas Walzer, "Ultimate Drivers and Proximate Correlates Polyandry in Predatory Mites," *PLoS One* 11, no.4(2016):e0154355, https://doi.org/10.1371/journal.pone.0154355.
5. Ernst Mayr, "Cause and Effectin Biology: Kinds of Causes, Predictability, and Teleology Are Viewed by a Practicing Biologist, " *Science* 134, no.3489(1961):1501–6, https://science.sciencemag.org/content/134/3489/1501; Bora Zivkovic, "The New Meaning of How and Why in Biology?, " *Scientific American*, December

15, 2011, https://blogs.scientificamerican.com/a-blog-around-the-clock/the-new-meanings-of-how-and-why-in-biology/; Kevin N. Laland, Kim Sterelny, John Odling-Smee, William Hoppitt, and Tobias Uller, “Cause and Effect in Biology Revisited: Is Mayr’s Proximate-Ultimate Dichotomy Still Useful?, ” *Science* 334, no.6062(2011):1512–16, https://doi.org/10.1126/science.1210879.

6. Malina Poshtova Zang, “U.S. Stocks Whipped by Losses, ” CNN Money, October 27, 1997, https://money.cnn.com/1997/10/27/markets/marketwrap/; Into the Future, “The October 27th 1997 Mini-Crash, ” *Knowthe Stock Market*(blog), May 31, 2009, http://stockmktinfo.blogspot.com/2009/05/october-27th-1997-mini-crash.html; Edward A. Gargan, “The Market Plunge: The Asian Crisis; Hong Kong’s Slide Goes Deeper, ” *New York Times*, October 28, 1997, https://www.nytimes.com/1997/10/28/business/the-market-plunge-the-asian-crisis-hong-kong-s-slide-goes-deeper.html?search Result Position=1. Stockprice data is from Bloomberg.
7. Deepak Shenoy, “Chart of the Day: Bank FD Rates from 1976, ” Capitalmind, September 30, 2020, https://www.capitalmind.in/2020/09/chart-of-the-day-bank-fd-rates-from-1976/; Shankar Nath, “RBI Interest Rates & Its Evolution Over 20 Years(2000–2019), ” Beginnersbuck, accessed April 2021, https://www.beginnersbuck.com/rbi-interest-rates-history/.
8. “Who Is the World’s Best Banker?, ” *The Economist*, October 29, 2020, https://www.economist.com/finance-and-economics/2020/10/29/who-is-the-worlds-best-banker.
9. Zidong An, João Tovar Jalles, and Prakash Loungani, “How Well Do Economists Forecast Recessions?, ” IMF Working Paper18/39(Washington, DC: International Monetary Fund, 2018), https://www.imf.org/en/ Publications/ WP/ Issues/2018/03/05/ How-Well-Do-Economists-Forecast-Recessions-45672; David Floyd, “Economists Seriously Can’t Forecast Recessions, ” Investopedia, March 7, 2018, https://www.investopedia.com/news/economists-seriously-cant-forecast-recessions/; Adam Shaw, “Why Economic Forecasting Has Always Beena Flawed Science, ” *The Guardian*, September 2, 2017, https://www.theguardian.com/money/2017/sep/02/economic-forecasting-flawed-science-data.
10. Alexandra Twin, “Raging Bulls Propel Dow: Dow Soars 489 Pointsin Second-Best Point Gain Ever, Best Percentage Gain Since 1987, ” CNN Money, July 29, 2002, https://money.cnn.com/2002/07/24/markets/markets_newyork/index.htm; Jonathan Fuerbringer, “The Markets: Stocks; Battered for Weeks,

Dow Enjoys Its Biggest Daily Gain Since'87, " *New York Times*, July 25, 2002, https://www.nytimes.com/2002/07/25/business/the-markets-stocks-battered-for-weeks-dow-enjoys-its-biggest-daily-gain-since-87.html?search Result Position=1.

11. Richard Thaler, "Keynes's' Beauty Contest, '" *Financial Times*, July 10, 2015, https://www.ft.com/content/6149527a-25b8-11e5-bd83-71cb60e8f08c; David Chambers, Elroy Dimson, and Justin Foo, "Keynes the Stock Market Investor: A Quantitative Analysis, " *Journal of Financial and Quantitative Analysis* 50, no. 4 (2015): 431–49, https://papers.ssrn.com/sol3/papers.cfm?abstract_id=2023011; Joan Authers, "The Long View: Keynes Stands Tall Among Investors, " *Financial Times*, July 6, 2012, https://www.ft.com/content/813a7b84-c744-11e1-8865-00144feabdc0; Zachary D. Carter, *The Price of Peace: Money, Democracy, and the Life of John Maynard Keynes* (New York: Random House, 2020), 116–18.
12. Jeff Sommer, "Clueless About 2020, Wall Street Forecasters Are At It Again, " *New York Times*, December 21, 2020, https://www.nytimes.com/2020/12/18/business/stock-market-forecasts-wall-street.html; Jane Wollman Rusoff, "Harry Dent Predicted' Once-in-a-Lifetime' Crashby2020. What Now?, " Think Advisor, May 4, 2020, https://www.thinkadvisor.com/2020/05/04/harry-dent-predicted-once-in-a-lifetime-crash-by-2020-what-now/; Shawn Tully, "Why the Stock Market Probably Won't Get Back to Even This Year," *Fortune*, March 9, 2020, https://fortune.com/2020/03/09/stock-market-outlook-2020/.
13. Wollman Rusoff, "Harry Dent Predicted." For more information on Harry Dent, seehttps://harrydent.com.
14. Neal E. Boudette and Jack Ewing, "Head of Nikola, a G. M. Electric Truck Partner, Quits Amid Fraud Claims, " *New York Times*, September 21, 2020, https://www.nytimes.com/2020/09/21/business/nikola-trevor-milton-resigns.html#:~:text= Hindenburg%2C%20a%20short%2Dselling%20firm, after%20 the%20company%20and%20G. M.&-text=On%20Monday%2C%20the%20 shares%20lost, deal%20was%20announced; Hindenburg Research, *Nikola: How to Parlay an Ocean of Lies Into a Partnership with the Largest Auto OEM in America* (Hindenburg Research, September 10, 2020), https://hindenburgresearch.com/nikola/; "Nikola and General Motors Form Strategic Partnership; Nikola Badger to Be Engineered and Manufactured by General Motors," news release, General Motors, September 8, 2020, https://investor.gm.com/news-releases/news-release-details/nikola-and-general-motors-form-strategic-partner-

ship-nikola; Noah Manskar, "Nikola Shares Pop 53 Percent After GM Takes $2 B Stakein Tesla Rival, " *New York Post*, September 8, 2020, https://nypost.com/2020/09/08/gm-takes-2-billion-stake-in-nikola-electric-rival-to-tesla/; Andrew J. Hawkins, "GM Pumps the Brakes on Its Deal with Troubled Electric Truck Startup Nikola, " *The Verge*, November 30, 2020, https://www.theverge.com/2020/11/30/21726594/gm-nikola-deal-equity-badger-truck-hydrogen.

15. Ortenca Aliaj, Sujeet Indap, and Miles Kruppa, "Automotive Tech Start-Ups Take Wild Ride with Spacs, " *Financial Times*, January 12, 2021, https://www.ft.com/content/688d8472-c404-42d6-88b7-fbd475e50f7c; "Nikola Setsthe Record Straighton False and Misleading Short Seller Report, " pressrelease, Nikola, September 14, 2020, https://nikolamotor.com/press_releases/nikola-sets-the-record-straight-on-false-and-misleading-short-seller-report-96; Hyliion (website), accessed April 2021, https://www.hyliion.com/; Fisker(website), accessed April 2021, https://www.fiskerinc.com/; Luminar Technologies(website), accessed April 2021, https://www.luminartech.com/; "About Us, " Canoo, accessed April 2021, https://www.canoo.com/about/; Mark Kane, "The List of EVSPACs: Completed and Upcoming, " Inside EVs, January 23, 2021, https://insideevs.com/news/481681/list-ev-spac-completed-upcoming/; Jack Denton, "Watch Tesla, Nikola and These Other Stocks as Change Comes for a Trucking Market Worth $1.5 Trillion, Says UBS, " *Market Watch*, March 20, 2021, https://www.marketwatch.com/story/watch-tesla-nikola-and-these-other-stocks-as-change-comes-for-a-trucking-market-worth-1-5-trillion-says-ubs-11616099185; Shanthi Rexaline, "Nikola Skyrockets After IPO: Whatto Know About the EV Truck Manufacturer, " *Benzinga*, June 9, 2020, https://www.benzinga.com/news/20/06/16212027/nikola-skyrockets-after-ipo-what-to-know-about-the-ev-truck-manufacturer; "Velodyne Lidar Goes Public, " Velodyne Lidar, September 30, 2020, https://velodynelidar.com/blog/velodyne-lidar-goes-public/; Kara Carlson, "Electric Trucking Company Hyliion Goes Public Through Merger, " *Austin American-Statesman*, October 6, 2020, https://www.statesman.com/story/business/technology/2020/10/06/electric-trucking-company-hyliion-goes-public-through-merger/42729399/#:~:text=The%20resulting%20combination%20is%20named, at%20about%20the%20same%20level; Nicholas Jasinski and Al Root, "EV Battery Maker Quantum Scape Just Went Public. Its Stock Soared 55%, " *Barron's*, November 27, 2020, https://www.barrons.com/articles/ev-battery-maker-quantumscape-went-public-its-stock-soared-55-51606513410; Stephen Nellis, "Luminar Technologies

Becomes Public Company as Lidar Race Builds, " Reuters, December 3, 2020, https://www.reuters.com/article/luminiar-gores-metro-id INL1N2IJ00F; David Z. Morris, "Electric-Vehicle Startup Fisker Inc. Shares Jump 13% on Stock Market Debut, " *Fortune*, October 30, 2020, https://fortune.com/2020/10/30/fisker-inc-stock-fsr-shares-ipo-spac-ev-electric-vehicle-car-startup/; Viknesh Vijayenthiran, "EV Startup Canoo Goes Public with Nasdaq Listing, " Motor Authority, December 22, 2020; "Electric Vehicles" (searchterm), Google Trends, January 1, 2014, to April 10, 2021, https://trends.google.com/trends/explore?-date=2014-01-01%202021-04-10&geo= US&q=electric%20vehicles.

16. P. Smith, "Apparel and Footwear Market Size in the United States, China, and Western Europe in 2019 (in Billion U. S. Dollars), " Statista, January 13, 2022, https://www.statista.com/statistics/995215/apparel-and-footwear-market-size-by-selected-market/; Layla Ilchi, "All the Major Fashion Brands and Retailers Severely Impacted by the COVID-19 Pandemic, " WWD, December 24, 2020, https://wwd.com/fashion-news/fashion-scoops/coronavirus-impact-fashion-retail-bankruptcies-1203693347/; P. Smith, "U. S. Apparel Market– Statistics& Facts, " Statista, June 2, 2022, https://www.statista.com/topics/965/apparel-market-in-the-us/#dossierSummary chapter2.
17. 以印度卢比计价，该基金在 2009 年 3 月—2021 年 3 月增长了 19.6 倍，而主要指数增长了 5.1 倍；以美元计价，该基金增长了 12.6 倍，而主要指数增长了 3.6 倍。
18. V. Raghunathan, "Why Did the Sensex Crash from 20K to Under 10K?, " *Economic Times*, lastupdated December 28, 2008, https://economictimes.indiatimes.com/why-did-sensex-crash-from-20k-to-under-10k/articleshow/3901597.cms; Shreya Biswasand Prashant Mahesh, "Economic Recession, Lay-Offs Shift Balance of Power, " *Economic Times*, last updated November 15, 2008, https://economictimes.indiatimes.com/the-big-story/economic-recession-lay-offs-shift-balance-of-power/articleshow/3715185.cms?from=mdr; Moinak Mitra, Priyanka Sangani, Vinod Mahanta, and Dibeyendu Ganguly, "Financial Crisis: Are MNC Jobs Secure?," *Economic Times*, last updated September 26, 2008, https://economictimes.indiatimes.com/financial-crisis-are-mnc-jobs-secure/articleshow/3529077.cms?from=mdr; "Sensex, Nifty Hit New 2008 Lows," *Economic Times*, last updated October 16, 2008, https://economictimes.indiatimes.com/sensex-nifty-hit-new-2008-lows/articleshow/3602137.cms?from=mdr; Vinay Pandey, "Economic Activity Is Slowing Down Fast, " *Economic Times*,

last updated August 25, 2008, https://m.economictimes.com/news/economy/indicators/economic-activity-is-slowing-down-fast/articleshow/3404817.cms.

19. Tom Stafford, "Why Bad News Dominates the Headlines, " BBC, July 28, 2014, https://www.bbc.com/future/article/20140728-why-is-all-the-news-bad.
20. Ap Dijksterhuis and Henk Aarts, "On Wildebeests and Humans: The Preferential Detection of Negative Stimuli, " *Psychological Science* 14, no. 1 (2003): 14–18, https://doi.org/10.1111/1467-9280.t01-1-01412.

第 5 章　达尔文吃掉了我的 DCF

1. Xuemin (Sterling) Yan, "Liquidity, Investment Style, and the Relation Between Fund Size and Fund Performance, " *Journal of Financial and Quantitative Analysis* 43, no. 3(2008): 741–67, https://doi.org/10.1017/ S0022109000004270.
2. Conrad S. Ciccotello and C. Terry Grant, "Equity Fund Size and Growth: Implications for Performance and Selection, " *Financial Services Review* 5, no. 1 (1996): 1–12, https://doi.org/10.1016/ S1057-0810(96)90023-2.
3. Antti Petajisto, "Active Share and Mutual Fund Performance, " *Financial Analysts Journal* 69, no. 4 (2013): 73–93, https://doi.org/10.2469/faj.v69.n4.7.
4. Stephen Jay Gould, *Hen's Teeth and Horse's Toes*(New York: W. W. Norton, 1983), 124.
5. John Gribbin and Michael White, *Darwin: A Life in Science* (London: Simon & Schuster, 1995), 80, 96, 97, 125; Adrian Desmond and James Moore, *Darwin: The Life of a Tormented Evolutionist* (New York: W. W. Norton, 1991); Charles Darwin, *The Autobiography of Charles Darwin*, ed. Nora Barlow (London: Collins, 1958).
6. Gribbin and White, *Darwin*, 80.
7. "Darwin's Book Publications, " American Museum of Natural History, accessed March 2021, https://www.amnh.org/research/darwin-manuscripts/published-books.
8. Joe Cain, "How Extremely Stupid: Source for Huxley's Famous Quote, " *Professor Joe Cain*(blog), accessed March 2021, https://profjoecain.net/how-extremely-stupid-thomas-henry-huxley/.
9. Mark Ridley, *Evolution*, 3rded.(Hoboken, NJ: Wiley, 2003).
10. Lory Herbison and George W. Frame, "Giraffe, " *Encyclopaedia Britannica*, last updated September 2, 2021, https://www.britannica.com/animal/giraffe.
11. Darwin, *Autobiography*, 71.

12. "William Paley, ' The Teleological Argument': Philosophy of Religion, " P. L. E., accessed March 2021, https://philosophy.lander.edu/intro/paley.shtml.
13. Editors of *Encyclopaedia Britannica*, "Georges Cuvier, " *Encyclopaedia Britannica*, last updated August 19, 2022, https://www.britannica.com/biography/Georges-Cuvier.
14. Charles Darwin, *On the Origin of Species*(1859;repr., New York: Random House, 1993), 537.
15. Frank J. Sulloway, "The Evolution of Charles Darwin, " *Smithsonian Magazine*, December 2005, https://www.smithsonianmag.com/science-nature/the-evolution-of-charles-darwin-110234034/.
16. Gribbinand White, *Darwin*, 33.
17. Darwin, *Origin*, 108.
18. Charles Darwin to Asa Gray, April 3, 1860, Darwin Correspondence Project, University of Cambridge, letter no. 2743, accessed March 2021, https://www.darwinproject.ac.uk/letter/ DCP-LETT-2743.xml.
19. Diana Lipscomb, *Basics of Cladistic Analysis* (Washington, DC: George Washington University, 1998), https://www2.gwu.edu/~clade/faculty/lipscomb/ Cladistics.pdf.
20. Staffan Müller-Wille, "Carolus Linnaeus, " *Encyclopaedia Britannica*, last updated May 19, 2022, https://www.britannica.com/biography/ Carolus-Linnaeus (on Linnaeus's reputation being built on his botanical classification system, see section "The 'Sexual System' of Classification"); Ken Gewertz, "Taxonomist Carl Linnaeus on Show at HMNH, " *Harvard Gazette*, November 1, 2007, https://news.harvard.edu/gazette/story/2007/11/taxonomist-carl-linnaeus-on-show-at-hmnh/#:~:text= A%20highly%20religious%20man%20(although, God%20created%2C%20 Linnaeus%20organized).
21. Madeline C. Weiss, Martina Preiner, Joana C. Xavier, Verena Zimorski, and William F. Martin, "The Last Universal Common Ancestor Between Ancient Earth Chemistry and the Onset of Genetics, " *PLoS Genetics* 14, no.8 (2018):e1007518, https://doi.org/10.1371/journal.pgen.1007518.
22. Gribbin and White, *Darwin*, 80.
23. Sulloway, "The Evolution of Charles Darwin."
24. Charles Darwin to Henry Fawcett, September 18, 1861, Darwin Correspondence Project, University of Cambridge, letter no. 3257, accessed April 2021, https://www.darwinproject.ac.uk/letter/ DCP-LETT-3257.xml.

25. Donald Gunn MacRae, “Thomas Malthus, ” *Encyclopaedia Britannica*, last updated April 25, 2022, https://www.britannica.com/biography/ Thomas-Malthus.
26. “Darwinand Malthus” (video), PBS.org, 2001, https://www.pbs.org/wgbh/evolution/library/02/5/l_025_01.html.
27. “Passenger Car Market Share Across India in Financial Year 2022, by Vendor, ” Statista, July 27, 2022, https://www.statista.com/statistics/316850/indian-passenger-car-market-share/; “Estimated U. S. Market Share Heldby Selected Automotive Manufacturers in 2021, ” Statista, July 27, 2022, https://www.statista.com/statistics/249375/us-market-share-of-selected-automobile-manufacturers/;“Share of Visteon’s Sales by Customer in 2015 and 2016, ” Statista, January 31, 2020, https://www.statista.com/statistics/670526/visteon-sales-by-customer/.
28. CFI team, “Cost of Equity, ” CFI, last updated January 25, 2022, https://corporatefinanceinstitute.com/resources/knowledge/finance/cost-of-equity-guide/; “5 Major Problems in the Determination of Cost of Capital, ” Accounting Notes, accessed April 2021, https://www.accountingnotes.net/financial-management/cost-of-capital/5-major-problems-in-the-determination-of-cost-of-capital/7775; “Problems with Calculating WACC, ” Finance Train, accessed April 2021, https://financetrain.com/problems-with-calculating-wacc/; Charles W. Haley and Lawrence D. Schall, “Problems with the Concept of the Cost of Capital, ” *Journal of Financial and Quantitative Analysis* 13, no.5(1978):847–70, https://doi.org/10.2307/2330631.
29. Olivia Solonandagency, “Aw Snap: Snapchat Parent Company’s Value Plummets After Earnings Report, ” *The Guardian*, May 11, 2017, https://www.theguardian.com/technology/2017/may/10/snap-inc-first-quarter-results-share-price-drops.
30. Douglas J. Futuyma, *Evolutionary Biology*, 3rd ed. (Sunderland, MA: Sinauer, 1997), xvii.
31. “Why Did Nokia Failand What Can You Learnfrom It?, ” *Medium*, July 24, 2018, https://medium.com/multiplier-magazine/why-did-nokia-fail-81110d981787; James Surowiecki, “Where Nokia Went Wrong, ” *New Yorker*, September 3, 2013, https://www.newyorker.com/business/currency/where-nokia-went-wrong.
32. Daniel Liberto, “Investors Rush to Short Starbucks as Howard Schultz Mulls 2020 Run, ” Investopedia, February 8, 2019, http://www.investopedia.com/ask/answers/033015/why-did-howard-schultz-leave-starbucks-only-return-eight-years-later.asp.

第 6 章 细菌演变与商业发展——倒带重来

1. 自 20 世纪 80 年代末以来，乔纳森·洛索斯一直在研究安乐蜥，参见 *The Origin of Species*: *Lizards in an Evolutionary Tree* (Chevy Chase, MD: HHMIBio Interactive, 2018), https://www.biointeractive.org/sites/default/files/ LizardsEvoTree-Educator-Film.pdf。
2. Jeff Arendt and David Reznick, "Convergence and Parallelism Reconsidered: What Have We Learned About the Genetics of Adaptation?, " *Trends in Ecology & Evolution* 23, no. 1 (2008): 26–32, https://doi.org/10.1016/j.tree.2007.09.011.
3. Jonathan B. Losos, *Improbable Destinies*: *Fate*, *Chance*, *and the Future of Evolution*(New York: Riverhead, 2018), 14.
4. Losos, *Improbable Destinies*, 89–90.
5. "All-Time Olympic Games Medal Table, " Wikipedia, accessed April 2021, https://en.wikipedia.org/wiki/ All-time_ Olympic_ Games_medal_table.
6. Editors of *Encyclopaedia Britannica*, "Placental Mammal," *Encyclopaedia Britannica*, last updated February 19, 2021, https://www.britannica.com/animal/placental-mammal; Editors of *Encyclopaedia Britannica*, "Marsupial, " *Encyclopaedia Britannica*, last updated August 19, 2021, https://www.britannica.com/animal/marsupial.
7. Quotedin Jonathan B. Losos, "Convergence, Adaptation, and Constraint, " *International Journal of Organic Evolution* 65, no. 7 (2011): 1827–40, https://onlinelibrary.wiley.com/doi/10.1111/j.1558-5646.2011.01289.x.
8. Editors of *Encyclopaedia Britannica*, "Leafcutter Ant, " *Encyclopaedia Britannica*, last updated October 15, 2018, https://www.britannica.com/animal/leafcutter-ant.
9. Losos, *Improbable Destinies*, 29–31.
10. George McGhee, *Convergent Evolution*: *Limited Forms Most Beautiful*(Cambridge, MA: MITPress, 2011).
11. Michael Isikoff, "Yellow Pages Battle Begins, " *Washington Post*, June 4, 1984, https://www.washingtonpost.com/archive/business/1984/06/04/yellow-pages-battle-begins/9096ae78-3100-475c-91ad-6d92979fa348/.
12. MIT International Center for Air Transportation, *An Introduction to the Airline Data Project* (Cambridge: Massachusetts Institute of Technology, June 2014), http://web.mit.edu/airlinedata/www/2013%2012%20Month%20Documents/ADP_introduction.pdf.
13. International Air Transport Association (IATA), *IATA Annual Review* 2014 (Ge-

neva: IATA, 2014), https://www.iata.org/contentassets/c81222d96c9a4e0bb4ff-6ced0126f0bb/iata-annual-review-2014.pdf, 15.

14. Louis K. C. Chan and Josef Lakonishok, "Valueand Growth Investing: Reviewand Update, " *Financial Analysts Journal* 60, no. 1 (2004): 71–86, https://doi.org/10.2469/faj.v60.n1.2593.
15. Losos, *Improbable Destinies*, 334.
16. Editors of *Encyclopaedia Britannica*, "The Rodent That Acts Like a Hippo, " *Encyclopaedia Britannica*, December 7, 2001, https://www.britannica.com/topic/The-Rodent-That-Acts-Like-a-Hippo-753723.
17. Losos, *Improbable Destinies*, chapter 9.

第 7 章　莫将绿蛙作虹鳉

1. 许多书都对信号进行了研究。我主要参考了以下几本图书：Mark Ridley, *Evolution*, 3rd ed. (Hoboken, NJ: Wiley, 2003), chapter 12; Edward O. Wilson, *Sociobiology*: *The New Synthesis*, twenty-fifth anniversary ed. (Cambridge, MA: Belknap, 2000), chapter 8; Jonathan Losos, ed., *The Princeton Guide to Evolution* (Princeton, NJ: Princeton University Press, 2014), section 7; William A. Searcy and Stephen Nowicki, *The Evolution of Animal Communication*: *Reliability and Deception in Signaling Systems*(Princeton, NJ: Princeton University Press, 2005), chapters 1–5; David Sloan Wilson, *Evolution for Everyone*: *How Darwin's Theory Can Change the Way We Think About Our Lives* (New York: Delta, 2007), chapter 15; Richard O. Prum, *The Evolution of Beauty*: *How Darwin's Forgotten Theory of Mate Choice Shapes the Animal World* (New York: Anchor, 2017), chapters 2–4; Adam Nicholson, *The Seabird's Cry*: *The Lives and Loves of Puffins*, *Gannets*, *and Other Ocean Voyagers* (New York: Henry Holt, 2018); Laurent Keller and Élisabeth Gordon, *The Lives of Ants* (New York: Oxford University Press, 2009), chapter 10; Thor Hanson, *Feathers*: *The Evolution of a Natural Miracle* (New York: Basic Books, 2011), chapter 10; Thomas D. Seeley, *Honeybee Democracy* (Princeton, NJ: Princeton University Press, 2010)。另可参见 Jack W. Bradbury, "Animal Communication, " *Encyclopaedia Britannica*, last updated April 8, 2022, http://global.britannica.com/EBchecked/topic/25653/animal-communication。
2. Searcy and Nowicki, *The Evolution of Animal Communication*; Carl Zimmer, "Devious Butterflies, Full-Throated Frogs and Other Liars, " *New York Times*, December 26, 2006, https://www.nytimes.com/2006/12/26/science/26lying.html.

3. Patricia R. Y. Backwell, John Christy, Steven R. Telford, Michael D. Jennions, and Jennions Passmore, “Dishonest Signaling in a Fiddler Crab, ” *Proceedings of the Royal Society B*: *Biological Sciences* 267, no. 1444 (2000): 719–24, https://doi.org/10.1098/rspb.2000.1062.
4. Anne C. Gaskett, “Floral Shape Mimicry and Variation in Sexually Deceptive Orchids with a Shared Pollinator, ” *Biological Journal of the Linnean Society* 106, no. 3 (2012):469–81, https://doi.org/10.1111/j.1095-8312.2012.01902.x.
5. John A. Endler, “Natural Selection on Color Patterns *Poecilia Reticulata*, ” *Journal Evolution* 34, no. 1 (1980): 76–91, https://doi.org/10.2307/2408316.
6. Jean-Guy J. Godin and Heather E. Mc Donough, “Predator Preference for Brightly Colored Males in the Guppy: A Viability Cost for a Sexually Selected Trait, ” *Behavioral Ecology* 14, no. 2 (2003): 194–200, https://doi.org/10.1093/beheco/14.2.194.
7. Editors of *Encyclopaedia Britannica*, “Coral Snake, ” *Encyclopaedia Britannica*, last updated May 2, 2022, https://www.britannica.com/animal/coral-snake.
8. James Venner, “Animal Communication: Honest, Dishonest and Costly Signalling, ” Zoo Portraits, July 24, 2018, https://www.zooportraits.com/animal-communication-honest-dishonest-costly-signalling/.
9. “Henry Walter Bates Describes ‘ Batesian Mimicry, ’” Jeremy Norman’s History of Information.com, last updated July 6, 2022, https://www.historyofinformation.com/detail.php?entryid=4277; Wolfgang J. H. Wickler, “Mimicry, ” *Encyclopaedia Britannica*, last updated February 7, 2019, https://www.britannica.com/science/mimicry.
10. Jack W. Bradbury and Sandra L. Vehrencamp, “Honesty and Deceit, ” *Encyclopaedia Britannica*, last updated April 8, 2022, https://www.britannica.com/science/animal-communication/ Honesty-and-deceit.
11. 关于扎哈维的“不利条件”，参见 Searcy and Nowicki, *The Evolution of Animal Communication*, introduction; Laith Al-Shawaf and David M. G. Lewis, “The Handicap Principle,” in *Encyclopedia of Evolutionary Psychological Science*, ed. Todd K. Shackelford and Viviana A. Shackelford-Weekes (Cham, Denmark: Springer, 2018), https://doi.org/10.1007/978-3-319-16999-6_2100-1。关于类胡萝卜素，参见 Searcy and Nowicki, *The Evolution of Animal Communication*, chapter 3。虽然“不利条件”似乎为评估信号的可靠性提供了一个合乎逻辑的解释，但科学家们也提出了其他机制。参见 Searcy and Nowicki, *The Evolution of Animal Communication*, chapter 6:“总而言之，某些信号的可靠性似乎最好的解释是不利条件，即信号成本对不同类别的信

号者有不同的影响。”注意限定词“某些信号”。作者描述了以下四种不利条件的替代方案。(1) 如果接收方和发送方具有相同的利益，信号可以是诚实的，而不需要发送方承担成本。例如，当鸟类看到捕食者时发出的警报信号。(2) 当信号对信号者的收益 (相对于成本) 随信号属性的变化而变化时，可能产生诚实的信号。例如，当后代向父母索要食物时。(3) “约束假说”指出，当身体或其他约束迫使信号可靠时，信号可以是诚实的。例如，红肩寡妇鸟的类胡萝卜素色素沉着 (见第 4 章)。(4) “个体定向怀疑”理论指出，接收者记住了过去某个信号者发出的诚实或不诚实的信号，并相应地调整他们对该信号者的反应。因此，习惯性的欺骗者将无法在接收者中产生期望的反应。例如，家鸡发出的食物信号。

12. Amotz Zahavi, “Mate Selection: ASelectionfora Handicap, ” *Journal of Theoretical Biology* 53, no.1(1975):205–14, https://doi.org/10.1016/0022-5193(75)90111-3.
13. Monty Solomon, “Apple Updates MacBook Pro with Retina Display, ” pressre-lease, Mail Archive, July 29, 2014, https://www.mail-archive.com/medianews@etskywarn.net/msg17476.html.
14. Unilever, 2014 *Full Year and Fourth Quarter Results*: *Profitable Growth in Tougher Markets*(London: Unilever, 2015), https://docplayer.net/2815586-2014-full-year-and-fourth-quarter-results-profitable-growth-in-tougher-markets.html.
15. Markus Braun, interview by Matt Miller, Bloomberg TV, “Wirecard Concen-trateson Innovation, Not ‘Controversy’: CEO Braun, ” Bloomberg, June 13, 2009, https://www.bloomberg.com/news/videos/2019-06-13/wirecard-concen-trates-on-innovation-not-controversy-ceo-braun-video; Olaf Storbeck, “Ba Fin Boss‘ Believed’ Wirecard Was Victim Until Near the End, ” *Financial Times*, January 24, 2021, https://www.ft.com/content/a021012e-bd2e-44d5-a160-96d997c662f1; Liz Alderman and Christopher F. Schuetze, “Ina German Tech Giant’s Fall, Charges of Lies, Spies and Missing Billions, ” *New York Times*, June 26, 2020, https://www.nytimes.com/2020/06/26/business/wirecard-col-lapse-markus-braun.html; Olaf Storbeck, “Wirecard: A Record of Deception, Disarray and Mismanagement, ” *Financial Times*, June 24, 2021, https://www.ft.com/content/15bb36e7-54dc-463a-a6d5-70fc38a11c81.
16. “Sell-Side Analysts Strongly in Favor of Companies Providing Earnings Guid-ance,” *PR Newswire*, accessed April 2021, http://www.prnewswire.com/news-releases/sell-side-analysts-strongly-in-favor-of-companies-providing-earnings-guidance-57993442.html.
17. Peggy Hsieh, Timothy Koller, and S. R. Rajan, “The Misguided Practice of

Earnings Guidance, " McKinsey& Company, March 1, 2006, https://www.mckinsey.com/business-functions/strategy-and-corporate-finance/our-insights/the-misguided-practice-of-earnings-guidance.

18. Don Seiffert, "GE Is No Longer the Most Valuable Public Company in Massachusetts, " *Boston Business Journal*, October 30, 2018, https://www.bizjournals.com/boston/news/2018/10/30/ge-is-no-longer-the-most-valuable-public-company.html#:~:text= In%20August%202000%2C%20GE%20was, run%20into%20myriad%20financial%20problems; Thomas Gryta and Ted Mann, *Lights Out: Pride, Delusion, and the Fall of General Electric* (New York: Houghton Mifflin Harcourt, 2020), 35 (Immelt's discoveryoffudgedprofitsat GEPlastics), 58(Edison Conduitaccountinglie), 59(Dammerman'squote), 60 (Welch's interview with Carol Loomis).
19. Fox Business, "Charlie Munger: Sewer Too Light a Word for Valeant, " You Tube video, 4:37, uploaded May 2, 2016, https://www.youtube.com/watch?v=yx MZM_63 Fpk; Matt Turner, "Here's the Email Bill Ackman Sent to Charlie Munger to Complain About Munger's Valeant Comments, " *Business Insider*, May 9, 2016, https://www.businessinsider.com/bill-ackman-email-to-charlie-munger-2016-5; Svea Herbst-Bayliss, "Ackman's Pershing Square Sells Valeant Stake, Takes $3 Billion Loss, " Reuters, March 13, 2017, https://www.reuters.com/article/us-valeant-ackman-id USKBN16 K2 KT.
20. Chevron, 4 *Q*19 *Earnings Conference Call Edited Transcript* (San Ramon, CA: Chevron, January 31, 2020), https://chevroncorp.gcs-web.com/static-files/3436e36f-bf60-4466-b550-b4f88d60a893.
21. Selina Wang and Matthew Campbell, "Luckin Scandal Is Bad Timing for U.S.-Listed Chinese Companies, " Bloomberg, July 29, 2020, https://www.bloomberg.com/news/features/2020-07-29/luckin-coffee-fraud-behind-starbucks-competitor-s-scandal.
22. Zhang Rui, "Misbehaving US-Listed Chinese Enterprisesand Their Gambler Attitudes," trans. Grace Chongand Candice Chan, Think China, May 6, 2020, https://www.thinkchina.sg/misbehaving-us-listed-chinese-enterprises-and-their-gambler-attitudes; *The China Hustle*, directed by Jed Rothstein(New York: Magnolia Pictures, 2017), 82 min. The list of companies involved in the scandal can be seen at 1:23 in the film's trailer: Movie Coverage, "The China Hustle Trailer(2018) Documentary, " YouTube video, 2:37, uploaded Decem-ber 28, 2017, https://www.youtube.com/watch?v= DxbX5Dfk4b4. 另可见以下这篇

新闻：Arjun Kharpal, “Chinese Netflix-Style Service iQiyi Tanks by18% After U.S. Regulators Investigate Fraud Allegations, ” CNBC, August 13, 2020, https://www.cnbc.com/2020/08/14/iqiyi-sec-investigation-into-fraud-allegations-shares-plunge.html; Sissi Cao, “Famed Tesla Short Seller Says This Soaring NYSE-Traded Chinese Company Is a Fraud, ” *Observer*, August 11, 2020, https://observer.com/2020/08/tesla-short-seller-citron-andrew-left-gsx-techedu-fraud-chinese-ipo/; Anna Vodopyanova, “Orient Paper to Change Its Name to IT Tech Packaging, Symbol to ‘ITP,’” *Capital Watch*, July 19, 2018, https://www.capitalwatch.com/article-2506-1.html; “China Agritech (CAGCUS), ” GMT Research, last updated August 2021, https://www.gmtresearch.com/en/about-us/hall-of-shame/china-agritech-cagc-us/; U.S. Court-Appointed Receiver for Sino Clean Energy Inc., “U.S. Court-Appointed Receiver for Sino Clean Energy Inc.(Nasdaq‘ SCEI’) Files Criminal Charges in Hong Kong against Chairman of Nasdaq-Listed China Energy Company Accusing Him of Fraud on U. S. and Chinese Investors, ” *Cision PR Newswire*, June 23, 2015; Dena Aubin, “Judge Recommends $228 Mln Damages in Puda Coal Fraud Lawsuit, ” Reuters, January 9, 2017, https://www.reuters.com/article/puda-fraud/judge-recommends-228-mln-damages-in-puda-coal-fraud-lawsuit-idUSL1N1F002L; Scott Eden, “SEC Probing China Green Ag,” *The Street*, January 12, 2011, https://www.thestreet.com/markets/emerging-markets/sec-probing-china-green-10971670; T. Gorman, “SEC Charges Another China Based Firm with Fraud, ” SEC Actions, June 27, 2016, https://www.secactions.com/sec-charges-another-china-based-firm-with-fraud/; Lucy Campbell, “China Integrated Energy, Inc CBEH Securities Stock Fraud, ” Big Class Action.com, March 28, 2011, https://www.bigclassaction.com/lawsuit/china-integrated-energy-inc-cbeh-securities.php.

23. Ed Monk, “Fidelity Star Fund Manager Anthony Bolton Retires and Calls Timeon Troubled China Adventure, ” *This Is Money*, June 17, 2013, https://www.thisismoney.co.uk/money/investing/article-2343119/ Fidelity-star-fund-manager-Anthony-Bolton-retires-calls-time-troubled-China-adventure.html; Jonathan Davis, “Farewell to the Harry Potter of Investment, ” *Independent Advisor*, July 30, 2006, https://web.archive.org/web/20060828135414/http://www.independent-investor.com/stories/ Farewell_to_ Bolton_438.aspx; Patrick Collinson, “Fidelity Star Fund Manager Anthony Bolton to Step Down, ” *The Guardian*, June 17, 2013, https://www.theguardian.com/business/2013/jun/17/fidelity-anthony-bolton-steps-down-china; Jeanny Yu, “Famed British Fund Manager

Anthony Bolton Meets His China Match, " *South China Morning Post*, June 19, 2013, https://www.scmp.com/business/money/markets-investing/article/1263890/famed-british-fund-manager-anthony-bolton-meets-his.

24. Mary Caswell Stoddard, Rebecca M. Kilner, and Christopher Town, "Pattern Recognition Algorithm Reveals How Birds Evolve Individual Egg Pattern Signatures, " *Nature Communications* 5, no. 4117 (2014), https://doi.org/10.1038/ncomms5117.

第 8 章　达尔文地雀和库尔滕棕熊——异常的进化

1. Kristian Heughand Marc Fox, *Long-Term Convictionina Short-Term World*(New York: Morgan Stanley, 2018), https://www.morganstanley.com/im/publication/insights/investment-insights/ii_longtermconvictioninashorttermworld_us.pdf.
2. Björn Kurtén, "Rates of Evolutionin Fossil Mammals, " *Cold Spring Harbor Symposiaon Quantitative Biology* 24 (1959): 205–15, https://doi.org/10.1101/SQB.1959.024.01.021.
3. Philip D. Gingerich, "Rates of Evolution, " *Annual Review of Ecology, Evolution, and Systematics* 40 (2009): 657–75, https://doi.org/10.1146/annurev.ecolsys.39.110707.173457.
4. Simon Y. W. Ho, Robert Lanfear, Lindell Bromham, Matthew J. Phillips, Julien Soubrier, Allen G. Rodrigo, and Alan Cooper, "Time-Dependent Rates of Molecular Evolution, " *Molecular Ecology*20, no.15(2011):3087–101, https://doi.org/10.1111/j.1365-294 X.2011.05178.x.
5. Peter T. Boag and Peter R. Grant, "Intense Natural Selectionina Population of Darwin's Finches(*Geospizinae*)in the Galápagos, " *Science* 214, no.4516(1981):82–85, https://doi.org/10.1126/science.214.4516.82.
6. Hanneke Meijer, "Origin of the Species: Where Did Darwin's Finches Come From?, " *The Guardian*, July 30, 2018, https://www.theguardian.com/science/2018/jul/30/origin-of-the-species-where-did-darwins-finches-come-from.
7. Jonathan Weiner, *The Beak of the Finch*: *A Story of Evolution in Our Time*(New York: Vintage, 1994); Emily Singer, "Watching Evolution Happenin Two Lifetimes, " *Quanta Magazine*, September 22, 2016, https://www.quantamagazine.org/watching-evolution-happen-in-two-lifetimes-20160922; Joel Achenbach, "The People Who Saw Evolution, " *Princeton Alumni Weekly*, April 23, 2014, https://paw.princeton.edu/article/people-who-saw-evolution.

8. Peter R. Grant and B. Rosemary Grant, "Unpredictable Evolution in a 30-Year Study of Darwin's Finches, " *Science* 296, no.5568(2002):707–11, https://doi.org/10.1126/science.1070315.
9. L' Oréal, 2009 *Annual Results*(Clichy, France: L' Oréal, 2010), https://www.loreal-finance.com/eng/news-release/2009-annual-results; L' Oréal, 2020 *Annual Results*(Clichy, France: L' Oréal, 2021), https://www.loreal-finance.com/eng/news-release/2020-annual-results.
10. Mark J. Perry, "Fortune 500 Firms in 1955 v. 2015: Only 12% Remain, Thanks to the Creative Destruction That Fuels Economic Prosperity, " American Enterprise Institute, October 12, 2015, https://www.aei.org/carpe-diem/fortune-500-firms-in-1955-vs-2015-only-12-remain-thanks-to-the-creative-destruction-that-fuels-economic-growth/.
11. Andrew Hudson, "The Rise & Fall of Kodak: A Brief History of The Eastman Kodak Company, 1880 to 2012, " August 29, 2012, https://www.photosecrets.com/the-rise-and-fall-of-kodak.

第 9 章　从化石中挖出的黄金投资准则

1. "Macroevolution Through Evograms: The Evolution of Whales, " Understanding Evolution, University of California Museum of Paleontology, last updated June 2020, https://evolution.berkeley.edu/evolibrary/article/evograms_03.
2. Stephen Jay Gould, *The Structure of Evolutionary Theory* (Cambridge, MA: Belknap, 2002), 749. Many observations in this chapter come from chapter 9, "Punctuated Equi-librium and the Validation of Macroevolutionary Theory."
3. "Palaeontological Memoirs and Notes of the Late Hugh Falconer, " Jeremy Norman's History of Science.com, accessed April 2021, https://www.jnorman.com/pages/books/40957/hugh-falconer/palaeontological-memoirs-and-notes-of-the-late-hugh-falconer. See also Gould, *Structure*, 745.
4. Niles Eldredge and Stephen Jay Gould, "Punctuated Equilibria: An Alternative to Phyletic Gradualism, " in *Models in Paleobiology*, ed. Thomas J. M. Schopf (San Francisco: Freeman, Cooper, 1972), 82–115, https://www.blackwellpublishing.com/ridley/classictexts/eldredge.pdf.
5. Jonathan Chadwick, "World's Oldest DNA Is Extracted from the Tooth of a Mammoth, " *Daily Mail*, February 17, 2021, https://www.dailymail.co.uk/sciencetech/article-9270399/ Worlds-oldest-DNA-extracted-tooth-mammoth.html.

6. Gould, *Structure*, 826.
7. Gould, *Structure*, 827.
8. Tiina M. Mattila and Folmer Bokma, "Extant Mammal Body Masses Suggest Punctuated Equilibrium, " *Proceedings of the Royal Society B: Biological Sciences* 275, no.1648(2008):2195–99, https://doi.org/10.1098/rspb.2008.0354.
9. "Repeat After Me, " *The Economist*, December 16, 2004, http://www.economist.com/node/3500219.
10. Jonathan Rée, "Evolutionby Jerks, " *New Humanist*, May 31, 2007, https://newhumanist.org.uk/articles/598/evolution-by-jerks.
11. Mark Ridley, *Evolution*, 3rded.(Hoboken, NJ: Wiley, 2003), 17, 266.
12. David H. Bailey, "Does the Punctuated Equilibrium Theory Refute Evolution?, " SMR Blog, April 21, 2019, https://www.sciencemeetsreligion.org/blog/2019/04/does-the-punctuated-equilibrium-theory-refute-evolution/.
13. Gustavo Grullon, Yelena Larkin, and Roni Michaely, "Are US Industries Becoming More Concentrated?, " *Review of Finance* 23, no.4(2019):697–743, https://doi.org/10.1093/rof/rfz007.
14. Matej Bajgar, Giuseppe Berlingieri, Sara Calligaris, Chiara Criscuolo, and Jonathan Timmis, "Industry Concentration in Europe and North America, " *OECD Productivity Working Papers*, No. 18 (Paris: OECDPublishing), https://doi.org/10.1787/2ff98246-en.
15. "Winners Take All: Why High Profits Are a Problem for America, " *The Economist*, March 26, 2016, https://www.economist.com/weeklyedition/2016-03-26.
16. Hendrick Bessembinder, "Do Stocks Outperform Treasury Bills?, " *Journal of Financial Economics* 129, no. 3 (2018): 440–57, https://doi.org/10.1016/j.jfineco.2018.06.004.
17. Bessembinder, "Do Stocks Outperform, " table 2A, panel D.
18. CNET News staff, "Blodget and Amazon: ALong History, " CNET, January 2, 2002, https://www.cnet.com/news/blodget-and-amazon-a-long-history/.
19. James Surowiecki, "Doom, Incorporated, " *New Yorker*, May 12, 2002, https://www.newyorker.com/magazine/2002/05/20/doom-incorporated.
20. "Brood X Periodical Cicadas FAQ, " National Park Service, last updated September 1, 2022, https://www.nps.gov/articles/000/cicadas-brood-x.htm.

第10章 兔子都跑哪儿去了?

1. Associated Press, "Forbes List 400 Richest Americans: Sam Walton of Wal-

Mart Stores Is No.1 with $6.7 Billion, " *Los Angeles Times*, October 11, 1988, https://www.latimes.com/archives/la-xpm-1988-10-11-fi-3693-story.html; John Rothchild, *The Davis Dynasty: Fifty Years of Successful Investing on Wall Street* (New York: John Wiley, 2001).

2. Charles Darwin to W. D. Fox, July 29, 1828, Darwin Correspondence Project, University of Cambridge, letter no. 45, https://www.darwinproject.ac.uk/letter/DCP-LETT-45.xml.
3. Julie Rehmeyer, "Darwin: The Reluctant Mathematician, " *Science News*, February 11, 2009, https://www.sciencenews.org/article/darwin-reluctant-mathematician.
4. Mark Ridley, *Evolution*, 3rded. (Hoboken, NJ: Wiley, 2003), 10–13.
5. David T. Mitchell, "Mutation Theory, " *Encyclopaedia Britannica*, last updated March 21, 2016, https://www.britannica.com/science/mutation-theory.
6. Francisco Jose Ayala, "Evolution, " *Encyclopaedia Britannica*, last updated August 22, 2022, https://www.britannica.com/science/evolution-scientific-theory. See in particular subsection, "The Synthetic Theory," https://www.britannica.com/science/evolution-scientific-theory/ Modern-conceptions#ref49842.
7. Douglas J. Futuyma, *Evolutionary Biology*, 3rded.(Sunderland, MA: Sinauer, 1997), 24.
8. Sean B. Carroll, *Making of the Fittest: DNA and the Ultimate Forensic Record of Evolution* (New York: W. W. Norton, 2007), 49–51.
9. Stuart Read, "Peppered Moth and Natural Selection, " Butterfly Conservatory, https://butterfly-conservation.org/moths/why-moths-matter/amazing-moths/peppered-moth-and-natural-selection.
10. Ping Zhou, "Australia's Massive Feral Rabbit Problem, " *ThoughtCo*, last updated November 22, 2019, https://www.thoughtco.com/feral-rabbits-in-australia-1434350. 我不确定表 10.2 提供的 1859 年到 1925 年的兔子数量是否正确，但所有的数据来源都记录了兔子数量在 20 世纪 20 年代达到 10 亿只，该表足以显示指数增长的力量。
11. Richard Mille, "Forbes World's Billionaire List: The Richest in 2022, " ed. Kerry A. Dolan and Chase Peterson-Withorn, *Forbes*, https://www.forbes.com/billionaires/.
12. Nicholas Carlson, "11 Companies That Tried to Buy Facebook Back When It Was a Startup, " *Insider*, May 13, 2010, https://www.businessinsider.com/all-the-companies-that-ever-tried-to-buy-facebook-2010-5.

13. Hendrick Bessembinder, "Do Stocks Outperform Treasury Bills?, " *Journal of Financial Economics* 129, no. 3 (2018): 440–57, https://doi.org/10.1016/j.jfineco.2018.06.004.
14. Michael Ray, "The Euro-Zone Debt Crisis, " *Encyclopaedia Britannica*, last updated September3, 2017, https://www.britannica.com/topic/ European-Union/The-euro-zone-debt-crisis.
15. Claudia Champagne, Aymen Karoui, and Saurin Patel, "Portfolio Turnover Activity and Mutual Fund Performance, " *Managerial Finance* 44, no. 3 (2018): 326–56, https://doi.org/10.1108/ MF-01-2017-0003; Laura Cohn, "The Case for Low-Turnover Funds, " *Kiplinger*, March 28, 2010, https://www.kiplinger.com/article/investing/t041-c009-s001-the-case-for-low-turnover-funds.html; Pedro Luiz Albertin Bono Milan and William Eid Jr., "High Portfolio Turnover and Performance of Equity Mutual Funds, " *Brazilian Review of Finance* 12, no.4(2014):469–97, https://doi.org/10.12660/rbfin.v12n4.2014.41445; Diego Victor de Mingo-López and Juan Carlos Matallín-Sáez, "Portfolio Turnover and Fund Investors' Performance" (paper presented at the Management International Conference, Venice, Italy, May 24–27, 2017), https://www.hippocampus.si/ISBN/978-961-7023-12-1/146.pdf.

结语 蜜蜂通过重复一个简单的过程就能成功生存下来，投资者同样也可以！

1. Christopher D. Epp, "Definitionofa Gene, " *Nature* 389, no.537(1997), https://doi.org/10.1038/39166.
2. Philip Ball, "DNA at 60: Still Muchto Learn, " *Scientific American*, Apri 128, 2013, https://www.scientificamerican.com/article/dna-at-60-still-much-to-learn/.
3. 进化产生了似乎放弃了生育权利的雌性，因此显然违反了自然选择法则，这一事实让达尔文感到困惑，他无法在有生之年破解这个谜题。威廉·唐纳德·汉密尔顿的亲缘选择理论在 20 世纪 60 年代解决了这个问题。
4. Thomas D. Seeley, *Honeybee Democracy*(Princeton, NJ: Princeton University Press, 2011), chapters 5, 6.